21世纪高等学校金融学系列教材

项目融资

（第三版）

蒋先玲　编著

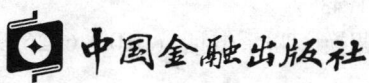

责任编辑：高　露
责任校对：孙　蕊
责任印制：尹小平

图书在版编目（CIP）数据

项目融资（Xiangmu Rongzi）/蒋先玲编著 .—3 版 .—北京：中国金融出版社，2008.10
（21 世纪高等学校金融学系列教材）
ISBN 978 – 7 – 5049 – 4795 – 6

Ⅰ. 项⋯　Ⅱ. 蒋⋯　Ⅲ. 基本建设项目—融资—高等学校—教材　Ⅳ. F830.55

中国版本图书馆 CIP 数据核字（2008）第 132371 号

出版
发行　中国金融出版社

社址　北京市丰台区益泽路2号
市场开发部　（010）63266347，63805472，63439533（传真）
网上书店　http://www.chinafph.com
　　　　　（010）63286832，63365686（传真）
读者服务部　（010）66070833，62568380
邮编　100071
经销　新华书店
印刷　保利达印务有限公司
尺寸　169 毫米 × 239 毫米
印张　23.5
字数　448 千
版次　2008 年 10 月第 3 版
印次　2014 年 7 月第 5 次印刷
印数　14127—16638
定价　36.00 元
ISBN 978 – 7 – 5049 – 4795 – 6/F.4355
如出现印装错误本社负责调换　联系电话（010）63263947

21世纪高等学校金融学系列教材
编审委员会

顾　　问：
黄　达　中国人民大学　教授　博士生导师

主任委员：
蒋万进　中国金融出版社　总编辑
刘锡良　西南财经大学　教授　博士生导师

副主任委员：（按姓氏笔画排序）
吴晓求　中国人民大学　教授　博士生导师
宋逢明　清华大学　教授　博士生导师
张　杰　中国人民大学　教授　博士生导师
张亦春　厦门大学　教授　博士生导师
查子安　中国金融出版社　副总编辑

委员：（按姓氏笔画排序）
王爱俭（女）　天津财经大学　教授　博士生导师
史建平　中央财经大学　教授　博士生导师
叶永刚　武汉大学　教授　博士生导师
刘　亚　对外经济贸易大学　教授　博士生导师
孙祁祥（女）　北京大学　教授　博士生导师
朱新蓉（女）　中南财经政法大学　教授　博士生导师
邢天才　东北财经大学　教授　博士生导师
吴　军　对外经济贸易大学　教授　博士生导师
张桥云　西南财经大学　教授　博士生导师
李志辉　南开大学　教授　博士生导师
李晓林　中央财经大学　教授　博士生导师
汪祖杰　南京审计学院　教授
陈伟忠　同济大学　教授　博士生导师
姚长辉　北京大学　教授　博士生导师
胡庆康　复旦大学　教授　博士生导师
胡炳志　武汉大学　教授　博士生导师
赵锡军　中国人民大学　教授　博士生导师
高正平　天津财经大学　教授　博士生导师
崔满红　山西财经大学　教授　博士生导师
彭元勋　中国金融出版社　副编审
彭建刚　湖南大学　教授　博士生导师
潘英丽（女）　上海交通大学　教授　博士生导师
戴国强　上海财经大学　教授　博士生导师

作者简介

蒋先玲，女，湖北省潜江市人，经济学博士，金融学教授，博士生导师，研究方向为货币理论与投资分析。1996年到对外经济贸易大学国际经济贸易学院任教，1998年开始从事项目融资的教学与研究，2003年做加拿大维多利亚大学访问学者。近年来公开出版《项目融资法律与实务》、《货币银行学》等专著及著作12部，公开发表论文22篇。

第三版前言

项目融资技术发展到今天，已日渐成熟与完善，甚至出现了所谓的"传统"项目融资与"创新"项目融资之分。这就是说，项目融资这项融资技术已经被融入了更新鲜的元素。《项目融资》教材第二版出版已经四年了，四年"弹指一挥间"，我国金融市场开放深度和广度与四年前已是"今非昔比"，银行业的改制与对外开放更是如火如荼。当然，在世界范围内也出现了令人担忧的问题，如美国次贷危机对全球经济的负面影响日益显现，这时，MBS、CMO、CDO 等专业词汇频繁出现在报刊、电视等媒体上，使我们不得不考虑在项目融资课程的讲授上调整相应的结构，并增加新的知识。因此，才有了大家现在看到的第三版。

此次修订所作的修改主要包括以下几个方面：

1. 在章节结构上，由原来的九章扩展为现在的十章。主要考虑项目融资的实务性特征，增加了第十章项目融资经典案例。项目融资技术多数应用在电力、自来水及污水处理、交通基础设施和资源开采类项目，因此，在案例收集时，以行业领域进行了分门别类的介绍。由于资产证券化融资与典型项目融资技术的细微区别，它是一种存量资产的融资，所以也专门列出一节进行案例讲解。

2. 在章节的编排上，第一章到第九章仍然延续了第二版的风格，即每章后面都有案例分析和小结。只是在案例的选择上进行了一些调整，尽量做到与相应章节的知识相对应。在每章的内容安排上，尽量做到简洁、要点明确，更符合教材的规律与习惯。删除了一些烦琐的细节，先总结出规律性的结论，然后再细细分析之。第十章之所以在风格上有所不同，是因为它本身就是由案例构成，所以，只是根据行业领域进行了章节编排。

3. 在第九章资产证券化项目融资模式中，进行了大量的补充与修改。主要考虑资产证券化品种出现了一些新的产品，例如 CDO，所以，在产品介绍上显得相对丰富些。

4. 总的来讲，第三版的内容所用资料相对比较新，具有时效性。因为，毕竟从第二版到现在已四年有余了，其间，金融市场的发展比任何领域的发展都迅速与深入。因此，再版教材就显示出了其优越性。

当然，万事总有不完美之处。虽经多次改进，但由于本人的学识有限，书中缺点错误在所难免，欢迎读者批评指正。

作　者

2008 年 6 月

目 录

1	**第一章 项目融资概述**
1	第一节 项目融资的内涵
1	一、什么是项目融资
3	二、项目融资与公司融资的比较
6	三、项目融资的应用领域
7	第二节 项目融资方式的优缺点分析
7	一、项目融资方式的优势
9	二、项目融资的弊端分析
10	第三节 项目融资的当事人及其权责
10	一、在所有项目融资中都有的参与方
17	二、只在某些项目融资中有的参与方
19	第四节 项目融资的运作程序
19	一、项目融资的框架结构
20	二、项目融资的阶段与步骤
21	第五节 项目融资的起源及发展
21	一、项目融资的起源
22	二、现代项目融资的发展
24	三、中国开展项目融资的背景分析
25	案例分析：深圳沙角B火力发电厂项目
31	**第二章 项目融资中的投资结构**
31	第一节 项目投资结构概述
31	一、设计项目投资结构时应考虑的主要因素
35	二、项目融资中投资结构的分类

35	三、项目投资结构中合资协议的主要条款
38	**第二节 项目投资结构之一——公司型投资结构**
39	一、项目融资中选择公司型投资结构的优点
39	二、公司型投资结构的弊端
40	三、公司型投资结构的灵活运用
43	**第三节 项目投资结构之二——契约型投资结构**
43	一、契约型投资结构的优点
45	二、契约型投资结构的不足
45	三、契约型投资结构的案例
47	**第四节 项目投资结构之三——合伙制投资结构**
47	一、一般合伙制
48	二、有限合伙制
50	三、合伙制投资结构在项目投资中的应用
51	**第五节 项目投资结构之四——信托基金投资结构**
51	一、信托基金的运作
52	二、信托基金投资结构的特点
53	三、信托基金投资结构在项目融资中的应用
54	**案例分析：欧洲迪斯尼乐园项目的投资结构**
61	**第三章　项目可行性研究**
61	**第一节　项目可行性研究概述**
61	一、项目前期开发协议
62	二、项目可行性研究的基本框架
64	**第二节　项目的财务可行性研究**
65	一、项目盈利能力的分析指标及判断方法
69	二、项目清偿能力的分析指标及判断方法
71	三、项目财务评价中的风险分析
75	**第三节　项目投资方案的选择**
75	一、排他型项目投资方案的选择
78	二、独立型项目投资方案的选择
81	**第四节　项目的国民经济评价和社会评价**
81	一、项目的国民经济评价

86	二、项目的社会评价
89	案例分析：欧洲隧道工程项目的可行性及风险分析

95　第四章　项目融资风险与管理

95	第一节　项目融资风险的识别
95	一、项目的系统性风险识别
99	二、项目的非系统性风险识别
103	第二节　项目融资风险的管理
103	一、项目融资风险的特征及分配原则
104	二、项目系统性风险的管理
108	三、项目非系统性风险的管理
111	第三节　项目保险
111	一、商业风险的保险
113	二、政治风险的保险
116	案例分析：福建湄洲湾电厂项目融资中的风险分析

124　第五章　项目担保

124	第一节　项目担保及项目担保人
124	一、项目担保及担保功能
125	二、项目担保人
126	第二节　项目融资中的物权担保
127	一、固定担保
129	二、浮动担保
129	三、项目融资中物权担保的局限性
130	第三节　项目融资信用担保
130	一、项目信用担保的种类
132	二、三种典型的担保合同
137	第四节　其他具有项目担保功能的商业合同
137	一、以销售协议提供的担保
137	二、以建设合同提供的担保
141	三、以经营和维护合同提供的担保
143	四、由供应合同提供的担保

144	五、以其他合同形式提供的项目担保
144	案例分析：中信加拿大塞尔加纸浆厂项目中的担保分析

第六章　项目融资的筹资

153	第一节　项目的可融资性分析
153	一、项目可融资性的内涵
154	二、对免责条款的运用
154	三、项目可融资性的必要条件
155	第二节　项目融资的筹资渠道
156	一、商业银行
158	二、出口信贷机构
160	三、双边和多边金融机构
161	四、其他筹资渠道
162	第三节　项目股本资金及准股本资金的筹集方式
162	一、项目股本资金的筹集
164	二、项目准股本资金的筹集
167	第四节　项目债务资金的筹集方式
168	一、贷款融资
171	二、债券融资
175	三、商业票据融资
177	四、租赁融资
178	案例分析：山东日照电厂项目融资分析

第七章　项目融资的主要模式

184	第一节　设计项目融资模式的基本原则
184	一、争取适当条件下的有限追索融资
185	二、实现项目风险的合理分担
185	三、最大限度地降低融资成本
185	四、实现发起人对项目较少的股本投入
186	五、处理好融资与市场之间的关系
186	六、争取实现资产负债表外融资

187	第二节　项目融资模式的结构特征及基本框架
187	一、项目融资模式的结构特征
188	二、项目融资模式的基本框架
195	第三节　以设施使用协议为基础的项目融资模式
195	一、设施使用协议项目融资模式的定义及适用范围
195	二、设施使用协议项目融资模式的特点
196	三、设施使用协议项目融资模式的案例分析
198	第四节　以产品支付为基础的项目融资模式
198	一、产品支付项目融资的定义及适用范围
199	二、产品支付项目融资模式的特点
199	三、产品支付项目融资的操作程序
201	四、产品支付项目融资模式案例
203	第五节　以杠杆租赁为基础的项目融资模式
203	一、租赁的种类及其发展形式
206	二、杠杆租赁的定义及其优越性
207	三、杠杆租赁项目融资模式的操作要点
211	案例分析：中信波特兰铝厂项目融资案例
219	**第八章　BOT 项目融资模式与 PPP 项目融资模式**
219	第一节　BOT 项目融资模式概述
219	一、什么是 BOT 项目融资
222	二、正确理解 BOT 是项目融资的模式之一
223	三、BOT 项目融资模式的产生及其在中国的发展
223	第二节　BOT 项目融资模式中政府与项目公司的关系
223	一、BOT 项目融资模式的运作程序
225	二、政府在 BOT 项目融资模式运作中的重要作用
227	三、项目公司是项目的直接承办者
228	第三节　BOT 项目融资模式中主要当事人及其法律关系
229	一、项目主办方与项目公司的法律关系
229	二、政府与项目主办方的法律关系
229	三、政府与项目公司的法律关系

230	四、项目公司内中外合作双方的法律关系
230	五、项目主办人、项目公司与项目贷款人的法律关系
231	六、项目公司与项目建筑承包商的法律关系
231	七、项目公司与原材料供应商、项目产品购买者或设施使用者的经济法律关系
233	第四节　PPP项目融资模式
233	一、PPP项目融资模式的定义
235	二、PPP项目融资模式下的典型操作方式
236	三、PPP项目融资模式与BOT项目融资模式的比较
239	案例分析：山东中华发电项目融资案例
248	**第九章　资产证券化项目融资模式**
248	第一节　资产证券化的含义
248	一、资产证券化概念的演变
250	二、什么是资产证券化
251	三、资产证券化与传统融资方式的区别
252	第二节　资产证券化融资的基本要素
252	一、可证券化资产的基本特征
253	二、资产证券化结构中的基本当事人
254	三、资产证券化的运作程序
257	第三节　资产证券化融资中的核心问题
257	一、资产证券化过程中特别目的载体的组建
260	二、资产证券化过程中证券化资产的转让方法
262	三、资产证券化过程中的信用增级
264	第四节　资产证券化的主要证券品种
265	一、过手证券
265	二、资产支持债券
267	三、转付债券及其主要品种
270	四、担保债务契约
272	案例分析：美国运通公司赊账卡应收账款的证券化过程
279	**第十章　项目融资经典案例**

第一节　电力项目融资案例 ... 279
一、广西来宾电厂 B 厂项目 ... 279
二、印度尼西亚培顿电厂项目融资经验与教训 ... 284

第二节　自来水及污水处理项目融资案例 ... 288
一、成都自来水六厂项目融资案例 ... 288
二、北京第十水厂 A 厂 BOT 项目融资案例 ... 292

第三节　交通基础设施项目融资案例 ... 295
一、加拿大 407 高速公路项目融资 ... 295
二、印度西海岸港口案例 ... 298

第四节　资源类项目融资案例 ... 304
一、卡塔尔拉斯拉凡液化天然气项目 ... 304
二、委内瑞拉 Petrozuata 石油项目融资分析 ... 309

第五节　资产证券化项目融资案例 ... 313
一、美国奥林皮亚公司的不动产抵押贷款证券化案例 ... 313
二、深圳中集集团的应收账款证券化案例 ... 317

附录 ... 322

附录一：境外进行项目融资管理暂行办法 ... 322
　　1997 年 4 月 16 日　计外资 [1997] 612 号

附录二：国家计委、电力部、交通部关于试办外商投资特许权项目审批管理有关问题的通知 ... 324
　　1995 年 8 月 21 日　计外资 [1995] 208 号

附录三：境内机构对外担保管理办法 ... 326
　　1996 年 9 月 25 日　银发 [1996] 302 号

附录四：财政部关于世界银行贷款项目管理暂行规定 ... 329
　　1997 年 4 月 8 日　财世字 [1997] 43 号

附录五：国务院办公厅关于妥善处理现有保证外方投资固定回报项目有关问题的通知 ... 335
　　2002 年 9 月 10 日　国办发 [2002] 43 号

附录六：交通部关于简化公路建设项目法人审批程序的通知 ... 337
　　2003 年 7 月 15 日　交公路发 [2003] 291 号

338	附录七：交通建设项目环境保护管理办法 2003 年 5 月 30 日　交通部令 ［2003］第 5 号
341	附录八：工程建设项目施工招标投标办法 国家发展计划委员会、建设部、铁道部、交通部、信息产业部、水利部、中国民用航空总局令 ［2003］第 30 号　2003 年 3 月 8 日
356	**参考文献**

第一章

项目融资概述

项目融资这种特殊的融资方式,其早期形式可以追溯到20世纪50年代美国一些银行利用产品贷款方式为石油天然气项目安排融资的活动。然而,项目融资开始受到人们的广泛重视,并被视为国际金融的一个独立分支,是以20世纪60年代中期在英国北海油田开发中所使用的有限追索项目贷款作为标志的。它是大型工程项目筹措资金的一种新形式。我国在20世纪80年代的大型投资项目中也引进了项目融资这种融资方式。因此,研究项目融资的特点、内容及各种风险的担保等问题对推动我国基础设施建设具有重要的现实意义。本章将主要介绍项目融资的定义及基本特征、项目融资的主要当事人及其权责、项目融资特定的领域及在中国开展项目融资的实证分析等内容。

第一节 项目融资的内涵

一、什么是项目融资

项目融资可以从广义和狭义两个角度理解。广义上讲,为了建设一个新项目或者收购一个现有项目,或者对已有项目进行债务重组所进行的一切融资活动都可以被称为项目融资。狭义上讲,只有有限追索或无追索形式的融资活动才被称为项目融资。本书中所分析的项目融资仅指狭义上的概念。

所谓项目融资(Project Finance),是指以项目的资产、预期收益或权益作抵押取得的一种无追索权或有限追索权的融资或贷款活动。根据这一定义,在项目融资中,用来保证贷款偿还的主要来源被限制在被融资项目本身的经济强度之中。项目的经济强度可以从两个方面来测量:一是项目未来的可用于偿还贷款的净现金流量,二是项目本身的资产价值。

在实践中,项目融资包括两种类型:无追索权的项目融资和有限追索权的项目融资。

（一）无追索权的项目融资

无追索权（No-recourse）的项目融资是指项目发起人除了正常承诺提供的资本金外，不需要对项目贷款人提供任何其他支持。无追索权项目融资在操作规则上具有以下特点：

1. 项目贷款人对项目发起人的其他项目资产没有任何要求权，只能依靠该项目的现金流量偿还。因此，当项目现金流量不足时，项目发起人对项目债务的偿还没有直接的法律责任。

2. 项目发起人利用该项目产生的现金流量的能力是项目融资的信用基础。因此，各种代表对项目公司（具体负责项目开发、建设和融资活动的单位）承担付款责任的合同就成为贷款人十分关心的内容，由此可以判断项目是否能产生足够的现金流量。

3. 当项目风险的分配不被项目贷款人所接受时，由第三方当事人提供信用担保将是十分必要的。比如，提供安慰信、资本捐赠协议、担保和进行保险等。

4. 该项目融资一般建立在可预见的政治与法律环境和稳定的市场环境基础之上。比如法律法规的连续性和可预见性、市场供求的稳定等。反之，就不能被设计成无追索权融资。

总之，要安排无追索权的项目融资，需要对项目进行严格的论证，使项目贷款人了解并接受项目运行中的各种风险。从某种程度上说，无追索权项目融资是一种低效的、昂贵的融资方式，因而在现代项目融资实务中较少使用，故有人称之为传统项目融资（Classic Project Finance）。

（二）有限追索权的项目融资

有限追索权（Limited-recourse）的项目融资是指项目发起人在项目的出资额以外，承担有限的债务责任和义务。如提供从属贷款和出具履约保函，以承担已经识别和协调的建设和运营风险。

项目融资的有限追索性表现在三个方面：

1. 时间的有限性。即一般在项目的建设开发阶段，贷款人有权对项目发起人进行完全追索，而通过"商业完工"标准测试后，项目进入正常运营阶段时，贷款可能就变成无追索性的了。也就是说，建设阶段仍由项目发起人承担完工风险。

2. 金额的有限性。如果项目在经营阶段不能产生足额的现金流量，其差额部分可以向项目发起人进行追索。

3. 对象的有限性。即如果项目是通过发起人成立的单一目的项目实体进行融资，则贷款人一般只能追索到项目实体，而不能对项目发起人追索，发起人为项目公司提供的担保除外。

为了更好地理解项目融资的定义，我们必须澄清有关项目融资的一些误解。

其一，有人认为，项目融资就是为任何项目取得的融资。实际上，项目融资是一个专业性很强的融资方式，这种融资方式主要应用于那些需要巨额资金、投资风险大而传统融资方式又难以满足的工程项目，如天然气、煤炭等自然资源的开发，以及交通、电力、农林等大型工程建设项目。并不是任何项目都能以项目融资的方式取得融资的。

其二，有人认为，项目融资一定是无追索权的融资。其实从项目融资的定义就可看到，项目融资包括无追索权的融资和有限追索权的融资，在项目融资实践中，贷款人对项目发起人的追索范围可以从无追索到有限追索及几乎完全追索，只有在项目有较高的经济强度时才有可能被安排成无追索的融资。作为项目融资传统的融资方式，无追索权融资已很少使用，因为它被认为是一种低效的、昂贵的融资方式。

二、项目融资与公司融资的比较

项目融资具有不同于传统的公司融资的特点。所谓公司融资（Corporate Financing），是指一个公司为了建设某一个项目，利用公司自身的资信能力，以公司本身作为债务人而进行的融资活动，包括发行公司股票、公司债券，取得银行贷款等。二者的主要区别有以下几个方面。

（一）贷款决策考察的重点不同

在项目融资中，贷款银行在作出决策时，主要以项目实体的未来现金流量作为主要还款来源，并且以项目实体本身的资产作为贷款的主要保障。因此，银行在进行项目评估时，主要考虑以下两方面因素：一是项目本身未来的现金流量和项目本身的资产价值是否足以保障归还银行的贷款本息；二是项目投资者本身即项目发起人以及其他相关各方对该项目支持程度，包括项目建设、运营、市场、技术等方面的支持和承诺等。

在公司融资中，贷款银行在作出决策时，将该公司整体财务状况和资信等级作为评估的主要依据，而把该公司将要投资的某个具体项目的财务、风险等情况作为次要的参考因素加以分析。即贷款银行通过分析借款公司的财务状况和历史资信情况，认为贷款风险基本得到控制和保障，即使该建设项目失败了，贷款银行还可以从该公司的整体财务效应中得到本金和利息的偿还。

（二）贷款对象不同

在项目融资中，贷款人是将资金直接贷放给项目发起人为建设某一具体项目而组建的项目实体，而不是项目发起人。它是将项目实体的资产状况及该项目完工后所创造出来的经济收益作为发放贷款的考虑原则的。因此，如果项目本身有潜力，即使项目发起人现在的资产少、收益情况不理想，项目融资也完全可以成功；相反，如果项目本身发展前景不好，即使项目发起人现在的规模再大、资产再多,项目融资也不一定成功。

在公司融资中,贷款人是将资金直接贷放给项目发起人,贷款人在决定是否对该公司投资或者为该公司提供贷款时,主要依据的是该公司现在的信用等级和资产状况及有关单位提供的担保。因此,从这个角度讲,项目融资比较看重借款人的"未来",而公司融资比较看重借款人的"过去"。

(三)筹资渠道不同

在项目融资中,工程项目所需要的建设资金具有规模大、期限长的特点,因而需要多元化的资金筹资渠道,如有限追索性的项目贷款、发行债券、外国政府贷款、国际金融机构贷款等。在公司融资中,工程项目一般规模小、期限短,所以一般是较为单一的筹资渠道,如商业银行贷款等。

(四)追索性质不同

项目融资的突出特点就是融资的有限追索权或无追索权。项目建成后如没有收益,例如矿产资源开采不出来、工程竣工后无法使用等,导致项目实体无法得到预期收入,就无法偿还贷款。贷款人不能追索到除项目资产及相关担保资产以外的项目发起人其他的资产。

在公司融资中,银行提供的是有完全追索权的资金。一旦借款人无法偿还银行贷款,银行将行使其对借款人的资产处置权以弥补其贷款本息的损失。

(五)还款来源不同

正如上面的分析所述,项目融资的资金偿还是以项目投产后的收益及项目本身的资产作为还款来源,即项目融资是将归还贷款的资金来源限制在所融资项目的收益和资产范围之内的一种融资方式。

在公司融资中,作为资金偿还保证的是项目发起人的所有资产及其收益,即如果被融资项目失败,不能产生足够的现金流量,则贷款银行将会要求借款人用其他项目的收益来偿还银行贷款。

(六)担保结构不同

项目融资一般需要有结构严谨而复杂的担保体系,它要求与工程项目有利害关系的众多当事人对债务资金可能发生的风险进行担保,以保证该项目按计划完工、运营,并产生足够的现金流量用于偿还贷款。

在公司融资中,一般只需构造单一的担保结构,如抵押、质押或第三方信用担保等。

关于项目融资与公司融资的比较,如图 1-1 所示。

图 1-1 解释:

1. 发起人与工程承包公司签订项目建设合同。
2. 发起人与贷款人签订贷款协议。
3. 发起人将资金用于项目的建设。

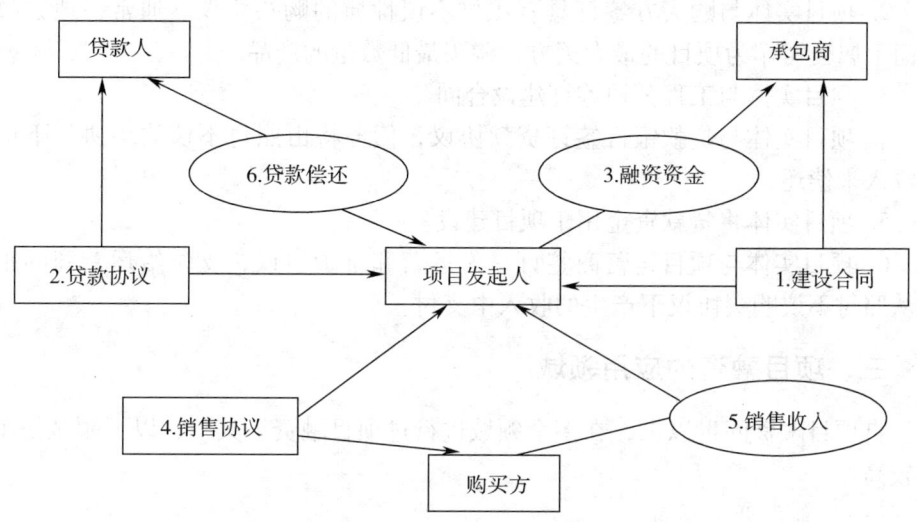

图 1-1　完全追索的公司融资方式

4. 项目完工后，项目产品出售给购买方。
5. 产品销售收入直接支付给项目发起人。
6. 在项目贷款协议下的应付本息从发起人的资金账户划出。

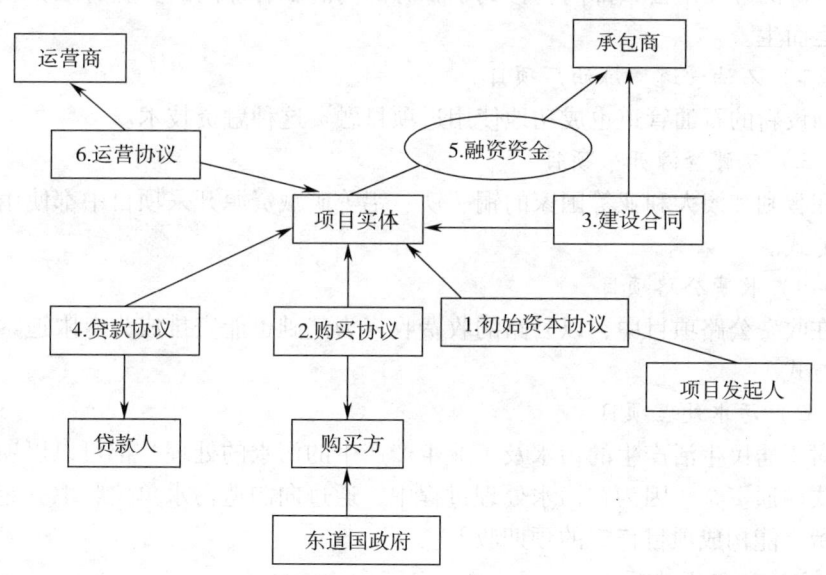

图 1-2　有限追索的项目融资方式

图 1-2 解释：
1. 发起人提供初始资本金，注册一个独立的项目实体，通常称为项目公司。

2. 项目实体与购买方签订具有照付不议性质的购买协议。通常，地方政府部门下属公司作为项目的最大买方，购买最低数量的产品。

3. 项目实体与工程公司签订建设合同。

4. 项目实体与贷款银行签订贷款协议，债务将由照付不议购买协议下产生的收入来偿还。

5. 项目实体将贷款资金用于项目建设。

6. 项目实体与项目运营商签订一份运营和维护协议，支付给运营商的报酬将从照付不议购买协议下产生的收入中支付。

三、项目融资的应用领域

自项目融资问世以来，在多个领域进行过项目融资。其中，以下领域使用频率较高。

（一）能源开发项目

项目融资经常在能源开发项目中使用。以美国为代表的工业发达国家和以东欧为代表的经济转型国家都广泛使用这种融资方式发展本国的能源工业。尤其在经济转型国家，其电力工业一直是由政府部门或公共部门垄断经营和开发，资金由政府财政补贴。由于政府举债的限制，这些国家先后实现了私有化政策，即将电力资源的开发由公共部门转移到了私有部门。私有部门的资金有限，项目融资便应运而生。

（二）石油管道、炼油厂项目

铺设新的石油管道也成功地使用过项目融资这种融资技术。

（三）矿藏资源开采项目

在智利和澳大利亚等国家的铜、铁、铝等矿藏资源开采项目中都使用过项目融资方式。

（四）收费公路项目

在收费公路项目中，以公路的收费收入为基础也能安排成为有限追索的项目融资方式。

（五）污水处理项目

对于居民生活产生的污水及工业生产产生的污水的处理，都可以以项目融资的方式融通资金。因为在污水处理过程中，通过向制造污水单位收取一定的污水处理费，能构成项目稳定的预期收益。

（六）通讯设施项目

在信息时代，无论在发达国家还是发展中国家，都会对通讯设施产生大量的需求。项目融资这种新的融资工具也不会放弃这一有吸引力的巨大市场。

综合以上项目融资的实施领域，我们认为，项目融资主要适用于需要大额资金、投资风险大、传统融资方式难以满足，并且一旦成功后现金流量较为稳定的工程项目，如天然气、煤炭、石油等自然资源的开发，以及运输、电力、公用事业等大型工程建设项目。

第二节 项目融资方式的优缺点分析

一、项目融资方式的优势

项目融资这种特殊的融资方式自20世纪60年代以后在世界范围内迅速兴起，并日益受到人们的瞩目与青睐，是与其独特的优势分不开的。这种优势主要表现在以下方面。

（一）实现融资的有限追索性

追索是指当借款人未按期偿还债务时，贷款人要求借款人以除抵押资产之外的其他资产偿还债务的权利。从某种意义上说，贷款人对项目借款人的追索形式和程度是区分融资是属于项目融资还是公司融资的重要标志。

在项目融资中，贷款人的追索权很少持续到项目的整个经济寿命期。贷款人只在贷款的某个特定阶段（如项目的建设开发阶段）对项目借款人进行追索，或者在一个规定的范围内（如项目的最小现金流量担保）对项目借款人进行追索。除此之外，无论项目出现任何问题，贷款人均不能追索到项目借款人除该项目资产、项目现金流量以及所承担的义务之外的任何形式的财产。因此，如果项目的技术检验和经济检验满足贷款人的要求时，项目风险的承担者就可以从项目发起人的资产转移到项目资产，使项目发起人有更大的空间去从事其他项目。对于项目发起人来说，除了向项目公司注入一定股本之外，并不以自身的资产来保证贷款的清偿。

（二）实现资产负债表外融资

资产负债表是反映一个公司或企业在特定日期财务状况的会计报表，它所提供的主要财务信息包括公司或企业所掌握的资源、所承担的债务、偿债能力、股东权益以及公司或企业未来的财务状况变化趋势等。资产负债表外融资（Off-balance Finance）是指这种融资或贷款不表现在发起人自身的资产负债表中的一种融资形式。最多，这种债务只以某种说明的形式反映在发起人自身的资产负债表的注释中。在项目融资中，通过对其投资结构和融资结构的精心设计，可以帮助发起人将项目贷款安排成为一种非公司负债型的融资。比如在构造项目的投资结构时，成立具有法人地位的项目公司，由项目公司负责项目的融资与建设，只要项目发起人在项目公司中的股份不超过一定的比例，项目公司的债务就不会反映在项目发起人的资产负债表上。

表外融资对于项目发起人的价值在于使得这些公司有可能以有限的财力从事更多的投资，同时实现分散投资风险的目的。一个公司在从事超过自身资产规模的项目投资，或者同时进行几个较大的项目投资时，这种表外融资方式的价值就会充分显现出来。当然，这要依赖于各国有关的会计合并的法律和法规，而且这种吸引力已开始下降，因为各国在会计报表合并方面已有许多突破。

（三）允许较高的债务比例

项目融资可以允许项目发起人投入较少的股本，而进行高比例的负债，这是其他融资方式所不具备的优点。贷款人可接受的债务比例根据项目不同而不同。主要受项目所在国别、项目经济强度、项目融资规模及项目其他当事人是否有股本投入等因素的影响。一般项目的债务比例为75%～80%，担保结构严谨的项目可以实现90%～100%的负债。这意味着投资者可以利用项目融资方式来安排超过自身筹资能力的大型项目融资。

当然，这并不是说，贷款人不要求项目发起人进行较大比例的权益投资。事实上，贷款人非常希望项目发起人能够投入大量的股本资金。发起人的投资不仅能降低项目的整体负债水平，还表明发起人对项目的关心程度和奉献程度，其投入的股本比例越大，就越关心项目的成败，就越能增强贷款人对项目的信心。

（四）共同分担风险原则

在公司融资中，一旦项目失败，其风险几乎完全由项目借款人承担，因为贷款人至少还有完全追索作为保证。在项目融资中，对于与项目有关的各种风险暴露，通常会以某种形式在项目发起人、与项目有直接或间接利益关系的其他参与者和贷款人之间进行分配。一个成功的项目融资结构应该是在项目中没有任何一方单独承担全部项目债务的风险责任，也就是说，一旦项目融资结构建立起来之后，任何一方都要准备承担未能预测到的风险。

这种共担风险的原则，一方面使项目发起人不至于因为项目的失败而破产，另一方面提高了项目成功的可能性，因为各个当事人承担了风险，就必然要追求回报，关注项目的成功。这一优势对于一些规模较小的公司来说尤其重要，当它们自身的资产负债状况不足以承担一个大型的基础设施项目的负债和风险时，项目融资的优势就体现出来了。

（五）享受税务收益带来的好处

所谓税务收益（Tax Benefit），是指在项目所在国税法允许的正常范围内，通过精心设计的项目投资结构和融资结构，把项目的税务亏损作为一种资源最大限度地加以利用所带来的税收节约。这种节约可以减少项目高负债期的现金流量压力，降低项目的资金成本，从而提高项目的偿债能力和综合收益率。

对于税务收益，可以从三个方面理解：第一，项目债务的利息支出的免税效果。项目融资允许高水平的负债结构（70%以上的负债率是很典型的），这在某种程度上意味着资本成本的降低。因为大多数国家贷款利息是免税的，而股权收益必须缴税。第二，新建企业的税收优惠。由于在很多国家新企业享受资本支出的税收优惠和一定的免税期，所以成立单一目的公司的做法在项目融资中很普遍。甚至在有些情况下，项目融资结构的变化就是出于税收的考虑，如在英国，因为有对机器和设备的税收优惠，经常会采用金融租赁项目融资方式。第三，也是最主要的，是对项目结构性亏损的利用所带来的税收节约。结构性亏损不同于一般意义上的经营性亏损，这种亏损多出现在项目投资的前期，主要是由于项目的投入与产出在时间上不匹配所造成的，如固定资产折旧、债务资金的利息成本以及一些特殊的成本摊销等。在大型基础设施项目中，由于其资本密集度高，项目前期资本投入量大，因此，项目的结构性亏损数额会相当可观。如果不对这种结构性亏损加以有效地利用，无疑是一种资源的浪费。在项目融资中，通过特殊的投资结构和融资结构的设计，可以把这种结构性亏损作为一种潜在收益出售给贷款银行或其他有需求的第三方（使后者的应纳税额减少），并将现金流入全部用来偿还银行贷款，以此减轻项目前期直接还本付息的压力，提高项目的可融资性，减少项目股本资金的投入比例。因此，通常把这种结构性亏损称为结构性税务亏损。

二、项目融资的弊端分析

与公司融资相比，项目融资存在以下不足之处。

（一）风险分配的复杂性

项目融资的核心是识别和分配风险，而项目的风险分配是一个非常复杂的过程，因为它涉及出于不同目的参与进来的众多当事人，涉及许多法律合同。如在贷款人与发起人之间分配风险取决于贷款人的追索程度，在工程建设公司与发起人之间分配风险取决于建设公司提供的担保种类等，都会导致谈判工作复杂化和延期，甚至增加成本。风险分配的复杂性使这种融资方式在发展中国家操作起来较为困难，因为这些国家的企业独自承担项目风险的能力有限。

（二）增加了贷款人的风险

尽管根据许多国家的法律，银行不是一个风险承担者，但在项目融资中，由于贷款的无追索性或有限追索性，一些项目融资风险不能被有效地分配出去，这实际上增加了贷款人的风险。即当项目失败时，贷款人将要承担较一般公司融资更大的风险。这一特点使得一些商业银行对于项目融资的介入显得过于谨慎。

（三）贷款人的过分监管

由于贷款人的风险增加，贷款人必然要加强对项目发起人及项目公司的监管，有时甚至是过分的监管，这就使项目的执行成本相应增加。如要将项目报告、项目经营情况、项目工程技术报告等资料及时通报给贷款人，为了减少风险,贷款人还会要求项目进行过度的保险,并限制项目所有权的转移以确保经营管理的连续性。

(四) 较高的融资成本

在以上因素的作用下,项目融资的准备过程较长,相对融资成本就较高。项目融资涉及面广、结构复杂,需要做好有关风险分担、税收结构、资产抵押等一系列技术性工作,筹资文件比公司融资往往要多出好几倍,需要几十个甚至上百个法律文件才能解决问题。加上融资的有限追索性,导致融资成本比公司融资方式高出许多。

融资成本包括融资的前期费用和利息成本两个主要部分,其中,融资的前期费用与项目的规模有直接关系,一般占贷款金额的 $0.5\% \sim 2\%$,项目规模越小,前期费用占融资总额的比例就越大;项目的利息成本一般要高出同等条件公司融资的 $0.3\% \sim 1.5\%$,其增加的幅度与贷款银行在融资结构中承担的风险以及对项目发起人的追索程度密切相关。因此,只有项目所需的资金非常巨大时(一般认为,投资规模不低于 5 000 万美元的项目),在规模效应的作用下,才能有效利用项目融资方式的优点,取得较稳定的投资回报。

第三节 项目融资的当事人及其权责

项目融资的参与者相对公司融资复杂得多,而且,没有任何两个项目融资的当事人是一样的。总结起来,项目融资中基本的当事人有:项目的发起人、项目公司、项目的贷款银行、项目产品的购买者或项目设施的使用者、项目建设的工程公司或承包公司、项目设备或能源或原材料的供应者等。除此之外,还包括项目融资顾问、法律或税务顾问、有关政府机构等其他参与者。对于以上参与者,将分为两类加以分析:在所有项目融资中都有的参与方和只在某些项目融资中有的参与方。

一、在所有项目融资中都有的参与方

(一) 项目发起人

项目发起人是项目的实际投资者或主办方,它们提出项目、取得经营项目所必要的许可协议并将各当事人联系在一起。

1. 项目发起人的职责。项目发起人的主要职责:一是从组织上负有督导该项目计划落实的责任;二是出资组建项目实体,提供股本资金支持;三是在有限追索的项目融资中,发起人还需要以直接担保或间接担保的形式为项目实体提供一定的信用支持。因此,项目发起人是项目融资中的真正借款人。

2. 项目发起人的构成。项目发起人可以是单独一家公司,也可以是由多个

投资者组成的联合体,如项目承包商、设备供应商、原材料供应商、产品的买主或最终用户和间接利益接受者(如即将兴建的新交通设施附近的土地所有者,该项目可以使他们的土地升值)组成的企业集团。同时,发起人既可以是东道国境内的企业,也可以是境外的企业或投资者。一般来说,发起人中包括至少一家境内企业会有利于项目的获准与实施,降低项目的政治风险。对于大型工程项目,除东道国政府或私营企业外,一般都吸收一家外国公司,尤其是实力雄厚的有影响力的大型跨国公司参加,对项目融资来说至关重要。贷款人和东道国政府都非常重视这一点,这对于项目的许可和贷款的取得非常具有说服力。这样做一方面可以利用大型跨国公司的投资经验和专门技能,便于项目的建设和管理;另一方面又可以利用外国公司良好的信用等级,吸引国际银行的贷款。

由于项目融资所涉及的项目以大型投资项目为主,在大多数情况下,发起人由众多机构所组成的投资财团构成。那么,如何成功地组建一个项目投资呢?在组成投资财团投资一个项目之前,一般要处理好以下几个问题:

(1) 各个发起人承担的不同职责。在项目融资实务中,不同的发起人应承担各自不同的职责。如由不同的发起人分别充当项目建设者、项目经营者、关键原材料供应商及项目产品的购买者等角色。

(2) 确定项目顾问。在进行项目开发之前,发起人应就选定项目顾问达成共识。其中,关键的项目顾问是金融顾问和法律顾问。

(3) 确定股本投入的比例和方式。对项目实体如何进行股本投资及投资多大比例,成为发起人之间必须确定的重要问题之一。多数情况下,项目实体的债务与股本之比在90/10和75/25之间,具体比例由项目的经济强度和贷款人承担风险的态度所决定。大多数贷款人会要求发起人在项目开始时就注入股本金,只有当发起人提供了足够的信贷支持或出示了银行保函时,银行才会放松这一条件。

(4) 确定红利分配政策。这是贷款人和发起人之间最敏感的问题。通常,发起人希望尽早取得投资回报,而贷款人不希望在项目实体偿还银行贷款之前分配红利。

在项目实体的股本投资者中,还有一些特殊的投资者,我们称之为第三方股本投资者,这些投资者仅仅依据投资的回报而对项目进行投资,如购买投资基金和项目公司股票的社会投资者。

3. 贷款银行对项目发起人的要求。从贷款人的角度看,作为一个成功的项目发起人,应该具备以下基本特征:

(1) 可行性研究和融资计划是专业的和全面的;

(2) 选定的建设者和经营者是富有经验的,有过相关项目的成功记录,并对第三者诚实;

(3) 项目生产的产品或提供服务的市场是有保证的；
(4) 行政问题和国家风险问题是可以控制的；
(5) 项目管理者的身份、权威和连续性是透明的；
(6) 在合资结构中，贷款者能知道其中有一个特定的实体能控制项目；
(7) 项目经营和财务管理的连续性可以在一个较长的时间内得到保证；
(8) 有一个非常好的项目管理方案；
(9) 与管理者的联系是畅通的，而且所有与财务和生产相关的信息能及时和正确地取得；
(10) 发起人应具有一定的经济实力基础；
(11) 发起人应受到项目成功后的足够利润的激励；
(12) 发起人要有过成功的项目融资经历，了解项目融资中可能产生的各种问题和难点。

(二) 项目公司

项目公司或称项目实体，是由发起人投资组建、直接承担项目建设和运营责任的法律实体。在项目融资中，运用新创建的项目实体把融资的项目与发起人的资产负债表分离开来，以达到有限追索的目的。

1. 项目公司的职责。为了实施和运营筹划的项目，项目发起人一般在项目的东道国注册一个专用（公司制或非公司制）载体。在组织了合资公司或合营公司或有限合伙公司后，筹集资金、管理、利润分享、利息支付、项目终止等问题都会在股东协议或合作协议里加以规范，并由项目公司负责执行。

项目公司可以是这样一种实体：一个公司、合伙制结构、有限合伙制结构、合资企业或以上实体的综合。在某种程度上说，项目公司的结构为东道国的法律框架所影响和决定。如有些国家法律规定，政府特许权的持有者只能是一家公司，则项目公司就必须是一个确定的法律实体，是为了项目的建设和满足市场需求而建立的自主经营、自负盈亏的经营实体。同时，有些法律还规定，在一些具有战略意义的工业领域不允许外国资本控股或拥有资产，这时就不能设立一个独立法人实体进行项目融资。

2. 项目公司的确定。在项目融资的操作中，项目公司或项目承建单位一般都是通过公开招投标形式确定的，以使项目特许给最优秀的投资商承建，使项目的建设成本最低、技术最先进、收费最合理等，充分利用招标的公开、公平、高效优势。

所以，在这里，我们补充介绍有关规定的竞争性招标的规则。

所谓规定的竞争性招标（Compulsory Competitive Tendering，CCT）是这样进行的：围绕项目产生一些资格候选人，然后慢慢缩小其数目，将那些没有能力或资源从事该项目的候选人去除，最后，与最佳者签订合同或协议。

竞争性招标的组织者被称为"权威机构",其职责是保证竞争性招标的正常进行,通过竞争使项目的货币价值最大,并保证在最终签订合同的过程中尽可能地避免出现纠纷。

出口信贷机构和多边金融组织通常要求它们融资的项目以竞争性招标的方式确定项目合同结构。如世界银行相信要给予所有合格的投票人参与竞争的机会,只有通过国际竞争性招标(International Competitive Bidding,ICB)才能实现。如在建设—经营—移交(BOT)项目融资中,世界银行建议,项目公司必须通过国际竞争性招标方式产生,或者如果项目公司不是这样产生的话,项目公司所需要的物质、设备和服务也应该以国际竞争性招标方式得到。

国际竞争性招标包括公开招标和选择性招标两种。(1)公开招标是指招标人通过公共宣传媒介发布招标信息,世界各地所有合格的承包商均可报名参加投标,条件对业主最有利者可中标。(2)选择性招标,也称邀请招标,是一种有限竞争招标。它是招标人通过咨询公司、资格审查或其他途径了解到承包商的情况,有选择地邀请多家有实力、讲信誉、经验丰富的承包商参加投标,经评定后决定中标者。无论哪种招标方式,国际招标是按照严格的程序和要求进行的,需要做大量的工作,历经的时间少则一年,多则几年。在国际竞争性招标中,主要程序一般包括:(1)成立招标机构;(2)编制招标文件;(3)发布招标公告;(4)资格预审;(5)出售招标文件;(6)递送标书;(7)开标;(8)评标;(9)定评前的谈判;(10)定标;(11)签订合同。

那么如何进行国际竞争性招标活动以产生优质的项目合同呢?《世界银行指南》(以下简称《指南》)可以说是一个有益的参考。《指南》中的以下条款对于如何实施国际竞争性招标过程具有很好的指导作用。

(1)竞争性招标的组织者所发出的投票邀请一定要明确说明要进行竞争性招标的合同类型。《指南》指出,邀请标书(Invitation To Bid,ITB)中一定要指明合同是属于一次性结算、规定单价、成本补偿加费用或者以上几种方式的结合。世界银行一般只有在一些例外情况下才接受补偿成本性质的合同,如存在很高的项目风险,或者有足够的理由证明事先不能准确地决定成本时才可以考虑。但无论在何种情况下,成本补偿合同中必须有适当激励条款以限制成本的增加。

(2)投标过程一般分成两个阶段进行。第一阶段是由投标人在主办者的构思设计或基本要求的基础上提出技术设计方案。这是投标人之间的非价格竞争。第二阶段是由投标人对所提出的技术设计方案进行解释、说明、论证,此时可能会需要修改邀请标书的内容,并提出最后的技术方案和价格方案。

(3)提供投标担保凭证。保证主管部门不因为投标人中途撤标而造成损失。典型的担保有即期的银行保函等。

(4) 投标书中必须明确指明项目完工计划、最早完工要求，并提供质量保证和维修担保等。

(5) 对所有潜在投标人提供的信息必须是相同的。

(6) 在邀请标书中，主管部门必须明确指出，投标人所提供的商品或设备必须满足 ISO 标准或相关规定。

(7) 在一个招标中，招标组织者可以不接受所有的出价。即它没有义务必须授予合同。世界银行认为，当缺少有效的竞争或所有的投标对邀请标书和其他招标文件的反映都不是很充分的话，主管者可以不接受所有的投标。

(三) 借款方

1. 借款方的构成。在大多数情况下，项目融资的借款单位就是项目实体，项目实体的重要职能就是为项目筹集资金，即充当项目的直接借款人。但在有些情况下，借款者可能是其他一些单位或个人，如在非契约性合资结构中，通常是由每个参与者独立借款以便参与到项目中来，项目的承建公司、经营公司、原材料供应商及产品买主都可能成为独立的借款方，而合资企业本身没有任何负债。这就使融资安排变得复杂化。因此，在很多情况下，通常设立一个特别目的项目公司（Special Purpose Vehicle, SPV，以下简称项目公司）来进行项目融资的。这样做的好处是：其一，将项目融资的债务风险和经营风险大部分限制在项目公司中，项目公司根据其资产负债表承担有限责任，是实现有限追索的一种重要手段；其二，对于有多国投资者参加的项目来说，成立项目公司便于把项目资产所有权集中在项目公司一家身上，而不是分散在世界各地的各个投资者手中，便于进行管理；其三，从实际操作角度看，采用项目公司具有较强的管理灵活性。

同时，国际上一些银行和金融机构在对国有部门贷款和提供担保时显得非常谨慎。为了避开这一融资障碍，通常设立专门的机构，如受托借款公司（Trustee Borrowing Vehicle）来进行项目融资。项目公司与受托借款公司签订委托借款协议，银行向该受托借款公司提供贷款，由后者对项目公司提供资金。受托借款公司的主要职责是直接保管从产品购买人处（或设施用户）收取的款项，用以偿还对贷款人的借款，并保证在贷款债务未清偿前，项目公司不得提取或动用该笔款项。这种形式可以帮助一些项目公司摆脱在借款方面受到的限制。其简单运作如图 1-3 所示。

图 1-3 的解释：(1) 项目发起人或项目公司与受托借款公司签订委托借款协议或信托协议。受托人大多是一家大商业银行的信托部门，由贷款人选定，位于主要的金融中心。(2) 项目公司与工程承包公司签订设计、采购和建设（EPC）合同。(3) 受托人与贷款人签订贷款协议，贷款协议下的追索权只限于托管的资产。(4) 受托人将贷款收入向工程公司支付。(5) 发起人或项目公司与包销商或用户签订照付不议包销协议。(6) 项目发起人或项目公司与贷款人

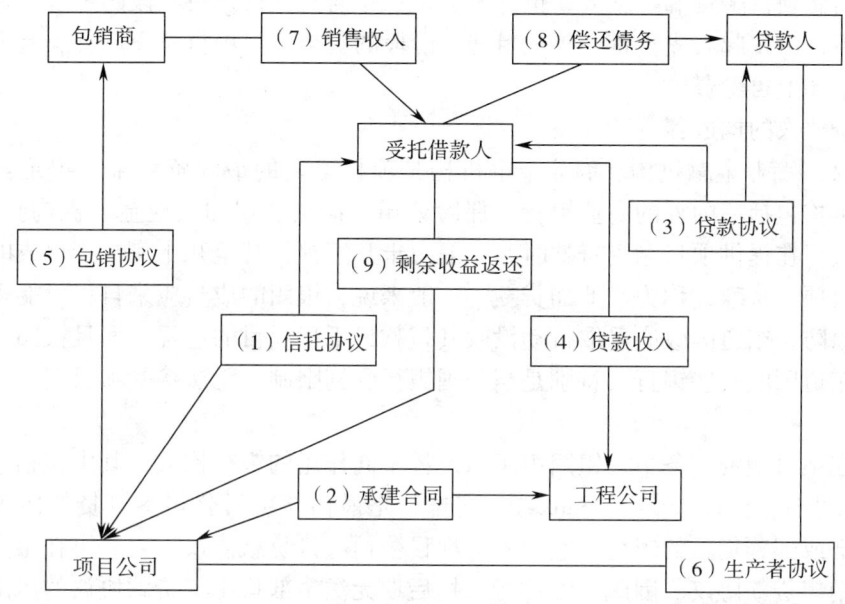

图 1-3 受托借款公司的运作结构示意图

直接签订有限追索生产者协议,并同意运营维护该项目。如果由于项目发起人的原因在执行或维护项目中失败导致偿债不足,发起人同意以现金支付贷款人。(7) 项目发起人指示第三方包销商将照付不议项下的销售收入直接付给受托借款人。(8) 受托借款人用从包销商处收到的销售收入向贷款人偿还债务。(9) 受托借款人将偿债、支付托管费或储备账户等之后的剩余收益支付给发起人或项目公司,成为后者投资该项目的利润。

2. 贷款银行对借款单位的限制。一般地,贷款人要对特别目的项目公司的行为进行严格的限制,以保证项目贷款风险的确定性。其限制内容主要有:

(1) 不准发生除项目融资之外的任何其他金融债务;
(2) 不准签订与项目无关的任何其他协议或安排;
(3) 不准向其他任何人或项目进行任何金额的投资或借款;
(4) 不准更改报告期或财务年限;
(5) 不准进行任何形式的分红或派息;
(6) 不准更改其公司章程;
(7) 不准建立任何形式的子公司。

(四) 贷款人

贷款人统指为项目提供资金的融资机构。在以下对贷款人的介绍中,必须明白两点:第一,并不是每类贷款人在每宗项目融资交易中都要出现;第二,即使是专门做项目融资的贷款人，也并不总是都参与到项目建设阶段的融资，在有些情况下，由发起人先负责筹集项目建设阶段的资金，等项目移交后，发起人再在金融市场上再融资。

贷款人的构成：

（1）商业金融机构。商业金融机构是项目融资的最大资金来源渠道。商业金融机构包括境内外的商业银行、保险公司、信贷公司和其他金融机构。其中，商业银行在提供项目融资贷款时，一般由十几家银行甚至几十家银行组成的国际银团对项目贷款，称为辛迪加贷款。一般来说，银团的成员应来自尽可能多的国家，以防止东道国政府采取行动没收其贷款或干扰项目的进程，而且银团最好能包括东道国的一些银行，特别是当外国银行受到限制、无法接受项目资产担保的时候。

在项目融资实务中，银团组织由发挥不同作用的银行构成，其中包括：

a. 安排行（Arranged Banks）：安排行是最初与项目公司签订贷款协议并承购全部或部分贷款的银行。它们先与项目公司签订贷款协议，之后再在银团成员之间销售贷款协议。因此，安排行承担后期无法全部售出其贷款协议的风险。一般地，安排行由少数几个大银行组成一个小银团来承担，因为从事项目融资需要熟练的专业技巧、丰富的实际操作经验，并能恰当评估和管理项目风险。这些特点只有大银行才具备。但这并不是说不具备以上技巧的银行就不能从事项目融资，只是它们的风险要比从事一般银行贷款业务大。

b. 代理行（Facility Agent）：与贷款人签订协议，接受占辛迪加成员2/3的贷款银行的指示，负责项目贷款的日常管理事务，并收取一定的管理费。

c. 管理行（Managing Bank）：管理行只是为了便于项目贷款的管理而安排的，它本身不承担任何风险，也不增加任何债务责任。

d. 技术银行（Technical Bank）：与贷款人签订协议，负责处理与项目贷款有关的技术问题的银行。在大型项目融资中，贷款人都会聘请自己的技术和工程专家与顾问（独立于项目发起人或项目公司聘请的专家顾问）。技术银行应从贷款人的角度监督项目的一般进程，并代表贷款人与独立的工程师或技术顾问联系和洽谈。

e. 保险银行（Insurance Bank）：在大型项目融资中，往往由一家银行专门充当保险银行的角色，即从贷款人的角度，负责与项目保险有关的谈判等事宜。通过不断地与贷款人聘请的保险顾问联系，与保险公司谈判，保证最终取得的项目保险文件符合贷款人的利益。

（2）多边及双边金融机构和出口信贷机构。多边金融机构包括世界银行、国际金融公司（IFC）、多边投资担保机构（MIGA）等。双边金融机构如亚洲开发银行（ADB）、非洲开发银行等，都在项目融资中充当重要的贷款人角色以及发挥信用担保作用，尤其是对政治风险的担保，如因东道国改变外汇政策使项目公司无法偿还外国贷款人的利息而使贷款人的利益受损时，由国际金融公司进行赔偿。

出口信贷机构如各国的进出口银行，主要作用是通过发放优惠利率的出口信贷促进本国出口的稳定增长。在项目融资中，设备供应商经常与出口信贷捆绑在一起操作。

（3）私募和债券市场。资本市场的投资者一般对不能获得BBB级以上评级的项目敬而远之，因为这些项目的违约风险较高。但是，情况并不总是如此，在美国、英国、德国和日本已经建立了这样的市场，即通过私募市场发行低于BBB级的债券，也能筹集到巨额资金。

（五）工程承包商

工程承包商是按照设计、采购和建设（EPC）合同建设项目的经济主体。项目建设的工程公司或承包公司是工程技术成败的关键因素，它们的技术水平和声誉是能否取得贷款的重要因素。至少在项目的建设期，工程公司构成项目融资的重要当事人之一。

这些工程公司或承包公司的工程技术能力和以往的建筑历史记录，可以在很大程度上影响项目贷款银行对项目建设期风险的判断。一般来说，如果有信用卓著的工程公司来承建项目，有较为有利的合同安排（如签订固定价格的一揽子承包合同），可以帮助项目投资者减少在项目建设期间所承担的义务和责任，可以在建设期间将项目融资安排成为有限追索的形式。同时，由于工程公司或承包公司在与贷款银行、项目发起方和各级政府机构打交道方面十分有经验，因此，它们可以在如何进行项目融资方面向其业主提供十分宝贵的建议，从而成为项目融资中的重要参与者之一。

（六）保险商

项目融资的巨大资金规模以及未来许多难以预料的不利因素，要求项目各参与方准确地认定自己面临的主要风险，并根据法律及时地购买各种保险。广泛的保险是项目融资的一个重要内容，也是项目融资赖以存在的基础。这是由项目融资的有限追索性质所决定的。因此，保险商是项目融资的主要参与者，尤其是一国官方的提供保险业务的机构，如美国的海外私人投资公司、英国的出口信贷担保局、法国的对外贸易保险公司、德国的赫尔默斯信贷保险公司等。

二、只在某些项目融资中有的参与方

（一）项目设备、能源、原材料供应商

项目设备、能源及原材料的供应者对保证项目按时完工起着十分重要的作用。因此，贷款人也就非常关心这些经济单位的资信与经营作风，成为银行考虑是否发放贷款的因素之一。

一般地,项目能源或原材料生产者为了寻找长期稳定的市场,在一定条件下愿意以长期的优惠价格条件为项目提供能源和原材料。这种安排有助于减少项目初期以及项目经营期间的许多不确定因素,为项目公司融资提供了便利条件。设备的供应商为了促进自己设备的销售,一般都有多种融资计划参与到项目建设中来。较为典型的是将设备供应与出口信贷捆绑在一起,这样做,一方面,贷款方可以为本国企业开辟国外市场;另一方面,借款方可以获得出口信贷等优惠贷款,双方都可以获得好处。

(二) 包销商

项目融资中的产品很少向市场公开出售。根据一个正式协议,项目产品由一个单独的总购买方全部购买,这就是项目的包销商即项目产品的购买者或项目设施的使用者的作用。因此,为了保证项目建成后有足够的现金流量用于还本付息,在项目谈判阶段,一般都要确定产品及服务的包销商并签订协议,以减少或分散项目的市场风险。包销商可以是项目发起人本身、对项目产品感兴趣的独立第三方及有关政府机构。由于它们是项目未来收入与收益的提供者,故成为项目融资的重要参与者之一。它们承担着购买产品或使用设施的合同义务。

在某些项目中,包销商与项目公司签订照付不议协议来保证项目未来稳定的市场和经济效益,为项目贷款提供重要的还款保证。当然,在另一些项目中,如收费公路项目、集装箱港口、大规模交通系统等项目中,就很难设计这样一个照付不议包销协议了。

(三) 第三方运营商

在大多数工程项目中,项目公司并不负责项目的经营和管理,而是指定由一家独立的第三方运营商负责项目的运营和维护,并与项目公司签订经营和维护协议。这一公司应具备项目管理知识与经验并最好在东道国注册。和项目工程公司一样,贷款人也十分关心项目运营商的背景,一般要求该公司具有足够的资金实力,并具有类似项目成功管理的历史记录。

当然,在有些情况下,没有第三方运营商,项目由某个发起人或发起人的控股公司直接经营。

(四) 东道国政府

在具体的项目融资中,东道国政府的作用是各种各样的。它可能承担的作用有:在许多发展中国家会提供政府支持协议,提供项目经营的许可协议,充当项目产品的最大买主,通过政府部门或受政府控制的部门对项目注入间接的股本资金等。而且,发展中国家或欠发达国家的政府往往比发达国家的政府希望承担更大的作用。

东道国政府在项目融资中愿意承担相应的职能,是因为项目融资对东道国政府而言具有很大的吸引力，表现在：第一，吸引外国投资；第二，引进外国先进技术和知识；第三，减少政府外国债务；第四，将公共部门的风险转移给私人部门；第五，对国内劳动力提供职业培训的机会。

（五）其他项目参与者

在项目融资实务中，还有其他项目参与者，发挥其独特的作用，如金融顾问、信用评估机构、当地管理者、财务部门、律师和其他专业人士等。

项目融资中众多的当事人出于各自的目的以签订合同、协议的方式联系在一个项目中，它们必须有效、成功地合作才能实现其目标。所以，在一个项目中，其总体目标应该是一致的，即促使项目成功。但一定会存在矛盾与冲突，尤其在国际项目融资中，各个来自不同法律管辖权的当事人的利益冲突是不可避免的。不过，在许多项目融资案例中，正是这些不同的当事人各自发挥其独特的作用，才使项目成功概率增大。如承建商以固定承包合同保证项目的正常完工；运营商保证项目的正常经营和维护，使其在项目有效生命期内能产生足够的现金流量；供应商以固定价格或商定价格提供关键原材料的供应，以保证项目的成本不超支；等等。

第四节 项目融资的运作程序

各个项目的融资活动千差万别，找不到两个完全相同的项目融资过程。但是，项目融资的运作程序大致是一样的。从项目的投资决策算起，到选择采用项目融资的方式为项目的投资筹集资金，一直到最后完成该项目融资，大致上可以分为五个阶段与步骤，具体分析如下。

一、项目融资的框架结构

项目融资一般由以下四个基本模块组成。

（一）项目的投资结构

项目的投资结构，即项目的资产所有权结构，是指项目的投资者对项目资产权益的法律拥有形式和项目投资者之间的法律合伙关系。一般是通过投资决策分析，来确定项目的投资结构。确定项目的投资结构需要考虑的因素包括：项目的产权责任、产品分配形式、决策程序、债务责任、现金流量、税务结构和会计处理等内容。目前，国际上通行的投资结构有：单一项目子公司、非限制性子公司、代理公司、公司型投资结构、合伙制或有限合伙制结构、非公司型投资结构等。

（二）项目的融资结构

项目的融资结构是项目融资的核心，在项目融资中要尽量设计和选择合适的融资结构以实现投资者在融资方面的目标和要求。一般地，根据项目债务责任的分担要求、贷款资金数量上的要求、时间上的要求、融资费用等来决定是否采取项目融资方式。如果决定采用项目融资方式之后，便要任命项目融资顾问，明确融资的任务和具体目标要求。在评价项目的风险因素的基础上，设计项目的融资结构、资金结构和担保结构。通常采用的项目融资模式有产品支付融资、设施使用协议融资、杠杆租赁融资、BOT融资、资产支持证券融资等多种项目融资模式。

（三）项目的资金结构

项目的资金结构，主要是决定在项目中股本资金、准股本资金和债务资金的形式、相互之间的比例关系以及相应的来源等。项目融资的资金来源有股本和准股本、商业银行贷款和国际银行贷款、国际债券、租赁融资等。

（四）项目的信用担保结构

就银行和其他债权人而言，项目融资的安全性来自两个方面：一方面来自于项目本身的经济强度，另一方面来自于项目之外的各种直接或间接担保。这些担保可以是由项目的投资者提供的，也可以是由与项目有直接或间接利益关系的其他当事人提供的。项目融资中的主要担保形式有项目完工担保、资金缺额担保、以照付不议协议和提货与付款协议为基础的项目担保等。

二、项目融资的阶段与步骤

项目融资一般要经过五个阶段与步骤，即投资决策分析、融资决策分析、融资结构分析、融资谈判和项目融资的执行等阶段。

（一）投资决策分析阶段

投资者在作出决策之前，通过对宏观经济形势的判断、工业部门的发展态势以及该项目在工业部门中的竞争性分析、项目的可行性研究等基本资料的了解，来初步决定项目的投资结构。

（二）融资决策分析阶段

在此阶段，项目投资者将决定采用何种融资方式为项目筹集资金。主要通过成本与效益分析，对各种可能的融资方案进行取舍。

（三）融资结构分析阶段

这一阶段的主要任务是完成对项目风险的分析和评估，设计出项目的融资结构，并对项目的投资结构进行修正和完善。

（四）融资谈判阶段

通过对融资方案的反复设计、分析、比较和谈判，最后选定一个既能在最大限度上保护项目投资者的利益，又能为贷款银行所接受的融资方案。其中包括：选择银行、发出项目融资建议书、组织贷款银团、起草融资法律文件、融资谈判等。

这一阶段会经过多次的反复，在与银行的谈判中，不仅会对有关的法律文件作出修改，在很多情况下也会涉及融资结构的调整问题，有时甚至会对项目的投资结构及相应的法律文件作出修改，以满足贷款银团的要求。此时，融资顾问、法律顾问的作用非常重要，融资顾问和法律顾问可以帮助加强项目发起人的谈判地位，保护投资者的利益，并在谈判陷入僵局时及时、灵活地找出适当的变通办法，绕过难点解决问题。

（五）项目融资的执行阶段

在正式签署项目融资的法律文件之后，融资的组织安排工作就结束了，项目融资就进入了执行阶段。在公司融资方式中，一旦进入贷款的执行阶段，借贷双方的关系就变得相对简单明了，借款人只要求按照贷款协议的规定提款和偿还贷款的利息和本金。然而，在项目融资中，贷款银团通过其经理人（一般由项目融资顾问担任）将会经常性地监督项目的进展，根据融资文件的规定，部分参与项目的决策和管理。

第五节 项目融资的起源及发展

一、项目融资的起源

（一）项目融资起源于四千多年前的船舶融资

早在四千多年前，项目融资的思想就已经存在了。根据《汉谟拉比法典》的记载，船主为造船进行筹资所使用的形式是抵押融资，即船舶抵押合同，船主用进行商业贸易产生的收入来偿还造船贷款。如果在贷款还清之前，船只在航行过程中损毁，那么船主欠贷款人的剩余债务就一笔勾销。这就是项目融资的雏形。贷款人或投资者基于对航海贸易可能产生的巨额利润而参与船主发起的造船项目，且仅以此船的航海贸易未来可能产生的现金作为收回贷款或投资的来源，如果航海贸易没有预期的盈利或船只在航海过程中损毁，贷款人和投资者是不能要求船主偿还贷款和返还投资的。显而易见，这种模式对贷款人和投资者来说风险很大，尤其是在几千年前的奴隶社会，风险分配和管理控制还不能做到像现在这么科学。所以，这种模式曾经有一段时间在人们的商业活动中销声匿迹了，直到19世纪中叶，苏伊士运河的融资才又把这种融资方式引入人们的视野。

（二）苏伊士运河的融资成为基础设施项目融资的先驱

1858年苏伊士运河的融资是今天许多基础设施项目融资的先驱，尽管苏伊士运河的融资与当今的项目融资有明显的不同。比如，英国—法国特许经营商是苏伊士运河的发起人，从埃及政府获得了长达99年的对运河进行建设、运营和维修的特许权，在今天长过 30 年的特许权都是罕见的。到 1869 年年底，苏伊士运河从融资结束到建成投入使用花费了 11 年的时间，如此长的建设周期很难想象在今天是否能成功取得项目融资。

二、现代项目融资的发展

（一）20 世纪 80 年代以前项目融资主要应用于资源开发项目

现代最早进行项目融资的可能算是美国通过发行工业收益债券（IRBs）进行城市基础设施和地区基础设施建设融资这一案例了。1913 年，美国国会给那些州或者政府下级机构（简称市政）发行的工业收益债券的持有者所获得的收益提供免税政策，从而促进了美国市政债券的迅速发展。市政债券包括两种：一种是一般责任债券，它是以市政的资信为基础发行的，以地方税收收入作为偿还保证。另一种是工业收益债券，它不以市政的资信为基础，而是仅仅以项目和项目预期现金流为基础的。因此，工业收益债券与项目融资类似。但这时的项目融资更多地应用于资源开发项目中。

1. 石油类开发项目。1929 年，美国华尔街股票市场暴跌。美国经济遭受了巨大冲击，美国经济陷入大萧条时期。在危机发生的过程中，大批企业破产、倒闭，侥幸留存下来的企业也是资产负债状况不好、自身信誉低。按照传统的以企业财务状况、资信等级为基础的公司融资理念，这样的企业很难从银行获得贷款，也就难以开展正常的经营活动。在这种情况下，企业面临着山穷水尽的局面。

这时，美国得克萨斯州的石油开发项目却采用项目融资的方式筹集了足够的资金，并获得了成功。石油商品具有突出的特征：耐储存，能够经受价格的变化，石油开采项目的利润也非常丰厚。其对一些投资者很有吸引力。项目开发商、投资者以及贷款人约定采取产品支付（Production Payment）的方式归还贷款，即借款者（主要是一些私人）在石油项目投产后不以石油产品的销售收入来偿还贷款本息，而是直接以石油产品来还本付息，贷款银行从石油开发者手中获得将来产出的部分或全部石油产品的所有权。后来在产品支付的基础上又产生了预期产品支付方式——远期购买（Forward Purchase）。在这种方式中，矿区所有者将一部分矿区作为产品卖掉，而买方（通常是贷款人为项目成立的专设公司）将购入的产品作为抵押从银行借入购买资金。这实际上是卖方提前卖出即将生产出来的石油，买方以远期购买的产品为抵押品从银行获得贷款，而银行则依靠抵押矿区产出的石油回收贷款。在这类项目融资中，勘察所需的资金一般由公司内部产生的现金流提供。贷款人只为开采开发阶段所需的设备和劳动力成本提供有限追索的项目融资。

2. 矿产类开采项目。早期因为外部筹资成本较高，采矿业扩建或新建矿山主要依靠自筹资金解决。但自20世纪60年代后期到70年代，项目融资在矿业开发项目中发展起来。这主要是由于：第一，西方国家政府为缓和经济危机与能源危机的影响和社会矛盾，积极从事大型能源工程项目，以缓解能源短缺，带动经济发展。第二，20世纪70年代国有化浪潮迫使私人资本采取与国际组织、国际金融机构甚至跨国公司多边合伙的方式投资于有利可图的大型矿业和工程项目，以避免私人单独投资的国家政治风险，促进了项目融资这种多元融资新形式的发展。第三，一些发展中国家为了发展本国经济，满足国际市场对燃料、矿产品等初级产品的需要，也掀起了兴建大型工程项目的热潮，如巴西的采掘业、委内瑞拉的石油开发、博茨瓦纳的有色金属矿开采等。这些国家的项目急需巨额资金，却缺少高资信等级的大型企业来进行公司融资，因此采取了由政府有关部门作主办单位进行项目融资的方式。

（二）20世纪80年代后的项目融资向基础设施领域发展

发展中国家的基础设施项目在第二次世界大战后都是通过财政拨款、政府贷款和国际金融机构贷款建设的。但进入20世纪70年代后，发展中国家大量举债导致国际债务危机加剧、对外借款能力下降、预算紧张。在这种情况下，政府很难拿出更多的资金投资需求日益增加的基础设施建设项目。经济要发展，基础设施建设必须加强，此时项目融资作为新的资金来源和融资方式就呼之欲出了。进入20世纪80年代，发展中国家的基础设施项目已经开始使用项目融资，以解决国内资金不足但又要引进设备和技术的矛盾。在发达国家，以往基础设施项目基本上也是通过财政预算，由政府直接拨款建设。进入20世纪70年代后，情况也发生了变化：一是随着经济的发展和人民生活水平的提高，对公共基础设施的需求量越来越大，标准越来越高。政府的财政预算则越来越紧张，由政府出面建设耗资巨大的公共基础设施项目越来越困难。二是西方经济发达国家宏观经济政策的一个重要变化是对国有企业实行私有化，而公共基础设施项目作为国有部门的一个重要领域，在私有化过程中首当其冲。在这种情况下，项目融资也成了发达国家的"新宠"。

（三）项目融资逐渐向多国和多行业挺进

20世纪80年代初开始的世界性经济危机，使得项目融资的发展进入了一个低潮期。一方面，国际银行界最有利可图的发展中国家贷款市场由于一些国家，特别是南美洲国家发生债务危机，已不可能再承受大量的新的债务；另一方面，能源、原材料市场的长期衰退，迫使包括工业国家在内的公司、财团对这一领域的新项目投资持非常谨慎的态度，而这一领域又是项目融资的一个主要的传统市场。1985年以后，随着世界经济的复苏和若干具有代表性的项目融资模式的采用，项目融资又重新开始在国际金融界活跃起来，并在融资结构、追索形式、贷款期限、风险管理等方面有所创新和发展，由此推动了世界项目融资的快速发展,其中尤其以发展中国家为甚,项目融资的领域也呈现出多样化的格局。项目融资的资金来源更加广泛、期限更长、政府介入更少,涉及项目遍布能源、石化、电子等行业,极大地推动了世界经济的发展。

1990年之后,项目融资在世界的各个角落获得了广泛的应用,许多希望对它们的基础设施(网络)行业,尤其是电力行业进行改革的国家推动了项目融资的发展。其中,具有代表意义的是英国的电力私有化改革和网状组织的发展。

1990年4月,英国对电力行业进行了私有化改革。英国对垄断行业的私有化始于1979年,当时撒切尔夫人刚刚就任英国首相,其工作的中心就是私有化改革。如现在已经在竞争性市场中运营的电信业务和石油业务,过去这些行业被认为是具有战略意义的行业,都是国家垄断经营。1984年,英国电信实现了私有化改革;1986年,石油行业也实现了私有化;之后,政府开始承担对电力公司进行私有化改革的艰巨任务。在私有化过程中,英国政府使用过很多不同的方法出售国有企业,大部分小型国有企业都是通过管理者和职工收购的方式出售的。在这样的结构中,一部分永久的收购融资是通过股权的形式获得的,余额是通过商业银行贷款的形式筹集的。为了组织买方,管理者注册了一个管理者和员工都可以加入的联合体,凭借与顾问及贷款人的密切合作,这些人员通过筹集各自的储蓄,或者通过抵押房屋获得必要的资金,共同筹集收购所需的股本。把所购公司资产的全部用来抵押,除股本之外的部分可以从贷款人那里获得融资。这样的操作类似于以项目的资产和收益为抵押而进行的项目融资。

网状组织(Networking)是公司重组中出现的一种新形式,在20世纪90年代形成了概念。网状组织指的是独立公司的集合,这些公司不论是正式的还是非正式的,集合在一起共同参与某一业务。网状组织是一种把集权制度下的协调功能和独立公司的分散结构结合起来的一种混合组织。网状组织可以通过一个主要的公司来协调,这个公司把各个独立的公司组织成正式的或准正式的联盟。组建网状组织的主要目的是提高竞争力。比如,在建设一个单一的设施或一系列设施时,一个集工程、采购和建设于一体的承包商可以作为制造商、托运商、陆地运输商、民用工程公司、电力和机械工程公司及其他在其指导下建设该设施的公司的战略经纪人。这便为项目融资提供了可能性。

三、中国开展项目融资的背景分析

随着中国经济的飞速发展,必须加强基本建设领域如电力、公路、铁路、航空、供水和电讯设施的建设,以确保这种增长速度的可持续性。这就需要投入大量的资金以适应国内经济的迅速发展。但是,仅靠传统的招商引资方式和现有的金融机构的融资渠道是不能满足中国经济发展的资金需求的。需要寻求其他更为广泛的融资渠道。任何单一的融资方式都难以完全满足中国经济的发展要求。在过去的改革中，中国在引进外资中多采用股权融资方式，即采用举办中外合资企业、外商独资企业等形式吸引外资，一方面，采取"超国民待遇"的优惠政策，既增加了筹资成本，又破坏了公平竞争原则，使国内同类企业承受巨大的外部压力；另一方面，企业规模、项目的生产经营、外商的资金来源渠道过于单一等条件的限制影响了引进外资的规模。近年来，中国政府开始注意到了利用项目融资引进外资的融资方式，并且将BOT融资方式炒得红红火火。

在我国的实践运作中，为项目建设而专门设立的项目公司大多数是按照《中华人民共和国公司法》注册的中外合资经营企业和中外合作经营企业，中外双方的出资额占总投资的比例较小，项目建设资金的70%以上是对外融资，并且以国际银团贷款为主，与设备供应商所在国提供的出口信贷或国际金融机构的贷款一起构成项目的主要资金来源，其中，还可能包括在国际金融市场上发行债券和利用融资租赁进行融资。这种将项目与其发起人的其他债务分开、就项目论项目的做法，从一个新的角度来吸引外资，只要项目具有稳定的收益，并且能够将风险限制在一定的范围内，就可以考虑采用这种融资方式。项目融资方式的引入丰富了我国利用外资的手段和方式，同时在一定程度上改变了外商的投资方向，使得外资不再仅仅流向我国的加工工业，而是正在逐步转向我国急需发展的基础产业。

但是，由于投资环境及具体运作等因素的限制，这种融资方式目前在中国大规模开展仍存在很大难度。

案例分析：深圳沙角B火力发电厂项目

一、项目背景

广东省沙角B火力发电厂（通称深圳沙角B电厂）于1984年签署合资协议，1986年完成融资安排并动工兴建，并在1988年建成投入使用。深圳沙角B电厂的总装机容量为70万千瓦，由2台35万千瓦发电机组成。项目总投资为42亿港元（按1986年的汇率折算为5.4亿美元），被认为是中国最早的一个有限追索的项目融资案例，也是事实上在中国第一次使用BOT融资模式兴建的基础设施项目。

二、项目投资结构

深圳沙角B电厂采用中外合作经营方式兴建。合作经营是我国改革开放前期常采用的一种中外合资形式。合资中方为深圳特区电力开发公司（A方），合资外方是一家在香港注册专门为该项目成立的公司——合和电力（中国）有限公司（B方），项目合作期为10年。

B方的权责：在项目合作期内，B方负责安排提供项目全部的外汇资金，组织项目建设，并且负责经营电厂10年（合作期）。作为回报，B方获得在扣除项目经营成本、煤炭成本和支付给A方的管理费之后百分之百的项目收益。合作期满时，B方将深圳沙角B电厂的资产所有权和控制权无偿地转让给A方，退出该项目。

A方的权责：在合作期内，A方主要承担的义务包括：

1. 提供项目使用的土地、工厂的操作人员以及为项目安排优惠的税收政策；
2. 为项目提供一个具有供货或付款（Supply or Pay）性质的煤炭供应协议；
3. 为项目提供一个具有提货与付款（Take and Pay）性质的电力购买协议；
4. 为外方B方提供一个具有资金缺额担保性质的备用贷款协议，同意在一定的条件下，如果项目支出大于项目收入，则为B方提供一定数额的贷款。

以上结构可用图1-4简单表示出来：

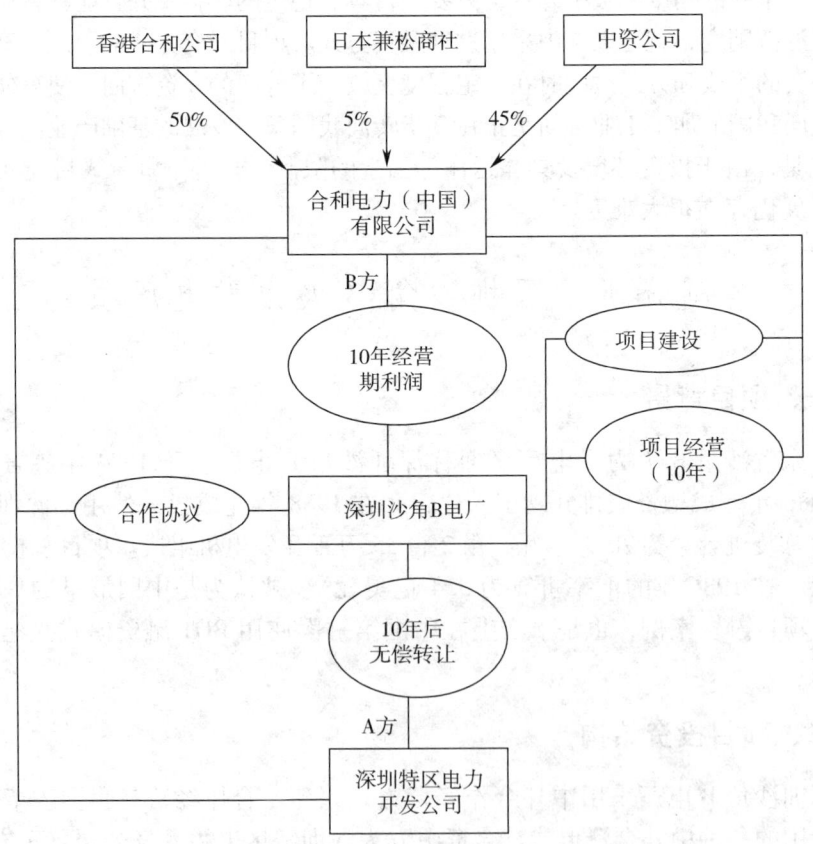

图1-4 深圳沙角B电厂项目投资结构简图

三、项目融资模式

深圳沙角 B 电厂的资金结构包括股本资金、从属性贷款和项目贷款三种形式。其具体的资金构成以 1986 年的汇率换算如下：

股本资金：
股本资金/股东从属性贷款（3.0 亿港元）　　　　　3 850 万美元
人民币延期付款（5 334 万元人民币）　　　　　　　1 670 万美元
债务资金：
　　A 方的人民币贷款（从属性项目贷款）　　　　 9 240 万美元
（合 2.95 亿元人民币）
日本进出口银行提供的固定利率日元出口信贷
（4.96 兆亿日元）　　　　　　　　　　　　　　　26 140 万美元
欧洲日元贷款（105.61 亿日元）　　　　　　　　　5 560 万美元
港元贷款（5.86 亿港元）　　　　　　　　　　　　7 500 万美元
资金总计　　　　　　　　　　　　　　　　　　　53 960 万美元

根据合资协议安排，在深圳沙角 B 电厂项目中，除以上人民币资金之外的全部外汇资金安排由外方 B 方负责，项目合资 B 方——合和电力（中国）有限公司利用项目合资 A 方提供的信用保证，为项目安排了一个有限追索的项目融资结构。

第一，B 方与以日本三井公司等几个主要日本公司组成的电厂设备供应商和工程承包财团谈判获得了一个固定价格的"交钥匙"承包合同。这个财团在一个固定日期（1988 年 4 月 1 日）和一个"交钥匙"合同的基础上，负责项目的设计、建设和试运行，并且同意为项目在试运行和初期生产阶段提供技术操作人员。通过这种方式，项目的主要风险即完工风险被成功地从项目投资者身上转移出去了。

第二，融资结构使用了日本政府进出口银行的出口信贷作为债务资金的主要来源，用于支持日本公司在项目中的设备出口。但是，日本进出口银行并不承担项目的风险，一个由大约 50 家银行组成的国际贷款银团为日本进出口银行提供了项目风险担保，并为项目提供欧洲日元贷款和港元贷款。

第三，A 方对项目的主要承诺（也即对 B 方的承诺）是电力购买协议和煤炭供应协议，以及广东省国际信托投资公司对 A 方承诺的担保。B 方在安排项目融资时，将两个协议的权益以及有关担保转让给了项目融资的贷款银团，作为项目融资结构的主要信用保证。

第四，在 A 方和 B 方之间，对于项目现金流量中的外汇问题也作了适当的安排。在合作期间，项目电力销售收入的50%支付人民币，50%支付外汇。人民币收入部分用于支付项目煤炭的购买成本以及以人民币形式发生的项目经营费用；外汇收入部分用于支付以外汇形式发生的项目经营费用，包括项目贷款债务的偿还和支付给B方的利润。而且，A方承担项目经营费用以及外汇贷款债务偿还部分的全部汇率风险。但是，B方的利润收入部分的汇率风险则由双方共同分担，30%由A方承担，70%由B方承担。

四、项目融资中的信用担保结构

在深圳沙角B电厂项目融资中，合资双方为有限追索的项目融资提供了以下主要的信用保证结构：

1. A方的电力购买协议。这是一个具有提货与付款性质的协议，规定A方在项目生产期间按照事先规定的价格从项目中购买一个确定的最低数量的发电量，从而排除了项目的主要市场风险。

2. A方的煤炭供应协议。这是一个具有供货或付款性质的合同，规定A方负责按照一个固定的价格提供项目发电所需的全部煤炭，这个安排实际上排除了项目的能源价格及供应风险以及大部分的生产成本超支风险。

3. 广东省国际信托投资公司为A方的电力购买协议和煤炭供应协议所提供的担保。

4. A方提供的具有资金缺额担保性质的备用贷款协议，同意在一定条件下，如果项目支出大于项目收入，则为B方提供一定数额的贷款。

5. 广东省政府为上述安排所出具的支持信。虽然支持信并不具备法律约束力，但是，一个有信誉的机构出具的支持信作为一种意向性担保，在项目融资安排中具有相当的分量。

6. 设备供应及工程承包财团所提供的"交钥匙"工程建设合约，以及为其提供担保的银行所安排的履约担保，构成了项目的完工担保，消除了项目融资贷款银团对项目完工风险的顾虑。

7. 中国人民保险公司安排的项目保险。项目保险是电站项目融资中不可缺少的一个组成部分，这种保险通常包括对出现资产损害、机械设备故障以及相应发生的损失的保险，在有些情况下也包括对项目不能按期投产情况的保险。

通过以上几点，可以清楚地描述出深圳沙角B电厂项目的种种风险要素是如何在与项目建设有关的各个方面之间进行分配的。这种项目风险的分担是一个成功的项目融资结构所不可缺少的。

五、项目融资评价

深圳沙角B电厂项目的建设和融资安排是我国第一个利用有限追索的融资

方式进行基础设施项目资金安排的成功实例，也是我国的第一个（同时是世界上最早的几个）事实上按照 BOT 模式实施的项目融资。所谓事实上的 BOT 融资模式，是指从形式上深圳沙角 B 电厂项目的建设和融资并不是以政府特许权协议为基础组织起来的，而是合资双方（A 方和 B 方）以合作协议以及几个商业合约为基础组织起来的。但是，事实上，由于合资 A 方和广东省国际信托投资公司的政府背景，以及广东省政府的支持，项目的合作协议以及商业合约具备了明显的政府特许权合约的性质。该项目已于项目特许期结束后由投资者移交给当地公司，在国际 BOT 项目融资领域是一个较典型的案例，经常被国际 BOT 专家引用。由于该项目是在改革开放初期运作的，所以项目结构比较简单，加上国内缺乏 BOT 的经验，造成了一些遗留问题。虽然该项目开创了中国基础设施融资的新途径，但并没有使 BOT 在国内得到推广。

本章小结

1. 项目融资（Project Finance）可以从广义和狭义两个角度进行理解。广义上讲，为了建设一个新项目，或者收购一个现有项目，或者对已有项目进行债务重组所进行的一切融资活动都可以被称为项目融资。狭义上讲，项目融资是指以项目的资产、预期收益或权益作抵押取得的一种无追索权或有限追索权的融资或贷款。本书所分析的项目融资重点是狭义上的概念。

2. 项目融资具有不同于传统的公司融资的特点。具体体现在贷款对象、筹资渠道、追索性质、还款来源及担保结构等方面。

3. 项目融资的优势体现在它可以实现融资的有限追索性，实现共同分担风险，允许较高的债务比例，实现资产负债表外融资和享受税务收益带来的好处。但是，项目融资也存在着一些弊端，如风险分配的复杂性，增加了贷款人的风险，容易导致贷款人的过分监管以及较高的融资成本。因此，只有项目所需的资金非常巨大时，在规模效应的作用下，才可以利用项目融资方式，在解决资金的同时还能实现一定的综合投资回报率目标。

4. 项目融资的参与者较传统的公司融资复杂得多。一般地，项目融资中的基本当事人有项目的发起人、项目公司、项目的贷款银行、项目产品的购买者或项目设施的使用者、项目建设的工程公司或承包公司、项目设备或能源或原材料的供应者等。除此之外，还包括项目融资顾问、法律或税务顾问、有关政府机构等其他参与者。

5. 项目融资一般要经过五个阶段与步骤，即投资决策分析、融资决策分析、融资结构分析、融资谈判和项目融资的执行等阶段。

6. 项目融资一般适用于竞争性不强的行业，具体讲，凡是能取得可靠的现金流量并且对贷款人有吸引力的项目，都可以通过项目融资方式筹集资金。如能源开发项目、石油管道、炼油厂项目、矿藏资源开采项目、收费公路项目及污水处理项目等。

7. 近年来，中国经济飞速发展。为了保持这种增长速度，必须加强基本建设领域如电力、公路、铁路、航空、供水和电讯设施的建设。项目融资具有存在的空间。事实上，20 世纪 80 年代以来，我国已经引入了深圳沙角 B 电厂、北京京通高速、广西来宾 B 电厂、长沙电厂和成都自来水六厂等 BOT 项目，积累了经验与教训。

本章重要概念

有限追索权　　无追索权　　完全追索权　　项目融资　　公司融资
国际竞争性招标

本章思考题

1. 项目融资的基本特征有哪些？
2. 比较项目融资与公司融资的区别。
3. 项目融资中有哪些基本当事人？他们的职责与目的是什么？
4. 简述受托借款结构的特点。
5. 如何组建项目投资财团？
6. 如何进行国际竞争性招标？
7. 项目融资的整体结构由哪几个部分组成？
8. 简述项目融资的发展过程。
9. 项目融资的适用范围有哪些特征，具体有哪些领域？
10. 试分析中国开展项目融资的必要性及可行性。
11. 你认为深圳沙角 B 电厂项目融资成功的经验是什么？

第二章

项目融资中的投资结构

在项目融资中,项目投资结构是指项目实体(Project Entity)的法律组织结构,即项目的发起人对项目资产权益的法律拥有形式和发起人之间的法律合同关系,是在项目所在国的法律法规、会计、税务等客观因素的制约下建立的一种能够最大限度地实现其投资目标的项目资产所有权结构。项目投资结构对项目融资的组织和运行起着决定性的作用,一个在法律上结构严谨的投资结构是项目融资得以实现的前提条件。本章将详细介绍影响项目投资结构的基本因素及在项目融资中较常使用的几种投资结构。

第一节 项目投资结构概述

一、设计项目投资结构时应考虑的主要因素

项目投资结构的设计是一个非常复杂的过程,针对一个具体的投资项目,哪一种投资结构是最优方案,并没有一个统一的标准和尺度。但是,任何事物都有其规律性,项目投资结构的选择也不例外。概括起来,在选择项目投资结构时,应考虑以下基本因素。

（一）项目风险和项目债务隔离程度的要求

项目融资的有限追索性是其重要的特征。因此,许多项目投资者在设计项目投资结构时,都会考虑如何实现风险和债务的有限追索性。但是,各个发起人会有不同的背景和不同的要求,因而他们会根据具体的情况设计出一种最符合其要求的项目风险和债务责任承担形式。

例如,如果项目发起人愿意承担间接的风险和责任,则多偏好于有限责任公司投资结构,成立一个法人实体——项目公司。在这种投资结构中,项目融资是以项目公司的资产和项目未来的现金流量为基础进行的,投资者承担的风险只包括已投入的股本资金和一些承诺性的担保责任。如果投资者有能力且愿意承担更

多的风险和责任,以期获得更大的投资回报,则可能会选择契约型的投资结构。在这种投资结构中,投资者承担的是一种直接的债务责任,投资风险大,因为投资者是以其直接拥有的项目资产来安排融资的。到底选择哪一种债务承担形式,由投资者根据其收益与风险的对称关系具体决定。

(二) 补充资本注入的灵活性要求

项目融资的另一个明显特点就是较高的债务股本比例。这样,当项目经营出现困难时,可能会要求注入一定的补充资本。另外,由于项目的投资等级不同,也会有不同的注入补充资本金的要求,如果投资项目具有较高的经济强度,则要求注入补充资本的可能性不大,反之,在设计项目投资结构时,就要格外重视这一问题。因此,当可能经常要求注入补充资本时,一般倾向于选择公司型投资结构,这样,在增资扩股时比较便利;如果项目出现财务困境的概率较小,则可能会偏向选择契约型投资结构。

(三) 对税务优惠利用程度的要求

利用精心设计的项目投资结构来充分利用税务优惠,从而降低项目的投资成本和融资成本,是国际投资活动的一个重要特点。在一定的条件下,不同公司之间的税收可以合并,统一纳税,这就为投资者设计投资结构提供了一种有益的启示,即通过设计一种合理的投资结构,以利用一个公司的税务亏损去冲抵另一个公司的盈利,从而降低其总的应缴税额,提高其总体的综合投资效益。因此,如何充分利用税务优惠就成为项目融资中选择投资结构的重要影响因素,尤其是在项目的开发建设阶段,存在大量的项目亏损而没有利润可以冲抵。

例如,在有限责任公司的投资结构中,项目公司是纳税主体,其应纳税收入或亏损以公司为单位计算。如果盈利,公司需要缴纳所得税;如果亏损,公司可以按照规定将亏损结转到以后若干年以冲抵未来的收入,但不能冲抵投资者的其他经营收入。在契约型的投资结构中,项目资产由投资者分别直接拥有,项目的产品也是由投资者直接拥有,销售收入都直接归投资者所有。此时,投资者可以自行决定其纳税收入问题,这就为冲抵税务亏损提供了可能。因此,投资者可根据自己投资的要求和融资的需要,设计符合自己要求的税务结构。

(四) 财务处理方法的要求

不同的投资结构在财务处理上是不同的,这些不同之处主要体现在两个方面:一是财务资料的公开披露程度,二是财务报表的账务处理方法。

如果投资者不愿意将项目资料公布于众,则可能会对有限责任公司投资结构持谨慎态度。因为各国证券法规都要求股份公司必须满足信息公开披露原则。财务报表的账务处理问题也是投资者十分关注的问题。如采用不同的投资结构,或者虽然投资结构相同,但是采用不同的投资比例,最后在投资者自身的财务报表上所反映出来的结果可能会不一样,这就会对投资者的资产负债状况产生不同的影响。因此，在设计项目投资结构时，也应注意对投资结构作适当的会计处理。

例如，就契约投资结构而言，不管投资比例大小，该项投资的全部资产负债和损益状况都必须在投资者自身的公司财务报表中全面反映出来。就有限责任公司投资结构而言，情况就比较复杂一些，大致可以分为三种情况进行不同的账务处理：其一，如果投资者在一个项目公司中持股比例超过50%，此时，投资者被认为拥有被投资公司的控制权，该项目公司的资产负债表需要全面合并到投资者自身公司的财务报表中去，以达到全面真实反映该投资者财务状况的目的。其二，如果投资者在一个项目公司中持股比例介于20%和50%之间，此时，投资者对公司没有控制权，不存在合并财务报表的问题，但由于持股比例比较大，对公司的决策可以产生很大的影响，因此，应在投资者自身公司的财务报表中按投资比例反映出该项投资的实际盈亏情况。其三，如果投资者在一个项目公司中持股比例低于20%，对公司决策的影响有限，所以只要求在其自身公司的财务报表中反映出实际投资成本，而不需要反映任何被投资公司的财务状况。因此，投资者应根据实际要求，在设计项目投资结构时，设计出对自己有利的税务结构。假如投资者不希望将新项目的融资安排反映在自身的财务报表上，同时又不失去对项目的实际控制权，就需要小心处理投资者在项目公司中的投资比例；反之，如果投资者尽管在一个项目中所占的比例较小，但仍希望能够将其投资合并进入自身的资产负债表中以增强公司的形象，则可以适当选择合伙制投资结构。

（五）产品分配形式和利润提取的难易程度

项目投资者进行项目开发、建设，最终是要取得投资利润的。这一要求对项目投资结构的影响可以从两个方面加以讨论。

一方面，受投资者的不同背景的影响。我们知道，不同的投资结构对利润的提取形式有不同的规定。如在有限责任公司投资结构中，由项目公司统一对外销售、统一结算、统一纳税，在弥补项目经常性支出和资本性支出后，在投资者之间进行利润分配。在契约型投资结构中，项目产品是直接分配给各投资者自己支配的，投资者如果拥有较广泛的销售渠道和市场知名度，就很容易将产品变现，取得收入，赚取利润。因此，从这个意义上说，大型跨国公司参与项目融资时会偏向于选择契约型投资结构，而中小型公司参与项目融资时往往更多地采取公司型投资结构。

另一方面，投资项目的不同性质也对项目投资结构产生重要影响。例如，在资源性开发项目中，多数投资者愿意直接获得项目产品。因为这些项目产品可能是其后续工业的原材料，也可能是其特定客户或特定市场所必需的一些关键性资源。这是大多数跨国公司在资源丰富的发展中国家和地区从事投资活动的一个重要原因。在基础设施项目投资中，多数投资者一般就不会十分重视对项目产品的直接拥有形式，只是为了开拓公司的业务活动领域，增加公司利润。因此，在资源性开发项目中,一般以契约型投资结构从事项目的开发与建设,而在基础设施项目中则以公司型投资结构为主要投资形式。

（六）融资的便利与否要求

无论怎样设计投资结构,最终还是要面对融资问题的。项目投资结构不同,项目资产的法律拥有形式就不同,投资者融资时所能提供的抵押担保条件就会不同,从而直接影响到项目的融资活动。

在有限责任公司的投资结构中,项目公司是全部资产的所有人,它可以较容易地将项目资产作为一个整体抵押给贷款银行来安排融资,并且可以利用一切与项目投资有关的税务好处及投资优惠条件来吸引资金。同时,项目公司又完全控制着项目的现金流量,因此,以项目公司为主体安排融资就比较容易。在契约投资结构中,项目资产是由一些投资者分别直接拥有。项目资产很难作为一个整体来向贷款银行申请项目贷款,只能由各个投资者将其所控制的项目资产分别或者联合(也并非是一个整体的项目公司)抵押给贷款银行,并且分别享有项目的税务好处和其他投资优惠条件、控制项目现金流量。这时,融资的安排就较为复杂。所以,从融资便利与否来看,选择公司型投资结构比选择契约型投资结构更有优势。当然,如果一些投资者本身资信较高,能够筹集到较优惠的贷款,此时,契约投资结构会更受青睐。同时,在考虑融资便利与否时,还要顾及各国对银行留置权的法律规定,如有些国家法律规定,银行要对合伙制结构的抵押资产行使留置权时,就要比采取公司型投资结构更为困难。

（七）资产转让的灵活性要求

投资者在一个项目中的投资权益能否转让、转让程度以及转让成本是评价一个投资结构有效与否的重要因素。其结果对于项目融资的安排具有非常重要的影响。

作为项目融资的贷款银行,需要投资者提供抵押的资产或权益是可以较方便地转让的,这样,一旦借款人违约,贷款银行就可以通过出售用做抵押的资产或权益以抵消贷款本息,减少贷款的违约风险。反之,如果投资者用做融资抵押的资产或权益无法转让或转让困难,项目的融资风险就相应增加,贷款银行在安排融资时就会要求增加融资成本,增加信用保证以减少贷款风险。这样,对投资者来说就是增加了财务负担,相应会降低投资收益。因此,从某种意义上说,公司型投资结构比契约型投资结构更受银行欢迎,在公司型投资结构中,项目资产或股份抵押给贷款银行,一旦项目公司违约,贷款银行即可以很方便地在公开市场上抛售项目资产或股份,以弥补贷款本息。在契约型投资结构或合伙制结构中,项目资产或权益的出售要受到所有投资者的一致同意等限制,转让成本较高。

国际上较为普遍采用的投资结构有四种基本的法律形式:公司型投资结构、

合伙制或有限合伙制结构、非公司型投资结构、信托基金结构。以后几节就项目融资中经常采用的这几种投资结构进行一一分析。

二、项目融资中投资结构的分类

在项目融资实践中，项目投资结构最普遍采用以下两个基本法律结构。

（一）公司型投资结构

各项目发起人共同出资成立单一目的项目公司，各项目发起人通过自身控制的公司实体参与到项目中来，并在项目中持有相应的股份。每个发起人在项目中的利益是间接的，不直接拥有项目资产的产权。按照普遍遵守的会计原则，只有那些控制其他公司50%以上股权，或实际上控制着投资实体决策权的公司，才能将投资的资产合并到总公司的项目资产负债表中。

（二）非公司型投资结构

各项目投资者通常是项目原始发起人专门为投资这一项目而成立的单纯目的子公司，根据各自在合营企业中的份额，持有项目全部不可分割资产和生产出来的产品中的一部分。每个项目发起人根据其在合营企业中的比例，负责项目生产出来的产品的销售工作，并将在项目中的投资作为直接投资，无论比例大小全部反映在各自的财务报表上。

非公司型投资结构按照法律规定，是不具有独立法人人格、不可以单独对外签署合约、不可以起诉他人或被他人起诉的经济实体。非公司型投资结构是参与方以契约形式组成的一种模式，包括合伙制、契约式合作结构和信托基金。

公司型投资结构与非公司型投资结构的区别是显而易见的。在公司型投资结构中，项目发起人持有项目公司的股票，占有相应的股份。在非公司型投资结构中，项目发起人持有的是以法律协议确定下来的对项目资产、项目生产出来产品的权利。对大型项目来说，特别是当项目的发起人来自不同的国家时，通常发起人采用的投资方式是非公司型模式，因为这种模式能够允许各投资者按照不同的会计和税务要求处理自己的投资。另外，非公司型投资结构给每个项目发起人提供了筹措资金的灵活性，项目发起人可以各自独立或合在一起安排融资。

三、项目投资结构中合资协议的主要条款

无论采取哪种投资形式，目前，项目融资中的投资结构多为由几个投资者共同参与的合资结构，出现这种趋势的原因是：第一，大型项目的开发有可能超出了一个公司的财务、管理或者风险承受能力，使用合资结构，项目的风险可以由所有的项目参加者共同承担。第二，不同背景投资者之间的结合有可能为项目带来巨大的互补性效益。第三，投资者不同优势的结合，有可能在安排项目融资时获得较为有利的贷款条件。

因此，签订不同性质的合资协议就决定了不同种类的项目组织形式。如投资者之间签订的合资协议为股东协议（Shareholders Agreements），就表明其投资结构为法人实体的公司制结构；合资协议为合作经营协议（Joint Operate Agreement），就表明其投资结构为契约式的非法人实体结构；合资协议为合伙协议（Partner Agreement），就表明其投资结构是合伙制的非法人实体结构。

无论采取何种项目投资结构，都必须签订受投资各方认可的尽量避免纠纷的合资协议。合资协议的顺利达成是项目投资结构环节中关键的步骤。

（一）合资项目的经营范围条款

在合资协议中，应明确定义和说明投资项目的经营范围，包括明确投资者之间的法律经济关系。明确每个投资者在合资项目中的责任和权益，而且还要说明合资项目经营范围的任何延伸或收购任何新的项目都必须得到投资者百分之百的一致同意。

（二）初始资本注入方式条款

初始资本注入可以有多种多样的形式。初始资本的投入形式也就是各投资者如何在项目投资中承担为项目提供一定的财务支持的责任。在有些情况下，以资本金形式注入，在另一些情况下，是以某一实物作为股本资金投入的，尤其是在项目中存在当地股东时比较普遍，比如，由当地股东提供项目所需的房地产等作为股本资金投入。因此，初始资本的注入形式必须在合资协议中有明确的反映。

无论以何种形式注入股本，其评估价值都必须得到其他股东的认可，因为股本注入者将会依据其股本价值取得相应的投资回报。股本价值的估价是比较困难的。尤其是在发展中国家，市场自由竞争机制不很完善，或者存在一些交易障碍，很难真实评估有关房地产等实物的价值。因此，有必要在合资协议中确定下来，以防投资者之间产生纠纷。

（三）不确定性的资本补充条款

在项目融资中，当银行对债务/股本比率规定一个严格的标准时，对额外资本的补充就显得非常重要，以维持规定的债务/股本比率。在项目融资出现的早期，银行在决定贷款以前，往往会要求所有股东（如果是有限责任公司投资结构的话）都足额地提供股本资本。现在，银行一般只要求在保持原来的债务/股本比率的基础上，股本投入可以分阶段进行，甚至可以在项目开发阶段结束时再注入股本资金。这种做法有利于相应提高项目投资的回报率。

如果要在项目开始之后才注入股本资金，则需要任一股东相信其他股东的资信，这就要在合资协议中明确说明。比如当需要进一步提供股本注入时，其他股东是否还有足够的资金来注入股本。如果其中任一股东的资信存在不确定性，则必须由其提供一定形式的信用强化手段。最典型的形式就是由股东的银行出具银行保函或备用信用证。

（四）优先认股权条款

优先认股权是在合资企业中保护投资者投资权益的一种方法。如果合资结构中某一合作方欲向第三方出售其在合资结构中的权益（股份或资产）的话，他有义务必须将其股份或资产首先向合资结构中现有的投资者出售，即合资结构的投资者有优先认购权。其认购价格应相当于向第三方出售的价格或者经评估的公平价格（An Assessed "Fair" Price）。在一个合资项目中，投资者的资信度和相互信任是保证项目成功的重要因素之一。所以，为了阻止不受现有投资者信任的人参与该项目，或者为了阻止某个投资者以低于市场价值的价格出售项目权益（股份或资产），几乎所有的合资协议中都规定现有投资者拥有项目权益的优先购买权。

处理项目的优先购买权时，一般有三种办法可供选择：一是由卖方在市场上寻找有意购买者，谈妥价格之后首先征求现有投资者的意愿，现有投资者可在规定时间内决定是否以此价格收购。由于在与潜在购买者的谈判过程中要涉及许多项目的保密资料，因此，合资协议中一般规定在提供这些信息之前必须得到现有投资者的同意。二是在合资协议中事先规定一个项目资产或股份出售的价格公式，如果现有者不愿意按照此公式的价格购买，则卖方可以按不低于此价格的售价将项目资产或股份出售给第三者。三是聘用独立的项目价值评估人（一般为注册会计师事务所）对准备出售的项目资产或股份作出价值评估，以此作为是否执行项目优先购买权的标准。

所以，从以上条款可以看出，规定项目的优先购买权会产生一个明显的缺陷，就是使得项目资产或股份的转让变得相对困难和复杂，项目转让成本相对较高。外来投资者除非愿意支付较高的价格，否则是很难进入项目的。

（五）项目的管理和控制条款

合资协议中明确规定相应的项目管理机制，其中，包括重大问题的决策和日常的生产管理两个方面。如在有限责任公司结构中，重大问题的决策权在董事会；在契约型投资结构中，重大问题的决策权在项目管理委员会。因此，合资协议应明确规定会议召开的时间、频率、地点，会议主席的选举，会议代表（或董事）的任命、取消及其投票权，以及重大问题的决策程序等主要内容。

关于项目重大问题的决策程序，一般的做法是将决策问题按照重要程度区别处理：最重要的问题，如修改合资协议、改变项目的经营范围、出售项目资产、停产、年度资本开支和经营预算等，要求百分之百的同意；相对重要的问题，如一定金额以上的费用支出、重大项目合同等，要求绝大多数同意（2/3或3/4多数同意）；一般性问题，要求简单多数同意。

通常，在项目管理委员会或公司董事会之下需要任命一个项目经理负责合资项目的日常生产经营活动。在契约型投资结构中，一般由一个独立的项目管理公司承担项目经理的职责，并通过管理协议来规范项目管理公司的行为和权限。项目管理公司可以是合资结构中一个具有生产技术和管理技能的投资者的子公司，也可以是投资者的合资公司，甚至可以是完全与投资者无关的具有一定专业技能的管理公司。在有限责任公司结构中，上述职能一般由项目经理来完成。

（六）违约行为的处理方法条款

违约行为是指合资结构中某一投资者未能履行合资协议所规定的义务。一个投资者的违约行为有可能立即造成非违约方甚至整个项目的重大损失，因此，在合资协议中需要对违约事件的处理作出明确规定，并对违约行为的补救措施提出多种可供选择的方法，以最大限度地减少一方违约给其他投资者或整个项目带来的损失。

一般可供选择的处理违约事件的方法主要有以下几种：

1. 违约方权益的稀释。即一旦违约事件发生，违约方在项目中的权益比例将被降低。同时还规定，当违约方在项目中的比例降低到一个特定界限以下，有可能影响项目的正常运行时，该违约方不具有项目的决策权，以保证项目的重大决策仍能遵循百分之百投资者通过的原则。

2. 违约方权益的没收。即直接规定当违约事件发生时，由非违约方没收违约方在项目中的资产或股份。

3. 运用交叉担保条款处理违约方责任。在契约型投资结构中，为了保证项目的正常运行，一般签订交叉担保契约。当违约事件发生时，非违约方可以直接支付违约方所未支付的资本或生产费用，这部分支出将作为违约方的债务，由违约方对非违约方进行偿还，而且一般规定，作为一种处罚，违约方要支付高出银行利率很多的利息。或者由非违约方销售违约方在项目中所拥有的产品，用销售收入冲抵违约方未支付的费用。

4. 非违约方强制收购。即赋予非违约方收购违约方在项目中所拥有的项目资产或股份的权利。可以按照公平市场原则或者以较低的价格收购，以体现一定的惩罚性质。

第二节 项目投资结构之一——公司型投资结构

公司型投资结构的基础是有限责任公司（Limited Liability Company），这种投资结构是一个按照公司法成立的与其投资者完全分离的独立法人实体。作为一个独立的法人，公司拥有一切项目资产和处置资产的权利，公司股东既没有直接的法律权益，也没有直接的受益人权益。即由合作双方共同组成有限责任公司，共同经营、共负盈亏、共担风险，并按照股份份额分配利润。

一、项目融资中选择公司型投资结构的优点

选择有限责任公司型投资结构可能出于以下考虑。

(一) 公司股东承担有限责任

在这一投资结构中,项目发起人作为项目公司的股东,只承担有限的债务责任,即仅限于其对公司投入的股本金额。这就是所谓的风险隔离,它是项目发起人选择公司型投资结构的重要影响因素,以此将项目的融资风险和经营风险大部分限制在项目公司,项目公司对偿还贷款承担直接责任,实现对项目投资者的有限债务追索。

(二) 容易安排成表外融资

根据一些国家的会计制度,成立项目公司进行融资可以避免将有限追索的融资安排作为债务列入项目发起人自身的资产负债表中,实现非公司负债型融资安排,从而降低项目发起人的债务比率。

(三) 便于集中管理

通过组建项目公司,便于把项目资产的所有权集中在项目公司,而不是分散在各个发起人所拥有的公司,便于管理。项目公司可以拥有项目管理所必须具备的生产技术、管理、人员条件,也可以将项目的运营与管理委托给具有丰富经验的管理公司。

(四) 融资安排比较灵活

从贷款人的角度看,公司型投资结构便于其在项目资产上设定抵押担保权益。这样做的好处是可以通过发行新股筹集新资金,吸收新的投资者,较容易取得银行的项目贷款,因为银行可以通过取得项目资产的抵押权和担保权来降低借款人的违约风险。

由于以上特点,国际上大多数制造业项目、加工工业项目甚至资源性开发项目都采用有限责任公司型投资结构。

二、公司型投资结构的弊端

以上对有限责任公司优势的分析,并不是说在项目融资中就只能使用这种投资结构,实际上,正是在以上优势中暴露出了这种投资结构的弊端:

1. 投资者对项目的现金流量缺乏直接的控制。在这种投资结构中,项目公司控制着项目的所有现金流及账户,这对于投资者希望利用项目的现金流量自行安排融资就成为一个不利的因素。

2. 项目的税务结构的灵活性差。即不能用项目公司的亏损去冲抵发起人其他项目的利润。因为任何一个项目发起人都不能完全控制该项目公司,该项目公司也不是任何一个项目发起人的"子公司"。结果,项目开发前期的税务亏

损或优惠只能保留在公司中,并在一定年限内使用,这就造成如果项目公司在几年内不盈利,税务亏损就会有完全损失的可能性,也就降低了项目的综合投资效益。

3. 存在着双重征税的现象。即项目公司如有盈利,要缴纳公司所得税,项目发起人取得股东红利后还要缴纳一次公司所得税或个人所得税。这样,无形中降低了项目的综合投资回报率。

三、公司型投资结构的灵活运用

由于存在着一定的缺陷,项目投资者大都会在法律许可的范围内尽量对其基本结构加以改建,创造出种种复杂的有限责任公司投资结构,以达到充分利用其优势、克服其短处的目的,即争取尽快尽早地利用项目的税务亏损(即以亏损抵减收益后纳税)或优惠,以提高项目投资的综合经济效益。其中通行的做法就是在项目公司中作出某种安排,使得其中一个或几个发起人可以充分利用项目投资前期的税务亏损或优惠,同时又将其所取得的部分收益以某种形式与其他发起人分享。这种法律创新结构可以分为以下几个步骤。

假定 A 公司需要煤,但缺乏经营煤矿的经验,且不能充分利用税务优惠。B 公司是一家煤矿经营公司,且能利用税务优惠。因此,两家公司决定以下列条款成立项目公司,开发煤矿项目。

第一步,成立项目公司。由 B 公司认购项目公司的 100 股股票,这些股票是项目公司全部的原始股,这样,项目公司就变成了 B 公司的全资控股公司,为其利用税收优惠提供了法律保证。

第二步,A 公司贷款或认购项目公司的无投票权的优先股,并规定这些优先股可在 10 年后转换成项目公司的普通股。

第三步,项目公司与 B 公司签订 10 年期的煤矿项目经营协议,根据这一协议,B 公司负责该煤矿项目的经营和管理。

第四步,A 公司与项目公司签订一个 10 年期的煤炭产品购买协议,根据这一协议,A 公司履行向项目公司付款的义务。购买协议的价格要反映 B 公司利用税务优惠的情况,即购买价格应有所优惠。

第五步,B 公司将项目公司的财务报表与自己的财务报表合并后统一纳税,这样,B 公司就可以充分分享项目公司的折旧、投资税优惠和合并纳税优惠的好处。

第六步(没有显示出来),10 年后,A 公司将其贷款或优先股转换成普通股,这时,A 公司和 B 公司在项目公司中就具有了同等的股本投资者地位。

这一过程可用图 2-1 表示:

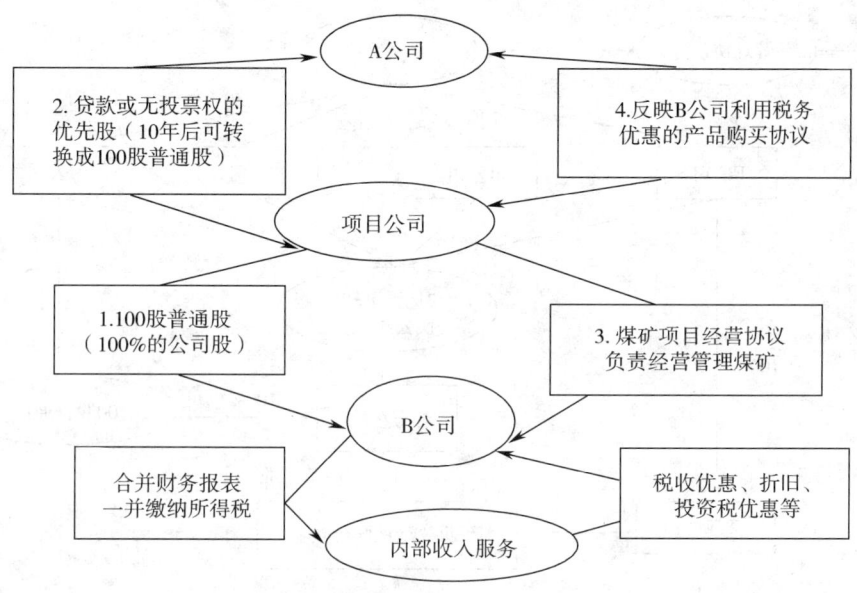

资料来源：内维特·彼特：《项目融资》，第四版，102页，欧洲货币出版局，1983。

图2-1　公司型投资结构的法律创新简图

以下通过对收购新西兰钢铁联合企业的案例介绍来实证分析如何对公司型投资结构进行改建。

1989年年初，有四家公司（F、C、T、B）在新西兰组成了一个投资财团投标收购濒于倒闭的新西兰钢铁联合企业。在这个投资财团里，各公司的背景资料如下：F公司是当地最大的工业集团，具有雄厚的资金实力，拥有钢铁工业方面的生产管理经验和技术。但是，由于该公司过去几年发展过快，资产负债表中的负债比率过高，不希望新收购的钢铁联合企业再并入公司的资产负债表中，所以要求持股比例不超过50%。T公司和B公司是两家外国的投资公司，目的是想通过投资该收购项目取得利润。C公司是当地一家经营业绩较好、有较高盈利水平的有色金属公司。新西兰钢铁联合企业由于管理不善成本超支，连年亏损，终于倒闭，并留下了超过5亿新西兰元的税务亏损，投资财团希望充分利用这些税务亏损以实现节约投资成本的目的。经过分析，只有C公司一家可以吸收这些税务亏损，因此，这四家公司在律师和会计师的协助下设计出了一种公司型投资结构，如图2-2所示。

1. 根据合资协议，先成立一个控股公司即项目公司（Sole-purpose Corporation），成为在法律上百分之百地拥有新西兰钢铁联合企业的法人实体，因此，

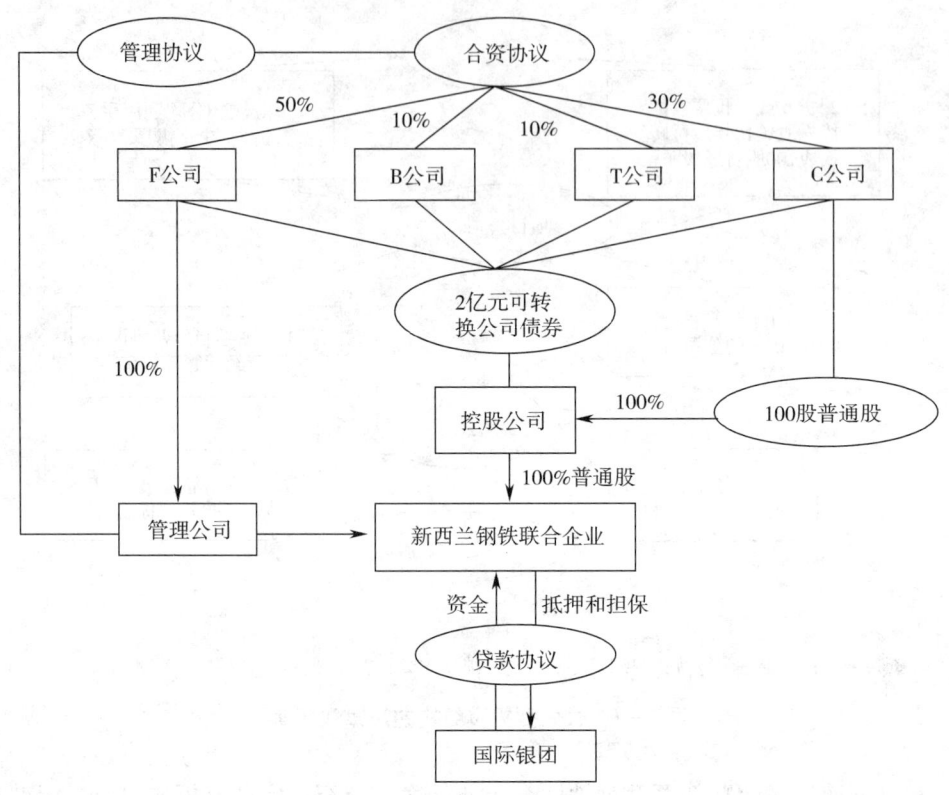

图 2-2　收购新西兰钢铁联合企业的公司型投资结构

在这个收购项目中采取的仍然是公司型投资结构。C 公司认购该控股公司的 100 股股票（每股 1 元），使其成为控股公司的法律拥有者。因为 C 公司经营业绩优良，通过对新西兰钢铁联合企业的完全控股，该控股公司及钢铁联合企业的资产负债和经营损益可以并入 C 公司的财务报表之中，同时，控股公司和钢铁企业的税收也可以与 C 公司的税收合并，统一纳税。

2. 根据合资协议，四家公司通过认购控股公司发行的可转换债券的方式对控股公司进行实际股本资金投入（在合资协议中规定了可转换债券持有人的权益及转换条件），从而组成真正的投资财团。根据各自参与项目的不同目的，F、C、T、B 四家公司认购债券的比例分别为 50%、30%、10%、10%。以认购可转换债券方式作为初始资本投入，对投资者而言，既可以定期取得利息收入，又可以在项目成功时转换为股票以取得巨大的好处，因而深受投资者欢迎。

3. 根据合资协议，投资者组成董事会，负责公司的重大决策事项，并任命 F 公司的下属公司担任项目管理者，负责项目的日常生产经营，以充分利用 F 公司在钢铁生产管理方面的经验和技术。

4. 由于 C 公司通过此项投资可以获得 5 亿新西兰元的税务亏损的好处,所以愿意多出资 5 000 万新西兰元。

表 2-1 列出了各方投资者在项目中的投资比例和出资金额。从表中可以看出,由于巧妙地利用了被收购企业的税务亏损,除 C 公司以外的其他投资者都可以实现一定程度的投资资金节约,具体水平是 F 公司节约投资资金 17.5%,T 公司和 B 公司分别节约投资 2.5%,即共节约投资 22.5%,而 C 公司通过将钢铁联合企业的税务亏损合并冲抵其他方面业务的利润,也可以预期获得 1.65 亿新西兰元的税款节约(当地公司所得税税率为 33%,即 5×33% = 1.65 亿新西兰元)。

表 2-1　　　　收购新西兰钢铁联合企业的合资公司出资比例

单位:百万新西兰元

公司	协议持股比例(%)	可转换公司债券	购买税务亏损	总计	实际投资占总投资的比例(%)
F 公司	50	75		75	37.5
C 公司	30	45	50	95	47.5
T 公司	10	15		15	7.5
B 公司	10	15		15	7.5
合计	100	150	50	200	100

资料来源:张极井:《项目融资》,第 2 版,81 页,北京,中信出版社,2003。

显然,这种改建后的公司型投资结构在一定程度上避免了税务优惠的浪费和克服了双重征税的弊端,因而可以说是一种较成功的投资结构创新。

第三节　项目投资结构之二——契约型投资结构

契约型投资结构是一种大量使用并且被广泛接受的投资结构。它是项目发起人为实现共同的目的,根据合作经营协议结合在一起的一种投资结构。各项目发起人(通常是项目发起人专门为投资这一项目成立的单纯目的子公司)根据各自在合资企业中的股份,持有项目不可分割资产和生产出来的产品中的一部分。每个项目发起人将在项目中的投资作为直接投资,无论比例大小全部反映在各自的财务报表上。

一、契约型投资结构的优点

在项目融资中,这种投资结构主要集中在石油、天然气开发,采矿,初级矿产加工,钢铁及有色金属等领域。因为从严格的法律意义上说,它不是一种法人实体,只是项目发起人之间所建立的一种契约合作关系。选择这种投资结构的原因可能是在这些领域仅由一个投资者来开发、融资,能力有限,所以联合其他投资者来共同融资，共同解决技术和管理问题，并共同承担风险，但又不失去对投资项目的控制。或者投资者具有进行项目开发所需要的所有条件，如技术、经验及融资能力，但缺少当地政府授予的经营合同，此时，它就可能与当地的经营者联合起来共同投资。

一般来说，这种投资结构具有以下优点：

（一）项目发起人拥有对项目资产和产品的直接支配权

在该投资结构中，每个投资者直接拥有不可分割的项目资产的一部分，直接拥有并有权独自处理其投资比例的项目最终产品。相应地，投资者只承担与其投资比例相应的责任，投资者之间没有任何连带责任或共同责任。

投资者之间是一种合作性质的关系，其合作不单纯以获取利润为目的，而是根据投资协议，每个投资者从投资项目中获得相应份额的产品，即合作生产产品，或为取得产品而合作。

（二）项目管理方式灵活

通常，每个发起人指派一名代表成立项目管理委员会对项目实施管理。在管理委员会中，每个投资者的代表都代表本公司的利益在项目管理委员会进行投票，每个投资者都有权独立作出其相应投资比例的项目投资、原材料供应、产品处置等重大商业决策。一般地，项目管理委员会往往选定其中之一的投资者作为经营者经营该项目。

（三）充分利用税务优惠

因为该投资结构不是一个法人实体，所以项目本身不必缴纳所得税，其经营业绩可以完全合并到各个投资者自身的财务报表中去。因此，如果项目投资者本身具有很好的经营业绩，新的投资项目就可以采用契约型投资结构以利用项目建设期和试生产期的税务亏损及各种投资优惠，用于冲抵公司所得税，从而降低项目的综合投资成本。

（四）融资安排的灵活性

由于项目投资者在该结构中直接拥有项目的资产，直接掌握项目的产品，直接控制项目的现金流量，并且可以独立设计项目的税务结构，这就为投资者提供了一个相对独立的融资活动空间。每个投资者均可以按照自身发展战略和财务状况来安排项目融资。如在澳大利亚波特兰项目中，各个项目发起人充分利用自己的条件分别融通资金。

在项目经营过程中，项目经营所需的资金由一种被称为"资金支付要求"（Cash Calls System）的机制来提供。这种资金支付要求机制是由各个投资者分别出资开立一个共同账户，然后，考虑各投资者承担债务的比例和下月项目费用支出预算来估算每个月各个投资者应出资的数额。如果某个投资者违约，则其他投资者将不得不代其履行支付义务，然后再要求违约者偿还。

二、契约型投资结构的不足

当然,这种项目投资结构也存在一定的弊端,从而限制了其在法律欠完善的发展中国家的推广。

(一)投资转让程序比较复杂,交易成本比较高

在契约型投资结构中,投资者在转让其在项目中的投资时比较复杂。因为此时转让的是投资者在项目中直接拥有的资产和合约权益,它与其他投资者的资产和权益具有不可分性,与股份转让或其他资产形式的转让相比,转让程序比较复杂,与此相关的费用也比较高。

(二)管理程序比较复杂

由于缺乏现成的法律规范契约型投资结构的行为,参加该种结构的投资者的权益基本上依赖合资协议加以保护,必须在合资协议中对所有的决策和管理程序按照问题的重要性清楚地加以规定。尤其对于投资比例较小的投资者,一定要在合资协议中保护其在重大问题上的发言权和决策权。因此,管理程序操作复杂。

三、契约型投资结构的案例

充分利用契约型投资结构的这种优势的案例有中国国际信托投资公司在澳大利亚波特兰铝厂的投资。

澳大利亚波特兰铝厂采用的是契约型投资结构,项目的投资者分别是:美国铝业公司在澳大利亚的子公司——美铝澳大利亚公司,澳大利亚维多利亚政府——维州政府,中国国际信托投资公司直属地区性子公司——中信澳大利亚公司,澳大利亚第一国民资源信托基金(简称第一国民信托),日本丸红商社在澳大利亚的子公司——丸红铝业澳大利亚公司。根据合资协议:第一,每个投资者在项目中分别投入相应的资金,作为项目固定资产的投入和再投入,以及支付项目管理公司的生产费用和管理费用。第二,项目需要的两种主要原材料——氧化铝和电力供应,由每个投资者独立安排。第三,每个投资者根据自身资金实力和税务结构等独立地安排融资,筹集其所需投入的资金。第四,项目完工后,投资者将从项目中获得相应份额的最终产品——电解铝锭,独立地在市场上销售。

下面让我们来具体分析在该投资结构中各投资者是如何根据自己的税务结构和资金实力要求来灵活安排融资的。

美铝澳大利亚公司的融资:该公司在澳大利亚拥有三个氧化铝厂和两个电解铝厂,资金雄厚,技术先进,在该项目投资中还担任项目经理。因此,该公司凭借其雄厚实力在资本市场上以传统的公司融资方式筹集到了较低成本的资金。

维州政府的融资:维州政府为了鼓励当地工业的发展和刺激就业,在项目投资中提供的是由政府担保的银团贷款。政府在该投资中不直接拥有项目资产,而

是由一个百分之百拥有的信托基金作为中介机构。这样,政府在资金管理上增强了灵活性,必要时,政府可以将信托基金在股票市场上出售,从中收回资金用于偿还政府担保的银团贷款。

第一国民信托的融资:它是一个公开市场的信托基金,通过在股票市场上发行信托单位集资,很容易就能筹集到所需资金,而且不构成其债务。

丸红铝业澳大利亚公司的融资与美铝澳大利亚公司的融资一样,采用的是传统的公司融资方式,即由其总公司日本丸红商社担保的银行贷款。

中信澳大利亚公司采用的是百分之百的项目融资方式——有限追索杠杆租赁融资模式,以杠杆租赁方式将项目的税收好处转让给由澳大利亚几家主要银行组成的合伙制公司,从而换取较低的资金安排成本。

图2-3是该投资结构的简易图示:

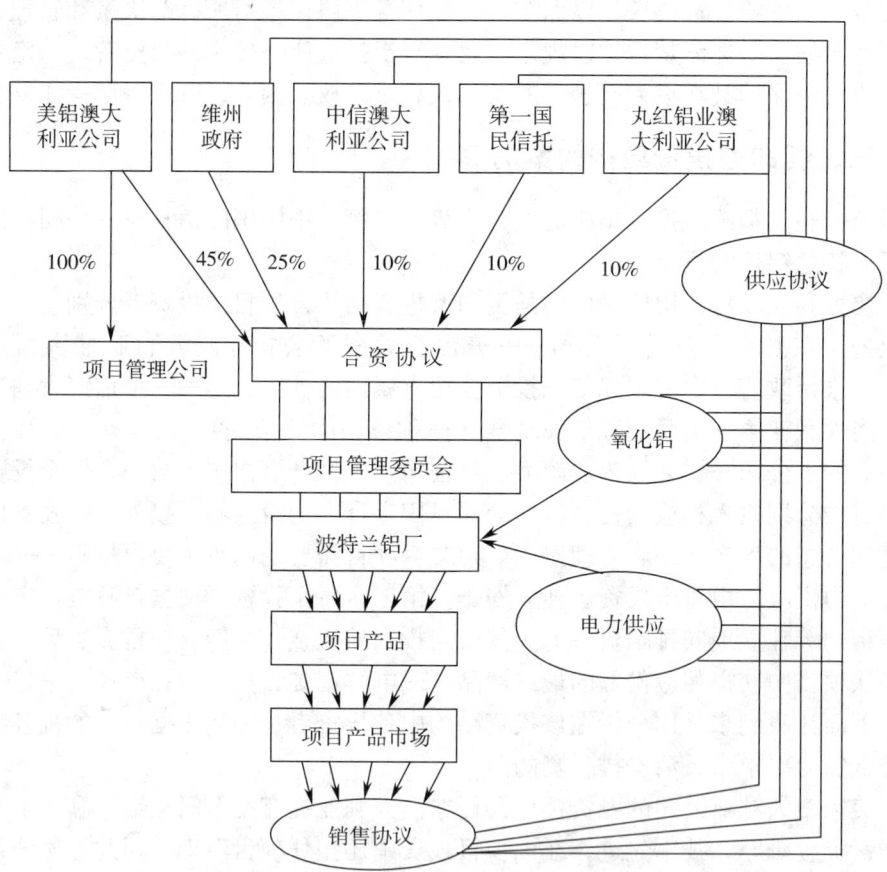

资料来源:张极井:《项目融资》,第2版,91页,北京,中信出版社,2003。

图2-3 澳大利亚波特兰铝厂契约型投资结构

通过这个例子,我们可以清楚地看出契约型投资结构所具有的融资的灵活性。

第四节 项目投资结构之三——合伙制投资结构

合伙制(Partnership)投资结构是指两个或两个以上合伙人(Partners)之间以获取利润为目的共同从事某项投资活动而建立起来的一种法律关系。合伙制投资结构不是一个独立的法人实体,它只是通过合伙人之间的法律合约建立起来,这一点与合作经营企业相似。当然,在多数国家仍有完整的法律来规范合伙制投资结构的组成及其行为。在实际运用中,合伙制投资结构有两种基本形式:一般合伙制和有限合伙制。

一、一般合伙制

一般合伙制(The General Partnership),或称普通合伙制,是指所有的合伙人对于合伙制投资结构的经营、合伙制投资结构的债务以及其他经济责任和民事责任均负连带的无限责任的一种合伙制投资结构。正因为如此,在大型投资项目中很少采用一般合伙制投资结构。只是在单个项目发起人的资金实力不足以开发项目,而多个投资者之间的地位又相对平等,即拥有相同的资金实力、相同的管理能力等,都希望在项目中掌握一定的管理和控制权力时,才可能选择一般合伙制形式的投资结构。

(一)一般合伙制投资结构的特点

合伙企业要比其他形式企业存在的时间更长久,也是经济生活中数量众多的组织形式,特别是在专业服务领域中,大多是采用合伙制。一般合伙制投资结构较其他两种投资结构具有以下特点:

1. 合伙协议是合伙企业存在的基础。在合伙协议中规定了合伙人的权利义务、利润分配和亏损分担以及事务执行、退伙解散等重要事项。

2. 合伙企业资产的转让。在合伙企业存续期间,合伙人向合伙人以外的人转让其在合伙企业中的全部或者部分财产份额时,须经其他合伙人一致同意;而合伙人之间转让在合伙企业中的全部或者部分财产份额时,也应当通知其他合伙人。这是因为合伙企业是典型的人合企业,合伙人之间彼此的信任和熟悉程度是企业存在的基础之一。

3. 连带责任。合伙企业的连带性不单体现在合伙人对合伙企业方面,同时也体现在合伙人之间。也就是说,即使合伙人之间约定了分担债务的比例,债权人依然可以根据自己的意愿向任何一个合伙人要求清偿全部债务。

4. 每个合伙人都有经营管理权。一般合伙制的资产由一般合伙人(General

Partners）所拥有，每个一般合伙人都有权参与合伙制的经营管理，因此，不容易发生少数人的权利得不到保障的问题。同时，合伙人不得自营或者同他人合作经营与本合伙企业相竞争的业务，在涉及重大事项时，必须经全体合伙人同意。

5. 可以充分地利用税务优惠。由于合伙制不是一个纳税主体，合伙制投资结构在一个财政年度内的净收入或亏损将全部按投资比例直接转移给一般合伙人，一般合伙人单独申报自己在合伙制投资结构中的收入，并且从合伙制投资结构中获取的收益（或亏损）允许与合伙人其他来源的收入进行税务合并，从而有利于合伙人较灵活地作出自己的税务安排。

（二）一般合伙制投资结构的缺陷

1. 每个合伙人都承担着无限连带责任。合伙企业属于自然人企业的范畴，需要合伙人负无限连带责任。一旦项目出现问题，或者如果某些合伙人由于种种原因无力承担其应负的责任，其他合伙人就面临着要承担超出其在合伙制投资结构中所占投资比例的责任的风险。这一问题严重限制了一般合伙制在项目融资中的广泛使用。

2. 每个一般合伙人对合伙制都有约束力。每个一般合伙人均可以要求以所有合伙人的名义去执行合伙制的权利，即当一个合伙人与第三者签订合同时，也就表明一般合伙制也必须承担该合同的责任。相应地，合伙制投资结构的法律权益的转让必须要得到其他合伙人的同意。

3. 融资安排比较复杂。由于合伙制投资结构在法律上并不拥有项目资产，因此，合伙制投资结构的融资安排需要每个合伙人同意将项目中属于自己的一部分资产权益拿出来作为抵押或担保，并共同承担融资安排中的责任和风险。这样操作起来要比公司型投资结构复杂得多。

二、有限合伙制

有限合伙制（The Limited Partnership）是在一般合伙制基础上发展起来的一种合伙制形式，它是指包括至少一个一般合伙人和至少一个有限合伙人在内的合伙制形式。其中，一般合伙人负责合伙制项目的组织、经营和管理，并承担对合伙制债务的无限责任；有限合伙人则不能参与项目的日常经营管理，而且也只承担着与其投资比例相对应的有限责任，其主要责任是提供一定的资金，有人称之为"被动项目投资者"（Passive Project Investors）。在这种结构中，一般合伙人和有限合伙人起到了互相合作、扬长避短的作用。即在该种投资结构中，一般合伙人大多是在该项目投资领域有技术管理特长并准备利用这些特长从事项目开发的公司。由于资金、风险、投资成本等多种因素的制约，一般合伙人愿意组织一个有限合伙制的投资结构，吸引更广泛的有限合伙人参与到项目中来，以共同分担项目的投资风险和分享项目的投资收益。

有限合伙制投资结构作为一种特殊的合伙制投资结构，一方面仍具有一般合伙制在税务安排上的优点，另一方面又在一定程度上避免了一般合伙制的责任连带问题，因而在项目融资中被经常使用。

（一）有限合伙制的优点

有限合伙制相对于其他投资结构来说具有以下优点：

1. 税务安排比较灵活。由于有限合伙制投资结构本身不是一个纳税主体，其在一个财政年度内的净收入或亏损可以全部按投资比例直接转移给合伙人，合伙人单独申报自己在合伙制投资结构中的收入并与其他收入合并后确定最终的纳税义务。

2. 每个一般合伙人有权直接参加企业的管理，有利于发挥各合伙人的业务专长和管理能力，做到资源的充分利用。

3. 成立手续简便。许多国家都没有形成关于对合伙制成立的法律法规，因此，其所受的限制较少。

4. 在一定程度上避免了一般合伙制的责任连带问题。在有限合伙制投资结构中出现了一种有限合伙人，而有限合伙人仅以其投入和承诺投入的资本额为限来对合伙制投资结构承担债务责任；同时，它仍然不是一个法律实体组织。所以，对于有雄厚资金实力的投资公司和金融机构来说，既可以承担有限的债务责任，又可以充分利用合伙制在税务扣减方面的优势，这是在项目融资中采用有限合伙制投资结构的主要原因。

（二）有限合伙制的缺陷

1. 一般合伙人仍然要承担无限的债务连带责任。

2. 每个一般合伙人对合伙制投资结构都具有约束力，而不受投资份额大小的影响。

3. 融资安排比较复杂。由于有限合伙制投资结构在法律上仍然不拥有项目的资产，有限合伙制投资结构在安排融资时需要每个一般合伙人同意将项目中属于自己的一部分资产权益拿出来作抵押或担保，并共同承担融资安排中的责任和风险。此外，如果贷款银行由于执行抵押或担保权利进而控制了企业的财务活动，有可能导致在法律上贷款银行也被视为一个一般合伙人，从而被要求承担合伙制投资结构所有的经济和法律责任。

4. 在法律处理上的复杂性。在对有限合伙制投资结构的税务规定和对有限合伙人的定义上，有关的法律在不同国家之间差别很大。在实际操作中，很可能陷入以下两种极端情况：一种情况是，如果结构安排不好，有限合伙制有可能被作为公司结构处理，失去了采用合伙制投资结构的意义。因为有限合伙人的责任类似公司制结构中股东的责任，很可能就不能再利用合伙制投资结构在税务处理上的优越性了。另一种情况是，如果对于"参与管理"的界定不清楚，有限合伙人有可能由于被认为"参与管理"而变成要承担无限连带债务责任的一般合伙人，从而增加其在项目中的投资风险。

三、合伙制投资结构在项目投资中的应用

当在项目融资中采用合伙制时，项目发起人一般都是通过一家专门为参与这个项目成立的特殊目的的子公司介入项目的，这样就可以保证项目发起人其他的资产和业务不受合伙制造成的相互承担无限连带责任的影响。有限合伙制投资结构尤其在美国被普遍使用。主要是在以下两个领域得到了充分的应用。

1. 在基础设施项目中采用合伙制。对于公用设施和基础设施项目，如电站、公路等的投资活动，由于其具有资本密集、周期长但风险较低的特点，有限合伙人可以充分利用项目前期的税务亏损和投资优惠冲抵其他的收入，提前回收一部分投资资金。

2. 在资源类地质勘探项目中采用合伙制。在资源类地质勘探项目中，如石油、天然气和一些矿产资源的开发，由于其投资风险大，许多国家对资源类项目的前期勘探费用支出给予优惠的税收政策，在设计合伙制投资结构时，通常由项目的主要投资者作为一般合伙人，邀请一些其他的投资者作为有限合伙人为项目提供前期勘探的高风险资金，而一般合伙人则承担全部或大部分项目建设开发的投资费用以及项目前期勘探、建设和生产阶段的管理工作，如图2－4所示。

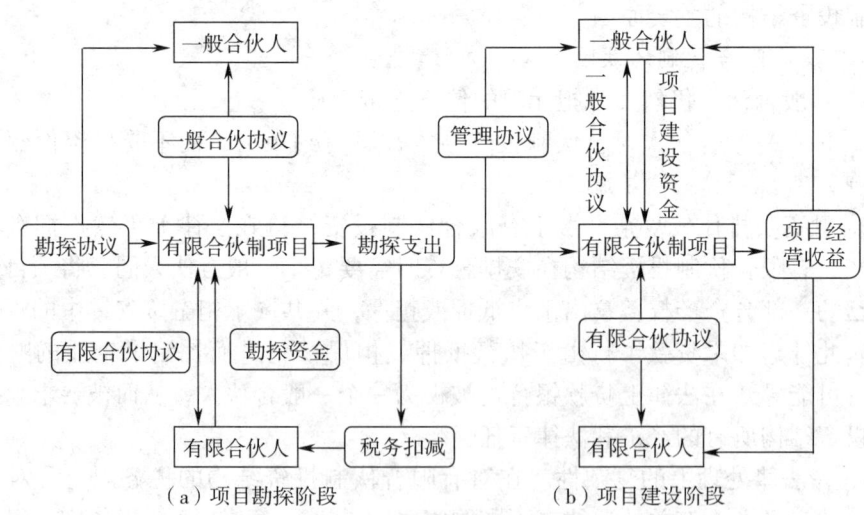

（a）项目勘探阶段　　　　（b）项目建设阶段

图2－4　有限合伙制投资结构在资源性项目开发中的应用

由于有限合伙人在勘探阶段投入的全部费用基本上可在当年抵税，已获得相当比例的投资回报，并且项目又具有一定的发展前景，所以，对许多存在充足资金又不具备这一领域经营管理能力的公司来说，这种投资形式具有很大的吸引

力。这是在工业国家中许多公司愿意对勘探前景较好的项目进行风险投资的重要原因之一。作为一般合伙人，由于在勘探工作结束并认为有开发价值后才投入项目的建设开发资金，虽然税务结构上不如有限合伙人，但是所承担的资金风险也相对小得多，而且作为项目的主要投资者，可以在项目的开发中获得更大的利益。因此，有限合伙制成为受投资者青睐的投资结构之一。

第五节　项目投资结构之四——信托基金投资结构

在本章第三节中介绍的澳大利亚波特兰铝厂项目投资结构的案例中，第一国民信托就是一个采取信托基金投资结构方式参与项目融资的案例。这表明，利用信托基金吸引国内外资金参与到项目融资活动中去也是可行的。信托基金有多种形式，其中在房地产项目和其他不动产项目的投资、在资源性项目的开发以及在项目融资安排中比较经常使用的一种信托基金形式是单位信托基金（Unit Trust）。从严格意义上说，单位信托基金不是一种项目投资结构，而是一种投资基金的管理结构，在投资方式中这种结构属于间接投资形式。

一、信托基金的运作

信托基金是指通过专门的经营机构将众多投资者的资金汇集起来，由专业投资人士集中进行投资管理，投资者按其投资比例享受投资收益的一种信用工具。关于信托基金的称谓，各国不尽相同。如美国称其为互惠基金，英国及中国香港称其为单位信托基金，日本和中国台湾称其为证券投资信托基金。一般来说，一个信托基金的建立和运作建立在信托契约的基础上，所谓信托契约，它与公司的股东协议相似，是规定和规范信托单位持有人、信托基金受托管理人和基金经理人之间法律关系的基本协议。信托基金的运作基本涉及四个当事人：

1. 信托单位持有人（Unit‑holders）。信托单位持有人（类似于公司中的股东）是信托基金资产和其经营活动的所有者。理论上，信托单位持有人不参与信托基金以及信托基金所投资项目的管理。

2. 信托基金受托管理人（Trustee）。信托基金受托管理人代表信托单位持有人持有信托基金结构的一切资产和权益，代表信托基金签署任何法律合同，信托基金受托管理人由信托单位持有人根据信托契约任命并对信托单位持有人负责，主要作用是保护信托基金持有人在信托基金中的资产和权益不受损害，并负责控制和管理信托单位的发行和注册，以及监督信托基金经理的工作。除非信托基金经理的工作与信托单位持有人的利益发生冲突，受托管理人一般不介入日常的基金管理。在采用英美法律体系的国家，信托基金的受托管理人一般由银行或者职业的受托管理公司担任。

3. 信托基金经理（Manager）。信托基金经理由受托管理人任命，负责信托基金及其投资项目的日常经营管理。一些国家规定，受托管理人和信托基金经理必须由两个完全独立的机构担任。

因此，信托基金投资结构在形式上与公司型投资结构近似，也是将信托基金划分为类似于公司股票的信托单位，通过发行信托单位来筹集资金。但是，它与公司型投资结构相比较仍然存在着明显的不同。

二、信托基金投资结构的特点

归纳起来，信托基金投资结构具有以下几方面的特点：

1. 信托基金是通过信托契约建立起来的。这一点与根据国家有关法律组建的有限责任公司是有区别的。组建信托基金必须要有信托资产，这种资产可以是动产，也可以是不动产。

2. 信托单位持有人承担有限责任。一般来说，信托单位持有人在信托基金投资结构中的责任是有限的，其责任仅限于在信托基金中已投入和承诺投入的资金。然而，受托管理人需要承担信托基金结构的全部债务责任，并有权要求以信托基金的资产作为补偿。

3. 信托基金受托人是信托基金的法定代表。信托基金的受托管理人作为信托基金的法定代表，其所代表的责任与其个人责任是不能够分割的。例如，受托管理人代表信托基金签署一项银行贷款协议，受托管理人也就同时为这项贷款承担了个人责任，信托基金的债权人有权就债务偿还问题追索到受托管理人的个人资产。但是，除极个别的情况外，债权人一般同意受托管理人的债务责任被限制于信托基金的资产。

4. 信托基金不具备独立法人地位。与公司法人不同，信托基金不能被作为一个独立法人而在法律上具有起诉权和被起诉权。受托管理人承担信托基金的起诉和被起诉的责任。因此，尽管信托基金投资结构是以信托基金持有人作为纳税主体，信托基金的应纳税收入以基金作为核算单位，以税前利润形式分配给信托单位持有人，由其负责缴纳所得税，但是，信托基金的经营亏损在很多情况下被局限在基金内部结转，用以冲抵未来年份的盈利，而不能像合伙制投资结构那样将这些亏损直接转移给信托单位持有人，由其根据需要进行税务安排。所以，这种投资结构的税务灵活性较差。

但是，信托基金投资结构应用于项目融资中存在着诸多不便，尤其是其投资结构相对前三种投资结构而言比较复杂。与前三种投资结构相比，信托基金投资结构有其复杂性的一面，除投资者即信托单位持有人和管理公司外，还设有受托管理人，需要有专门的法律协议来规定各个主体在决策中的作用和对项目的控制方法。

三、信托基金投资结构在项目融资中的应用

一般地,信托基金参与项目融资的方式主要有同银行等机构一样为项目提供贷款,购买项目的股权、可转换债券等。信托基金投资结构在项目融资中的应用,主要是作为一种被动投资形式,或者是为满足投资者特殊的融资要求而采用的一种措施。这种投资结构的一个显著特点是易于转让,在不需要时可以很容易地将信托基金中的一切资产、资金返还给信托单位持有人。如果一家公司在开发或收购一个项目时不愿意新项目的融资安排反映在公司的财务报表上,但是又希望新项目的投资结构只是作为一种临时性的安排,信托基金投资结构就是一种能够达到双重目的的投资结构。在澳大利亚波特兰铝厂项目中,第一国民资源信托基金也许正是出于这一考虑而选择了信托基金投资结构这一投资形式。作为基金经理的第一国民管理公司隶属于澳大利亚国民银行,是该银行的投资银行分支机构,主要从事项目投资咨询、基金管理、项目融资等业务。当1985年美铝澳大利亚公司为波特兰铝厂寻找投资者时,第一国民管理公司认为这是一个很好的投资机会,从而发起组建了第一国民资源信托基金,在证券市场公开上市集资,投资收购波特兰铝厂10%的资产。其投资结构如图2-5所示。

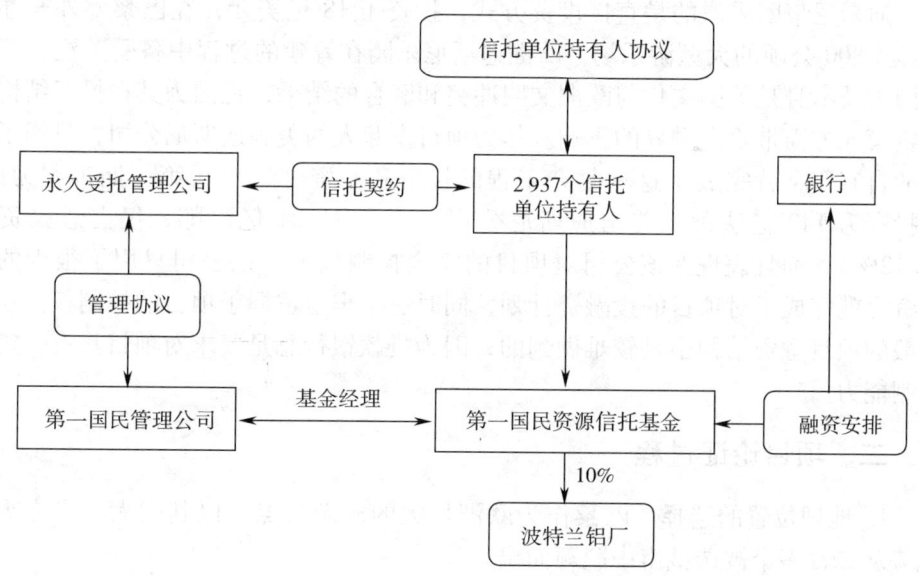

资料来源:张极井:《项目融资》,第2版,95页,北京,中信出版社,2003。

图2-5 澳大利亚波特兰铝厂第一国民资源信托基金投资结构

在图2-5中,第一国民管理公司在信托基金中没有任何投资,只是被基金的受托管理人任命为基金经理,负责信托基金的管理,并以项目投资者经理人的

身份参与波特兰铝厂项目的管理，负责项目的产品销售、财务安排和其他的经营活动。通过这一投资结构，澳大利亚国民银行以公众集资方式参与了铝工业的生产和市场开发，并从信托基金中获得管理费收入。

但是，在项目融资中进行融资的项目一般都是大型基础设施项目，如能源、交通、电信网络等，因而只有规模较大的基金才能参与项目，并且这些基金的管理比较复杂。

案例分析：欧洲迪斯尼乐园项目的投资结构

一、项目背景

1984 年，美国的沃特·迪斯尼集团（Walt Disney）在美国加利福尼亚州和佛罗里达州的迪斯尼乐园经营成功的基础上，通过许可转让技术的方式，开设了东京迪斯尼乐园，获得了巨大的成功。东京迪斯尼乐园的成功，大大增强了迪斯尼集团对于跨国经营的自信心，决定继续向国外市场努力，再在欧洲开办一个迪斯尼乐园。

迪斯尼集团采取的是直接投资方式，投资了 18 亿美元，在巴黎郊外开办了占地 4 800 公顷的大型游乐场。欧洲迪斯尼乐园在筹建的过程中备受关注，不仅仅因为其本身是美国文化与欧洲文明冲突和磨合的结果，还因为其在投资结构和筹资模式方面带给金融界的影响。作为项目发起人的美国迪斯尼公司，只用了很少的自有资金就完成了这项复杂工程的投资和融资（以项目第一期工程为例，总投资为 149 亿法郎，美国迪斯尼公司只出资 21.04 亿法郎，仅占总投资的 14.12%），而且表现在该公司对项目的完全控制权上，该公司只用了很少的自有资金就完成了对项目的投融资计划，同时还牢牢地掌握了项目的控制权。这在一般的项目融资结构中是较难做到的，因为贷款银行总是要求对项目具有一定的控制能力。

二、项目论证过程

1. 地理位置的选择。巴黎作为欧洲最大的旅游景点，以其巨大的潜在人口优势从二百多个被选城市中脱颖而出。

2. 风俗习惯的调研。美国人平均有两至三个星期的假期，欧洲人则与之不同。例如，法国人和德国人的假期一般为五个星期，较长的假期使得人们有可能有更多的时间在欧洲迪斯尼乐园度过。

3. 便利的铁路设施。法国政府当时正投资上百亿美元进行铁路以及其他设施的改进，这样游客就可以更便捷地到达城郊的迪斯尼乐园。例如，1993 年，英吉利海峡隧道铁路的开通大大缩减了从伦敦到巴黎的行程，全程仅需 3 小时 10 分钟。

4. 气候因素。考虑到法国的气候特征，欧洲迪斯尼乐园的候车站均设有遮檐，以保护游客不受风吹雨淋。

5. 战略效仿。为了增强欧洲迪斯尼乐园的吸引力，园内建筑具有一定的欧洲特色。如探索园是以法国人朱尔斯·费纳（Jules Verne）的科幻小说为基础而设立的；360 度大屏幕放映有关欧洲历史的影片；整个公园内使用两种官方语言：英语和法语，还有会使用多种语言的工作人员可随时帮助来自荷兰、德国、意大利及西班牙的游客。然而，从整体战略上讲，欧洲迪斯尼乐园是仿效美国迪斯尼乐园建造的。此外，美国迪斯尼乐园的许多做法，如乐园内不提供酒及酒精饮料等都完全照搬到了欧洲迪斯尼乐园。

6. 财务计划。迪斯尼集团通过所设立的财务公司拥有欧洲迪斯尼乐园的所有权，经营权由欧洲迪斯尼乐园自己享有。迪斯尼集团拥有财务公司 17% 的股权，主要用于弥补税收损失及以低利率借入资金；拥有欧洲迪斯尼乐园 49% 的资产，收取管理费用及特许权经营费用；其余的股权则向公众筹集。

欧洲迪斯尼乐园是迪斯尼集团在欧洲进行一系列房地产开发计划的开端，原计划提供 5 200 间旅馆客房，超过了整个夏纳市的供房总量。客房数量预期在第二阶段计划执行后可以增加 3 倍。同时，下一阶段的计划包括投资大型写字楼、购物场所、高尔夫球场、公寓及度假住房，欧洲迪斯尼公司亲自负责每个建筑的建设，最后卖出竣工建筑，获取高额利润。

三、项目投资结构设计过程

法国东方汇理银行是该项目的财务顾问。在项目投资结构设计过程中，作为项目发起人的美国迪斯尼公司对投融资结构的要求有三个：投融资结构必须保证可以筹集到项目建设所需要的足够资金，项目的资金成本必须低于"市场平均成本"；项目发起人必须获得高于"市场平均水平"的经营自主权。

但与此同时，在 1987 年 3 月美国迪斯尼公司与法国政府签署的原则协议中规定：允许美国迪斯尼公司在巴黎以东 32 公里、面积达 4 800 公顷的地方兴建迪斯尼乐园这样一个基础设施项目，但同时要求巴黎迪斯尼项目的多数股权必须掌握在欧洲共同体（现改为欧盟）居民的手中，这样既限制了美国迪斯尼公司在项目中的股本资金投入比例，同时也增加了实现其要求获得高于"市场平均水平"的经营自主权目标的难度。

法国东方汇理银行通过建立项目现金流量模型，以 20 年期的欧洲迪斯尼乐园及其周边相关的房地产项目开发作为输入变量，以项目税收、利息成本、投资者收益等作为输出变量，对项目开发作了详细的现金流量分析和风险分析，最后建议美国迪斯尼公司使用合伙制投资结构，欧洲迪斯尼项目的投资结构如图 2-6 所示。

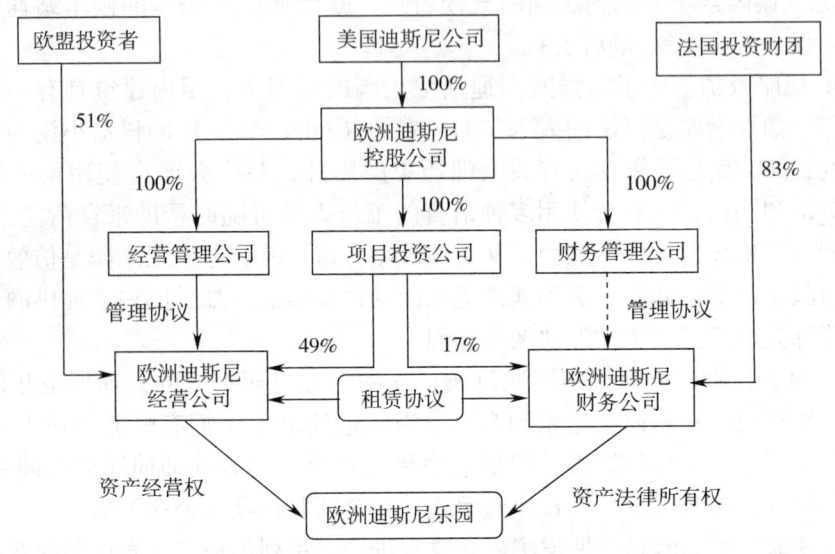

图 2-6 欧洲迪斯尼乐园的投资结构示意图

四、项目投资结构

根据法国东方汇理银行的设计，欧洲迪斯尼项目的投资结构分为两个部分：欧洲迪斯尼财务公司和欧洲迪斯尼经营公司。欧洲迪斯尼财务公司将拥有迪斯尼乐园的资产，并通过一个 20 年期的杠杆租赁协议，将资产租赁给欧洲迪斯尼经营公司。

1. 欧洲迪斯尼财务公司的结构。项目初期巨额投资所带来的高额利息成本，以及资产折旧、投资优惠等所形成的税务亏损无法在短期内在项目内部有效地消化掉，而且这些高额利息成本和折旧的存在使得项目无法在早期形成会计利润，从而也就无法形成对外部投资者的吸引力。为了有效利用这些税务亏损，降低项目的综合资金成本，欧洲迪斯尼财务公司所使用的结构类似于一般合伙制结构。欧洲迪斯尼财务公司的投资者分别是欧洲迪斯尼控股公司（占 17%）和法国投资财团（占 83%），作为一般合伙人，它们能够直接分享其投资比例的项目税务亏损，与其他来源的收入合并纳税。

因此，在项目的前半期，由于利息和折旧等原因，项目将产生亏损，这些亏损由财务公司的股东承担，从而可以满足美国迪斯尼公司的要求，即项目的资金成本必须低于"市场平均成本"。

2. 欧洲迪斯尼经营公司的结构。欧洲迪斯尼经营公司的设计是为了解决美国迪斯尼公司对项目的绝对控制权问题。由于在与法国政府签署的原则协议中规定，美国迪斯尼公司被限制只能在项目中占有少数股权，欧洲迪斯尼经营公司采取的是类似于有限合伙制的投资结构。在这一投资结构中，包括两类投资者：一类是一般合伙人，这类投资者负责任命项目管理班子，承担项目管理责任，同时，在项目中承担无限责任；另一类是有限合伙人，这类投资者在项目中只承担与其投资金额相等的有限责任，但是不能直接参与项目管理。具体地，在这个案例中，美国迪斯尼公司是欧洲迪斯尼经营公司唯一的一般合伙人。所以，尽管它在欧洲迪斯尼经营公司中只占有少数股权，但也完全控制着项目的管理权。这就满足了美国迪斯尼公司的又一要求，即项目发起人必须获得高于"市场平均水平"的经营自主权。

同时，欧洲迪斯尼经营公司还具备一种有限合伙制所没有的特点，即具备在证券市场上发行股票筹集资金的能力。通过项目直接上市筹集资金，不仅成为欧洲迪斯尼项目融资结构中主要的股本资金来源，而且也成为这个融资结构的一个重要特征。

欧洲迪斯尼经营公司与欧洲迪斯尼财务公司签订一份20年期的杠杆租赁协议，之后，组织项目的公开招标，负责建设项目及建成后项目的运营管理。在20年的租赁协议终止时，欧洲迪斯尼经营公司将从欧洲迪斯尼财务公司手中以其账面价值把项目购买回来，而欧洲迪斯尼财务公司则被解散。

五、项目投资结构设计的启示

1. 在设计项目投资结构时应充分利用项目的内在价值。这一案例说明，项目的投资结构设计在实现项目投资者目标的过程中以及在项目整体投融资结构设计的过程中可以起到关键性作用。它几乎开创了一个先河，即在非传统项目融资领域利用项目的部分内部价值（如税务亏损）来安排结构复杂的项目投融资结构，而这样的投融资结构往往单独依赖项目发起人的公司资信或资产负债表是无法组织起来的。

2. 有限追索的项目融资也可以通过向公众发行股票来筹集资金。欧洲迪斯尼经营公司的股本资金中的大部分（51%）是通过在证券市场上公开发行股票筹集的，其余49%的股本资金则由美国迪斯尼公司提供。尽管欧洲迪斯尼项目结构复杂，但是股票发行获得超额认购，取得成功，说明在项目融资中也可以利用公众资金来为项目筹集股本资金。

随后，在西方工业国家的一些大型工程项目和基础设施项目中，对欧洲迪斯尼项目的投融资结构日益重视并加以运用。1996年上半年，在澳大利亚同时有两个大型工程项目，即悉尼2000年奥林匹克体育场和墨尔本市区高速公路网项目就采用了类似的投资结构和融资结构概念。这两个项目均使用一种信托基金结构（与本章第五节所论述的信托基金结构在税务安排上有所不同，是一种可以将税务亏损直接分配给信托单位持有人的结构）来拥有项目资产，吸收项目前期的巨额税务亏损，并将项目资产以长期金融租赁的形式租给项目的经营公司。项目经营公司将在澳大利亚股票交易所上市，这种将有限追索项目贷款、税务股本资金和公众股本资金三者相结合的方式，可以发挥欧洲迪斯尼项目融资结构的同样作用，即降低项目的资金成本，同时，项目发起人只需要投入有限的资金。这种项目融资的投融资结构对于项目生命期长、前期资本投入量大、前期税务亏损额大的基础设施项目和公益设施项目的开发有着普遍的意义。

本章小结

1. 项目的投资结构是指项目单位的法律组织结构，即项目的发起人对项目资产权益的法律拥有形式和发起人之间的法律合作关系，它是在项目所在国的法律法规、会计、税务等客观因素的制约条件下，寻求一种能够最大限度地实现其投资目标的项目资产所有权结构。

2. 在选择项目投资结构时应考虑的基本因素包括：项目风险和项目债务隔离程度的要求、补充资本注入的灵活性要求、对税务优惠利用程度的要求、财务处理方法的要求、产品分配形式和利润提取的难易程度、融资便利与否及资产转让的灵活性要求。

3. 当两个或两个以上的投资者共同对项目进行投资时，签订好一份合资协议是项目投资阶段非常重要的环节。一般地，项目合资协议必须解决以下问题：合资项目的经营范围界定、初始资本注入方式、不确定性的资本补充方式、优先认股权问题、项目的管理和控制问题及违约行为的处理方法。

4. 在项目融资中，公司型投资结构的形式是有限责任公司，它是一个按照公司法成立的与其投资者完全分离的独立法律实体。也就是通常所说的单一目的的项目公司，它拥有一切项目资产和处置资产的权利，公司股东既没有直接的法律权益，也没有直接的受益人权益。

5. 项目融资中选择公司型投资结构的优点在于：项目发起人承担有限责任，可以避免将有限追索的融资作为债务列入项目发起人自身的资产负债表中，实现非公司负债型融资安排，便于集中管理项目及项目资产，投资转让及融资安排比较灵活。因此，国际上大多数的制造业项目、加工工业项目甚至资源性开发项目都采用有限责任公司投资结构。但是，正是在以上优势中暴露出了这种投资结构的弊端：投资者对项目的现金流量缺乏直接的控制；项目的税务结构的灵活性差，即不能利用股份公司的亏损去冲抵发起人其他项目的利润；存在着双重征税的现象，即项目公司如有盈利，要缴纳公司所得税，项目发起人取得股东红利后还要缴纳一次公司所得税或个人所得税，这样，无形中降低了项目的综合投资回报率。

6. 公司型投资结构的创新本质：争取尽快尽早地利用项目的税务亏损（即以亏损减抵收益后纳税）或优惠，以提高项目投资的综合经济效益。其中一种流行的做法是在项目公司中作出某种安排，使得其中一个或几个发起人可以充分利用项目投资前期的税务亏损或优惠，同时又将其所取得的部分收益以某种形式与其他发起人分享。

7. 契约型投资结构是指各项目发起人根据各自在合资企业中的投资比例，持有项目全部不可分割资产和生产出来的产品的一部分。每个项目发起人都将在项目中的投资作为直接投资，无论比例大小全部反映在各自的财务报表上。这种投资结构主要集中在石油、天然气开发、采矿、初级矿产加工、钢铁及有色金属等领域。

8. 契约型投资结构的特点体现在：每个投资者直接拥有全部项目资产的一个不可分割的部分，直接拥有并有权独自处理其投资比例的项目最终产品；每个发起人派出一个代表，成立项目管理委员会，作为项目的决策机构；投资者之间是一种合作性质的关系，表现为合作生产产品或为取得产品而合作；可以有效地分配和利用税务优惠；融资安排的灵活性等。但是，契约型投资结构也有其不足之处，主要表现为投资转让程序比较复杂、交易成本比较高及管理程序比较复杂等。

9. 合伙制投资结构是指两个或两个以上合伙人之间以获取利润为目的，共同从事某项投资活动而建立起来的一种法律关系。在实际运用中，合伙制投资结构有两种基本形式：一般合伙制和有限合伙制。前者是指所有的合伙人对于合伙制投资结构的经营、合伙制投资结构的债务以及其他经济责任和民事责任均负连带的无限责任的一种合伙制。正因为如此，在大型投资项目中很少采用一般合伙制投资结构。后者是指包括至少一个一般合伙人和至少一个有限合伙人在内的合伙制形式。其中，一般合伙人负责合伙制项目的组织、经营和管理，并承担对合伙制债务的无限责任；有限合伙人则不能参与项目的日常经营管理，而且也只承担着与其投资比例相对应的有限责任，其主要责任是提供一定的资金，有人称之为"被动项目投资者"。

10. 信托基金是指通过专门的经营机构将众多投资者的资金汇集起来，由专业投资人士集中进行投资管理，投资者按其投资比例享受投资收益的一种信用工具。一般地，信托基金参与项目融资的方式主要有：同银行等机构一样为项目提供贷款，购买项目的股权、可转换债券等。信托基金投资结构在项目融资中的应用主要是作为一种被动投资形式，或者是为满足投资者的特殊融资要求而采用的一种措施。这种投资结构的一个显著特点是易于转让。

本章重要概念

项目法律结构　　单一目的项目公司　　结构性亏损　　税务收益
项目管理委员会　　优先认股权　　被动投资者

本章思考题

1. 影响项目投资结构的主要因素有哪些?
2. 税务优惠在项目融资的投资结构中起着什么作用?
3. 在项目融资中,采用有限责任公司的法律结构有何利弊?
4. 如何理解有限责任公司投资结构的双重纳税问题? 如何解决这一问题?
5. 契约型投资结构的项目管理有何特点?
6. 试分析在项目融资中采用契约型投资结构的优缺点。
7. 简述一般合伙制投资结构的基本特点。
8. 一般在哪些领域采用有限责任合伙制投资结构,为什么?
9. 如何将信托基金投资方式应用于项目融资,有何特点?
10. 试分析项目合资协议中的主要条款及意义。

第三章

项目可行性研究

选择了项目的投资结构之后,投资者紧接着就该进行项目的可行性研究了。项目的可行性研究主要是为了提供拟投资项目的技术、经济、结构、政府支持及市场等方面的资料。项目发起人在争取有限追索资金时必须提供项目可行性研究报告,项目发起人通过这个报告对项目详细说明以吸引潜在的贷款人、政府官员和潜在的股本投资者参与到这个项目中来。

第一节 项目可行性研究概述

一、项目前期开发协议

在进行项目的全面可行性及可融资性研究之前,项目的多个发起人之间要进行一定的准备工作,即根据项目开发协议或前期开发协议(A Pre-development or Project Development Agreement)确定发起人之间的关系,为全面的项目可行性研究做好准备,这就是所谓的项目前期开发准备阶段(The Pre-development Phase)。项目前期开发协议通常是供内部使用而准备的资料,也可用来寻找其他愿意参加此项目并希望作为项目发起人出资参与下一阶段可行性研究的其他投资者。

一般地,这一阶段所要解决的主要问题都通过前期开发协议来确定。因此,前期开发协议主要包括以下内容。

(一) 排他性条款

排他性条款(A Statement of Exclusivity)的作用主要是用来确定项目发起人的数目,以利于彼此间进行竞争性要价。防止一个发起人可能同时参与一个以上的财团而对该项目不能全心投入。

(二) 保证参与条款

保证参与条款(A Commitment to Carry Out A Pre-development Programme),

即项目发起人保证具体参与项目的前期开发工作,比如,由谁主要负责项目的技术谈判,由谁负责项目的融资谈判,由谁负责项目的主要合同的起草等事项,为以后的全面可行性研究做好准备。

(三) 前期开发成本分摊条款

关于项目前期开发成本的分摊问题(An Agreement as to How the Pre-development Costs are to be Funded),在各当事人之间应该进行明确的界定。因为项目前期开发阶段所发生的大量费用支出,如进行全面可行性研究可能就要花费几十万元、上百万元的资金,而项目一旦不能最后中标,这几十万元、上百万元的付出就会使发起人面临巨大风险。所以,在正式进行项目全面可行性研究之前,必须明确规定各发起人所能承担的资金责任,以免日后发生纠纷。

(四) 投票权条款

投票权条款(Voting Previsions)主要是规定有关项目的重要决定如何产生的问题。一般地,在项目前期开发的投票决定中,遵循全体一致通过的原则,如有反对或不愿意者,可以退出该项目。这些规定事先必须表明清楚。

(五) 职能分配条款

对于大型项目,一般由众多发起人组成投资财团来进行,因此,在项目前期开发协议中,应明确规定每个发起人应承担的职责,以充分发挥各发起人的优势,做到最大限度地节约成本、减少摩擦、提高效率,这些规定都应在职能分配条款(Allocation of Roles)中体现清楚。

(六) 退出和放弃条款

退出和放弃条款(Withdrawal and Abandonment)的主要内容一般是:在一个规定的提示期内,任何一个项目发起人只要觉得不愿意从事该项目,可以退出该项目而不会受到其他发起人的任何经济上的处罚。显然,如果退出者在前期开发成本中出资比例较大,将会增加留下来的参与者的成本负担,这时,其他人也可能退出该项目,在这种"滚雪球效应"(The Snowball Effect)的作用下,可能会最终导致所有参与者都放弃该项目。

在以上问题全体达成一致意见后,就可以进行全面的项目可行性研究了。一般来说,可行性研究的作用是通过把项目分析准备到一定的详细程度,以便项目发起人作出承诺,愿意对项目进行实际开发,同时也为贷款人评估项目的风险、为包括银行在内的贷款人安排资金提供一个可参考的基本依据。

二、项目可行性研究的基本框架

由于项目融资涉及的都是大的项目,其可行性研究报告要上报给政府部门批准或备案,因此,根据有关文件和案例,总结出投资项目可行性研究至少应包括以下内容。

(一) 项目兴建理由与预期目标

项目兴建理由与预期目标的研究是从总体上论证项目提出的依据、背景、理由和预期目标，即进行项目建设的必要性分析。与此同时，分析论证项目建设和生产运营必备的基本条件及其获得的可能性，即进行项目建设的可能性分析。

1. 项目兴建的理由。拟建项目都有其特定的背景、依据和原因，从项目本身和国民经济两个层次说明项目兴建的理由，以判别项目建设的理由是否充分、合理，从而证明项目建设的必要性。一般说有以下理由：新建或者扩大企业生产能力、提供产品或服务、满足社会需求、获取经济利益的需要；进行基础设施建设、改善交通运输条件、促进地区经济和社会发展的需要；合理开发利用资源、增加社会财富、实施可持续发展的需要；发展文化、教育、卫生等公益事业，满足人民不断增长的物质文化生活需要。

2. 项目预期目标。根据项目兴建的理由，对拟建项目的轮廓和预期达到的目标进行总体分析与论证。分析论证的内容有：项目建设内容和建设规模、技术装备水平、产品性能和档次、成本与收益等经济目标，项目建成后在国内外同行业中所处的位置或者在经济和社会发展中的作用等。

3. 项目建设的基本条件。对于确需建设且目标合理的项目，应分析论证其是否具备建设的基本条件。一般应分析市场条件、资源条件、技术条件、资金条件、环境条件、社会条件、施工条件、法律条件以及外部协作配套条件等对拟建项目支持和满足的程度，考察项目建设和运营的可能性。

(二) 市场预测

市场预测是对项目的产出品和主要投入品的市场容量、价格、竞争力以及市场风险进行分析预测。市场预测的结果为确定项目建设规模与产品方案提供依据。

(三) 资源条件评价

在矿产资源、水利水能资源和森林资源等资源开发项目中，资源条件是其物质基础，它直接关系到项目开发方案和建设规模的确定。资源开发项目包括：金属矿、煤矿、石油天然气矿、建材矿、化学矿、水利水电和森林采伐等项目。在可行性研究阶段，应对资源开发利用的可能性、合理性和资源的可靠性进行研究和评价，为确定项目开发方案和建设规模提供依据。

(四) 建设规模与产品方案

建设规模与产品方案研究是在市场预测和资源评价（指资源开发项目）的基础上，比选论证拟建项目的建设规模和产品方案，作为确定技术方案、设备方案、工程方案、原材料供应方案及投资估算的依据。

在考虑建设规模时，应考虑诸多因素，如合理经济规模，市场容量，环境因素对市场容量的影响,资金、原材料及主要外部协作条件对项目规模的满足程度等。产品方案选择的方法见本章第三节的相关内容。

(五) 物理及技术支持条件研究

场址选择、技术方案、设备方案和工程方案等问题,以及原材料、燃料供应问题等,都应在可行性研究报告中加以详细论证。

(六) 环境影响评价

大的建设项目一般会引起项目所在地自然环境、社会环境和生态环境的变化,并对环境状况、环境质量产生不同程度的影响。在进行环境影响评价的过程中,要进行环境条件调查,分析环境影响因素,并提出环境保护措施,最后写出环境评估报告。

(七) 投资估算、融资方案及财务评价

投资估算是指估算项目投入的总资金并测算建设期内各年的资金需要量。投资估算是制定融资方案、进行经济评价以及编制初步设计概算的依据。

融资方案是在投资估算的基础上,研究拟建项目的资金渠道、融资形式、融资结构、融资成本、融资风险等,比选推荐项目的融资方案,并以此研究资金筹措方案和进行财务评价。

财务评价是指在国家现行财税制度和市场价格体系下,分析预测项目的财务效益和费用,计算财务评价指标,考察拟建项目的盈利能力、偿债能力,据以判断项目的财务可行性。具体内容详见本章第二节。

(八) 国民经济评价与社会评价

国民经济评价是指按合理配置资源的原则,采用影子价格等国民经济评价参数,从国民经济角度考察投资项目所耗费的社会资源和对社会的贡献,评价投资项目的经济合理性。

社会评价是指分析拟建项目对当地社会的影响以及当地社会条件对项目的适应性和可接受程度,评价项目的社会可行性。具体内容详见本章第四节。

(九) 研究结论与建议

在前述各项研究论证的基础上,归纳总结,提出推荐方案,并对推荐方案进行总体论证,在肯定拟推荐方案优点的同时,还应指出存在的问题和可能遇到的主要风险,并得出项目和方案是否可行的明确结论。

第二节 项目的财务可行性研究

财务可行性分析主要是对企业获利能力及发展前景的定量分析。财务分析的具体步骤是:首先对项目的投资成本、项目建设期内的投资支出及其来源、销售收入、税金和产品成本、利润、贷款的还本付息等主要方面进行预测,得出项目现金流量表，再以预测出的现金流量为依据，以资本预算方法进行抉择，从而选择能增值的投资项目，说明该项目在财务效益上是可行的。

项目财务分析具体体现在项目融资实务中，可以从项目盈利能力和债务清偿能力两方面进行。

一、项目盈利能力的分析指标及判断方法

（一）投资回收期法

1. 投资回收期的计算与判断。投资回收期也称投资返本期，是指项目投产后用所获得的净收益偿还全部投资（包括固定资产投资和流动资金）所需要的时间。根据定义，投资回收期的静态计算公式是

$$\sum_{t=1}^{M_t}(CI-CO)_t = 0 \qquad (3-1)$$

式中：CI——项目全部经营收入；

CO——项目全部经营支出；

$M_t \leq$ 定额投资回收期。

在项目管理实践中，通常会运用下面的动态计算公式：

$$投资回收期(M_t)=累计净现金流量开始出现正值的年份-1+\frac{上年累计净现金流量的绝对值}{当年净现金流量}$$

例如，根据表 3-1 中的数据，计算该项目的投资回收期。如果基准投资回收期为 10 年，此方案是否可行？

表 3-1　　　　　　　投资回收期计算表　　　　　　单位：元

年限	每年净现金流量	累计净现金流量
1	-27 000	-27 000
2	5 200	-21 800
3	5 080	-16 720
4	4 960	-11 760
5	4 840	-6 920
6	11 720	4 800

解：

$$投资回收期(M_t) = 6 - 1 + \frac{|-6\ 920|}{11\ 720}$$
$$= 5.6(年)$$

计算结果表明，项目投资回收期 5.6 年小于基准投资回收期 10 年，所以，此方案可行。利用投资回收期法进行项目财务分析的判断方法是：将计算出的投

资回收期（M_t）与项目或行业的基准投资回收期（或国家制定的定额投资回收期 P_c）比较，当 $M_t \leq P_c$ 时，该项目在财务上是可以考虑接受的，并选择投资回收期最短的方案为合适的投资方案。

2. 投资回收期法的评价。利用投资回收期法进行项目的选择具有一定的局限性。因为其基本的依据是公司决定的可接受的项目回收期，即将计算出的投资回收期与标准投资回收期进行比较，当投资回收期小于标准投资回收期时，该方案可行；否则，该方案应予拒绝。这种判断方法概念明确、计算简单，而且由于它选择方案的标准是回收资金的速度越快越好，可以迎合一部分风险规避者的投资心理。但是，这种方法也有其不足之处：一是它未考虑回收期后项目产生现金流量的能力，二是它未考虑货币的时间价值。如表 3-2 所示，比较项目 A 和项目 B 的现金流量：

表 3-2　　　　　　　现金流量表　　　　　　　单位：美元

	初始投资	第一年年末	第二年年末
项目 A	-5 000	3 000	2 000
项目 B	-5 000	2 000	3 000

假如公司所要求的回收期为 2 年，则两项目具有同等的价值。但分析资金的时间价值，就可得出不同的结论，即项目 A 比项目 B 更优，因为公司在较短的时间里能收回更多的资金。

（二）净现值法

1. 净现值法的应用。净现值是指项目按部门或行业的基准收益率（r_c）或设定的折现率，将各年的净现金流量（即现金流入扣除现金流出的净收益）折现到建设开始年（基准年）的现值总和。其计算公式是

$$NPV = \sum_{t=1}^{n} \frac{(CI-CO)_t}{(1+r_c)^t} - I = \sum_{t=1}^{n} \frac{CF_t}{(1+r_c)^t} - I \qquad (3-2)$$

式中：CI——项目现金流入量；

CO——项目现金流出量；

$CF_t = (CI-CO)_t$——第 t 年的净现金流量；

I——项目的初始资本投入；

n——计算期；

r_c——设定的折现率或基准收益率。

项目投资的净现值表明由于从事该项目投资使公司价值发生变化的货币金额。公司价值的变化可能为正，可能为负，也可能为零。如果一个项目有零的净现值，则意味着新项目的投资并未使公司价值发生任何变化，因为新项目的期望

回报率正好等于公司所要求的投资回报率。如果是正的净现值,则意味着新项目的预期回报率超过了公司要求的投资回报率,公司价值将会增加。同理,如果是负的净现值,公司价值将会下降。因此,运用净现值法进行项目的财务选择,一般有两种基本方法:

一是净现值接受或拒绝法,即公司应接受所有净现值大于或等于零的独立项目(项目之间不存在彼此竞争关系即为独立项目,公司可以同时采纳这些项目中的全部或部分)。按照此方法,该公司应接受项目 Y 而拒绝项目 X。

二是净现值排序法,即在相互排斥的项目(彼此存在着竞争关系)中,依净现值的数值从大到小排序。

例如,如果你任职于 AddVenture 公司,该公司正考虑两个投资项目:项目 X 和项目 Y,两项目的初始投资都是 5 000 美元,财务部门预测了项目的未来现金流量,如表 3-3 所示,假设项目必要的回报率都为 10%,该选择哪一个项目?

表 3-3　　　　　　　　　现金流量表　　　　　　　　　单位:美元

	初始投资	第一年年末	第二年年末	第三年年末	第四年年末
项目 X	-5 000	2 000	3 000	500	0
项目 Y	-5 000	2 000	2 000	1 000	2 000

解:根据净现值法,计算项目 X 和项目 Y 的净现值:

$$NPV_X = \frac{2\,000}{(1+10\%)} + \frac{3\,000}{(1+10\%)^2} + \frac{500}{(1+10\%)^3} - 5\,000$$
$$= -326.82(美元)$$
$$NPV_Y = \frac{2\,000}{(1+10\%)} + \frac{2\,000}{(1+10\%)^2} + \frac{1\,000}{(1+10\%)^3} + \frac{2\,000}{(1+10\%)^4} - 5\,000$$
$$= 588.42(美元)$$

由于项目 X 的净现值为负值,根据前述的判断标准,公司应该拒绝这一方案,而接受净现值为正值的项目 Y 方案。

2. 净现值法的评价。净现值法虽然保证了投资者选择能增加其公司价值的项目,但在实践中仍然存在一些问题:

一是操作非常复杂,尤其对于一些非财务部门的人很难掌握。

二是它需要事先给定项目的折现率,这就给项目的决策带来了困难。一旦折现率选择得略高,可行的项目有可能被否定;反之,折现率选择得过低,不合理的项目又可能被选中。

三是净现值法无法评定可接受的备选项目的优势。一个勉强合格的大型项目的正净现值可以比一个很好的小型项目的正净现值大得多,这样就有可能造成投资决策失误。如表3-4所示。

表3-4　　　　　　　　　　净现值法的比较　　　　　　　　　单位:万元

项目类型	投资总额	净现值	净现值优劣	实际优劣
大	1 000	+15	优	劣
中	300	+6	中	中
小	50	+3	劣	优

表3-4列出了大、中、小三个项目的投资总额和按同一贴现率计算的项目净现值。根据净现值的大小,一定会得出它们的优劣次序是大者优、小者劣。但实际情况却相反,因为大型项目投资总额为小型项目的20倍,而其净现值却只有小型项目的5倍。如果建设一个小型项目,则净现值可达60万元(3×20),与大型项目投资相同而效益倍增。

四是它所提供的是一组具体的数字,而不是百分比,许多权益所有者和管理者更倾向于用百分比来选择项目,如项目X的回报率为10%,项目Y的回报率为12%,当然选择项目Y,比较起来一目了然。下面介绍的内部回报率法正是以百分比的方式来帮助投资者选择项目的,因而也得到了广泛的应用。

(三) 内部收益率法

1. 内部收益率的运用。内部收益率(The Internal Return Rate,IRR)是指在项目整个寿命期内,各年净现金流量的现值累计等于零时的折现率。内部收益率的经济含义是它反映了在项目整个寿命期内(即计算期内)总投资支出所能获得的实际最大投资收益率,即项目内部潜在的最大盈利能力,这是项目接受贷款利率的最高临界点。和净现值法一样,它考虑了项目的所有现金流量和资金的时间价值,但它是一个百分比,而不是一个具体的数,这是相对净现值的一个改进。

其基本计算公式是

$$\sum_{t=1}^{n} \frac{(CI-CO)_t}{(1+IRR)^t} = 0 \qquad (3-3)$$

式中:其他变量与上述相同,IRR 为内部收益率。

显然,根据定义计算内部收益率非常复杂,因此,通常人们用试差法计算内部收益率,其计算公式为

$$IRR = r_1 + \frac{NPV_1 \times (r_2 - r_1)}{|NPV_1| + |NPV_2|} \qquad (3-4)$$

式中:r_1——当净现值为接近于零的正值时的折现率;

r_2——当净现值为接近于零的负值时的折现率;
NPV_1——采用折现率 r_1 时的净现值(正值);
NPV_2——采用折现率 r_2 时的净现值(负值)。

通过内部收益率法进行项目选择的基本步骤是:(1)选定项目的基准收益率,即投资者要求的回报率,或者部门(行业)发布的财务基准收益率(r_c)作为障碍率(Hurdle Rate);(2)将被选项目的内部收益率与之比较,内部收益率小于障碍率的项目应予以否定,内部收益率大于或等于障碍率(即跨过了障碍)的项目可以接受;(3)同一项目的不同方案均符合选择标准时,以内部收益率大者为优。

例如,某项目采用折现率为17%时,所得的财务净现值(NPV_1)为18.7万元;当采用折现率为18%时,则财务净现值(NPV_2)为-74万元。采用试差法,试求该项目的内部收益率(IRR),如果行业的基准收益率是15%,问该项目可否接受?

$$IRR = r_1 + \frac{NPV_1 \times (r_2 - r_1)}{|NPV_1| + |NPV_2|}$$

$$= 17\% + \frac{18.7 \times (18\% - 17\%)}{|18.7| + |-74|}$$

$$= 17.2\% > r_c = 15\%$$

根据内部收益率的判断标准,由于内部收益率大于行业基准收益率,可知这个方案是可以接受的。

2. 内部收益率法的评价。内部收益率法的主要不足之处是,当项目的净收益发生较大的正负反向波动时,一个项目的内部回报率可能会不止一个,从而使决策者无所适从。

二、项目清偿能力的分析指标及判断方法

项目投资者普遍存在着一种对融资的误解,认为项目在财务上盈利就等于项目有可融资性,而实际情况是两者之间存在着相当的距离。提供贷款的银行不是项目的所有者,不可能从项目的投资中获得投资收益。因此,当银行在考察是否为一个项目提供融资时,重点分析的是项目出现坏的前景的可能性,而不是项目出现好的前景的可能性。更进一步说,贷款银行关心的是项目未来的偿债能力,而不是项目未来的投资收益率。因此,在分析了项目的财务盈利能力后,还必须分析项目的偿债能力。除了在偿还能力分析中所使用的通用指标如资产负债率、流动比率、速动比率等外,在项目融资中还有以下分析项目偿债能力的指标。

(一) 债务覆盖率

债务覆盖率是指项目可用于偿还债务的有效净现金流量（Free Cash Flow, FCF）与债务偿还责任（Debe Service, DS）的比值。债务覆盖率可进一步分为单一年度债务覆盖率 DCR_t 和累计债务覆盖率 $\sum DCR_t$ 两个指标。

1. 单一年度债务覆盖率 DCR_t。

$$DCR_t = \frac{FCF}{DS} = \frac{(A_t + I_t) + NCF_t}{(A_t + I_t)} = 1 + \frac{NCF_t}{(A_t + I_t)} \quad (3-5)$$

式中：NCF_t——第 t 年扣除一切项目支出后的净现金流量；

A_t——第 t 年应偿还的本金；

I_t——第 t 年应付的利息。

A_t 和 I_t 构成了项目在 t 年度的债务偿还责任，$NCF_t + A_t + I_t$ 构成了项目可用于偿还债务的有效净现金流量。

贷款银行在评价一个项目融资建议时，首先就要确定可接受的最低的 DCR_t 值，这个值通常在 1.0～1.5，具体数值的大小既反映了银行对项目自身风险的估价，也反映了银行对来自项目之外的各种信用担保的有效性的评价。在实际操作中，可能出现项目在某些特定的年份中 DCR_t 值较低，如在项目生产的前期，项目还未达到设计生产水平，但却承担着较高的债务偿还责任；又如，项目经营若干年后，由于生产消耗等原因，需要投入较大的资金更换一部分设备以维持正常生产水平等。为了解决这一问题，一是给予项目贷款一定的宽限期，改善项目生产前期的现金流量状况；二是规定项目一定比例的盈余资金必须保留在项目公司中，这就要引入累计债务覆盖率这个概念。

2. 累计债务覆盖率。

$$\sum DCR_t = 1 + \frac{\sum NCF}{(A_t + I_t) \times E_t} \quad (3-6)$$

式中：$\sum NCF$ 是扣除一切项目支出后的累计净现金流量。

通常认为，一般的 $\sum DCR_t$ 的取值范围在 1.5～2.0，只有满足累计债务覆盖率以上的资金才被允许作为利润返还给项目投资者，从而保证了项目经常性地满足债务覆盖率的要求。

(二) 项目生命周期覆盖率 (Project Life Cover Ratio, PLCR)

项目生命周期覆盖率是指项目合同期内项目偿债现金流（CADS）的净现值与某一天的债务存量的比值。

(三) 贷款期偿债覆盖率 (Loan Life Cover Ratio, LLCR)

贷款期偿债覆盖率是指贷款期内项目偿债现金流的净现值与某一天的债务存量的比值。

项目融资一般要求覆盖率的取值范围在 1.3~1.5。

（四）资源覆盖率

对于资源性项目，项目融资的风险与资源储量有直接的关系，因而除了以上指标外，还需要评价资源覆盖率（Reserve Cover Ratio，RCR）指标。资源覆盖率是指可供开采资源总储量与计划开采的资源储量之比，在考虑时间价值的基础上，资源覆盖率的公式是

$$RCR_t = \frac{PVNP_t}{OD_t} \quad (3-7)$$

式中：RCR_t——第 t 年资源覆盖率；

OD_t——t 年所有未偿还的债务总额；

$PVNP_t$——t 年项目未开采的已证实储量的现值。

$$PVNP_t = \sum [NP_i/(1+k)^i]$$

式中：NP_i——第 i 年项目的毛利润，即销售收入减去生产成本；

k——贴现率，一般采用同等期限的银行贷款利率作为计算标准。

项目融资一般要求在任何年份 RCR_t 都要大于 2。

三、项目财务评价中的风险分析

在进行项目的财务评价时，通常使用净现值法。但是，在净现值计算中，我们是给定贴现率，然后根据预测的现金计算其现值的。这样就带来两个问题：一是贴现率的主观性可能导致项目决策失误，二是现金流量的预测不准确也可能导致项目决策失误。因此，在进行前面基础方案的分析后，还必须考虑风险和未来的不确定性，对基础方案进行进一步分析。对于以上问题的完善过程是这样进行的：一是计算考虑风险后的贴现率，从而规避了由评估人员给定贴现率带来的风险；二是对现金流量进行敏感性分析，从而规避了预测不准确所带来的风险。

（一）考虑风险后的贴现率的计算

项目现金流量的贴现率也是项目的综合资本成本率，它包括项目股本资本成本率和债务资本成本率。债务资本成本率可由项目贷款利率的税后利率来替代。股本资本成本率可以引入资本资产定价模型（Capital Asset Pricing Model，CAPM）来求得。

CAPM 的计算公式是

$$C_e = R_f + \beta_e(R_m - R_f) \quad (3-8)$$

式中：C_e——项目的股本资本成本（Cost of Equity）；

R_f——无风险投资收益率（一般以与项目寿命期相近的政府债券利率表示）；

R_m——资本市场的平均投资收益率,一般用证券市场指数回报率表示;

β_e——项目的风险校正系数,代表项目对资本市场系统风险变化的敏感程度。在资本市场相对发达的工业国家,一些权威性的证券公司常常定期公布所有上市公司的 β 值以及各个工业部门的平均 β 值,提供给投资者作参考。

在引用公布的 β 值时,要注意区分该 β 值是某一工业部门的资产(Asset)β 值,还是其股本资金(Equity)的 β 值。资产 β 值反映的是该工业部门的生产经营风险,股本资金 β 值反映出公司在不同的股本/债务结构中的融资风险。

二者之间的关系是

$$\beta_e = \beta_a [1 + (1-t) \times (D/E)] \tag{3-9}$$

式中:β_e——股本资金 β 值;

β_a——资产 β 值;

t——公司所得税;

D——项目债务的市场价值;

E——项目股本资金的市场价值。

根据上式计算出股本资本成本率后,就可以计算出项目的综合资本成本率,也就是经风险调整的项目贴现率了。计算公式是

$$r_c = WACC = C_d \times W_d + C_e \times W_e \tag{3-10}$$

式中:$WACC$——项目的加权成本(the Weight Cost);

C_d——项目的债务资本成本率(the Cost of Debt);

W_d——项目的债务资本权重(the Weight of Debt),$W_d = \dfrac{D}{E+D}$;

C_e——项目的股本资本成本率(the Cost of Equity);

W_e——项目的股本资本权重(the Weight of Equity),$W_e = \dfrac{E}{E+D}$。

在计算债务资本成本时,由于债务利息一般是在税前支付,所以,债务的实际成本应为扣除税收之后的借贷成本,即

$$C_d = R_d \times (1-t) \tag{3-11}$$

式中:R_d 是债务利息,t 是公司税率。

通过以上步骤计算出项目的加权平均成本,即项目必须取得的投资回报率,将其作为贴现率代入净现值的公式中,求出项目的净现值。

(二)项目的敏感性分析

项目的敏感性分析是研究建设项目主要因素发生变化时,项目经济效益发生的相应变化,以判断这些因素对项目经济目标的影响程度。敏感性分析可以使决策者了解不确定因素对项目评价指标的影响,从而提高决策的准确性,还可以促

使评价者对那些较为敏感的因素重新进行分析、研究,以提高预测的可靠性。

敏感性分析的步骤一般是:

第一步,确定分析指标。进行敏感性分析,首先要根据项目的特点,选定具体的经济效益评价指标,如投资回收期、净现值、内部收益率等。

第二步,选择不确定性因素。凡是影响项目经济强度的因素都有某种不确定性。通常,在项目融资中,要求测试敏感性的变量包括:生产水平(相对基础方案而言,下同)、价格、投资成本、生产成本、利率、工程延期、税收政策及外汇汇率等。

第三步,分析敏感性因素。分析敏感性因素是在两个假设的基础上进行的,其中,只有一个因素变化,而其他因素固定不变,即单因素敏感性分析;各个不确定性因素发生变化的概率是相等的,即多因素敏感性分析。

例如,以净现值为目标,如果某一变量的变化对项目净现值影响较小,就说明这一变量是不敏感的;反之,某一变量的变化对项目净现值影响较大,就说明该变量的敏感性强,需要进一步研究这个变量取值的准确性,或者收集更多的相关数据,以减小预测中的误差。

下面讨论项目融资中一些变量敏感性的取值问题。

1. 生产水平。项目的实际生产水平比预期的要低的影响变量可能有:较低的生产率;对于资源性项目,低于预期的资源储量;等等。具体在取值时,对于一个正在生产的项目,取值可以参考项目的历史生产数据;对于一个新开发的项目,则可以根据使用同类技术的相似项目的生产情况作出判断。由于采用项目融资的项目所使用的技术应该属于成熟型技术,生产水平的变化应该相对较小,一般取值范围应在 10%~15%。

2. 价格水平。许多项目的产品价格不仅受到国内经济因素变化的影响,同时也要受到国际经济形势变化、汇率变化等因素的影响。有些商品价格的变化规律较明显,有些则不明显。在项目融资中由于建设期限较长,需要分析的是未来价格的变化趋势,一种通用的方法是采用略低于当前实际价格的产品价格作为初始价格,然后按照预期的通货膨胀率逐年递增,作为现金流量模型的基础价格方案。

3. 投资成本。投资成本的波动在很大程度上取决于工程建设合同的法律性质。在后面的分析中,我们会看到在不同类型的工程建设合同中,投资者所承担的经济责任和风险是不同的。因此,在对投资成本进行敏感性分析时,要对工程建设合同的类型、工程建设公司是否有同类项目的建设经验、工程地点、设备来源等因素综合分析,也要考虑到预算中是否已包括了不可预见费用以及不可预见费用在整个预算中所占的比例。项目融资中典型的投资成本超支一般在 10%~30%。

4. 生产成本。实际生产成本超过预算方案有两种可能性：一是受到通货膨胀因素的影响。如许多项目的产品价格在 2~3 年内几乎没有变化，而其生产成本由于通货膨胀上涨了 10%~15%。二是在预算中生产成本费用本身就已被低估了。因此，项目融资通常要求进行两种生产成本的敏感性分析：采用比预算方案生产成本高出 5%~10% 的数字，采用比预算方案通货膨胀率高的生产成本增长速度。

5. 税收政策。一般不需要对税率变化作出敏感性分析。但是对于一些以税务结构作为一个重要组成部分的融资结构，有时需要对种种可能的税收政策变化影响加以分析。

6. 利率。利率变化的趋势与项目融资中的贷款种类（包括货币种类）有直接的关系，金融市场上有大量的预测数据可以使用，利率敏感性取值可以参照这些数据取得。

7. 汇率。汇率变化对项目现金流量有三种影响：一是对投资成本的影响，如果项目需要进口设备，预算汇率与实际汇率的差别将有可能增加项目的投资成本；二是对生产费用或销售收入的影响；三是对债务偿还的影响。项目融资一般要求以当前汇率作为基础方案，然后再根据种种权威预测对汇率加以调整。

例如，某项目通过财务分析得出：项目所得税后的全投资的财务内部收益率为 13.26%，贷款平均利率为 7.34%，以 12% 为折现率计算的税后财务净现值为 133 564 万元，投资回收期为 9.65 年。下面进行单因素敏感性分析。

表 3-5   单因素敏感性分析

项目名称	变化量	内部收益率（%）	财务净现值（万元）	投资回收期（年）
基本方案		13.26	133 564	9.65
投资建设增加	10%	11.77	-26 044	10.19
投资建设减少	10%	14.97	293 897	9.12
产品售价提高	10%	16.37	491 176	8.72
产品售价降低	10%	9.75	-223 110	11.08
原材料涨价	10%	11.79	-20 381	10.20
原材料降价	10%	14.66	288 567	9.19
生产负荷提高	10%	15.08	338 981	9.08
生产负荷降低	10%	11.30	-71 857	10.38
外汇价格提高至（元）	10.00	12.00	189	10.08
外汇价格降低至（元）	5.00	16.26	391 580	8.80
建设期延长 1 年		11.76	-27 271	10.65

单因素敏感性分析表明,即使发生最坏的情况,该项目的内部收益率都能达到9.75%,远高于7.34%的贷款平均利率,说明该投资项目在财务上是可行的。

第三节 项目投资方案的选择

根据以上分析,现在我们就可以进行项目投资方案的选择了。通常,我们可以根据项目投资方案的相互关系将它们分为以下三种类型:

其一,排他型,其特点是诸方案之间具有排斥性,在多方案中只能选择一个,其他方案必须放弃,不能同时存在。排他型诸方案的效果之间不具有可替代性。

其二,独立型,其特点是诸方案之间没有排斥性,只要条件(如资金)允许,就可以自由选择有利方案,几个方案可以共存。独立型方案的效果之间具有可替代性。

其三,混合型,是独立型项目投资方案与排他型项目投资方案的混合情况,即在有限的资源约束下有几个相互独立的投资方案,在这些方案中又分别包含着若干个排他型项目投资方案。

在不同的方案类型中,财务分析的宗旨只有一个:最有效地分配有限的资金,以获得最好的经济效益。如何在不同类型的项目投资方案之间进行选择呢?下面主要介绍排他型项目投资方案和独立型项目投资方案的选择问题,混合型项目投资方案的选择可以根据以上两种方法综合求得。

一、排他型项目投资方案的选择

在选择排他型项目投资方案的情况下,各方案的经济可行性比较可以采用差额指标,也可以采用效率指标。但应该注意,在采用效率指标时,必须分析和评价不同方案之间的差额现金流量,否则,将会导致判断错误。

(一)寿命相同的方案比较

例如,为了提高某铁路线路的运输速度,考虑三个相互排斥的扩能改造方案。三个方案的寿命年限均为10年,各方案的初始投资及因提速而带来的年节约金额如表3-6所示。

表3-6　　　　初始投资及铁路提速方案带来的年节约金额　　　　单位:万元

方案	初始投资	年节约金额
A	20	5.8
B	30	7.8
C	40	9.2

试在折现率为 12% 的条件下选择经济上最有利的方案。

解：通过净现值法，可求出 A、B、C 各方案的净现值，分别为 12.77 万元、14.07 万元、11.98 万元，根据排他型项目投资方案的特点，净现值最大者为最优方案，因此，B 方案为最佳方案。

除此之外，还可以用差额现金流量法来选择方案。所谓差额现金流量，是指由两个方案的现金流量之差所构成的新现金流量。如本题中 B 方案的投资比 A 方案的投资多 10 万元，年收益多 2 万元。同样，C 方案与 B 方案相比，投资多 10 万元，收益多 1 万元，由此所构成的现金流量就是 A 方案到 B 方案和 B 方案到 C 方案的差额现金流量。

根据差额现金流量计算的净现值称为：差额净现值，记作 $NPV(A-B)$（即 A 方案到 B 方案）

运用差额现金流量法选择方案时应遵循以下原则：

第一，唯有较低投资额的方案被证明是合理的，较高投资额的方案才能与其比较。

第二，若追加投资是合理的，则应选择投资较高的方案，否则应选择投资较低的方案。

在本例中，$NPV(0-A) = NPV(A) = 12.77$（万元）

$$NPV(A-B) = 1.3（万元）$$

表示在此例中，追加投资是值得的，故 B 方案优于 A 方案。

$$NPV(B-C) = -2.09（万元）$$

表明此时追加投资是不值得的，所以 C 方案不如 B 方案。

结论是 B 方案最好，与上面的净现值法结构相同。

（二）寿命不同的方案比较

对于寿命不同的建设项目方案，由于其寿命时间不同，比较起来有点难度。理论上，可以将计算出来的各方案的最小公倍数作为比较方案的计算期，使之具有时间上的可比性。但是在实践中，未来的情况很难准确地预测到，因此，人们处理这类问题时，通常采用重复型更新假设。

例如，表 3-7 给出了两个排他型项目投资方案的初始投资、年净收益及寿命年限。试在贴现率为 10% 的条件下选择最佳方案。

表 3-7　　　　　　寿命年限不同的方案比较　　　　　　单位：万元

年	A 方案	B 方案
0	−10	−10
1	6	4
2	6	4
3	—	4.75

在简单净现值法下，可以计算出各方案的简单净现值，即

$$NPV(A) = 0.41(万元) \quad NPV(B) = 0.51(万元)$$

由于有效寿命期不同，无法进行比较，但我们通常可以采取复制的方法，使二者在时间上具有可比性，那么，结果如何呢？

复制的 NPV 计算公式如下：

$$NPV(N,\infty) = NPV(N) + \frac{NPV(N)}{(1+K)^N} + \frac{NPV(N)}{(1+K)^{2N}} + \cdots + \frac{NPV(N)}{(1+K)^{nN}} \quad (3-12)$$

为了推导方便，我们令

$$U = \frac{1}{(1+K)^N}$$

于是有

$$NPV(N,\infty) = NPV(N)(1 + U + U^2 + \cdots + U^n) \quad (3-13)$$

对上式两边同时乘以 U，得

$$U[NPV(N,\infty)] = NPV(N)(U + U^2 + U^3 + \cdots + U^{n+1}) \quad (3-14)$$

上面两式相减得

$$NPV(N,\infty) - UNPV(N,\infty) = NPV(N)(1 - U^{n+1})$$

$$NPV(N,\infty) = \frac{NPV(N)(1 - U^{n+1})}{1 - U} \quad (3-15)$$

对复制次数求极限，则有

$$1 - U^{n+1} = 1$$

所以，复制净现值的计算公式可简化为

$$NPV(N,\infty) = \frac{NPV(N)}{1 - U} \quad (3-16)$$

将 U 代入上式有：

$$NPV(N,\infty) = \frac{NPV(N)}{1 - \frac{1}{(1+K)^N}}$$

$$= NPV(N) \times \frac{(1+K)^N}{(1+K)^N - 1}$$

在上面的例子中，2 年期寿命的 A 方案复制以后的净现值为

$$NPV_A(2,\infty) = NPV_A(2) \times \frac{(1+0.10)^2}{(1+0.10)^2 - 1}$$

$$= 0.41 \times \frac{1.21}{0.21} = 2.36$$

同理，B 方案的复制净现值计算为
$$NPV_B(3,\infty) = 2.02$$
所以，A 方案比 B 方案更优越，因为通过将不同生命期的方案调整为可比的方案后，A 方案能带来更多的财富，即 A 方案的净现值更高。

二、独立型项目投资方案的选择

（一）公司资本的约束性特征

在相互独立的项目投资方案之间进行选择，是否意味着这些方案都可以被选中呢？这只是理论上的假说。因为在实际工作中，一个公司的资本总量是有限的，项目投资方案的选择是在资本约束条件下进行的，这主要是由于一个公司的融资规模是有限的，公司资本总额和资本成本之间存在着如图 3-1 所示的关系：

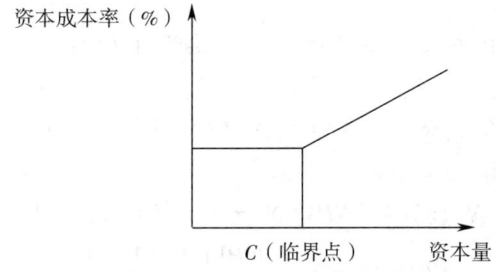

图 3-1　公司资金规模与资本成本率之间的关系

公司不能按某一固定的资本成本无限制地增加其资金，而是存在着某个资本总额值 C 为临界点。在这点之外，公司要付出越来越高的资本费用（利息），原因是贷款人或投资者觉得进一步增大对公司的投资会冒很大的风险。一个很好的理论解释是公司融资理论中的道德风险问题，如图 3-2 所示。

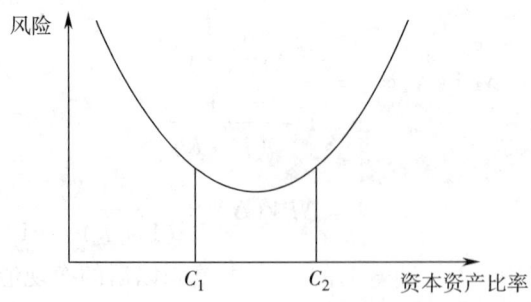

图 3-2　资本资产比率与风险的关系图

当一个公司增加一定比例的资本时，由于这时资本比率较低，主要由公司高层管理者（公司发起人或称为内部人）认购公司股份就可以，此时，公司的决策就是内部人财富最大化。因此,公司在这一时期非常注意风险的防范和利润的实现,随着内部人资本投入的增加,资金运作的风险逐渐下降。但是,当内部人资本投入达到一定水平(如 C_1 点)时,就要向外融资,此时,公司的利润将被分割成内部人的股利和外部投资者的利润。这样,外部人效应开始发挥作用,即公司内部人经营的积极性开始下降,所以,尽管公司资金运作的风险是相对下降的,但下降的趋势明显见缓,直到达到一个临界点(如 C_2 点),外部人对公司的投资比例超过了内部人对公司的资金注入比例。此时,外部人效应占主导地位,公司内部人无心经营项目,甚至挥霍浪费公司的利润。这样,外部人对公司的资金投资将要承受较大的风险,所以,它在对公司投资之前,就会与公司谈判取得一定比例的风险补偿率,从而导致公司的对外负债成本增加。

因此,对于相互独立的项目投资方案的选择,一般应该是在一定水平的资金约束下进行的。

(二)资金约束条件下独立方案的选择

例:有三个方案 A、B、C,它们是各自独立的,各方案的投资、年净收益和寿命期如表 3-8 所示。

表 3-8　　　　　相互排斥的项目投资方案流量表　　　　　单位:元,年

方案	初始投资	年净收益	寿命期
A	12 000	4 300	5
B	10 000	4 200	5
C	17 000	5 800	10

假设总投资限额是 30 000 元,贴现率为 15%。这三个方案是不能同时被选上的,应当怎样选择呢?

首先列出 A、B、C 三个方案的所有可能组合,即从所有的方案中首先取一个方案,然后一次取两个方案来组合,最后一次取三个方案来组合,得出的结果如表 3-9 所示。

表 3-9　　　　　相互排斥项目投资方案的不同组合　　　　　单位:元

组号	方案的组合	组合的投资总额	年净收益
1	A	12 000	4 300 (1~5 年)
2	B	10 000	4 200 (1~5 年)
3	C	17 000	5 800 (1~10 年)
4	AB	22 000	8 500 (1~5 年)
5	AC	29 000	10 000 (1~5 年) 5 800 (6~10 年)

续表

组号	方案的组合	组合的投资总额	年净收益
6	BC	27 000	10 000（1~5 年） 5 800（6~10 年）
7	ABC	39 000	14 300（1~5 年） 5 800（6~10 年）

以上各种组合除去不满足资金约束条件的投资组合 7 外，再按投资额从小到大列出要考虑的排他型项目投资方案组合，即表 3-10。

表 3-10　　　　　　　有效的投资组合方案　　　　　　　单位：元

组号	方案的组合	组合的投资总额	年净收益
1	B	10 000	4 200（1~5 年）
2	A	12 000	4 300（1~5 年）
3	C	17 000	5 800（1~10 年）
4	AB	22 000	8 500（1~5 年）
5	BC	27 000	10 000（1~5 年） 5 800（6~10 年）
6	AC	29 000	10 000（1~5 年） 5 800（6~10 年）

计算各组方案的净现值并进行排序，如表 3-11 所示。

表 3-11　　　　　　　各组方案的净现值　　　　　　　单位：元

组号	方案的组合	净现值（$K=15\%$）	按净现值排序
1	A	2 424.27	6
2	B	4 079.0	5
3	C	12 108.86	3
4	AB	6 493.32	4
5	AC	14 523.12	2
6	BC	16 187.91	1

因此，用净现值最大作为选择标准，可知，最优方案组为 BC，即可同时选择 B 方案和 C 方案。

第四节 项目的国民经济评价和社会评价

一、项目的国民经济评价

项目的国民经济评价是采用费用与效益分析方法，运用影子价格、影子汇率、影子工资和社会贴现率等经济参数，计算分析项目需要国家付出的代价和对国家的贡献，考虑投资行为的经济合理性和宏观可行性。这是项目能否得到东道国政府部门批准的一个重要参数指标。

（一）国民经济评价的费用和效益

确定建设项目的国民经济合理性的基本途径是将建设项目的费用与效益进行比较，进而计算其对一国经济的净贡献。正确地识别费用与效益，是保证国民经济评价正确性的重要条件。

识别费用与效益的基本原则是：凡项目对一国经济所作的贡献，均计为项目的效益；凡一国经济为项目付出的代价，均计为项目的费用。它包括直接费用与直接效益和间接费用与间接效益。

1. 直接费用与直接效益。项目的直接效益是由项目本身产生，由其产出物提供，并用影子价格计算的产出物的经济价值。项目直接效益的确定分为两种情况：如果项目的产出物用于增加国内市场的供应量，其效益就是所满足的国内需求，也就等于消费者支付意愿。如果国内市场的供应量不变：（1）项目产出物增加了出口量，其效益为所获得的外汇；（2）项目产出物减少了总进口量，即替代了进口货物，其效益为节约的外汇；（3）项目产出物顶替了原有项目的生产，致使其减产或停产的，其效益为原有项目减产或停产向社会释放出来的资源，其价值也就等于这些资源的支付意愿。

项目的直接费用主要指国家为满足项目投资的需要而付出的代价（如固定资产投资、流动资金及经常性投入）。这些投入物用影子价格计算的经济价值即为项目的直接费用。直接费用的确定也分为两种情况：如果拟建项目的投入物来自国内供应量的增加，即增加国内生产来满足拟建项目的需求，其费用就是增加国内生产所消耗的资源价值。如果国内总供应量不变：（1）项目投入物来自国外，即增加进口来满足项目需求，其费用就是所花费的外汇；（2）项目的投入物本来可以出口，但为满足项目需求而减少了出口量，其费用就是减少的外汇收入；（3）项目的投入物本来用于其他项目，由于改用于拟建项目，将减少对其他项目的供应而减少的效益，也就是其他项目对该投入物的支付意愿。

2. 间接费用与间接效益。项目的间接费用（外部费用）和间接效益（外部效益）也可统称为外部效应。

外部费用是指一国经济为项目付出了代价,而项目本身并不实际支付的费用。如工业项目产生的废水、废气和废渣引起的环境污染及对生态平衡的破坏,项目并不支付任何费用,而社会需为此付出代价。

项目的外部效益是指项目对社会作出了贡献,而项目本身并未受益的那部分效益。如在建设一个钢铁厂的同时又修建了一套厂外运输系统,它除为钢铁厂服务外,还使当地的工业生产和人民生活受益,这部分效益即为钢铁厂的外部效益。

外部费用和外部效益通常较难计量,为了减少计量上的困难,应力求明确项目的"边界"。一般情况下可扩大项目的范围,特别是可将一些相互关联的项目合在一起作为"联合体"来进行评价,这样可使外部费用和效益转化为直接费用和效益。另外,在确定投入物和产出物的影子价格时,已在一定范围内考虑了外部效果,用影子价格计算的费用和效益在很大程度上使外部效果在项目内部得到了体现。因此,在经济分析中,既要考虑项目的外部效果,又要防止外部效果扩大化。

3. 转移支付。在识别费用与效益范围的过程中,将会遇到税金、国内借款利息和补贴的处理问题。这些都构成财务分析中的实际收入或支出,但是从国民经济的角度看,企业向国家缴纳税金,向国内银行支付利息,或企业从国家得到某种形式的补贴,都未造成资源的实际耗费或增加,因此不能计算在项目的费用或效益中,它们只是一国经济内部各部门之间的转移支付。

(1) 税金。税金包括产品税金、增值税、资源税、关税等,税金对拟建项目来说是一项支出,对国家财政来说是一项收入。这是项目投资者与国家之间的一项资金转移。税金不是项目使用资源的代价,所有财政性的税金都不能算做社会成本。

(2) 补贴。包括出口补贴、价格补贴等。补贴虽然增加了拟建项目的财务收益,但是这部分收入,项目公司并没有为社会提供等值的资源,而是国家从国民收入中拿出一部分资金转给了项目投资者。所以,国家以各种形式给予的补贴,都不能算是社会收益。

(3) 折旧。会计上的折旧基金是从收入中提出的一部分,换个名称,留在账上,和实际资源的消耗无关,在进行项目国民经济评价时,主要目的是观察投资于这个项目所得到的收益是多少。在经济效益分析时,已把固定资产投资所消耗的资源作为项目的投资成本,所以这部分固定资产在会计上提取的折旧就不能作为社会成本。

(4) 利息。利息是利润的转化形式,是项目投资者与银行之间的一种资金转移,并不涉及资源的增减变化,所以,利息也不能作为社会成本。

(二) 项目的国民经济可行性分析的参数指标

1. 影子价格。影子价格的概念是 20 世纪 30 年代末、40 年代初由荷兰数理经济学、计量经济学创始人之一詹恩·丁伯根和苏联数学家、经济学家、诺贝尔经济学奖获得者康托罗维奇分别提出来的。

影子价格是指当社会经济处于某种最优状态时，能够反映社会劳动的消耗、资源稀缺程度和最终产品需求情况的价格。也就是说，影子价格是人为确定的比交换价格更为合理的价格。这里所说的"合理"的标志，从定价原则来看，应该能更好地反映产品的价值、市场供求状况和资源稀缺程度；从价格产出的效果来看，应该能使资源配置朝优化的方向发展。

影子价格反映在项目的产出上是一种消费者"支付意愿"，即消费者愿意支付的价格。一般只有在供求完全均等时，市场价格才代表愿意支付价格。影子价格反映在项目的投入上，是资源不投入该项目而投在其他经济活动中所能带来的效益，也就是项目的投入是以放弃了本来可以得到的效益为代价的，这就是西方经济学家所说的机会成本。

在确定项目的影子价格时，可以根据项目的产出和投入的货物或产品对东道国经济产生的不同影响进行计算。如果主要影响一国的进出口水平，应划为外贸货物；如果主要影响国内供求关系，则应划为非外贸货物。

（1）贸易货物影子价格的确定。对于贸易货物，影子价格可以按照项目的各项产出和投入对一国经济的影响，以口岸价格为基础，根据港口、项目所在地、投入物的国内产地、产出物的主要市场所在地和交通运输条件的差异以及对流通领域的费用支出进行调整而分别制定。具体计算公式如下：

A. 出口货物的影子价格 = 离岸价格 × 影子汇率 − 国内运费 − 贸易费用

国内运费和贸易费用在组织产品出口时要消耗一定数量的资源，所以是出口所必需的社会成本。出口货物的影子价格应当从外汇收益中扣除这部分社会成本，按照净得的收益计算。

例：煤是中国的出口贸易货物，如果一个项目生产的是煤炭产品，就会增加中国的出口。假定该项目产出的煤在离该煤矿最近的某口岸的离岸价格为每吨 50 美元，影子汇率按 6.80 人民币元/美元计算，该煤矿所在地到最近口岸的运距为 300 公里。铁路运费的影子价格为每吨公里 6 美分。贸易费用的影子价格按口岸价格的 9% 计算（以下举例中的汇率、铁路每吨公里运价、贸易费用系数均按本例假设数据计算）。根据以上公式计算如下：

$$50 \times 6.8 - 300 \times 0.06 \times 6.8 - 50 \times 6.8 \times 9\% = 187(元)$$

即该煤矿项目产品——煤的影子价格为每吨 187 元。这一价格可作为该项目经济分析时评价效益水平的参考指标。

B. 替代进口货物（产出物）的影子价格 = 到岸价格 × 影子汇率 + 从购买者到

最近口岸的国内运费和贸易费用－从购买者到项目所在地的国内运费和贸易费用

从购买者到最近口岸的国内运费和贸易费用是进口时所必需的社会成本,应当做影子价格的一部分。现在不进口了,这部分成本就成为项目的经济收益,同时,要减去对内销售该货物必须消耗的国内运费和贸易费用,得出该项目产出物的净收益。

例:铝锭是中国的进口货物,如果作为项目的产出,就会减少进口,从而给中国经济带来效益。假定在某地新建一个铝厂,该厂生产的铝锭供应给国内的一个铝制品厂,又假定铝锭在离项目所在地最近的某口岸的到岸价格为每吨1 500美元,铝制品厂到最近某口岸的铁路运距为200公里,到铝厂项目所在地的铁路运距为800公里。根据以上公式计算如下:

$1\,500 \times 6.8 + 200 \times 0.06 \times 6.8 - 800 \times 0.06 \times 6.8 = 9\,955.20$(元)

即该铝厂建设项目给社会带来的净收益应按9 955.20元这个影子价格计算。

C. 进口货物(投入物)的影子价格＝到岸价格×影子汇率＋国内运费＋贸易费用

国内运费和贸易费用是进口所必需的社会成本,所以要作为进口投入物影子价格的一部分。

例:如上例,铝锭是中国的纯进口贸易货物,如果一个建设项目需要铝锭作为原材料,就会增加中国的进口需求。由此引起的社会成本应算做项目的费用支出来对该项目进行经济分析。

根据上面的公式计算如下:

$1\,500 \times 6.8 + 200 \times 0.06 \times 6.8 + 1\,500 \times 6.8 \times 9\% = 11\,199.60$(元)

即该项目所需进口的铝锭的影子价格为11 199.60元。

D. 项目使用可出口货物(投入物)的影子价格＝离岸价格×影子汇率－从供应者到最近口岸的国内运费和贸易费用＋从供应者到项目所在地的国内运费和贸易费用

出口货物转为国内使用,一国经济损失的是离岸价格扣除供应者到口岸的国内运费和贸易费用后的净收益,应当作为项目使用该货物的社会成本。出口货物现在不出口了,应当再加上从供应者到项目所在地的国内运费和贸易费用,作为影子价格的一部分。

例:煤是出口货物,用于项目的投入,就会减少出口。根据出口货物影子价格举例数据,煤矿到项目所在地的铁路运距为500公里,则计算如下:

$50 \times 6.8 - 300 \times 0.06 \times 6.8 + 500 \times 0.06 \times 6.8 = 421.60$(元)

即项目使用可出口的煤作为原料的影子价格为421.60元。

(2)非贸易货物的影子价格的确定。非贸易货物影子价格的确定比较复杂,下面进行详细的分析。

A. 非贸易产出物影子价格的确定：一是增加国内供应量，满足国内需求者，产出物的影子价格可以从以下价格中选取：市场价格、协议价格、同类企业产品的平均价格。选取的依据是供求状况：供求基本均衡，取上述价格中低者；供不应求，取上述价格中高者；无法判断供求关系，取低者。二是替代其他企业的产出。某种货物的国内市场原已饱和，项目生产出这种货物并不能有效增加国内供给，只是在挤占其他生产同类产品企业的市场份额，使这些企业减产甚至停产。这表明这类产出物为长线产品，项目很可能是盲目投资、重复建设。在这种情况下，如果产出物在质量、花色品种等方面并无特色，应该分解被替代企业相应产品的可变成本作为影子价格。如果质量确有提高，可取国内市场价格作为影子价格。

B. 非贸易投入物影子价格的确定：一是通过原有企业挖潜来增加供应，项目所需的某种投入物，只要发挥原有生产能力即可供应，不必新增投资。此时，可对它的可变成本进行成本分解，得到货物出厂的影子价格，加上运输费用和贸易费用，就是该项目投入物的影子价格。二是通过新增生产能力来增加供应。项目所需的投入物必须通过增加投资、扩大生产规模才能满足项目需求，此时，按全部成本进行成本分解得到该项目投入物的影子价格。三是无法通过扩大生产能力来供应，只有去挤占其他用户的用量才能得到。此时，影子价格取市场价格、协议价格二者之中较高者，再加上贸易费用和运输费用。

2. 影子工资。它是指项目所雇佣的工人在被雇以前对一国经济所作的贡献，或项目使用劳动力时社会所付出的代价。影子工资与财务评价中的工资是两个不同的概念。财务评价的工资包括职工工资及提取的福利基金，一般视为名义工资。影子工资的实质是工人为本项目提供劳务而使整个经济为此付出的代价。国际上，影子工资有两种计算方法：

（1）机会成本法。这种方法认为，名义工资可能高于全国劳动力的边际生产力，再加上存在社会失业，工厂有过剩劳动力的现象。所以名义工资应打个折扣，用影子工资率来表示。在计算影子工资率时，一般把工人分为熟练劳动力和非熟练劳动力两种：由于非熟练劳动力通常是有剩余的，所以，其影子工资率的取值一般小于1。熟练劳动力，通常认为是有限的，所以，如果市场是绝对自由的话，熟练劳动力的影子工资率的取值一般会大于1或等于1。

（2）净劳工社会成本法。这种方法认为，工人的成本应该包括以下三项内容：一是工人的社会消费 C_1，指因工人人口增加，社会需要支付基本设施的建设费用。这些费用一般都由政府供给，所以成为社会成本的一部分。社会消费的计算公式为：平均每人总消费 − 平均每人收入 = 社会消费。二是工人个人消费水准，用 C 表示，指项目付给工人的工资和奖金，这些消费的增加是一种社会效益。三是工人的边际生产力，用 m 表示。假如工人是从其他企业调入项目中来的，由此损失的就是原来那一部分生产力，所以要从个人消费中减去，求得净消费，整个社会所净得的效益就是$(C-m)$。如果工人是从失业队伍里吸收而来的，即$m=0$，此时，净社会效益就是C。根据以上内容，净劳工社会成本为$C_1-(C-m)$，即成本（因工人增加，社会建设成本增加）-效益（因工人增加，工人消费增加）=净劳工社会成本。

3. 影子汇率。影子汇率不同于官方汇率，它是能反映通过外汇转换一国国民经济真实价值的汇率。影子汇率是一个重要的经济参数，应当由国家统一制定和定期调整。国家可以利用影子汇率作为杠杆，影响项目的投资决策，影响项目方案的选择和项目的取舍，当项目要引进国外设备或零部件时，都要与国内设备、技术、零部件进行对比。因此，影子汇率直接影响项目进口设备、技术或零部件的影子价格的计算，进而影响对比结果。如果外汇影子价格过高，则不利于引进方案，而有利于用国产设备的方案。

4. 社会折现率。社会折现率是投资项目所占用的社会资金应达到的按复利计算的最低收益水平。即站在国家的角度考察，要求项目投资应达到的收益率标准。它是国家或政府部门评价和调控投资活动的重要杠杆之一。社会折现率取值的高低对一国经济的发展具有不可忽视的作用。

社会折现率可根据国民经济发展的多种因素综合测定。一般地，根据一国在一定时期内的投资收益水平、资金机会成本、资金供求状况、合理的投资规模以及项目国民经济效益分析的实际情况而定。我国社会折现率一般取值10%~12%。

二、项目的社会评价

项目的社会评价是指分析拟建项目对当地社会的影响以及当地社会条件对项目的适应性和可接受程度，评价项目的社会可行性。

（一）社会评价的背景

随着社会发展观的演变，项目社会评价在国际社会中越来越受到重视，并为发达国家和国际发展机构所推动。

世界银行在1984年就首次要求"社会性评估"应成为世界银行项目可行性研究工作的一部分，在项目评价阶段，与经济、技术和机构评价共同进行。

在20世纪80年代末、90年代初，加勒比海发展银行（CDB）、泛美开发银行（IDB）、亚洲开发银行（ADB）等组织先后建立了社会发展部门。世界银行于1997年成立了社会发展部门，强化项目社会评价（Social Assessment, SA）的作用。

随着社会发展观从"以经济增长为中心"转变为"以人为中心"，再到20世纪90年代的"以人为中心的可持续发展"，项目社会评价与经济评价、环境评价一样越来越为国际社会所重视，它与可持续发展是密切相关的。现在，社会评价已经成为与财务评价、国民经济评价、环境影响评价相并列的一种独立的投资项目评价方法。

（二）社会评价指标体系

社会评价主要运用社会学、人类学、项目评估学的一些理论和方法，通过系统地调查、收集与项目相关的各种社会因素和社会数据，分析项目实施过程中可能出现的各种社会问题，提出尽量减少或避免项目的负面社会影响的建议和措施，以保证项目顺利实施并使项目效果持续发挥。

社会评价指标强调民族、社会性别、弱势群体（贫困、非自愿移民、老年人、儿童等）的敏感性，其指标体系由下列几部分组成：

1. 社会公平指标：包括利益相关者收入提高程度及差异程度、基尼系数、恩格尔系数、公众参与度、就业率（如妇女就业率）、社会保障率、民族、性别公平程度、贫困人口数等；

2. 社会公正指标：包括信息公开程度、教育机会、资源获得程度、就业权、性别歧视程度等；

3. 可持续性指标：人力资源建设、机构能力建设、科技贡献率、创新能力指数、信息化水平指数、社会成本等。

（三）项目的社会评价内容

社会评价从"以人为本"的原则出发，研究内容包括项目的社会影响分析、项目与所在地区的互适性分析和社会风险分析。

1. 社会影响分析。项目的社会影响分析旨在分析预测项目可能产生的正面影响（通常称为社会效益）和负面影响。主要包括的内容有：

（1）项目对所在地区居民收入的影响。分析预测由于项目实施可能造成当地居民收入增加或减少的范围、程度及其原因。判断收入分配是否公平，是否扩大贫富收入差距，并提出促进收入公平分配的措施建议。

（2）项目对所在地区居民生活水平和生活质量的影响。分析预测项目实施后居民的居住水平、消费水平、消费结构、人均寿命的变化及其原因。

（3）项目对所在地区居民就业的影响。分析预测项目的建设、运营对当地居民就业结构和就业机会的正负面影响。

（4）项目对所在地区不同利益群体的影响。分析预测项目的建设和运营使哪些人受益或受损，以及对受损群体的补偿措施和途径。如兴建露天矿区、水利枢纽工程、交通运输工程、城市基础设施等一般都会引起非自愿移民，应特别加强这项内容的分析。

（5）项目对所在地区弱势群体利益的影响。分析预测项目的建设和运营对当地妇女、儿童、残疾人员利益的正面影响或负面影响。

（6）项目对所在地区文化、教育、卫生的影响。分析预测项目建设和运营期间是否可能引起当地文化教育水平、卫生健康程度的变化以及对当地人文环境的影响，提出减少不利影响的措施建议。

（7）项目对当地基础设施、社会服务容量和城市化进程等的影响。分析预测项目建设和运营期间是否可能增加或者占用当地的基础设施，包括道路、桥梁、供电、给排水、服务网点等以及产生的影响。

（8）项目对所在地区少数民族风俗习惯和宗教的影响。分析预测项目建设和运营是否符合国家的民族和宗教政策，是否充分考虑了当地民族的风俗习惯、生活方式或者当地居民的宗教信仰，是否会引起民族矛盾、宗教纠纷，影响当地社会安定。

2. 互适性分析。项目的互适性分析是分析预测项目能否为当地的社会环境、人文条件所接受，以及当地政府、居民支持项目存在与发展的程度，考察项目与当地社会环境的相互适应关系。主要内容有：

（1）分析预测与项目直接相关的不同利益群体对项目建设和运营的态度及参与程度。选择可以促使项目成功的各利益主体的参与方式，对可能阻碍项目存在与发展的因素提出防范措施。

（2）分析预测项目所在地区的各类组织对项目建设和运营的态度，可能在哪些方面、在多大程度上对项目给予支持和配合。对需要由当地提供交通、电力、通信、供水等基础设施条件，粮食、疏菜等生活供应条件，医疗、教育等社会福利条件的，当地是否能够提供，是否能够保障。对于国家重大项目的建设，应特别注重这方面的分析。

（3）分析预测项目所在地区的现有技术、文化状况能否适应项目建设和发展。主要为发展地方经济、改善当地居民生产生活条件兴建的水利项目、公路交通项目、扶贫项目，应分析当地居民的教育水平能否适应项目要求的技术条件，能否保证实现项目的既定目标。

通过项目与所在地的互适性分析，就当地社会对项目的适应性和可接受程度作出评价。

3. 社会风险分析。项目的社会风险分析是指对可能影响项目的各种社会因素进行识别和排序，选择影响面大、持续时间长并容易导致较大矛盾的社会因素进行预测，分析可能出现这种风险的社会环境和条件。那些可能诱发民族矛盾、宗教矛盾的项目要注意这方面的分析，并提供防范措施。

总之，社会评价是重大项目进行可行性研究时必须重视的一个内容。对世界银行资助的57个项目的一项研究表明，社会评价与项目的高回报有很大关系，增强社会文化的适应性确实与经济回报有关系。30个与当地社会经济相协调的项目的平均收益率为18.3%，是27个被认为不具有社会协调性的项目的收益率8.6%的2倍以上。

案例分析：欧洲隧道工程项目的可行性及风险分析

一、项目背景

关于建立一条穿越英吉利海峡、连接英国和法国的计划，最早是在1753年提出来的，之后从19世纪起，各种类似的计划不断地被提出并束之高阁。20世纪80年代，人们开始研究依靠私人投资来修建英吉利海峡隧道或桥梁的可能性。1984年5月，法国国家信贷银行、里昂信贷银行、米德兰银行和国民西敏银行等组成的银团向英、法两国政府提交了一份关于可以完全通过私人投资来建设双孔海底铁路隧道的报告。牵头银行团后来很快与英、法两国的大建筑公司联合分别在两国成立了海峡隧道工程集团（Channel Tunnel Group Limited，CTG）和法兰西—曼彻公司（France Manche S. A，FM），CTG – FM 公司以合伙形式组成欧洲隧道公司。

1985年5月，英、法两国政府发出了无政府出资及担保情况下英吉利海峡连接项目的融资、修建及运营的联合招标。1986年1月，CTG – FM 公司的26亿英镑的双孔铁路隧道提案（即欧洲隧道系统）中标。

1986年2月，英、法两国政府签署协议，授权建立欧洲隧道系统，并且给予中标者 CTG – FM 公司在协议通过之日起55年的特许期（1987—2042年，含建设期7年）内建设、拥有并经营隧道的权利，该项目于1993年建成，55年之后隧道由政府收回。因此，该项目是一个典型的 BOT 项目融资模式。CTG – FM 公司将有权征税并且决定自己的运营政策。英、法两国政府许诺，没有 CTG – FM 公司的同意，在2020年之前不会建立竞争性的海峡连接项目。协议期满后（2042年），欧洲隧道系统将会转让给英国和法国政府。

二、项目内容

1. 在英吉利海峡下面建立两条铁路隧道和一条服务隧道；
2. 在英国的多佛尔和法国的科盖尔分别建立一个铁路站；
3. 在两站之间建立往返列车以运送乘客和货物；
4. 在法国的终点站和英国的终点站分别建立一个地面货物仓库；
5. 建立与附近公路及铁路系统的连接。

每个主隧道的内径为7.6米，全长大约50公里，并且还有一条内径为4.8米的服务隧道，用于主隧道的通风、日常的安全维修工作及在紧急情况下的安全避难。

在特许权协议中，政府对项目公司提出了三项要求：（1）政府不对贷款作担保；(2) 本项目由私人投资，用项目建成后的收入来支付项目公司的费用和债务；(3) 项目公司必须持有20%的股票。项目资金来源依靠股票和贷款筹集。1986—1989年分4次发行股票。贷款由209家国际商业银行提供。

欧洲隧道工程具有一些不平常之处：一是它是由私人机构筹资兴建的规模很大的基础建设工程之一。二是它是BOT项目融资方式中特许期最长的工程，特许期长达55年，跨越半个世纪。三是政府提供的担保也是较少的。英、法两国政府并没有像其他项目融资那样承担诸如外汇风险、通货膨胀风险等，而只是提供了"无二次设施"担保（英、法两国政府保证：在2020年之前不会建立第二条海峡连接项目，即从1987年到2020年33年内项目处于非竞争状态。）和给予项目公司商务自主权等。前者是许诺没有CTG-FM公司的同意，在2020年之前不会建立竞争性的海峡连接项目。后者是给予CTG-FM公司自主决定税率及运营决策等的商务自主权。

三、项目资金来源

项目总投资103亿美元，全部依靠股票和贷款筹集。

股票20亿美元，其中，由银行和承包商持有2.8亿美元，由私有机构投资者持有3.7亿美元，由公共投资者持有13.5亿美元，1986—1989年分4次发行。

贷款83亿美元，由法国国家银行、米德兰银行等209家商业银行组成的国际银团提供。其中，用于主要设施的为68亿美元，用于备用设施的为15亿美元。

四、项目可行性分析及其风险

1. 项目的收费可行性问题。英、法铁路部门通过使用协议，在特许期内保证隧道的使用率，并支付使用费。政府允许项目公司自由确定通行费标准，其收入的一半是通过与国家铁路部门签订的铁路协议产生的，用隧道把伦敦与欧洲的高速铁路网相连接；其他收入来自通过隧道运载商业机动车辆的高速火车收费。

2. 项目建设及其建设期风险承担问题。项目于1987年开工，具体的建设实施由一个10家建筑商组成的工程联合体承包，并签订承包合同。项目公司承担隧道建设的全部风险，并为造价超支设置了18亿美元的备用金。在岸上施工部分，工程量按固定价格订立合同。隧道则以目标费用为基础。项目公司按实际费用加上目标价值12.36%的固定费向承包商支付，该费用估计为2.5亿美元。如果隧道在目标价格以下建成，承包商将得到所节约资金的一半；如果实际费用或进度超过目标值，承包商将支付一项特定数量的损失费用给项目公司。另外，由于不可预见的地质条件或通货膨胀，合同要服从于市场价格调整。

实际运行情况是：欧洲隧道系统最初计划在 1993 年 5 月运营，由于成本问题、设备的运输拖后以及测试问题，直到 1994 年 3 月 6 日才开始货物运营。客运服务到 1994 年 11 月 4 日才开始，成本严重超支（超支高达 120%），引起了业主与项目建设公司的纠纷，后者甚至推迟了项目的建设，迫使业主不得不在 1990 年通过配股融资 5.32 亿英镑。

3. 项目的市场可行性问题。在市场可行性方面，项目公司做了以下工作：（1）过去英吉利海峡的客运和货运额的增长趋势；（2）预计 1993 年以后的运输量（因为预计项目将在 1993 年 5 月运营）；（3）估计欧洲隧道公司在将来的市场份额；（4）估计欧洲隧道可能会带来的运输量的增加；（5）估计欧洲隧道提供运输服务和相关的辅助服务所带来的收入。

市场研究的结果是欧洲隧道在经济上是可行的。它们认为跨海峡的营运额会从 1985 年的 4 810 万客运人次和 604 万吨货运量增加到 2003 年的 8 810 万客运人次和 1 221 万吨货运量。它们的结论是欧洲隧道将占这个增长的市场的相当份额。它将比轮渡更快、更方便和安全，比航空在时间和成本上有优势。研究估计在 1993 年，欧洲隧道将占有英吉利海峡间客运市场的 42% 和货运市场的 17%。

实际情况是：由于轮渡、飞机等其他运输渠道对运输量的分流，欧洲隧道公司的预期收入大大降低，现金缺口增大。到 1994 年，又一场价格大战爆发了，轮渡公司大幅度削减票价，迫使欧洲隧道公司跟着降价。同时，不断推迟的客运服务意味着它将不能实现在 1994 年发行股票时所作的盈利预测。利润的缺口也使欧洲隧道公司违反了它在银行贷款协议中的一些条款，不能继续使用剩余的信用额度，更加恶化了项目公司的现金危机。

1995 年，欧洲隧道公司的形势更糟，伦敦—巴黎航线的航空公司开始了一轮广告攻势以提高其竞争力，并且英国轮渡公司进行同归于尽的削价，对欧洲隧道公司的财务危机更是雪上加霜。最后，1995 年 9 月，欧洲隧道公司单方面推迟了超过 80 亿英镑银行贷款的利息偿还。它计划在 1996 年与银行谈判安排一次债务重组。

五、启发

通过对欧洲隧道工程的简介，我们可以得到以下几点启发：

第一，对于大规模的交通设施建设项目来说，采取项目融资方式融通资金，能将各个投资者以合同的形式捆绑在一起，从而降低项目风险。但是，这并不意味着投资者就可以放松对项目的管理和监督了。在欧洲隧道工程项目中，由于成本预算与实际成本差距过大，通讯工程公司与欧洲隧道公司发生纠纷，前者因此推迟了项目的建设，使项目必须面对巨大的成本超支风险和市场风险。因此，如何合理地预算成本和估计项目风险对项目的成败至关重要。

第二，应客观评价来自政府对项目的支持，以确定项目是否在市场需求量及需求持久力方面存在着竞争优势。一般而言，项目融资所涉及的项目应具有垄断经营、收入稳定的市场优势。在本例中，尽管英、法两国政府提供了"无二次设施"担保，使项目公司在33年中垄断经营连接英法大陆的隧道工程，但是，这并不等于项目就具有了绝对垄断的市场优势。如本例中的轮渡、航空，其实都是隧道工程的竞争对手，而隧道项目公司事先并未对这一行业背景进行恰当的分析，而是作出了过于乐观的预测，大大高估了市场前景，低估了市场的竞争风险、价格风险。项目融资这种方式对项目未来现金流量的依赖性一般很大，由于市场前景不如预测，实际现金流入不能满足其需求，结果带来了偿还贷款的困难。这说明项目的市场前景评估是非常重要的，通过充分的可行性评估可以大大减少项目的盲目性，控制项目的风险。

第三，从欧洲隧道项目的实施过程来看，严格且谨慎的财务预算对项目的进行至关重要。欧洲隧道公司起初预算成本为48亿英镑，可是最后大约是105亿英镑，成本的超支引发了项目公司和建设公司的纠纷，增加了项目的完工风险。若非强大的国际银团在背后支持，使得资金缺口得以通过不断融资来弥补，项目很可能由于后续资金不够而搁浅。这说明了引入资金雄厚的贷款人的重要性。

第四，欧洲隧道工程也表明高杠杆融资会带来财务危机。当预期的现金流入不能实现时，连偿还债务的利息都会困难。尽管遇到了上述的财务困难，欧洲金融界认为隧道工程能够继续运营，但是，欧洲隧道公司需要进行一次债务重组，以减轻其债务负担。

当然，由于英、法两国政府和一些银行已经在项目上下了很大的赌注，这时的欧洲隧道工程因为"太大"并且"太显眼"而不允许失败。这也说明了在项目中东道国参与的重要性。虽然英、法两国政府没有直接参与欧洲隧道系统，既无资金投入，又没进行担保，但是由于此项目具有政治上的重要意义，贷款人相信政府不会让这个项目失败，使得政府在无形中为项目作了担保。

本章小结

1. 项目的可行性研究主要是为了提供拟投资项目的技术、经济、结构、政府支持及市场等方面的资料，它是项目发起人在争取有限追索资金时必须提供的一个重要报告。

2. 在进行项目的全面可行性及可融资性研究之前，项目的多个发起人之间要进行一定的准备工作，即根据项目开发协议或前期开发协议确定发起人之间的关系，为全面的项目可行性研究做好准备。因此，前期开发协议一般包括以下条款：排他性条款、保证参与条款、前期开发成本分摊条款、投票权条款、职能分配条款、退出和放弃条款。

3. 财务可行性分析主要是对项目获利能力及发展前景的定量分析。它可以从项目盈利能力和债务清偿能力两方面进行。项目盈利能力的判断方法有投资回收期法、净现值法及内部收益率法。项目清偿能力的判断指标主要有债务覆盖率、资源覆盖率等。

4. 项目融资的敏感性分析是研究建设项目的主要因素发生变化时，项目经济效益发生的相应变化，以判断这些因素对项目经济目标的影响程度。敏感性分析可以使决策者了解不确定因素对项目评价指标的影响，从而提高决策的准确性，还可以促使评价者对那些较为敏感的因素重新进行分析研究，以提高预测的可靠性。

5. 项目的国民经济评价是采用费用与效益分析方法，运用影子价格、影子汇率、影子工资和社会贴现率等经济参数，计算分析项目需要国家付出的代价和对国家的贡献，考虑投资行为的经济合理性和宏观可行性。这是项目能否得到一国政府部门批准的一个重要参数指标。

6. 识别费用与效益的基本原则是：凡项目对一国经济所作的贡献，均计为项目的效益；凡一国经济为项目付出的代价，均计为项目的费用。它包括直接费用与直接效益和间接费用与间接效益。项目的外部费用是指一国经济为项目付出了代价，而项目本身并不实际支付的费用。项目的外部效益是指项目对社会作出了贡献，而项目本身并未受益的那部分效益。而且，在识别费用与效益的过程中，应将税金、国内借款利息和补贴等转移支付扣除，因为从国民经济的角度看，这些并未造成资源的实际耗费或增加。

7. 项目的社会评价是分析拟建项目对当地社会的影响和当地社会条件对项目的适应性和可接受程度，评价项目的社会可行性。主要内容是对项目的社会影响、互适性和社会风险进行分析。

本章重要概念

排他性条款　　保证参与条款　　投票权条款　　退出和放弃条款
投资回收期　　净现值　　内部收益率　　债务覆盖率　　资源覆盖率
影子价格　　社会贴现率

本章思考题

1. 简述项目的前期开发协议的主要内容及作用。
2. 项目可行性研究的主要内容及意义是什么？
3. 分析投资回收期法在评价项目财务可行性时的优缺点。
4. 如何利用内部收益率法判断项目的财务可行性？
5. 什么是项目的债务覆盖率？如何利用它来进行项目可行性的判断？

6. 项目的经济分析和财务分析有何区别和联系?
7. 如何进行项目的国民经济评价分析?
8. 如何进行排他型项目投资方案的选择?
9. 如何进行独立型项目投资方案的选择?
10. 什么是"无二次设施"担保?
11. 你认为欧洲海底隧道的经验与教训有哪些?

第四章

项目融资风险与管理

项目融资时间跨度长、涉及面广,其潜在的风险也是巨大的。因此,研究项目融资中存在的风险以及对它们的分配与管理是项目融资过程中最重要的环节。

项目融资中的风险大体上可分为两类:系统性风险和非系统性风险。通常,人们把那些与宏观市场环境有关的、超出自己控制范围的风险称为系统性风险,而将那些投资者可以自行控制和管理的风险称为非系统性风险。系统性风险不能通过增加或调整不同类型的投资数目而消除,因为造成这种风险的要素将会影响到所有的投资活动。非系统性风险则与之相反,被认为是可以通过多样化、分散化投资来加以避免或降低的风险。当然,这两种风险的划分并不是绝对的,有时候系统性风险也可以通过一定的手段予以减少,而有时候非系统性风险却无法避免。这两种基本的风险种类又以不同的方式存在于项目的开发、建设、试运营及正常运营阶段,如何识别这些风险,在各参与者之间分配风险并进行必要的管理,是项目融资成败与否的一个重要因素。因此,本章将重点介绍项目融资中的风险识别和风险管理与保险问题,包括系统性风险的识别和管理、非系统性风险的识别和管理及项目保险等问题。

第一节 项目融资风险的识别

一、项目的系统性风险识别

在项目融资实务中,系统性风险主要包括国家风险、金融风险和不可抗力风险等。

(一)国家风险

1. 国家风险的定义。所谓国家风险(Country Risk),是指在国际经济活动中发生的至少在一定程度上是由国家政府控制而非私人企业或个人控制下的事件所造成的一种损失。具体是指那些由于战争、国际关系变幻、政权更迭、政策变化而导致项目的资产和利益受损的风险。尤其是在国际项目融资中,投资者对国家风险表现得更为敏感,这是因为:一方面,项目本身在开发建设过程中需要得到东道国政府的某种许可或授权,如电力项目经营中需要消费东道国的石油、天然气等能源资源,这就要得到政府有关部门的认可。另一方面,项目融资涉及的项目对于东道国的经济基础或经济安全非常重要,如电力、航空、航海、公路、铁路、桥梁和隧道等项目,对于一国经济命脉都具有十分重要的作用。政府不得不对之进行各种管理和限制,这样就容易导致项目的国家风险,如没收或征收较高的税收等。

国家风险的表现程度受多种因素的影响。一是项目的性质。不同性质的项目对东道国的经济安全和政治安全的影响将会是不同的,比如,只影响一国社会福利的公共设施建设项目如自来水工程项目,对国家风险就不太敏感;而对于一国经济安全或工业基础有重大影响的项目如自然资源开发项目,对国家风险就较为敏感(例如项目被没收)。二是世界银行或地区开发银行在项目中的参与程度。一般地,世界银行或地区开发银行的参与会给东道国政府以信心和动力来支持该项目的建设和经营。三是东道国当事人的参与程度,如果当地银行成为银团组织的一个成员,或者当地一家单位成为项目的投资者之一,这样,项目的国家风险也可能因为有本地企业的加入而大大减少。

2. 国家风险的表现形式。

(1)主权风险(Sovereign Risk):政变、政权更迭、领导人变动等政治体制变动给项目造成的损失和影响。

(2)没收或国有化风险(Nationalization or Expropriation Risk):项目资产包括项目公司的股份被没收或国有化,使投资者无法取得预期的投资收益。

(3)获准风险(Permits, Concession and License Risk):开发建设一个项目必须得到东道国政府的授权或许可,如由于种种原因未能及时取得政府的批准而造成项目误工产生的损失和影响。尤其在 BOT 项目融资结构中,特许经营权是这种项目融资的基础,因而对这种风险最为敏感。在实践中,政府会有各种各样的原因迟发、拒发或吊销项目许可证,如项目设计有缺陷、环保不符合要求、地方民众反对甚至政府内部派系斗争等。因此,项目发起人应尽可能避免政府设置障碍。与之相对应的应变措施可以从以下几方面入手:第一,项目申请应尽量符合东道国政府的规范,而不仅仅是符合国际规范;第二,项目选址应小心谨慎,特别是对环境保护更要反复考察,不能有任何疑点;第三,项目发起人应尽量在法律和职业道德允许的范围内同东道国政府建立良好的关系;第四,项目发起人尽量同项目所在地的政府各级部门、企业和居民搞好关系,因为他们虽然不能批准项目,但可以通过给政府施加压力而让项目半途而废。

(4) 税收风险（Higher or Selective Taxes and Tariffs）：东道国政府可能对项目公司生产的产品征收较高的税款，或者取消项目公司应有的减免税待遇，而实行有选择性的税收政策，如所得税、印花税、契约税的调整等，这将会对项目公司的经济强度产生重大影响。

(5) 利润不能汇出国外的风险（Expatriation Risk）：项目经营所得的利润不能从东道国汇出，从而使外国投资者无法及时取得利润。尤其在主张将投资所得进行再投资的国家，这种所谓的"侨汇风险"更为明显。对此在金融风险的分析中将有详细的论述。

(6) 法律变更风险（Change of Law Risk）：东道国政府变更与项目有关的法律法规及条例等影响项目的开发与经营的风险。其表现形式有三：一是在项目建设和经营阶段，东道国政府增加项目原材料的进口关税将增加项目的建设成本和经营成本，尤其在国内找不到替代资源时，将会对项目公司产生极大的负面影响；二是对项目产品的出口征税、规定配额甚至禁止出口等，将会减少项目的收入；三是实行生产或消费控制，东道国政府为了实行特定的经济目的，可能会限制对自然资源的生产或消费，将会影响项目的生产能力，致使项目无法产生足够的现金流量。

3. 国家风险的评估。

对国家风险进行评估，即预测国家风险发生的概率，是非常复杂的工作。判断一个项目国家风险的大小，可以从以下两方面入手：

(1) 政局的稳定性。在进行项目融资时，项目的贷款方和发起方首先考虑的是东道国的政局是否稳定，如政府领导层是否对国内局势有绝对的控制力；有没有爆发战争的可能；政府内不同派别、不同集团之间的权力斗争是否会导致政变；万一旧政府被颠覆，新政府会不会继承前任政府对项目的各项承诺，会不会废除项目建设所依赖的法律和法规，会不会将项目财产收归国有，等等。

(2) 政策的稳定性。任何项目都会受到东道国各项经济政策的影响。这些政策包括土地政策、税收政策、关税政策和价格政策等。土地政策涉及土地的买卖、拥有时间的长短、土地税等方面的规定。东道国为了吸引外国资本，在土地政策方面总是先提供各种优惠政策，等吸引到一定的外资后再予以取消。投资者对此要有足够的心理预期。税收政策也是各国政府鼓励或限制外来资本的有效措施之一，但在大多数情况下，特别优惠的税收政策（如半免或者全免）只会在若干年内提供，投资者面对短期利益应作长期分析。在关税方面，东道国政府可能会对项目进口的设备、机械、原材料等征收额外的关税，甚至会出于保护本国工业的考虑而禁止进口。当然，东道国政府也可能在国内供应不足的情况下对产品的出口征收关税、设置出口配额或干脆明令禁止。在价格方面，也存在着东道国政府出于维护国内经济稳定的目的对项目产品的价格进行人为的限制与干预的情况。因此，对于投资者来说，在进入国外投资以前，应仔细研究东道国的政策条件和政策意图以及它们的变化趋势。

(二) 金融风险

项目的金融风险主要是指由于一些项目发起人不能控制的金融市场的可能变化而对项目产生的负面影响。这些因素包括：(1) 汇率波动；(2) 利率波动；(3) 国际市场商品价格上涨，特别是能源和原材料价格上涨；(4) 项目产品的价格在国际市场上下跌；(5) 通货膨胀；(6) 国际贸易中贸易保护主义和关税的趋势。可以得知，金融风险的内容非常丰富，但是，在国际项目融资中最敏感的金融风险是与货币有关的风险，即外汇不可获得风险、外汇不可转移风险及东道国货币贬值风险。因为，在大多数国际项目融资中，都会出现主要收入货币与支出货币的差别，如项目产品的收入基本上都是当地货币，而项目贷款基本上都是外国货币，由国外银团提供外币贷款，这样就容易使项目暴露在货币风险之下。下面分别对这几种货币风险加以介绍。

1. 外汇不可获得风险。外汇不可获得风险（Unavailability of Foreign Exchange Risk）是指由于东道国外汇短缺可能导致项目公司不能将当地货币转换成需要的外国货币，以偿还对外债务和用于其他的对外支付，从而使项目无法正常进行的风险。这是因为东道国一般都有使用外汇的先后顺序，比如，其先后顺序可能是：偿还多边开发银行的贷款、用于必要的进口支付、支付金融机构对公共部门的贷款，如果该国外汇还有剩余，则项目单位才能与其他单位一起竞争这些有限的外汇，使其极易遭受外汇的不可获得风险。尤其在发展中国家，这种风险更为明显。

2. 外汇不可转移风险。外汇不可转移风险（Inability to Transfer Foreign Exchange Risk）是指由于外汇管制的存在，项目公司的所得不能转换成需要的外汇汇出国外。有人将外汇管制比做古代的城墙，只有通过城墙的城门，货币才能进出国境，而政府持有该城门的钥匙，使有限的外汇用于国内建设，而不愿意外汇外流。所以，即使项目公司产生了足够的现金流量，如不允许兑换成外汇汇出国外，外国投资者将无法及时取得利润，这对投资者来说就是一种风险。

3. 货币贬值风险。货币贬值风险（Currency Devaluation Risk）是指由于外汇汇率波动使当地货币贬值而给项目公司带来的可能损失。比如，当项目公司借入美元外汇，而其收入却大多是当地货币时，如遇当地货币贬值意味着项目公司不能产生足够的现金流量用来偿还美元贷款，这时需要更多的当地货币才能兑换到原来同样多的美元。

除以上金融风险种类外，在项目融资中，利率风险也是一种较为敏感的风险。利率风险是指在项目的经营过程中，由于利率变动直接或间接地造成项目价值降低或收益受到损失的风险。如果投资方利用浮动利率融资，一旦利率上升，项目生产成本就会攀升；如果采用固定利率融资，一旦市场利率下降，便会造成机会成本的提高。利率风险的管理主要是运用衍生金融工具来转移和降低风险。

（三）不可抗力风险

不可抗力风险（Force Majeur Risk）是指超过投资者控制范围内的事件发生所导致的风险，从这个意义上说，不可抗力风险被划为系统性风险的一种。

引起不可抗力风险的事件一般包括两类：一类是指一些可保险的意外事件，如火灾、洪水和地震等；另一类是一些非意外事件，如战争、内乱、罢工、核辐射、没收和政治干预等，这些事件有时可由私人保险公司或政府保险公司承保。

二、项目的非系统性风险识别

非系统性风险主要包括信用风险、完工风险、经营风险、市场风险和环保风险等。

（一）信用风险

所谓信用风险（Credit Risk），是指项目参与各方因故无法履行或拒绝履行合同所规定的责任与义务的可能性。尤其在一些法制不够健全的发展中国家，信用风险发生的概率更大。有限追索的项目融资是依靠有效的信用担保结构支撑起来的，组成信用保证结构的各参与方是否有能力执行其职责就构成项目的信用风险。因此，有人将这种风险称为合作风险（Counterpart Risk）。

信用风险的表现形式有：

1. 项目发起人是否在项目中起重要作用，或是否提供了股权资本或其他形式的支持；

2. 项目承包商是否提供了一定的保函来保证赔偿因其未能履约而造成的损失；

3. 项目运营方是否有先进的管理技术和方法；

4. 项目购买方是否已提供照付不议购买合同。

因此，对项目融资中的各参与方的资信状况、技术和资金能力以及以往的表现和管理水平等进行评估和分析是非常重要的。

（二）完工风险

完工风险（Completion Risk）是项目融资的主要核心风险之一，因为，如果项目不能按照预定计划建设投产，项目融资赖以依存的基础就受到了根本性的破坏。那么，什么是完工风险呢？

完工风险是指项目无法完工、延期完工或者完工后无法达到商业完工标准的风险。完工风险对项目公司而言意味着利息支出的增加、贷款偿还期的延长和市场机会的错过。完工风险的大小取决于四个因素：项目设计技术要素、承建商的建设开发能力和资金运筹能力、承建商所作承诺的法律效力及其履行承诺的能力、政府节外生枝的干预。例如有这么一个案例，在一个高速公路的项目中，由于项目公司在规划阶段没有能够顺利地购买一块关键土地的使用权，从而本应在夏季、秋季进行的混凝土工程不得不往后推迟。由于后面紧跟而至的冬季、春季无法进行室外混凝土工程，混凝土工程不得不推迟到下年的夏季至秋季，从而工程推迟了2个月，导致公路开通推迟了9个月。这样由于各种直接和间接的作用，工程成本增加了50%，已经在很大程度上影响了该公路项目的可行性。

鉴于此，贷款银行一般不把项目的建设结束作为项目完工的标志，而是引入了"商业完工"（Commercial Completion）的概念，即在融资文件中具体规定项目产品的产量、质量，原材料、能源消耗定额及其他一些技术经济指标和项目达到这些指标的时间下限等，只有项目在规定的时间范围内满足这些指标时，才被贷款银行认为正式完工。一些典型的商业完工标准包括：

1. 完工和运行标准。要求项目在规定的时间内达到规定的完工标准，并且在一定时期内（通常为3个月至半年）保持在这个水平上运行。

2. 技术完工标准。要求项目在规定的时间内达到商业完工标准所规定的各项技术指标，其约束性比完工和运行标准差一些。采用这一标准，贷款银行实际上承担了一部分项目生产的技术风险。

3. 现金流量完工标准。在此标准下，贷款银行不考虑项目的技术完工和实际运行情况，只要求项目在一定时期内（通常为3个月至半年）达到预期的最低现金流量水平，即认为项目通过了完工检验。

4. 财务完工标准。即要求项目达到某些规定的财务指标就被认为通过了完工检验。比如，项目在一定期限内在低于某一成本的前提下达到规定的生产水平，达到规定的流动比率要求，在一定期限内达到规定的最低债务承受比率或债务股本比率要求。

（三）经营风险

经营风险（Operator Risk）是指在项目生产经营过程中，由于经营者的疏忽，发生重大经营问题，如原材料供应断档，设备安装、使用不合理，产品质量低劣及管理混乱等，项目不能按计划运营，最终影响项目的获利能力的风险。其主要表现形式有：

1. 技术风险。技术风险是指存在于项目生产技术及生产过程中的风险。如技术工艺是否在项目建设期结束后依然能够保持先进、会不会被新技术所替代，厂址选择和配套是否合适，原料是否有保证，工程造价是否合理，技术人员的专业水平与职业道德能否达到要求等。在实践中，贷款银行一般只为采用经市场证实的成熟生产技术的项目安排有限追索性质的项目融资，对于任何采用新技术的项目，如果不能获得投资者强有力的技术保证和资金支持，是不可能得到项目贷款的。

2. 生产条件风险。生产条件风险是指原材料、能源的供应是否可靠，交通、通讯以及其他公用设施的条件是否便利。根据项目的性质具体又包括以下两种风险：（1）自然资源风险。对于依赖于某种自然资源（如石油、天然气、煤矿、金属矿等）的生产型项目，在项目的生产阶段有无足够的资源保证是一个很大的风险因素。（2）能源和原材料供应风险，也称项目上游风险。供给商越少，供给量越高，以别的材料代替现有材料越困难，项目就越容易被上游卡住脖子，上游风险就越高。在基础项目建设中，在项目运营过程中得到可靠的能源、动力供应对项目至关重要，项目面临的能源风险较大。

3. 经营管理风险。项目的经营管理风险是指项目投资者是否有能力经营管理好所开发的项目。这也是贷款银行提供项目融资时所关注的风险因素之一。一般地，影响项目经营管理风险的因素有三个方面：一是项目经理在同一领域的工作经验与资信状况如何。二是项目经理是否为项目投资者之一，如果是投资者，则要看其在项目中占有多大比例，如果既是项目经理，同时又是项目的较大投资者之一（占40%以上），则项目管理风险较小。三是除项目经理的直接投资外，项目经理是否具有利润分成或成本控制奖励机制。这些措施使用恰当可以有效地降低项目的经营管理风险。

（四）市场风险

项目投产后的效益取决于其产品在市场上的销售情况和其他表现，因此，项目必须直接面对市场风云变幻的挑战。市场风险（Market Risk）是指产品在市场上的销路和其他情况的不确定性。市场风险主要有价格风险、竞争风险和需求风险，但并不是所有的项目都要同时面对这些市场风险，有些产品，如黄金、白银、石油等，一般认为只有价格风险而没有市场需求风险，因为存在着这些商品交易的固定市场，如伦敦有色金属市场。但是对于大多数产品而言，则是同时具有以上三种形式的市场风险。

（五）环保风险

近年来，工业对自然环境及人们生活环境和工作环境的破坏已越来越引起社会公众的关注，许多国家颁布了日益严厉的法令来控制辐射，废弃物、有害物质的运输及低效使用能源和不可再生资源，并强制肇事者对自己造成的污染进行清理，交纳巨额罚款。环保法覆盖的范围主要包括对工业废弃物的排放、废水的处理、危险品的运输以及资源的利用等方面的限制与管理。

因此，项目的环境风险（Environmental Risk）是指项目投资者可能因为严格的环境保护立法而迫使项目降低生产效率，增加生产成本，或者增加新的资本投入来改善项目的生产环境，更为严重的是，甚至迫使项目无法继续生产下去的风险。如香港在1997年的两个BOT项目中，第三条海底隧道（西区海底隧道）及连接香港与广东省的南北高速公路的建设就遇到了麻烦，因为在挖掘第三条海底隧道的建设工地时发现了受污染的泥土，从事该项目的公司及承建商因而付出了额外的开支，因为它们必须将受污染的泥土转运到指定的地点以免周围的海洋生态环境受到污染。

在国际社会奉行"污染者负担费用"（Polluter Pays Principle）的原则条件下，不遵守环境法规将给项目造成巨大的损失。表现为：罚款、改正错误所需要的资本投入及为满足更严格的环保要求而增加的环境评估费用、保护费用等。如在英国国家河流管理机构提出的第一个诉讼中，壳牌英国公司因受到污染梅斯河（River Mersey）的指控而被罚款100万英镑，除此之外，壳牌公司还承受了如清除污染、支付第三方索赔、安装新设备等在内的损失达700万英镑。因此，如何规避项目的环境风险就成为项目贷款人和投资者都十分关心的问题。

总之，遵守环境保护法规可能会增加项目的生产成本，这些与环境保护有关的成本，我们称之为环境成本。它可能包括以下内容：

第一，支付给管理机构和批准机构的费用；

第二，为了获得计划部门的批准而对大型项目进行环境影响评估所需的费用；

第三，购买环境损害保险和遵守保险商要求而采取风险管理措施的费用；

第四，遵守新的包装和标签要求所需要的费用；

第五，实行良好的环境管理战略，如环境审计计划所需的费用；

第六，使用可获得的最好的技术来防止或减少工业过程的污染所需的费用；

第七，因被迫关闭造成严重污染的工厂而带来的利润损失；

第八，污染现场的清洁费用和由于对财产、健康或环境造成损害而负有的公共债务；

第九，被污染的土地的价值减少的部分；

第十，不断增加的废物处置、处理和运输费用；

第十一，对使用不可再生资源或生产有污染的产品的征税（如英国对含铅和不含铅汽油分别征收不同的税）。

通过对项目融资中项目风险的分类分析，目的是便于按照不同的风险性质对其加以控制与管理。一般地，对于项目的非系统性风险，总是被尽可能地以各种合同契约的形式转让给项目投资者或者其他项目参与者，这就是项目担保。对于项目的系统性风险，贷款银行在一定程度上也是可以接受的，并愿意和项目的投资者一起去管理和控制这类风险，其中对这类风险进行保险是国际项目融资的通常做法。

第二节 项目融资风险的管理

一、项目融资风险的特征及分配原则

（一）项目融资风险的阶段性特征

一般而言，以项目融资方式兴建的大型基础设施项目的以上风险种类并不是并行存在的，它呈现出明显的阶段性特征。项目风险可分为两个阶段：一是相对高风险的项目建设期，二是相对低风险的项目运营期。

具体来说，当项目建设开工以后，项目公司支取大部分贷款，用于支付施工、设备购买和其他经营前的费用。此阶段可长达数年，主要取决于项目的规模。当项目资金被用来购买项目所需的原材料、劳动力和设备时，项目的风险系数就开始急剧增加，贷款利息费用也开始累加。当项目建成并开始运营时，进行设备测试，进行原材料订货，完成项目人员招聘，开始推销。在此阶段，由于流动资金的要求以及给承包商和设备供应厂商的最终付款，贷款的未收回额可能略有增加。随着项目创始阶段的最初销售，开始了贷款偿还。此时，项目承受的压力最大，因为此时项目利息负担最高，项目的债务负担达到高峰时，项目风险也就达到了最高峰。

当项目按照规定正常运营时，投资项目开始产生现金流量，也开始偿还银行贷款，如果现金流量充足，投资者也可以收回一定的投资回报及利润。此时，项目风险渐渐减少，此阶段的时间长短与风险减少的程度取决于贷款协议的偿还期。如国际金融公司基础设施贷款的平均期限略低于11年，其中平均宽限期为3年，偿还期为8年。

与上述风险特征相对应，贷款人的贷款发放也出现了变化，即在项目完工以前，项目贷款一般是完全追索性的，项目正常运营以后，随着风险的减少，项目贷款甚至可以由有限追索过渡到无追索。

（二）项目融资风险的分配原则

在国际项目融资中，项目风险的分析和分配对项目参与方来说是一个核心问题。项目风险的分配并不是对每个参与者平均分配风险，而是将所有的风险都分配给最适合承担它的一方，即当项目的任何一种风险应完全由对该风险偏好系数最大的项目参与方承担时，项目的整体满意度最大。如东道国政府被认为最适合承担项目的政治风险而不愿承担项目的商业风险，而境外投资者正好相反，他们有能力承担商业风险而对政治风险望而却步。在这种情况下，如果能够通过各种协议让参与方各得其所，使风险各就其位，那么，境外投资者和东道国政府都不会因为不得不面对自己不熟悉的风险而将风险成本估计过高。

二、项目系统性风险的管理

（一）国家风险的管理

国家风险的防范与管理，一般来说，应该包括事前防范与事后管理。在事前防范中，项目发起人应加强投资前的调研，对国家风险发生的可能性做到心里有数。同时，可以与东道国签订协议，为投资者提供一些法律上的保障，例如征税方法、税率、税基的规定，当地资本参股的条款，进入东道国资本市场的许可，买入一些外汇的远期合同以防范汇率风险等。另一种方法是申请政治风险保险，从而转嫁风险，一旦战争发生，则可以申请赔偿。在事后管理中，当发现有政变或战争的前兆时，则要尽快地将资金、设备和产品转移到较为安全的国家或是本国。资本投入后遭遇风险，加快收回投资是最好的方法，例如加速折旧、扩大利润分配、利用转移价格将利润转移到母公司等。具体来说，在项目融资中，贷款银行和国外项目发起人都会尽量采取措施来降低国家风险，以尽量减少损失。在实践中，管理国家风险有许多方法，归纳起来有以下几种方法可供选择：

1. 贷款银行与世界银行等多边金融机构和地区开发银行共同对项目发放贷款。这样，项目遇到诸如被没收或国有化的风险就会大大降低。因为，一国政府通常不愿激怒这些金融机构，以免在未来失去这些机构的有吸引力的信贷支持。如在20世纪80年代早期，墨西哥、巴西发生了对大量国外贷款违约的债务危机，但它们都尽量避免对这些多边金融机构违约（无论是项目贷款还是其他形式的贷款）。

2. 形成一个国际投资者和贷款者的集团共同投资该项目。这样，如果该项目被没收，将导致该国对一批国际贷款者和投资者违约，因而危及该国的国家信用，使该国陷入一种不能被国际社会接受和容忍的局面。

3. 向某些私人保险机构和政府保险机构投保政治风险。尤其是政府保险机构是承保政治风险的重要机构，它们一般为海外投资提供政治风险的担保，如英国的出口信贷担保局（ECGD）、德国的赫尔梅斯保险公司（Hermes）、美国的进出口银行（EXIM）等。当然，还有属于世界银行的多边投资机构也为这些海外投资提供政治风险担保。

4. 从项目主管政府部门取得允许项目在固定期限内自由利用特定部分资产的许可。例如得到一国中央银行获得外汇的长期保证等。

5. 把各种担保合同置于东道国管辖之外。这样做的目的是尽量避免东道国政府可能采取的干预行动。如要求由东道国国外的担保人提供担保；要求项目公司与东道国国外的买主订立项目产品买卖合同，并要求买主将货款存入开立在东道国国外的银行信托账户（Trust Account）上等。

6. 在借贷法律文件中选择以外国法为准据法。在借贷法律文件中选择以外国法为准据法，并选择外国法院为管辖法院，以便不受东道国法律变动的影响和东道国法院的管辖。

7. 当政治风险发生时要求政府给予适当的补贴。与政府部门谈判，以确定当发生某些政治变动、法律变更等事件时，由政府给予适当的补贴。例如，在菲律宾的 Pagbilao 项目中，国家电力公司同意承担在菲律宾出现的主要政治风险，并通过双方同意的"项目全面收购"合同来承担这种责任。其主要内容是，如果东道国政治风险事故连续维持一定时期，国家电力公司有责任用现金收购该项目，其价格以能偿还债务并向项目发起人提供某些回报为准。在印度的电力开发项目中，当发生政治性事故时，国家电力局或国家电力公司有责任继续支付电费，最长可达 270 日，因此，所有债务在政治性事故发生时都有政府部门的保障。

中国政府机构目前一般不准对项目作任何形式的担保或承诺，中方机构也不得对外出具借款担保。因此，在我国进行项目融资，其政治风险尚不能由我国政府及政府机构来承担。目前，比较可行的办法一是为政治风险投保，如在山东日照电厂项目中，由德国的 Hermes 和荷兰的 CESCE 两家保险机构为项目的政治风险进行了担保；二是引入多边机构参与项目贷款；三是引入当地企业尤其是国有大企业参与项目建设与经营。

（二）金融风险的管理

金融风险的管理有两类方法，一类是合同法，另一类是市场法。前者是在签订商业合同比如销售合同时，将金融风险因素考虑在内对外报价。这种方法对于东道国货币不是硬通货的情况比较适用，通过经营管理和适当的协议将风险分散给其他参与方。后者是通过金融市场的一些风险管理工具进行风险对冲，比如，对于东道国货币是硬通货的情况，就可以通过金融衍生工具进行对冲。

1. 金融风险管理的合同法。在项目融资实务中，一般通过以下方法来进行金融风险的管理：

（1）将项目收入货币与支出货币相匹配。在一些项目融资中，常常是通过长期固定的合同带来现金流量的，这样的收入流量就不能进行适时的调整，极易遇到货币贬值风险。但是，可以通过构造不同的合同结构使项目的收入货币与债务支出货币相匹配。如在能源开发项目中，如果借进的是美元货币，则电力购买协议应主要以美元或其他硬货币来结算。

（2）在当地举债。项目公司可以通过在当地举债的办法来减少货币贬值风险。这样由于项目收入多以当地货币取得，债务偿还就不存在货币兑换问题。当然，在当地借款要受到许多因素的制约。

(3) 将产生项目收入的合同尽量以硬货币支付，尤其是当这些合同的一方是政府部门时，实际上意味着政府以合同的方式为项目提供了硬货币担保。

(4) 与东道国政府谈判取得东道国政府保证项目公司优先获得外汇的协议或由其出具外汇可获得的担保。

(5) 利用政治风险保险也能降低一些外汇不可获得风险。如美国海外私人投资公司（Overseas Private Investment Corporation，OPIC）和属于世界银行的多边投资担保局（Multilateral Investment Guarantee Agency，MIGA）等的保险都涵盖外汇的不可获得金融风险。

2. 金融风险管理的市场法。利用衍生金融工具减少货币贬值风险，如远期合约、货币期权和其他货币市场套期工具等。当然，这些工具在发展中国家还不很普遍，在项目融资风险管理中的应用也受到诸多限制。

(1) 利用互换交易进行金融风险管理。互换，也称掉期，是指用项目的全部或部分现金流量交换与项目无关的另一种现金流量，包括利率掉期、货币掉期和商品掉期。利率掉期是指交易双方将同一种货币不同利率形式的资产或债务相互交换，以规避利率风险。货币掉期是指交易双方将一定数量的货币与另一种一定数量的货币进行交换，以规避汇率风险。商品掉期是指两个没有直接关系的商品生产者与用户（或生产者与生产者、用户与用户）之间的一种合约安排，通过这种安排，双方在约定时间针对一种给定商品的价格和数量，相互之间定期用固定价格的付款来交换浮动价格的付款，以规避价格风险，适用于国际公认的流动性较高的商品，如黄金、天然气、石油等。商品互换不是一种实际的商品交换，只是商品价格的差额由一方支付给另一方。互换期限一般只有1~3年，只有黄金和石油可以安排为10年。

下面通过一个石油项目的例子说明商品掉期在金融市场风险管理中的应用。

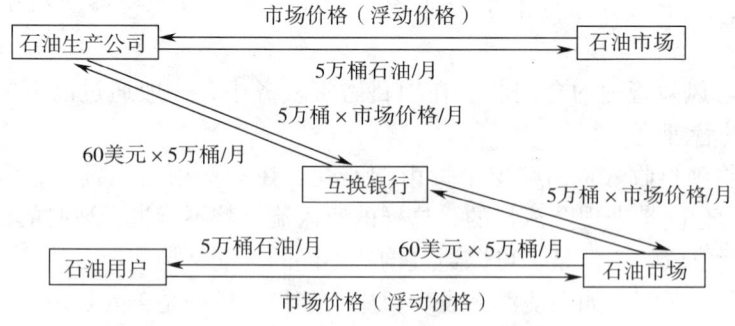

图4-1 项目公司运用商品互换交易演示图

在这个交易中，互换银行（商业银行或投资银行，充当互换中介人）与石油生产公司签订互换协议，根据这个协议，石油生产公司将石油市场价格换给互换银行,作为交换,换回每桶60美元的固定价格。当未来市场价格下降为50美元/桶时,其石油销售收入减少的部分(每桶10美元)由互换银行向其支付价差,即 $10 \times 5 = 50$(万美元)。如果未来石油市场价格上升为70美元/桶时,其石油销售收入增长的部分(每桶10美元)应支付给互换银行。因此,通过商品互换交易,石油生产公司将石油销售价格固定在每桶60美元的价格上,从而规避了石油价格剧烈波动的风险。

相应地,互换银行会寻找一个石油用户,与其签订石油互换协议,根据这个协议,石油用户将其石油的购买价格锁定在每桶60美元,而将浮动的石油市场价格转换给了互换银行。因此,假如当市场石油价格上涨为70美元/桶时,石油用户购买成本的上升将会由互换银行支付的价差(每桶10美元)给予补偿;反之,当市场石油价格下降为50美元/桶时,石油用户购买成本节约的部分将需支付给互换银行。

(2)利用期权交易进行项目金融风险管理。期权是一种权利,即持有者有权在未来一个特定时间(或时间段内)按照一个预先确定的价格(称为期权执行价格)和数量买入或卖出一种特定的商品。期权交易包括利率期权、货币期权和商品期权。

期权交易比较适合于项目融资的风险管理。这是因为,一方面,期权交易允许持有人在管理不可预见风险的同时,不增加任何新的风险,这一特性对于项目融资十分重要。如上述商品互换的例子中,如果石油生产公司采用的是商品期权而不是商品互换,则石油生产公司就可以不必放弃任何石油价格上升的好处。另一方面,在互换、期货及远期等风险管理工具中,投资银行在安排这些交易时都承担着一定的客户信用风险,如果交易中的任何一方不能按期履约,投资银行作为交易的中介机构都需要承担相应的责任。因此,投资银行在安排这些交易时对客户的信用都有较严格的要求,根据不同客户的信用状况给予一定的信用额度,客户只能在额度范围内安排交易。这对于采用项目融资的项目而言,难度增大。期权交易没有这一缺陷,不受这一条件的限制,因为项目公司对此已支付了一定费率的期权费,如果项目公司不履约,投资银行也能收到一笔期权费,并不承担客户违约风险。所以,在项目融资的金融风险管理中,期权交易使用的情况比较多。

(3)利用期货交易进行项目金融风险管理。期货交易是一种在一个固定的交易场所进行标准化期货合约买卖的业务。期货合约是规定在未来某一日期以固定价格购买或出售一种特定商品、货币或其他金融产品的标准数量的协议。期货交易包括商品期货、外汇期货和股票价格指数期货等。

期货合约在项目风险管理中的优势:其一,项目经营者可以通过期货市场对其产品、货币、利率等进行保值和锁定价格,防止其价格波动带来的影响。其二，期货合约只要求支付一个初始保证金，此初始资金的数量可能少于类似的期权合约。其三，期货合约的流动性高，便于公司计算期货合约在不同时期的市场价格。其四，中央清算公司担保合约的履行，降低了合约的信用风险。

三、项目非系统性风险的管理

(一) 完工风险的管理

为了控制及转移项目的完工风险，贷款人通常要求采取以下方法管理此种风险：

1. 签订固定价格的交钥匙总承包合同。由项目公司与工程承包商签订固定价格的交钥匙总承包合同，工程建设费用一次性包干，不管发生什么意外情况，项目公司都不会增加对工程的拨款，由此控制成本超支导致的完工风险。如英法海底隧道项目就采用了固定总价和目标总价合同的方法，欧洲隧道公司承担了全部建设风险，并且对造价超支设置了18亿美元的备用金。贷款人之所以偏好固定价格的交钥匙总承包合同，是因为该合同减少了贷款人必须面对的当事人。更为重要的是，它减少了由于不同的承建商之间发生纠纷和互相推卸责任的风险。如果不使用固定价格的交钥匙总承包合同，则贷款人将要花费相当多的时间去分析、考虑建设合同，而且项目管理者的作用将变得非常关键，这意味着贷款人又要承担管理者的违约风险。

2. 由项目发起人提供完工担保。即由项目的一个或几个发起人，以连带责任或个别责任的形式，保证项目按照融资协议中确定的完工标准，在一个规定的时间内完工。完工担保的存在使完工测试的谈判变得更为复杂，并且增加了关于是否满足完工标准的争论，特别是当完工是项目从有追索权融资到无追索权融资的转折点时。

3. 提供债务承购保证。如果项目最终不能达到商业完工标准的条件，则由项目发起人将项目债务收购或将其转化为公司债务，即由有限追索的项目融资转化为完全追索的公司融资。

4. 技术保证承诺。在项目工程的建设中，要求施工方使用成熟的技术，并要求其在一个双方同意的工程进度内完成，也可以要求承包商提供项目完工担保和工程建成后的性能担保。

5. 建立完工保证基金。即要求项目发起人提供一笔固定数额的资金作为保证基金，这样，投资者不再承担任何超出保证基金的项目建设费用。

6. 保险。通过保险来分散完工风险可分为两种情况：一是东道国商业保险机构的保险，二是外国投资者和贷款人本国的投资保险机构或多边投资担保机构（MIGA）的保险。前者是指项目公司向东道国商业保险公司投保由于不可抗力事件引起的项目建设不能按时完工和中途停工造成的经济损失，后者是指项目的外国投资者和贷款人向其本国投资保险机构（如美国的海外私人投资公司）或多边投资机构投保由于项目建设过程中的政治风险（如征收、战争等）给自己的投资和贷款造成的经济损失。因此，保险实际上并不能覆盖项目建设过程中的全部风险。

（二）经营风险的管理

在项目建成后，项目进入试运营期，业主或项目公司一般都要求承包商对该项目提供一个保证期限，通常是在设施建成移交后的12个月内，以便承包商对其材料和工艺的缺陷进行修补，承包商必须对维修工作提供资金来源方面的担保。之后，项目进入正常运营期，此时，可以通过以下管理措施来降低风险：

1. 签订无条件的供应合同。如原材料供应合同、设备供应合同，这种合同对于降低经营风险至关重要，因为它可以保证项目的运营成本相对稳定。

2. 签订无条件的销售合同。如签订照付不议合同和支付转递合同来保证项目的现金收入。这是由项目产品买主或用户以自己的信用作保证，无论是否取得产品或接受服务都要支付规定数额的货款，这对项目经营阶段的经营效益有着至关重要的保障作用。

3. 建立储备基金账户。通过储备基金账户，保证有足够的收入来支付经营成本、特别设备检修费和偿还债务等，为此，应分别设立经营成本储备账户、检修储备账户和债务偿还账户。这些基金的来源可以从项目收入或部分银行贷款中扣除。

4. 由项目发起人提供资金缺额担保。即由项目发起人向贷款人保证，由于各种原因引起项目收益不足，以致不能清偿全部贷款时，自己补足其差额。这种担保协议通常规定一个上限，或者按贷款原始总额的百分比确定（惯例为贷款总额的20%～50%），或者按预期项目资产价值的百分比确定。例如，一个收费桥梁开发项目，总造价为5 000万美元，采用90%的有限追索融资，由项目发起人提供占贷款额25%的资金缺额担保，即1 125万美元为担保上限。若干年后，债务降为2 500万美元，由于某种原因，项目在经营过程中发生经营风险，造成贷款到期时的项目净收入仅为1 800万美元，则发起人需动用700万美元的担保金，如果净收入为1 300万美元，则需动用1 125万美元的担保金，还有75万美元的债务无须发起人承担。因此，这种担保对项目发起人来说是一种有限金额的担保方式。

5. 签订有利的经营管理合同。如带有最高价格和激励费用的成本加费用合同（Cost Plus Fee Contract with Maximum Price and Incentive Fee）：这是在成本加费用合同基础上改进的一种合同形式。在这种结构下，经营者的报酬将严格地与其经营成本的高低挂钩，即经营者实现低成本运营将会得到一笔奖励。如果经营成本超过了最高价格,则经营者自己吸收这些成本,或者项目发起人有权更换经营者而提前终止协议。关于激励费用,只有经营者实现了规定的经营目标,才取得一笔奖金;相反,如果经营者未实现规定的经营目标,它将要接受一定的惩罚,此时,项目公司支付给它的经营费用将会降低。因此,在这种合同结构中,关键问题是事先就经营目标进行谈判并在合同中详细注明与项目经营和维护有关的所有方面应达到的目标。贷款者一般非常偏爱这种形式的经营和维护合同结构,因为这种合同结构不仅将项目公司与项目相关的大部分经营风险相隔离,而且提供了使项目在预算内有效运营的良好前景。

(三)市场风险的管理

对于市场风险的管理,一方面是在项目初期做好充分的市场调查,以大大减少项目上马的盲目性,也就是认真做好项目可行性研究工作;另一方面是在产品销售合同的问题上,确定好产品定价策略非常重要。

1. 签订具有担保性质的长期购买协议。即项目公司与项目产品买方或项目设施用户签订长期购买项目产品或使用项目设施的合同。这是分散市场风险最常见的法律措施。长期购买协议在不同性质的项目融资中有不同的表现形式,如照付不议合同、最低支付额合同等。但其本质特点相同,即不论项目产品买主或项目设施用户是否取得产品或获得服务,都有义务向项目公司支付一个最低金额的款项,以抵偿项目公司对贷款人应偿债务的义务。

2. 在产品销售合同中确定好产品定价策略。在项目融资中,产品定价一般有三种方法:第一,公式定价。即以国际市场的某种公认价格(如伦敦有色金属交易所的价格)作为基础,按照项目的具体情况加以调整,如加一定的贴水(Premium)或打一定的折扣(Discount)。价格公式一经确定,在合同期内固定不变。采用这种定价公式的产品主要是在国际市场上具有公认定价标准、价格透明度较高的大宗商品,如有色金属、贵金属、石油、铁、煤炭等,由于产品价格透明度较高,可比性强,有历史资料可参考,贷款银行对项目市场风险的估价相对清楚,也愿意接受一定的市场风险。第二,固定定价。即指在谈判长期销售协议时确定一个固定价格,并在整个协议期间按照某一预先规定的价格指数(如通货膨胀指数、工业部门价格指数、劳动工资指数等)加以调整的定价方法。它主要运用于以国内市场为依托的项目,如发电站、以发电站为市场的煤矿、港口码头、天然气管道、公路、桥梁等。第三,采用实际生产成本加上一个固定投资收益的定价方法,这种定价方法在发展中国家使用较多,它是被当做在市场经济不太发达的情况下吸引外资的一种优惠措施来使用的,现在许多发展中国家已不再使用了。

(四)环保风险的管理

各国对环境保护责任都有自己的法律规定。因此,在项目融资中根据项目所在国法律规定，谁负有环保责任，该风险就应由谁来承担。据此，可能出现两种情况：一种是环保责任由项目公司和贷款人共同负担，另一种是由项目公司单独负担。但不论哪种情况，环境风险最终会影响到贷款的偿还。所以，要采取切实可行的措施分散和降低项目的环境风险。这些具体措施包括如下内容：

1. 在项目设计中考虑环境因素。一是要熟悉所在国与环境保护有关的法律，并将其纳入项目总的可行性研究中。二是必须将令人满意的环境保护计划作为融资的一个必要前提条件，并且该计划应留有一定的余地，确保能适应将来可能加强的环保管制。三是项目文件应包括借款人的陈述、保证和约定，用来确保借款人重视环保并遵守有关法规和提倡的行为等。

2. 在合约中明确列出各方面应采取的措施。即估计项目的环境责任风险，包括项目公司、项目所在地、与项目往来的供应商和运输商、项目产品的用户等。鉴于此，现在很多项目融资中，将承担因前土地业主所产生的污染视为次要条款，这样，保障项目投资者在主要条款没有被违反的情况下，合同仍然生效，而投资者只需提出适当的解决办法即可，如成立一些附带条件的契约账户，投资者拨出一定数量的资金于该账户，用来支付解决环保问题所产生的费用。

3. 投保环境保险。项目发起人和贷款人都可以通过投保来降低环境风险。但是，在项目环境风险管理中，保险的作用非常有限，因为保险难以包括除事故以外的风险和损失。由于过去的污染、逐渐变化的污染或违约造成的损失都很难得到保险。由于污染支付的罚金和污染给项目带来的损失将不能被保险所补偿，即便能得到保险，金额也是有限的，而重大的环境损害的潜在责任将是无限的。

第三节 项目保险

除了通过上述方法进行项目风险管理外，在大多数项目融资中，经常通过保险来降低项目风险。项目保险是项目发起人和贷款人都关注的一个非常重要的方面。尤其是贷款人，它们将项目保险视为项目担保组合中一个重要和关键的组成部分。

项目保险（Project Insurance）的范围根据项目不同而不同，一般可分为商业风险的保险和政治风险的保险。

一、商业风险的保险

（一）商业风险保险的范围

商业风险保险的范围分别体现在项目的建设和经营两个阶段中：

1. 在建设阶段，项目保险将覆盖以下内容：

(1) 在项目建设过程中给项目单位带来的物质损失；
(2) 对项目其他资产如办公楼、汽车等造成的物质损失；
(3) 在运输过程中造成的损失；
(4) 对工人、职员及第三者造成的责任损失；
(5) 对环境造成的破坏；
(6) 由于保险事故造成成本增加而导致的工期延误。
2. 在项目经营阶段，保险的覆盖范围是：
(1) 在经营过程中给项目单位带来的物质损失；
(2) 对其他资产如工厂、机器设备、交通工具等造成的物质损失；
(3) 在项目产品销售以前的运输过程中的损失；
(4) 对工人、职员及第三者造成的损失；
(5) 环境破坏造成的损失；
(6) 商业受阻、利润下降等损失。

(二) 商业保险的种类

在项目融资中，由于每个国家的法律框架不同，保险的种类有很大差别，但一般主要有以下险种：

1. 建筑工程一切险。建筑工程一切险（Construction All Risks，CAR）涉及建筑工程占大比例的项目，如机械厂、电站等。该险种的内容是为工程项目的财产损坏或灭失提供保障，主要是针对建筑施工中意外的、突发性的或不可预料的因素导致的物质损失或灭失提供保险。所谓意料之外的，即被保险人直接控制范围之外发生的事件，如自然气候条件常常会影响工程项目的进度，因为承包商对气候条件无法控制，但对于正常气候条件下导致的延误，保险公司是不会负责的。这种险种的期限包括建筑安装期、试运行期，而且，保单责任一般扩展到项目开始商业运作为止。

但该险种并不是"万金油"，它一般对以下原因导致的被保险人的物质损失不予赔偿：(1) 由于战争、类似战争行为导致的损失；(2) 由于被保险人的故意行为、故意疏忽导致的损失；(3) 由于核反应、核辐射或辐射污染导致的损失；(4) 日常磨损等。

2. 预期利润损失险。预期利润损失险（Advance Loss of Profits，ALOP）与建筑工程一切险是相辅相成的，它是为由于开工延误而导致的业主的经济损失提供保障。其重要特点是只保障由于建筑工程一切险所承保的因素导致的延误。因此，建筑工程一切险的保险责任越宽，则本保险责任也越宽。这样操作的原因是在财产损失后保险人可以控制工程的恢复情况。

预期利润损失险的定义与传统的间接损失保险类似。一个本质的差别是，在预期利润损失险中，通常没有以往实际存在的商业账目可以查询。因此，保额是建立在假设或推定的基础上的,即以在项目可行性研究中认真核定的项目预计年产量或毛利润或预计成本为依据。同时,为了避免产量的减少而支出的合理的额外费用或施工成本的增加部分,也由该保险承保。

当然,同建筑工程一切险一样,在损失发生时,也有必要分清由保险责任导致的损失以及由非保险责任导致的损失,尤其在复杂的工程中,保险人还需要监督工程的进展情况。

3. 第三者责任险。主要是对由于施工造成的对第三者的身体伤害(包括死亡)和财产损失所导致的法律责任进行保险。

4. 海洋货运保险。海洋货运保险是为通过轮船将设备或原材料运到项目地点的运输途中引起的设备或原材料损失和损坏提供保障。

5. 海洋预期利润损失险。即对由于海洋货运保险事件发生引起的延误而使项目财务利润减少所提供的保障。

6. 经营一切险。即对在商业经营过程中引起的损失和损坏提供的保障。

7. 经营利润损失险。即对由于经营一切险所保险的事件发生而引起的项目财务利润减少提供的保险。

8. 雇主责任险。即对于导致项目员工死亡而应由雇主承担的法律责任提供的保险。

二、政治风险的保险

许多国际的或双边的机构都承保政治风险,以促进国际投资的发展。不过其保险的范围一般较窄,且保险条款较为烦琐。以下是提供政治保险的机构及承保的范围。

(一) 多边投资担保局

多边投资担保局成立于1988年,是世界银行的附属机构,总部设在华盛顿。其宗旨是通过对非商业性风险提供担保(保险),鼓励在发展中国家的外国投资,包括联合保险和再保险。其有限的保险范围如下:

1. 外汇不可获得风险和外汇不能转移风险。即由于不能将以利润、利息、资本或其他资产形式取得的当地货币转换成外汇和不能将外国货币转移到国外而导致的损失将由多边投资担保局提供赔偿,包括由于东道国政府的行为而延迟得到外汇的损失、不利的外汇法规变化所导致的损失等。但是,它不覆盖货币贬值的风险。

2. 没收风险。多边投资担保局的没收风险保险主要是保障东道国政府采取没收项目资产或控制项目公司而导致的全部或部分损失的风险。对于股权资本的全部没收或国有化,多边投资担保局一般赔偿该投资的净账面价值。如果是被部分没收或国有化,多边投资担保局则只赔偿其非债务资产的净账面价值。但是,在支付赔偿以前，一般要求将被没收的投资项目的所有权利和收益分配给多边投资担保局所有。

3. 战争或暴乱风险。由于发生了战争、暴乱、恐怖活动、阴谋活动等而带来的物质损失、毁灭，有形资产的流失或商业运作的严重中断等，都可由多边投资担保局给予赔偿。但这些破坏活动必须是由政治因素引起的。在赔偿金额上，对于股本投资，多边投资担保局赔偿损失资产的净账面价值，购置替代资产的成本或维修成本等。对于债务部分，多边投资担保局将赔偿由于战争等的破坏造成的损失而使项目单位未能偿还的债务本金和债务利息部分。

4. 东道国政府的违约风险。东道国政府拒绝履行与项目公司签订的合同从而给项目公司造成的损失也由多边投资担保局提供保险。当这种政府违约构成法律上的违约时，如果被保险人不能通过适当的途径去裁决与政府之间的争端或要求政府对其违约进行赔偿得不到满足，多边投资担保局为此提供保险，只有在东道国政府拒绝付款（一般规定一个拒绝付款期）之后，多边投资担保局才予以赔偿。

（二）国际金融公司

国际金融公司（International Finance Corporation，IFC）成立于1956年，也是世界银行的附属机构之一，总部设在华盛顿，旨在促进发展中国家的私人经济的发展。所以，与世界银行只向成员国政府提供贷款不同，国际金融公司则向私人部门贷款，甚至投资于私人企业。一般认为，国际金融公司对项目或企业的投资目的在于吸引其他的贷款和股本投资。这种融资方式常常被称为联合融资（Co-financing）。

国际金融公司担保的重点是外汇不能获得或不能转移风险，国际金融公司担保这种风险并不是直接对外汇不可获得或不能转移的风险提供某种损失赔偿，而是通过联合融资的方式来间接担保这种风险。在联合融资中，通过国际金融公司出资，可以担保该项投资的外汇可获得性。因为由于国际金融公司的参与，东道国政府一般愿意支持该项目投资，发生外汇不能获得或不能转移风险的概率从而大大降低了。

事实上，国际金融公司参与联合融资的一个最重要的好处就是动员其他资金的加入。在联合融资下，首先由国际金融公司为一个项目注入资金，然后再将部分参与协议以B贷款的方式出售给商业贷款者，它自己保留A贷款部分。这样，在国际金融公司的保护伞下，商业贷款者的B贷款将能得到与国际金融公司的A贷款同样的待遇。当然，国际金融公司贷款的项目一定要能推动东道国经济的发展，这样将有助于提高该国获得硬通货的能力。

（三）世界银行

世界银行或国际复兴开发银行（International Bank for Reconstruction and Development，IBRD）成立于 1945 年 12 月，1946 年 6 月开始营业，其主要任务是向会员国提供长期贷款，促进战后经济的复兴，协助发展中国家发展生产，开发资源，从而起到配合国际货币基金组织贷款的作用。它是一个非营利性的国际组织。

世界银行担保的范围主要是由外汇不能获得或不能转移导致的损失、东道国政府违约导致的损失等风险，且这种保险可以实现百分之百的理赔。但它一般不对没收风险和战争、暴乱导致损失的风险进行保险。

（四）亚洲开发银行

亚洲开发银行（Asian Development Bank，ADB）成立于 1966 年，总部设在菲律宾首都马尼拉。亚洲开发银行现有 67 个成员，其中 48 个来自亚太地区，其余来自其他地区，包括美国和欧洲的西班牙。该机构也对政治风险提供担保。其保险的范围同世界银行一样，主要是外汇的不能获得风险和东道国政府违约风险的保险。

（五）美洲开发银行

美洲开发银行（Inter‑American Development Bank，IDB）是拉丁美洲和北美洲国家资金的重要提供者，成立于 1959 年，总部设在华盛顿。截至 2006 年，其成员国共有 46 个，包括拉丁美洲国家、美国和其他工业化国家。美洲开发银行的担保对象主要是向发展中国家的私人部分注入的贷款的政治风险，该贷款必须与美洲开发银行成员国的项目密切相关。尽管一个项目的所有债务不能都被保险覆盖，但该保险的覆盖率没有数量上的限制，其担保期限一般是 15~20 年。

美洲开发银行担保的主要风险是外汇不可获得风险和外汇不能转移风险，但不包括货币贬值风险和东道国政府违约风险。对于没收和战争、暴乱等风险，美洲开发银行不予担保。

（六）美国海外私人投资公司

美国海外私人投资公司是美国政府的一个高级附属部门，成立于 1971 年，设在华盛顿，通过提供政治风险担保以支持美国私人企业在发展中国家和经济转型国家的经济开发与建设，如对外汇不可获得风险、没收风险及政治风险予以担保。除此之外，还提供诸如投资前咨询服务，在有限追索基础上对外国直接投资项目提供资金等。在担保程度上，美国海外私人投资公司能担保美国投资者 90% 的利益，而对于美国金融机构的贷款则可提供 100% 的担保，担保期限都可达到 20 年。

但是，对于以上担保对象，必须遵守美国《外国支持法》（the Foreign Assistance Act），该法规定，只有美国公民、美国公司或被美国公民所拥有的其他企业，或者被美国公民控股至少 95% 的外国公司才是《外国支持法》支持的对象。美国海外私人投资公司在实践操作中虽然没有要求某公司必须被美国人所拥有或控制，但如果是一家外国企业，美国海外私人投资公司则只对该公司中美国投资者的部分提供担保。

还有其他一些提供政治风险担保的机构，如美国进出口银行（United States Export-Import Bank）、日本国际贸易工业局（Ministry of International Trade and Industry of Japan）、日本进出口银行（Export-Import Bank of Japan）、英国出口信贷担保局（Export Credit Guarantee Department of the United Kingdom）、法国对外贸易保险公司（COFACE）、加拿大出口开发公司（Export Development Corporation of Canada）等。

案例分析：福建湄洲湾电厂项目融资中的风险分析

一、项目简介

湄洲湾电厂（Meizhou Wan Power Plant）位于中国福建省莆田市秀屿区东埔乡塔林村的湄洲湾北岸经济开发区，该开发区是1996年经福建省人民政府批准成立的省级经济开发区，位于莆田市东南沿海，与台湾省隔海相望，是海峡西岸经济繁荣带的交汇点。湄洲湾电厂项目是经国家批准的首家全外资电厂，采用BOT方式运营。总投资达7亿多美元，整个项目占地面积72公顷。湄洲湾电厂一期工程装机容量为$2\times396MW$（兆瓦），锅炉由Foster Wheeler公司制造，汽轮发电机组由Alstom公司制造，两台机组全部投产后，每年将消耗的150万吨优质环保型燃煤全部从印度尼西亚进口。

湄洲湾电厂是由福建太平洋电力有限公司［由美国国际电力集团公司（45%）、香港力宝集团（25%）、美国艾尔帕索公司（24.8%）、亚洲开发银行（5.2%）四家股东组成］投资和建设的全外资公司。该项目于1998年3月2日正式动工，工程总承包商为美国柏克德（BECHTEL）公司。福建太平洋电力有限公司与原福建省电力有限公司签订运行维修协议，委托原福建省电力有限公司进行电厂的运行维修与管理。

项目特色：

1. 是我国政府批准的第一个全部由外商投资的BOT电厂项目，也是我国获得亚洲开发银行第一个有限追索权及私营企业贷款的独立发电厂（IPP）。
2. 没有中央政府的担保。
3. 多边机构提供担保并持股。
4. 由两家出口信贷机构提供担保。
5. 在亚洲深陷金融危机之时开展融资。

《国际金融周报》把湄洲湾电厂项目列为1998年"年度最成功的融资项目",并获得柏克德全球优秀工程奖。

二、项目融资结构

(一)项目发起人

1. 香港力宝集团。湄洲湾电厂项目是由香港力宝集团策划的。力宝集团属于印度尼西亚李氏家族的李文正博士所拥有,他的故乡在福建莆田市。力宝集团是印度尼西亚第二大财团,香港力宝集团负责集团的国际业务。集团业务遍及亚太地区,在世界各国拥有十家上市公司,涉及都市发展及地产投资、金融服务、基础设施工业投资、策略性投资业务等。在这一项目中,香港力宝集团股份占25%。

2. 美国国际电力集团公司(IPWG)。它是一个国际性公司,总部在美国。是一个提供专有技术的替代能源公司,它可以在传统能源和替代能源的电力生产过程中增加电力生产量,可以将废弃物转变成对环境友好的能源,实行"交钥匙"的工程建设模式。在福建太平洋电力有限公司中,美国国际电力集团公司持股45%。

3. 美国艾尔帕索公司。它是一个大型天然气公司,曾经是安然公司的主要竞争对手之一。在这一项目中,它占24.8%的股份。

4. 亚洲开发银行。亚洲开发银行是亚洲、太平洋地区的区域性金融机构,在这一项目中,它占有5.2%的股份。

以上四家发起人出资成立了福建太平洋电力有限公司,作为项目公司。

(二)项目资金结构

该项目于1998年筹集到7.33亿美元,其中,1.58亿美元来自项目发起人的股权投资,其余的5.75亿美元由债务融资解决,具体包括:

亚洲开发银行提供的直接贷款4 000万美元,期限为16年;

亚洲开发银行提供的追加贷款1.5亿美元,期限为12年,贷款利率为LIBOR+1.95%(伦敦银行间同业拆借利率上浮195个基点);

法国外贸保险公司提供的5 300万美元的16年期的融通贷款,贷款利率项目完工前为LIBOR+1.5%,项目完工后为LIBOR+0.75%;

西班牙国际信誉担保公司提供的7 600万美元的16年期限的融通贷款,贷款利率为LIBOR+1.25%;

无担保商业贷款2.18亿美元,期限为12年,贷款利率为LIBOR+2.1%;

运营资金融通贷款3 800万美元,期限为10年,贷款利率为LIBOR+2.1%。

项目融资结构图如图4-2所示:

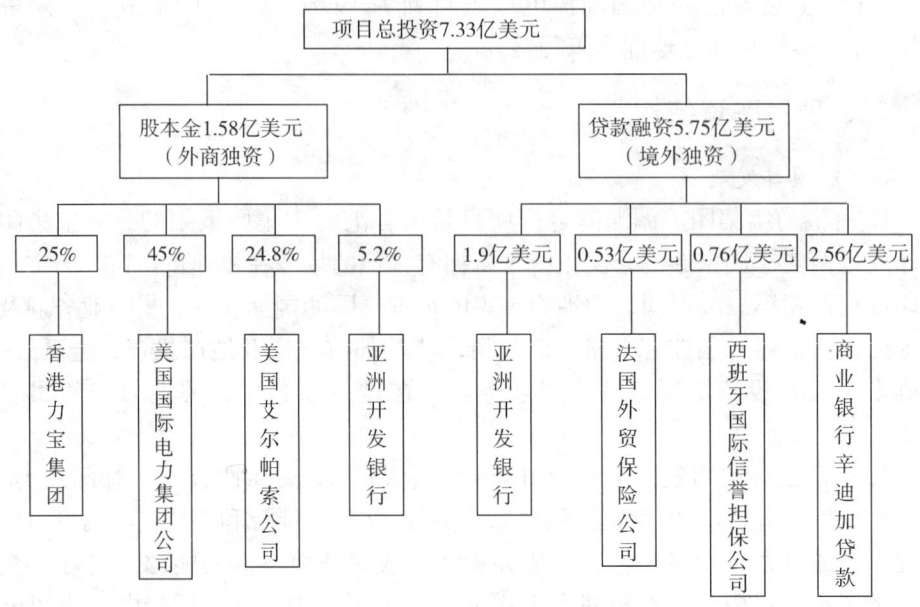

图4-2 项目融资结构图

三、项目合同及风险分析

（一）主要合同

1. 电力购买协议。根据20年的电力购买协议，福建省电力局必须购买电厂的电力产品。这是福建省电力局第一次签署国际标准的文件，其草案简短且语言是开放式的、模棱两可的，这种双语的谈判模式和文件增加了项目的复杂性和成本。2002年4月，福建省政府拒绝履行已签订的购电协议，拒绝承担购电协议下的债务，并提议通过将关税从0.56元/度降到0.44元／度进行补偿。

2. 设计、采购、施工合同。项目的总承包商是美国柏克德（BECHTEL）电力公司，柏克德电力公司与其附属机构负责设计、采购、施工协议中建造电厂的部分工作，该协议同时包含了国外的设计合同以及国内的建造合同。法国通用电气阿尔斯通（GEC ALSTHOM）公司提供汽轮发电机，美国福斯特惠勒国际工程咨询有限公司提供锅炉。

3. 燃料供给与运输合同。根据长期供给与运输协议，印度尼西亚的PT Kaltim Prima 煤厂承诺向电厂供给和运输煤炭。

4. 经营与维护协议。根据20年的经营与维护合同，福建省电力局与其技术人员在正常情况下必须经营并维护电厂，负责清算那些通常情况下应该由电厂经营者承担的损失及其他债务。

5. 土地使用权转让协议。1997年，发起人与当地的土地局签署了土地使用权转让协议。但之后，当地政府停止兑现已经批准的可耕地。在解决湄洲湾项目的延迟偿付问题之前，土地局延迟发布了那些必须用于抵押项目场地的土地使用权许可证。

(二) 项目面临的特殊风险

1. 完工风险——项目一度延误。在获得国家计委批文后，湄洲湾电厂因融资问题未能及时建设。1995年，项目公司要求调整股东构成和项目总投资，再次要求建设。国家计委再次对该电厂项目总投资及电价等问题作了批复，但该项目仍没有按时开工，直到1998年3月项目投资方与外资贷款银行签署融资文件后，项目才得以正式开工。

2. 运营风险——项目一度搁置。2000年9月16日，该电厂1号机组开始并网调试，但是，在机组没有达到商业运行的条件、对电网安全稳定运行构成严重威胁的情况下，一直到2001年8月1日才正式商业运行。此时，双方发生了分歧。太平洋电力公司的解释是：在调试过程中出现一定的波动是正常的。这里有技术标准的差异，而且福建本身的电网过小，一旦出现机组不稳定，便出现功率缺额，但责任不能完全归咎于独立电厂。

3. 市场风险——项目电价纠纷。该项目融资过程经历了电力市场由用电紧缺到发电能力过剩的转变。这个项目的最初构想是在20世纪90年代初，当地电力局急需提高发电能力，于是地方电力局大力支持这个项目并签订了电力购买协议。

从1996年起，由于亚洲金融危机爆发和国家产业结构调整，以及国家加快电力建设政策成效显著，全国电力市场形成了供大于求的局面。1997年，当地通过拆旧立新已经解决了部分供电压力。在合同电价高于市场电价的情况下，2002年4月，福建省政府拒绝履行已签订的购电协议，拒绝承担电力购买协议下的债务。最后经过项目发起人与政府的长期谈判，提议通过将关税从0.56元/度降到0.44元/度进行补偿。

4. 金融风险——汇率风险。为了避免与中方贷款人陷入冗长的谈判过程，湄洲湾项目全部采用了美元贷款，外汇风险贯穿于项目始终。电力项目收入多为人民币，项目本身外汇收支不能平衡，如果本币贬值，将会给偿还国外贷款造成较大压力。2002年11月，经过与当地政府长期的谈判，项目发起人最终同意用人民币标明面值的贷款代替了用美元标明面值的贷款。

5. 政治、法律风险。湄洲湾电厂项目于1993年经国家计委批准成立。但是在随后的5年中，与电厂项目相关的中国法律法规发生了变动。在项目的谈判期间，新的法律法规又陆续出台，随着每个新法令的颁布，项目发起人都不得不重新审定项目是否适用新的法律并重新申请批准。

四、项目进展

2003年12月12日,经过三年的艰苦谈判,项目公司与福建省电力有限公司(以下简称福建电力公司)最终就湄洲湾电厂项目问题达成共识,签署了一揽子框架协议(补充协议)。

2003年9月28日,福建电力公司正式并入华东电网,成为华东电网有限公司的全资子公司。根据国家电网公司的决定,从2004年1月1日起,原由国家电力调度通信中心调度的500千伏福双Ⅰ、Ⅱ线全部移交华东电网调度管辖。此举彻底解决了福建电网"小网大机"的问题,福建电网可以更顺畅地将本省富余电量向包括上海、江苏、浙江、安徽在内的华东电网输送。这意味着该项目的市场需求随之得到满足。

为了降低电价,太平洋电力公司已着手从三个方面来调低运行成本:将进口燃煤转为国产煤(此项已完成)、与运行维护商重新谈判维护价格、将贷款银行由境外银行转向境内银行。

在总结湄洲湾电厂项目的经验与教训时,有人发出这样的疑问:中国的电力建设还会吸引外资吗?这是一个值得深思的问题,该厂外方人士这样回答:"类似30万千瓦机组的电厂并不一定需要外资来建设,毕竟中国已有自己的建设能力,中国国内资本也日见充裕。"

本章小结

1. 研究项目融资中存在的风险以及它们的分配与管理是项目融资过程中最重要的环节。项目融资中的风险大体上可分为两类:系统性风险和非系统性风险。通常,人们把那些与宏观市场环境有关的、超出自己控制范围的风险称为系统性风险,而将那些投资者可以自行控制和管理的风险称为非系统性风险。

2. 项目融资中的系统性风险主要包括国家风险、金融风险和不可抗力风险等。国家风险是指在国际经济活动中发生的至少在一定程度上是由国家政府控制而非私人企业或个人控制的事件所造成的损失的风险。具体是指那些由于战争、国际关系变幻、政权更迭、政策变化而导致项目的资产和利益受到损害的风险。尤其是在国际项目融资中,投资者对国家风险表现得更为敏感。金融风险主要是指由于一些项目发起人不能控制的金融市场的可能变化而对项目产生的负面影响。在国际项目融资中,最敏感的金融风险是与货币有关的风险,即外汇不可获得风险、外汇不可转移风险及东道国货币贬值风险。不可抗力风险是指超过投资者控制范围内事件发生所导致的风险,从这个意义上说,不可抗力风险被划为系统性风险的一种。

3. 项目融资中的非系统性风险主要包括信用风险、完工风险、经营风险、市场风险和环保风险等。

4. 信用风险是指项目参与各方因故无法履行或拒绝履行合同所规定的责任与义务的可能性。有限追索的项目融资是依靠有效的信用担保结构支撑起来的，组成信用保证结构的各参与方是否有能力执行其职责就构成项目的信用风险。因此，有人将这种风险称为伙伴风险。

5. 完工风险是指项目无法完工、延期完工或者完工后无法达到商业完工标准的风险。它是项目融资的主要风险之一，如果项目不能按照预定计划建设投产，项目融资赖以依存的基础就受到了根本性的破坏。因此，贷款银行一般不把项目的建设结束作为项目完工的标志，而是引入了"商业完工"的概念，即在融资文件中具体规定项目产品的产量、质量、原材料、能源的消耗定额及其他一些技术经济指标和项目达到这些指标的时间下限等，只有项目在规定的时间范围内满足这些指标时，才被贷款银行接受为正式完工。

6. 经营风险是指在项目生产经营过程中，由于经营者的疏忽，发生重大经营问题，如原材料供应断档，设备安装、使用不合理，产品质量低劣及管理混乱等，使项目不能按计划运营，最终影响项目的获利能力的风险。具体表现为技术风险、生产条件风险及经营管理风险。

7. 市场风险是指产品在市场上的销路和其他情况的不确定性。市场风险主要有价格风险、竞争风险和需求风险。

8. 项目的环境风险是指项目投资者可能因为严格的环境保护立法而迫使项目降低生产效率，增加生产成本，或者增加新的资本投入来改善项目的生产环境，更为严重的是，甚至迫使项目无法继续生产下去的风险。

9. 项目融资中的风险呈现出明显的阶段性特征。即包括相对高风险的项目建设期和相对低风险的项目运营期。与上述风险特征相对应，贷款人的贷款发放也出现了变化，即在项目完工以前，项目贷款一般是完全追索性的，当项目进入正常运行以后，随着风险的减少，项目贷款开始由完全追索过渡到有限追索甚至无追索。

10. 有效地分配风险与减少风险对于完成基础设施项目融资和推进建设与经营来说是十分重要的。项目风险的分配并不是对每个参与者平均分配风险，而是将所有的风险都分配给最适合承担它的一方，即当项目的任何一种风险应完全由对该风险偏好系数最大的项目参与方承担时，项目的整体满意度最大。

11. 在项目融资中，贷款银行和项目发起人都会尽量采取措施来降低国家风险，以尽量减少损失。如形成一个国际投资者和贷款者的集团来共同投资该项目，向某些私人保险机构和政府保险机构投保政治风险，从项目主管政府部门取得允许项目在固定期限内自由利用特定部分资产的许可，例如，得到一国中央银行获得外汇的长期保证等。

12. 在项目融资实践中，一般通过以下方法来进行金融风险的管理：将项目收入货币与支出货币相匹配，在当地筹集债务，将产生项目收入的合同尽量以硬货币支付，尤其是当这些合同的一方是政府部门时，因为这实际上意味着政府以合同的方式为项目提供了硬货币担保以及利用衍生金融工具减少货币贬值风险，如远期合约、货币期权和其他货币市场套期工具等。当然，这些工具在发展中国家还不很普遍，在项目融资风险管理中的应用也受到了诸多限制。

13. 为了控制及转移项目的完工风险，贷款人通常要求采取以下方法管理此种风险：签订固定价格的交钥匙总承包合同，由项目发起人提供完工担保、债务承购保证、技术保证承诺，建立完工保证基金以及投保。

14. 项目进入正常运营期后，可以通过以下管理措施来降低经营风险：签订无条件的供应合同，签订无条件的销售合同，建立储备基金账户，由项目发起人提供资金缺额担保以及签订有利的经营管理合同。

15. 对于市场风险的管理，一方面是在项目初期做好充分的市场调查，以大大减少项目上马的盲目性，也就是认真做好项目可行性研究工作；另一方面是在产品销售合同的问题上，确定好产品定价策略非常重要。

16. 在项目融资中根据项目所在国法律规定，谁负有环保责任，该风险就应由谁来承担。据此，可能出现两种情况：一种是环保责任由项目公司和贷款人共同承担，另一种是由项目公司单独承担。但不论哪种情况，环境风险最终会影响到贷款的偿还。所以，要采取切实可行的措施分散和降低项目的环境风险。

17. 在大多数项目融资中，经常通过保险来降低项目风险。项目保险是项目发起人和贷款人都关注的一个非常重要的方面。尤其是贷款人，它们将项目保险视为项目担保组合中一个重要和关键的组成部分。

本章重要概念

国家风险　　金融风险　　伙伴风险　　完工风险　　商业完工
经营风险　　市场风险　　环境风险

本章思考题

1. 项目融资中有哪些系统性风险？
2. 试分析项目融资中国家风险的特点及表现形式。
3. 如何对项目的政治风险进行评估？
4. 如何进行项目国家风险的管理？
5. 项目融资中的金融风险有哪些特点及种类？
6. 项目融资中有哪些管理金融风险的技术和方法？

7. 什么是完工风险？判断完工风险的标志是什么？
8. 项目融资中的主要非系统性风险有哪些？其含义是什么？
9. "污染者费用自负"是什么意思？污染者可能承担的费用有哪些？
10. 项目融资的风险特征是什么？分配项目风险的基本原则是什么？
11. 如何利用金融衍生工具进行项目融资的金融风险管理？它与其他金融业务中的风险管理有何区别？
12. 试分析项目融资中进行保险的重要性。
13. 提供项目政治风险保险的国际机构有哪些？各自承保的范围是什么？
14. 从湄洲湾电厂项目的运作中，你得到了何种启发？

第五章

项 目 担 保

在前面曾提到,项目融资的根本特征体现在项目风险的分摊上,而项目担保正是实现这种风险分摊的关键所在。风险分摊除了上一章介绍的项目风险管理与保险外,还有一个重要的途径就是构造严谨的项目担保体系,以强化项目的信用等级。本章将详细介绍项目担保当事人、直接担保、间接担保、意向性担保等内容。

第一节 项目担保及项目担保人

一、项目担保及担保功能

项目担保是指借款人或第三人以自己的信用或资产向境内外贷款人所作的还款保证。担保在项目融资中发挥着重要的作用,因为在大多数项目融资中,贷款人对项目公司及其资产无追索权或存在有限追索权,所以对贷款人来说,至关重要的是参与项目的各当事人要构造完整而严谨的担保结构,以将所有的风险漏洞予以堵塞。

但是,项目担保和公司融资中的商业担保有着不同的目的与操作方法。

1. 项目融资的贷款者关注的重点是项目成功与否,而不是现有担保资产的价值。在项目融资中,贷款银行要求的担保目标是:保证项目按期完工、正常经营,获取足够的现金流量来收回贷款。公司融资中的商业担保要求是:担保人应有足够的资产弥补借款人不能按期还款可能带来的损失。

2. 项目担保的防御功能。在项目融资中,项目担保的作用是通过担保以防范其他未担保贷款人对该担保贷款人贷款的项目资产行使处置权。这就是说,在贷款人通过出售项目资产收回贷款本息前,其他贷款人不能对该资产有任何处理行为。

3. 项目担保为贷款者监督管理项目提供了方便。因为所有的担保权益最终都要转让给贷款人,一旦项目经营失败,项目贷款人就有权接管项目、经营项目,让其产生足够的现金流量以收回贷款。当然,这种权利在有的国家不一定能得到保证,因为有些国家法律不允许本国项目或资产被外国银行所控制和拥有。

4. 项目担保便于在所有的参与者之间分配风险。项目融资的风险并不是由项目发起人独自承担,而是由包括项目贷款人在内的所有项目参与者共同来承担,但也不是在所有参与者之间平均分配风险,而是根据各自取得利益的不同及对风险的控制程度来分配风险,这就需要以某种合同的形式确定下来,这就是项目担保中的各种合同。

二、项目担保人

在项目融资中,提供项目担保的担保人主要有以下几种。

(一) 项目发起人

项目发起人(Sponsor)作为担保人,是项目融资结构中最主要和最常见的一种形式。对于提供资金而又不愿较深地介入项目中的发起人而言,提供项目担保是一种较普遍的形式。在多数项目融资结构中,项目发起人通过建立一个专门的项目公司来建设、拥有和经营项目。但是,由于项目公司在资金、经营历史等各方面大多不足以支持融资,所以,在实际操作中贷款人往往要求作为项目公司股东的项目发起人提供某种形式的担保。

发起人担保可以有各种不同的形式,以满足发起人的目的和贷款人要求的信用强化目的。如发起人提供完工担保以保证项目建设阶段按计划完工,这对发起人来讲,是一种在时间上有限的担保责任,一旦项目在规定的水平完工(即商业完工),则该担保协议就终止,发起人的担保责任也就消除了。

(二) 第三方当事人

当贷款人认为项目发起人提供的担保不充足时,就必须要第三方当事人(Third Party)提供担保。每个项目融资的参与者都是潜在的第三方项目担保人,这些第三方担保人一般不愿在项目融资中承担直接的无条件的担保责任,所以,在一般情况下,由第三方担保人提供的担保多为有限责任的间接担保。

这些可能的第三方担保人一般有:(1)工程承包公司。为了在激烈的竞争中获得大型工程项目的承包合同,很多工程承包公司都热衷于项目融资,并提供一定形式的担保,如以"交钥匙"承包合同提供的完工担保。(2)供应商。有的供应商急于推销自己的产品或副产品,愿意为使用其产品的建设项目提供担保;有的供应商希望自己的产品得到深加工,愿意为加工项目提供担保。如设备供应商以出口信贷方式提供的担保,原材料供应商以无论供货与否均需付款合同提供的担保。(3)产品购买者或用户。如需要某种产品或服务的公司愿意为生产此种产品或提供此种服务的建设项目提供担保。尤其在能源、原材料工业和基础设施项目中经常是项目用户以长期合同或者预付款的形式提供担保。

这些第三方项目担保人主要是想通过为项目融资提供担保而换取自己在项目中的长期商业利益。为此，他们可能获得项目的建设合同，获得项目设备的供应安装合同，保证其自身产品的长期稳定市场，保证其自身获得长期稳定的原材料、能源供应，保证其对项目设施的长期使用权等。

（三）世界银行、地区开发银行、多边担保机构等国际性金融机构

这类机构虽然与项目的开发没有直接的利益关系，但是为了促进发展中国家的经济建设，对于一些重要的项目，同样可以寻求这类机构的贷款担保。因为这类机构的担保可以起到政府机构担保的作用，以减少项目的政治风险、商业风险，增强商业银行对项目融资的信心。

（四）商业担保人

商业担保人以提供担保为一种盈利手段，承担项目的风险并收取担保服务费。它们通过分散化经营来降低自己的风险。商业银行、保险公司和其他的一些专营商业担保机构是主要的商业担保人。

商业担保人提供担保的方式有：一是以银行信用证或银行保函的方式担保项目投资者在项目融资中所必须承担的责任和义务。如对一个资金不足或者资产不足的项目公司而言，项目贷款银行常要求其提供从专业化的金融机构中获取的商业担保。二是以备用信用证方式担保项目投资者对项目公司所承担的义务和责任。根据项目合资协议中的交叉担保条款，在一方投资者由于市场等问题出现困难时，其他各方也会面临同样的问题，只是程度不同而已。因此，在非公司型投资项目结构中，资本不足的公司往往被要求提供由国际性商业银行签发的备用信用证作为担保。三是为防止项目意外事件发生而提供的保险服务。这类商业担保人一般是各种类型的保险公司。保险公司提供的项目保险是项目融资中的一个重要内容。

项目担保和其他商业担保一样，也可以划分为物权担保和信用担保，即物的担保和人的担保两大类。下面分别加以介绍。

第二节　项目融资中的物权担保

物的担保比较直接。对于项目贷款人来说，在对项目资产设定担保物权之后，当借款人发生违约事件时，贷款人有权出售担保物及与之相关的权益，从出售所得中优先于其他债权人得到补偿。

项目融资中的物权担保按担保标的物的性质不同可分为动产物权担保和不动产物权担保，按担保方式可分为固定担保和浮动担保。

一、固定担保

固定担保是指指定具体担保物的一种担保方式,在此种担保形式下,担保人在没有解除担保责任或者得到担保受益人的同意之前不能出售或者以其他形式处置该项资产。如果置于固定设押下的资产属于生产性资产,则担保人只能根据担保协议的规定对该项资产进行正常的生产性使用;如果设押资产是不动产或银行存款,则担保人原则上是无权使用该项资产的。前面涉及的动产物权担保和不动产物权担保都是固定的物权担保,即借款方作为还款保证的资产是确定的,如特定的土地、厂房或特定的股份、特许权、商品等。当借款方违约或项目失败时,贷款方一般只能从这些担保物中受偿。

固定担保分为不动产物权担保和动产物权担保。

(一) 不动产物权担保

不动产指土地、建筑物等难以移动的财产。在项目融资中,项目公司一般以项目资产作为不动产担保。但其不动产仅限于项目公司的不动产范围内,而不包括或仅包括很少部分项目发起人的不动产。一般情况下,如果借款人违约或者项目失败,贷款人往往接管项目公司,或者重新经营,或者拍卖项目资产,以弥补其贷款损失。但这种弥补对于大额的贷款金额来说往往是微不足道的。因为项目的失败往往导致项目资产特别是不动产本身价值的下降,难以弥补最初的贷款额。例如,在石油管道项目中,如果管道流量很少,那么管道设施本身只是废铁一堆。

(二) 动产物权担保

动产物权担保指借款人以自己或第三方的动产作为履约的保证。动产又可分为无形动产和有形动产两种,前者如合同、特许权、股份和其他证券、应收账款、保险单、银行账户等,后者如船舶、设备、商品等。由于动产物权担保在技术上比不动产物权担保方便,所以在项目融资中使用较多。

1. 无形动产物权担保。

(1) 项目发起人取得的各种协议和合同(Project Agreements)。例如,经营和维护合同、购买合同、供应合同、运输合同和收费合同等都可以作为担保物权抵押给贷款人。

(2) 特许权协议(Concession Agreement or License),尤其在 BOT 项目融资模式中,项目公司得到的特许权协议对贷款人来说是一个非常关键的物权担保。如果没有特许权协议作为担保,则其他担保功能都是十分有限的。但有些国家不允许将本国企业拥有的特许权转让给外国投资者,此时,就不能将其视为关键的担保物了。

(3) 股份和其他保函(Equity and other Project Bonds)。项目发起人将其拥

有的项目公司的股份作为担保资产抵押给贷款人,这也是一种项目担保的操作方法。项目承包商从其贷款银行处开出的各类保函如完工保函等,也可以作为对银行的担保资产。这种完工保函是由承包商的往来银行签发的一种即期付款凭证,其金额相当于承包价款的2%~20%,投资者将该种凭证的收款权利转让给贷款人,当贷款人出具票据要求银行付款时,无须提供承包商违约的任何证明。

(4) 保险单(Project Insurance)。即将项目保险单的受益权转让给贷款人,此时,贷款人一般要求保险的覆盖期限应与项目贷款的有效生命期相吻合。

(5) 银行账户(Bank Accounts)。一般地,在项目融资中,至少应有两个银行账户,即支出账户(the Disbursement Account)和收入账户(the Proceeds Account),前者负责项目的支出费用,即项目经常性支出、资本性支出和银行利息支出等;后者负责管理项目的收入,如项目产品销售收入、保险费理赔收入等。项目融资必须使贷款人相信他们能完全控制项目公司的这些银行账户,以保证在任何时候贷款人都能控制项目的现金流出和现金流入。这样,项目公司从这些账户中提取资金将受到贷款人的监督和管理。

2. 有形动产物权担保。

(1) 项目生产中的仪器、机械设备等动产。在不同的项目中,生产过程中使用的仪器、机械设备的数量和重要程度是不同的,如在电力项目中,一般有大量的固定资产如机械设备等,此时,贷款人常常会要求对这些资产拥有完全的处置权。但是,使用厂房、设备等动产作为担保资产会受到东道国法律的影响,如在法国,法律规定并不是在任何机器设备上都能设置担保权益的,只有该贷款人贷款购买的机器设备才能作为对该贷款人的权益担保,任何第三者提供的机器设备都不能充当担保资产抵押给贷款人支配。

(2) 项目产品。将项目产品作为担保资产操作起来比较复杂。项目的不同性质决定了项目公司对项目产品的支配权的大小。例如,许多国家规定,煤炭或矿产品只有在开采出来以后才能作为担保资产,任何未开采出来的煤炭和矿产资源都是国家的财产,不能抵押给任何企业和个人。如在英国北海油田项目中,任何位于地下的石油都不属于石油公司而是属于政府,石油公司仅仅拥有石油开采权。

所以,在项目融资中,无形动产担保的意义更大些。一方面,有形动产的价值往往因为项目的失败而大大减少;另一方面,也因为无形动产涉及多个项目参与方,其权利具有可追溯性,而且这种追溯是有合同等文件作为书面保证的。可以说,项目融资中的许多信用担保最后都作为无形动产担保而成为对贷款人的一种可靠担保。

二、浮动担保

浮动担保或浮动设押，一般不与担保人的某一项特定资产相关联。在正常情况下，浮动设押处于一种"沉睡"状态，直到违约事件发生促使担保受益人行使担保权时，担保才变得具体化，置于浮动设押下的资产才在担保受益人的控制之下。在担保变得具体化之前，担保人可以自主地运用该项资产，包括将其出售。

在项目融资中，浮动设押方式较受欢迎，原因在于：

1. 借款方以充分的项目资产作为浮动设押担保物，可以增强其融资能力。项目公司可以以某一类资产作为抵押取得融资，这样，项目公司对外筹资的能力相应提高。

2. 浮动担保给予借款方在正常情况下处置担保资产的便利，可以扩大借款人的活动空间。在正常情况下，借款人可以任意处置资产，包括对原材料、营业用具、现金和其他动产的处理等，而不必为新获得的资产签订担保合同，或为每次资产处置请求许可，由此扩大了借款人的活动空间。

3. 浮动担保给予贷款方接管整个项目的权利。当借款方违约时，贷款方可以任命财产管理人和经理人接管整个项目，以保证自己的利益，这是其他担保方式所无法比拟的。

浮动设押产生于19世纪的英国，因此，我们在这里简单地介绍英国担保法和其他国家担保法有关项目担保的条款，以便对浮动设押和固定设押这两种担保方式进一步了解和掌握。

1985年3月签订的深圳特区沙角B电厂项目合同，提供贷款的银团就是对项目公司——合和电力（中国）有限公司的全部资产设定浮动担保，使之能在出现违约事件时有权直接接管合和电力（中国）有限公司与深圳特区电力开发公司合作兴办的深圳沙角B电厂。同时，银团还获得了该电厂全部固定资产以固定抵押形式作为抵押的担保权益。

三、项目融资中物权担保的局限性

不管怎样，我们必须强调，在多数情况下，项目融资所设定的物权担保，其作用主要是消极的、防御性的，而不是积极的、进攻性的，即贷款人主要是用它来防止借款人的其他债权人在项目的资产上取得对自身不利的利益，使其处于不利的地位。但在实际操作中，物权担保在项目融资中存在诸多不足之处，往往使贷款人不能单纯地从物权担保中获得保障。这些不足之处表现在以下方面：

1. 一般来说，项目资产很难出售，如很少有人愿意购买离岸石油管道设施。
2. 强制执行的救济办法受到法律限制，尤其是在大陆法系国家，正如上面所述，法律要求必须以公开拍卖的方式强制执行担保物权，不像英美法那样允许由贷款人指定的接管人占有财产继续经营该项目。

3. 即使在项目公司违约时，依照某些国家的法律，贷款人有继续经营该项目的权利，但项目发起人既已宣告失败，贷款人也很难取得成功。

4. 有些国家的法律（如英国担保法）承认浮动设押，但有些国家不予承认，在后一类国家，贷款人就无法在项目公司的库存、设备及项目所必需的动产上设定担保物权。

5. 由于政治上的原因，要强制执行坐落在东道国的项目资产或出售东道国政府的特许协议，一般都是很难办到的。

第三节 项目融资信用担保

项目融资中的信用担保，即我们通常所说的项目担保。项目担保（Project Guarantee）在项目融资结构中的基本表现形式是人的担保，即以法律协议方式向债权人作出的承诺。

项目担保是在贷款银行认为项目自身物的担保不够充分时而要求借款人（项目投资者）提供的一种人的担保。它为项目的正常运作提供了一种附加的保障，从而降低了贷款银行在项目融资中的风险。因此，项目担保成为项目融资过程中的一个重要组成部分，在一定程度上可以说是项目融资结构的生命线。

一、项目信用担保的种类

根据项目融资信用担保在项目融资中承担经济责任的不同，项目担保可以划分为四种基本类型：直接担保、间接担保、或有担保、意向性担保。

（一）直接担保

直接担保（Direct Guarantee）是指担保人以直接的财务担保形式为项目公司（借款人）按期还本付息而向贷款银行提供的担保。它是项目担保中传统的担保方式，是担保人代替第三方向贷款人承担所有的义务，具有直接性和无条件性，但它在时间或数量上是有限的，是所融资项目必需的最低信用保证结构。如以完工担保和资金缺额担保提供的担保形式。

（二）间接担保

间接担保（Indirect Guarantee）是指项目担保人不以直接的财务担保形式为项目提供的一种担保。间接担保多以商业合同或政府特许权协议的形式出现。如以无论提货与否均需付款协议和提货与付款协议为基础的项目担保。

（三）或有担保

或有担保是针对一些由于项目投资者不可抗拒或不可预测因素造成项目损失

的风险所提供的担保。可分成三类：其一，由于不可抗拒因素造成的风险；其二，项目的政治风险；其三，与项目融资结构特性有关的并且一旦变化将会严重改变项目经济强度的一些项目环境风险。对于以上风险，一般通过保险加以转移。

（四）意向性担保

从严格意义上讲，意向性担保（Implied Guarantee）或默示担保不是一种真正的担保，因为这种担保不具有法律上的约束力，仅仅表现出担保人有可能对项目提供一定支持的意愿。意向性担保不需要在担保人公司的财务报告中显示出来，所以它受到了担保人的偏爱，在项目融资中应用得较为普遍。它表现为以下几种形式：

1. 安慰信。在项目融资中，运用最多的意向性担保形式是所谓的安慰信或支持信（Letter of Comfort）。

安慰信一般是由项目发起人或政府写给贷款人的对发放给项目公司的贷款表示支持的信。对贷款人表示的支持一般体现在以下三个方面：

（1）经营支持。担保人声明在他的权力范围内尽最大努力保证按照有关政策支持项目公司的正常经营。

（2）不剥夺项目资产。东道国政府保证不会没收项目资产或将项目国有化。

（3）提供资金。担保人同意向项目公司提供一切必要手段使其履行经济责任，如母公司愿意在其子公司遇到财务困难时提供帮助。

虽然安慰信一般不具有法律约束力，但是，由于关系到担保人自身的资信，违背安慰信中所作的承诺虽然不引起法律责任，但会影响担保人今后的业务。因此，资信良好的担保人一般不会违背自己在安慰信中的诺言。所以，贷款人愿意接受担保人出具的安慰信作为一种担保形式。

我国的中央政府部门或地方政府部门往往为大型项目融资向贷款人出具安慰信，一方面是向贷款人提供信誉担保，另一方面可为项目的进展创造良好的支持环境。

2. 东道国政府的支持。东道国政府在项目融资中扮演的角色虽然是间接的，但很重要。在许多情况下，东道国政府授予的开发、运营的特许权和颁发的执照是项目开发的前提。虽然东道国政府一般不以借款人或项目公司股东的身份直接参与项目融资，但仍可能通过以下方式对项目提供间接担保：

（1）保证不对项目公司颁布不利的法律，坚持非歧视原则；

（2）保证项目公司能够获得用以偿还对外债务的外汇，即担保外汇的可获得性；

（3）保证不对项目实施没收或国有化政策；

（4）保证不实施歧视性的外汇管制措施；

(5) 保证项目公司能得到必要的特许经营协议和其他政府许可权,如公路收费权;

(6) 在可能的情况下,通过政府代理机构对项目进行必要的权益投资;

(7) 可能成为项目产品的最大买主或用户。

二、三种典型的担保合同

(一) 完工担保

一般情况下,贷款银行只愿意在建设成本和生产成本均已知的条件下,才安排有限追索的项目融资。为了防止出现因资金短缺而导致项目失败,需要有人承担建设成本和生产成本超支的风险,提供相应的担保。这就是完工担保。

1. 完工担保的含义。完工担保(A Completion Guarantee)是由项目发起人提供的一种在时间上有限制的直接担保方式,即只在项目的开发建设阶段承担担保责任。它所担保的对象主要是成本超支风险和工期延误风险,即项目发起人向贷款银行保证承担项目公司的完工风险。在项目的建设期和试生产期,贷款银行所承受的风险最大,项目能否按期建成并按照其设计指标进行生产经营,是以项目现金流量为融资基础的项目融资的核心,因此,完工担保就成为项目融资结构中一个最主要的担保种类。

2. 完工担保的内容及方式。完工担保的主要内容是:项目发起人向贷款人保证,除原计划内的融资外,在必要的时候发起人将进一步提供使项目能于预定日期完工的资金。如发起人不履行其提供资金的义务,或该项目不能完工,则发起人应代替项目公司偿还贷款人的贷款。因此,在项目完工担保期间,贷款人实际上拥有完全追索权。

根据完工担保协议,一旦出现成本超支现象,项目发起人应采取相应的行动履行其担保义务,一般有以下操作方式:一是向项目公司注入补充股本资金,直至项目能按期完工并达到商业经营状态。二是由项目发起人自己或通过其他金融机构向项目公司提供无担保贷款(初级债务),这种贷款必须在高级债务被偿还后才有权要求清偿。三是如果项目发起人不采取任何措施以致项目无法完工,则必须代替项目公司偿还银行债务。

为了监督项目发起人履行其完工担保的义务,国际上较为通行的做法是,要求项目发起人在指定银行的账户上存入一笔预定金额的担保存款,或者从指定的金融机构中开出一张以贷款银行为受益人的相当于上述金额的备用信用证,或者由项目发起人开出一张以贷款人为收款人的本票,以此作为贷款银行支付第一期贷款的先决条件。一旦出现需要运用项目完工担保资金的情况,贷款银行将直接从上述担保存款或备用信用证或本票中提取资金。如果项目发起人在建设期承担的是完全追索责任,则还会被要求随时将其担保金额补足到原定的金额。

(二) 资金缺额担保

1. 资金缺额担保的含义。资金缺额担保（A Cash Deficiency Guarantee）是一种由项目发起人提供的在担保金额上有所限制的直接担保，主要是为项目完工后收益不足的风险提供担保。其主要目的是保证项目具有正常运行所必需的最低现金流量，即具有至少能支付生产成本和偿还到期债务的能力。这种担保的担保人往往是由项目发起人充当。

从贷款人的角度看，为了保证项目不至于因资金短缺而造成停工和违约，往往要求项目发起人以某种形式承诺一定的资金责任，以保证项目的正常运转，从而使项目可以按照预先计划偿还全部银行贷款。

2. 资金缺额担保的方式。项目发起人在履行资金缺额担保义务时，一般有三种具体的操作方法：（1）通过担保存款或备用信用证来履行，即由项目发起人在指定银行存入一笔事先确定的资金（一般为该项目正常运行费用总额的25%~75%）作为担保存款，或者由指定银行以贷款银团为受益人开出一张备用信用证。这种方法与提供完工担保的方法类似。一般在为新建项目安排融资时常用此方法。因为新建项目没有经营历史，也没有相应的资金积累，抗意外风险的能力比经营多年的项目要脆弱得多，因而贷款银行多会要求由项目发起人提供一个固定金额的资金缺额担保作为提供有限追索项目融资的重要信用保证。当项目在某一时期现金流量不足以支付生产成本、资本开支或者偿还到期债务时，贷款银团就可以从担保存款或备用信用证中提取相应资金。（2）通过建立留置基金（Retention Fund）的方法，即项目的年度收入在扣除全部的生产费用、资本开支以及到期债务本息和税收之后的净现金流量，存入留置基金账户，以备项目出现任何不可预见的问题时使用。同时，对项目投资者使用该基金加以严格的限制和规定。通常规定一个最小资金缺额担保，只有当项目实际可支配资金总额大于项目最小资金缺额担保额时，项目发起人才能够从项目中以分红或其他形式提走资金，取得利润。（3）由项目发起人提供项目最小净现金流量担保，即保证项目具有一个最低的净收益，作为对贷款银行在项目融资中可能承担风险的一种担保。这就涉及对项目总收入和总支出的合理预测问题，项目的总收入一般由项目产品的销售收入和其他收入构成；项目总支出的内容则较多，包括项目生产性费用、项目资本支出费用、项目管理费用和市场销售费用、到期债务偿还额及应缴税款等。这种方法的一个关键问题就是如何确定一个被项目发起人和贷款人都接受的最小项目净现金流量。一般是在可行性研究的基础上由借贷双方对未来现金流量作出预测来确定，并以协议的形式将其固定下来，这样，当实际项目净现金流量低于协议规定的最小净现金流量时，项目发起人就必须负责将其差额部分补上，以保证项目正常运行。

（三）无论提货与否均需付款协议和提货与付款协议为基础的项目担保

1. 以无论提货与否均需付款协议提供的担保。无论提货与否均需付款协议，或照付不议协议，是指买方和卖方达成的一种销售合同，根据该合同，买方承担按期根据规定的价格向卖方支付最低数量项目产品销售金额的义务，而不问事实上买方是否收到合同项下的产品。这里的买方可以是项目发起人，也可以是其他与项目利益有关的第三方担保人，卖方则是项目公司。但是，在多数情况下，在项目产品的购买者中，应至少有一个是项目的发起人。从贷款人的角度看，由于项目发起人同时具有产品购买者和项目公司所有人的双重身份，所以在项目融资结构中通常设有受托管理人（Trustee），由其代表银行独立监管项目公司的资金使用，以确保项目融资结构平稳运行。

按照国际通行的会计准则，无论提货与否均需付款销售合同带有商业买卖合同的性质，所以项目产品购买者不必将其所承担的产品购买义务作为一种财务担保列入其资产负债表中（有些国家可能要求在资产负债表的注释中加以说明），因而这种合同被看成是一种间接有限责任担保形式。

（1）无论提货与否均需付款协议的特点及担保性质。无论提货与否均需付款协议的特点可以归纳为以下几点：第一，它是一种长期销售合同，即该协议的期限应不短于项目融资的贷款期限（这个期限可以长达十几年），因而这种协议的期限比一般的商业合同的期限要长得多。第二，买方在合同项下的支付义务是无条件的和不可撤销的，即使买方未收到合同项下的产品，仍须履行其支付义务（当然，通常是在项目公司生产出产品并愿意转让产品的情况下）。它是项目公司能按期偿还项目贷款的基础。第三，它的数量和价格具有特殊之处：该协议的价格虽然是以市场价格为基础的，但一般都规定了最低限价；同时，购买的数量以项目达到设计生产指标时的产量为基础，不能低于该最低产量标准。

因此，可以看出，无论提货与否均需付款销售合同的基本原则是项目产品的购买者所承诺支付的最低金额应不少于该项目生产经营费用和债务偿还费用的总和。它实际上也就成为了项目产品买方为项目公司所提供的一种财务担保，项目公司便可以利用其担保的绝对性和无条件性进行项目融资。因为尽管这种协议是项目公司与项目产品购买方签订的产品出售协议，但项目公司一般都将该协议下无条件地取得货款的权利转让给贷款银行。

（2）无论提货与否均需付款协议的种类。无论提货与否均需付款销售合同在不同的项目性质下有不同的各具特色的合同形式：

第一种，在生产型项目中，由于项目产品为有形产品，故签订的产品购买合同为"照付不议销售合同"（Take or Pay Sale Contract）。

第二种，在服务型项目中，如输油管道，则签订具有照付不议性质的吞吐量合同（Through－put Contracts），也称运输量协议，即不管这种服务设施是否被使用，使用这种服务设施的付款义务是无条件的，它同样被作为收入保证的一种方式而成为项目融资的担保。

不同性质的服务设施使用协议的表述也会不一样，在有些项目中，这种协议被称为收费协议（Tolling Agreement），有的则称为服务成本收费协议（Cost of Service Tariff Agreement）等。

(3) 无论提货与否均需付款销售合同的基本内容。

第一，合同期限的规定。合同期限要求与项目融资的贷款期限应大体一致。

第二，合同数量的规定。一般有两种方式规定合同中产品的数量：一是固定产品的购买数量，这部分固定数量的产品销售收入将足以支付生产成本和偿还债务，其余部分项目产品将允许项目公司按市场价格自由销售。二是包括全部项目公司实际生产的产品或实际需要的原料，即生产多少，购买多少；需要多少，供应多少。

第三，合同产品的质量规定。产品质量一般都采用工业部门通常使用的本国标准或国际标准，因为这些项目产品最终要在国内或国际市场上具有竞争力，才能收回足够的现金流量，否则项目开发就会失败。不过，贷款人和购买方对产品质量标准可能会有不同的要求，如贷款人一般希望能规定较低的质量标准，以使项目产品购买协议尽早启动，而从购买方得到销售收入；但产品购买方则可能会希望产品质量达到较高的标准。当然，这只是理论上的分析，因为这种或付或取销售合同是无条件的产品销售合同。

第四，价格的确定和调整的规定。价格的确定一般有三种可供选择的方法：一是公式定价法，即按照国际市场公认的价格确定产品价格，并随国际市场价格的变化而变化。这种定价方式只适用于具有统一国际市场定价标准的产品，如有色金属等产品。二是固定价格定价法，即根据项目公司必须支付的生产成本和偿还债务的要求规定一个固定价格，并根据通货膨胀率或工业部门生产指数进行调整。三是采用实际生产成本加上一个固定投资收益的定价方法，在这种情况下，变化的是实际生产成本，而投资收益不变，这种定价方法在发展中国家使用较多，它是被当做在市场经济不太发达的情况下吸引外资的一种优惠措施来使用的。

第五，合同权益的转让规定。该合同是项目融资担保结构中的一个重要种类，贷款银行对于合同权益的可转让性就有明确的要求，即合同权益必须可以以担保或抵押等方式转让给贷款人或贷款人指定的受益人。如果改变合同双方当事人，必须得到贷款人的事先批准，并且，合同双方发生变化后，贷款人对合同权益的优先请求权应不受到任何影响，具有有效连续性。

总之，在这种合同结构中，买方必须支付项目产品和设施的购买费或使用费，只要项目能生产出产品或设施来，即使他们并不需要这些产品或不使用这些设施。显然，这种合同的一个主要特点是强制性。

这种合同中的义务有时被构造成"绝对责任"（Hell – or – high – water）条款的形式，即使项目公司没有生产出产品或设施，或者没有任何产品被生产出来或被使用，买方的付款义务仍然存在。即无论项目公司是否真正按照买方的要求生产出产品或设施，买方也必须履行其付款义务，这种付款义务的无条件性就更加明显了。因此，这种合同就更适合充当一种担保形式。

2. 以提货与付款销售合同提供的担保。提货与付款销售合同是指买方在取得货物后，即在项目产品交付或项目劳务实际提供给买方以后，买方才支付某一最低数量的产品或劳务的金额给卖方。所以，在这种合同结构中，货款的支付是有条件的，项目购买者承担取得货物并付款的义务，或者付款就好像其取得了项目产品一样。但是，只有当项目公司实际生产出产品并转移产品或服务时，买方才履行这种义务。倘若项目公司不能生产出合同规定的产品，购买方可以不必履行其义务。

这种合同与下面要讨论的长期销售合同没有多大区别。二者的区别在于：在提货与付款合同中，购买方拥有一种期权，如果它支付生产者的固定成本部分，它就有权选择拒绝接受产品或服务。在长期销售合同中，卖方对买方的违约应该要求一定的赔偿。

但不管怎样，在担保作用上，提货与付款合同不如或付或取销售合同，如果产品或设施不符合合同规定的要求，项目买方可以不付款。因此，贷款银行一般也不愿意接受这种合同作为担保。但是，这种合同如果与强有力的项目投资者的其他保证加在一起，在一定情况下也可以被贷款银行接受。

在具体操作上，提货与付款合同与或付或取合同十分相似，其主要区别在于：在提货与付款合同中，项目产品购买者承担的不是无条件的、绝对的付款责任，而只有在取得产品的条件下才履行协议确定的付款义务。如煤矿项目融资的提货与付款协议，只有在煤炭被采掘出来并运到铁路终端时，产品购买者才付款。提货与付款协议的这个特点使其在性质上更接近于传统的长期销售合同，因而更容易被项目产品的购买者特别是那些对项目产品具有长期需求的购买者所接受，其在项目融资中也得到了广泛的应用。但是，对贷款银行来说，这种协议比或付或取合同所提供的担保的分量要轻得多，所以，在操作时，贷款银行一般会要求项目投资者提供一份资金缺额担保作为对提货与付款协议担保的一种补充。当然，如果是一个经济强度较高的项目且由具有良好管理能力的项目经理负责经营，则即使只有提货与付款协议作为担保，银行也愿意考虑为该项目进行融资。

在协议的具体内容上，提货与付款协议的期限和数量与或付或取合同相似，但在合同产品的价格规定上，提货与付款协议没有最低限价的规定，一旦出现产品价格长期过低的情况，就有造成现金流量不足以支付项目的生产费用和偿还到期债务的可能。此时，贷款银行就会利用项目投资者提供的资金缺额担保来偿还贷款。

第四节 其他具有项目担保功能的商业合同

一、以销售协议提供的担保

（一）具有传递性质的销售协议

项目公司与购买方签订传递协议（Pass–through Agreements）来约束买卖双方的权利和义务。

在这种合同结构中，在合同期内，项目公司所发生的成本全部或部分转让给项目产品的买方。这是电力项目融资中通常使用的一种合同模式。它一般涉及以下条款：

1. 合同费用。项目公司所收取的合同费用由两部分构成：一是项目公司的固定成本，二是项目公司的原料成本。这两部分成本将由该合同的购买方向项目公司支付。

2. 固定成本。在每年经营开始，项目公司和电力购买者将会一起估算今年的固定成本，并在本期内对该固定成本进行调整。固定成本的构成一般包括以下几项：贷款的本金和利息偿还费用、经营环境变化所产生的费用、经营和维修成本、应纳税款、管理成本、保险成本、项目发起人的资本回报要求等。

3. 经营环境的变化。一定的经营环境的变化所导致的任何项目公司的成本的增加或项目收益的减少都将作为固定成本转让给项目产品的买方。这方面的变化主要包括：税收体系的改变（不包括所得税或增值税的变化，但包括环境税的变化）、法律或合同条件的变化（比如，要求项目采取额外的健康和安全措施而带来的成本增加等）、项目公司注册环境的变化等。

（二）具有长期性的销售协议

所谓长期性是指由项目公司和项目买方就一定数量的项目产品签订的长期销售合同。通常，这种合同的期限从 1 年到 5 年不等。在这种合同结构中，只有当项目产品生产出来并转移给买方而且符合一定的质量要求时，买方才承担付款的义务。如果项目购买方不购买指定的项目产品，则应向项目公司赔偿损失。但是，购买方没有义务为了项目公司的债务支付而进行最小数量的付款。

二、以建设合同提供的担保

建设合同（Construction Contracts）是项目合同的关键组成部分，因而也构成项目间接担保的一个重要手段，尤其是在一些工程项目中，在贷款者可能承担了部分或全部项目建设或完工风险的情况下,更是如此。理论上,建设合同很简单,就是承建商同意为项目公司建设工程或安装设备以收取劳务报酬。但实际操作是相当复杂和困难的,而且还存在着许多标准化的合同形式。在国际工程建设合同中,最为普遍的是 FIDIC 模式。

(一)建设合同的种类

建设合同在国际上一般有两种:

1. 一揽子承包合同（Turnkey Contracts）。在这种合同中,存在一个单一的承建商,它必须保证在满足规定标准的前提下承担按时完成项目的所有风险。通常由项目公司规定项目的所有完工标准和承建商的责任,承建商保证承担包括规划设计和建设在内的全部工作,甚至对于子承建商的选择、项目设备的选定都由其负责。而且,项目公司通常要求承建商提供全面的完工担保。所以,在这种合同结构中,承建商的风险最大。

2. 设计—采购—施工（Engineering – Procurement – Construction,EPC）合同。在这种合同结构中,工程承包商负责工程项目的规划,然后转包给分包商来具体建设项目,并监督分包商以使项目按照项目公司指定的标准建设。在这里,工程承包商只是充当一个中间商的角色,有时,甚至由项目公司指定设备和项目分包商。因此,承建商的风险最小。有时,EPC 合同也指定建设工期和项目完工标准,但项目失败的责任并不因此而降临到一般承建商的肩上,因为它并未承担规划设计的责任,并未选择设备,而且通常也无权选择项目子承建商。

如果项目出现问题,作为一揽子承包合同的承建商将承担更多、更大的责任。因此,一揽子承包合同的成本自然比 EPC 合同的成本更高。一些项目发起人认为自己很有经验,相信自己的监督能降低 EPC 合同的风险,因此,认为没有必要付出一揽子承包合同额外的成本。但是,贷款者要求项目必须完全覆盖延期完工和不能按规定标准完工的风险,所以,他们更偏好一揽子承包合同,并且经常要求项目发起人承担选择 EPC 合同而不选择一揽子承包合同的责任。

贷款者之所以更偏好一揽子承包合同,是因为该合同减少了贷款者必须面对的当事人。更为重要的是,它减少了不同的承建商之间发生纠纷和互相推卸责任的风险。如果不使用一揽子承包合同,则贷款者将要花费相当多的时间去分析、考虑建设合同,而且项目管理者的作用将变得非常关键,这意味着贷款者要承担管理者的违约风险。

(二)建设合同的主要条款

典型的建设合同一般包括以下条款和内容:

1. 项目规划设计责任的规定。是工程承建公司还是项目公司?在传统的简单的建设合同中,一般由项目公司进行工程的设计,它所拥有的工艺设计师和技术专家将负责进行工程项目的主体设计,项目承建公司将它施工建造出来。另一种方法就是由项目公司与承建公司签订一个设计和建设性质的建设合同，由承建公司拥有的技术队伍来进行项目的规划设计。后一种方法在项目融资中变得越来越普遍。尤其是在国际项目融资中，运用竞争性招标的一些项目，如桥梁和隧道、公路和铁路隧道等项目基本上是由最终中标者进行规划设计的。

以上分析其实与前面提到的建设合同的基本分类相吻合，即在一揽子承包合同中，由项目承建商负责项目的规划设计，而在设计—采购—施工合同中，是由项目公司负责项目的规划设计。如果由项目公司承担项目规划设计而它没有做好，则它将承担无限的成本超支的风险；如果由工程承建商承担项目规划设计任务而它没有做好，则它将承担按照固定价格建设项目的风险。

2. 价格支付条款。是否存在一个固定价格？承包款项如何支付？对于承建商而言，当然希望工程款项分阶段支付，以满足工程进度的现金流量的需要。贷款者更倾向于工程款项在项目完工时一次性支付。同时，承建商也希望能拥有当不可预见事件发生时调整承包价格的权力，而贷款者认为这样将会增加贷款资金的风险，因为调整以后的承包款项可能使项目变得不经济，影响项目的经济强度。

在多数项目融资中，都接受固定价格的建设合同。关键是如何确定这个固定价格。通常在确定固定价格时也有价格标准，它可能包括以下组成部分：临时性的支付金额（由于种种原因在签订建设合同时不能准确预测价格所致）、工程固定价格和成本补偿加上认可的边际利润。更进一步地，任何固定价格将包括由于项目公司承担的风险发生而使承建商任务增加的补偿金额，这些风险包括不可预见的地质条件发生了变化（如不可预见的土壤条件变化、地质结构变化和土地成分变化等）、发现化石和古迹的风险、影响项目的法律变更的风险等。如在石油开采项目中，如果改变了健康和安全的有关法律规定，很可能会要求项目的部分工程重新设计，已经建设的部分工程可能要更改地址等。由此增加的工作量应包括在固定价格之中。

3. 完工条款。完工条款至少要回答三个问题：一是项目于何时完工，二是如何确定项目完工，三是延期完工是否要支付赔偿金。

建设合同中应有工程何时完工的条款。通常都规定一个固定完工日期。如果由于承建公司所不能控制的原因导致项目无法在建设合同规定的日期完工，通常允许完工日期展期。但任何关于工程展期的条款都必须在项目的其他协议中反映出来，以使当项目不能按照建设合同完工时，不至于引起项目公司对特许权协议和其他相关协议也违约。贷款者通常会要求承建公司承担赔偿工期延误所造成的损失，所赔金额应至少能支付工期延误期间根据贷款协议项目公司应偿还的利息和弥补项目公司在工期延误期的经营成本等。

如何确定项目完工？完工应该有什么标志？大多数建设合同是以项目所有的

工作都已完成为完工标志的。如在公共项目建设中，一般的确定完工的方法是进行项目实际完工的检验（Practical Completion），也就是说，只有极少部分的工作尚未完成，而这部分工作并不影响项目想要达到的目的。在涉及机器和电力设备的项目中，完工的确定方法一般分为两个阶段：首先是项目的机械完工阶段（Mechanical Completion），即计划装置的所有机器和设备都已装置完成，除了极少部分尚未装置完。在项目经过机械完工之后，机器设备就要经过各种运行测试，如果通过，就完工了，这时的完工被称为接管（Takeover），通常当机器和设备仅仅通过了项目所要求的最低运行水平测试时，就可以接管项目，但是，如果最终不能通过较高担保水平的运行测试，则项目建设公司就要承担一定的赔偿责任。当然，有时候项目完工可以由一个独立的第三方出具证明表明项目已经满足了各种测试标准来确定项目完工。

在确定项目完工条款时，可能会使建设公司处于进退两难的矛盾之中。在项目的机器设备没有完全装置好以前，如果它推迟运行测试，将导致项目不能被按时接管，则它将承担赔偿责任；如果它仅仅让机器设备经过最低运行水平的测试，以防止项目工期延误，则它将不会承担工期延误的责任，但由于项目未达到较高的运行水平要求，它将仍要承担一定的运行赔偿责任。为了减轻建设公司的责任，一些建设合同就给承建公司一个有限的时期供其继续经营项目以改进项目的运行性能，然后再接管。在经过再测试之后，如果符合项目完工条款，则承建公司可以收回一定的运行损失赔偿金额。

因此，在完工条款中，必须要弄清楚如果项目延期完工，承建公司是否要承担支付赔偿金的责任。一般来说，对延期完工承担赔偿责任的建设合同要比不承担此责任的建设合同便宜，这是对承建公司承担额外风险的补偿。

如果项目被确定完工了，则经常是指：（1）延误损失不再发生；（2）风险从承建公司身上转移到了项目公司身上；（3）项目公司有权实实在在地占有项目；（4）承包价款的一定比例将支付给承建公司。

4. 不可预见风险条款。在一般的案例中，不可预见风险通常被认为是项目发起人应承担的风险，在这种情况下，工程建设者只是被邀请来建设该项目的。但是，在有些建设合同中，就试图将不可预见风险转移给工程建设公司，而银行更希望接受这种合同。

5. 保证条款。显然，根据该条款，工程建设公司必须向项目发起人保证其工作的质量和进度。在设计—建设合同（A Design and Build Contract）中，工程建设公司还必须对工程项目的设计合理性提供担保。

6. 保险条款。即使是各种标准的建设合同，其保险条款也非常复杂。但项目发起人非常关心工程建设公司是否对与项目有关的人身伤害和项目中存在的所有风险进行了保险。即前面介绍过的诸如建筑工程一切险等。有时建设合同可能将承担所有风险的责任转让给项目发起人而不是工程建设公司，如在对现有房屋及附属建筑的翻新改造项目中。

7. 纠纷处理条款。如何处理在项目进行过程中出现的纠纷，在实务中有三种可供选择的处理纠纷的方法：一是通过法院解决；二是通过仲裁程序处理；三是达成一个契约来处理纠纷，通过一个专家或专家组的评定来解决纠纷。以上纠纷处理方法各有利弊：如通过法院解决可能被认为是解决法律纠纷的较好形式，而且人们通常认为，法官和法院院长在决定法院处理方案时相对仲裁来说显得更为铁面无私。但是，法律诉讼费用一般比仲裁费或专家评定费要高昂，而且它可能很难避免公开听审，而这一法院程序往往存在很大的弹性（例如，法官可能不愿意在超过正常法院时间以外听取当事人的案件陈述）。总之，处理范围广和费用便宜被认为是仲裁的主要优点。但是如果一个复杂的仲裁持续时间长，其费用可能会比法律诉讼费更高昂。

在合同处理纠纷方法中，通过专家来解决纠纷的优点在于可以将并不必然产生约束效果的程序转化成一种对当事人的约束。但是，必须认识到专家评定法存在着一个难点就是其所依据的法律概念会存在一定的差异，从而使其评定的科学性和公正性值得商榷。

三、以经营和维护合同提供的担保

经营和维护合同（Operation and Maintenance Agreements）在保证项目经营期的现金流量充足方面起着非常重要的作用，因而也可以构成项目担保的一个重要组成部分。

在项目融资实务中，项目发起人对于项目的经营有两种选择：它可以自己经营项目，这时就不需要经营合同；或者聘请一个经营公司经营项目，这时签订好经营合同就至关重要。

（一）项目经营方式的选择

在项目融资中，一般有以下几种经营和维护的方式：一是由项目公司自己经营和维护该项目；二是项目公司与一个相关的第三方签订经营和维护合同，如与其股东之一签约；三是项目公司与一个间接利益第三方签订经营和维护协议；四是项目公司与任一第三方（相关的或不相关的）签订经营和维护协议。

以上各种经营和维护合同的构造方法各有利弊。在第一种情况下，要求项目公司必须具备拥有经营和维护方面的经验和资格的专门人才，而且可能还需要有取得广泛的技术专家咨询的途径。在这种情况下，经常需要项目公司通过与符合以上条件的股东之一签订技术服务协议来达到其目的。即使是在这种情况下，项目贷款人和其他项目发起人通常也会与作为项目经营者的发起人之一签订书面的经营合同，以监督该发起人正常经营项目。

在其他几种情况下，项目公司选择经营者的条件一般是该经营者必须有类似项目经营的可证实的历史记录，必须具备相关的经验和技术等。根据经营和维护合同，项目经营者代替项目发起人按照规定的条件经营项目，它应该承担项目经营和维护方面的所有责任。

（二）经营和维护合同的种类

在由第三方当事人作为经营者的情况下，经营和维护合同的基本种类一般有以下几种：

1. 固定价格合同（Fixed Price Contracts）。固定价格的经营和维护合同在项目融资中使用较少。在这种合同结构下，经营者经营该项目的报酬是取得一笔固定的费用。如果出现经营成本超过经营预算，则经营者自己承担该风险；相反，如果经营者有能力实现成本节约，则它就能取得更大的盈利。因此在这种合同结构中经营者承担了经营风险，所以固定价格合同相对更昂贵些。当然，这种合同的期限很少有超过 15 年或者 20 年的。

2. 成本加费用合同（Cost plus Fee Structure）。在大多数项目融资中，使用的是成本加费用的经营和维护合同。在这种合同结构下，项目公司支付给经营者的费用除了一笔固定费用外，还加上经营者经营项目发生的成本开支。这笔固定费用就是经营者的利润，而项目经营的所有成本都转嫁给了项目公司。因此，在这种结构中，项目公司承担了经营成本增加的风险。从项目公司的角度看，如果经营者不能在预算内经营项目或有效率地经营项目，项目公司将拥有终止合同的权利。但是，在大多数案例中，经营者承担经营风险的程度将被用来作为刺激经营者实现成本节约的一种有效方法，因而出现了第三种合同结构，即奖惩结构。

3. 带有最高价格和激励费用的成本加费用合同（Cost plus Fee Contract with Maximum Price and Incentive Fee）。这是一种在成本加费用合同基础上改进的合同形式。在这种结构下，经营者的报酬将严格地与其经营成本的高低挂钩，即经营者实现低成本运营将会得到一笔奖励。如果经营成本超过了最高价格，则经营者自己吸收这些成本，或者项目发起人有权更换经营者而提前终止协议。关于激励费用，只有经营者实现了规定的经营目标，才取得一笔奖金。相反，如果经营者未实现规定的经营目标，它将要接受一定的惩罚，此时，项目公司支付给它的经营费用将会降低。因此，在这种合同结构中，关键的问题是事先就规定的经营目标进行谈判，并在合同中详细注明与项目经营和维护有关的所有方面应达到的目标。贷款者一般非常偏爱这种形式的经营和维护合同结构，因为这种合同结构不仅将项目公司与项目相关联的大部分经营风险隔离，而且创造了使项目在预算内有效运营的良好条件。

（三）经营和维护合同的主要内容

经营和维护合同一般包括下列关键条款：项目经营者和所有者双方的责任细

则、补偿和支付条款、子合同、运营测试、纠纷处理条款、赔偿条款、任务分配条款、工作延误和提前终止条款、不可抗力条款等。

1. 经营者的责任。在项目运营过程中,经营者的责任可概括为经营项目、维护项目和维修项目。具体表现为:第一,经营者将在以下条件下经营和维护项目:一是提供类似项目经营和维护的可接受的运营,二是制定经营和维护手册,三是提供经营许可证,四是满足政府规定的必要条件,五是签订销售协议。第二,经营者将提供项目经营所必要的劳动力、原材料和服务等。经营者有责任培训职工,以满足经营和维护项目的要求。

2. 项目公司的责任。项目公司作为项目的所有者一般应承担以下责任:第一,应向经营者提供其经营项目所需要的数量足够和质量保证的原材料。第二,提供项目经营许可证。第三,保证不受第三者干扰,即项目公司保证不让第三者有经营该项目的权利。

四、由供应合同提供的担保

项目的供应合同在保证项目成本稳定和可预见方面起着非常重要的作用,因而也构成项目担保的一个组成部分,用来为项目的成本超支风险提供担保。许多项目都会依赖必要的原料和燃料,如木材、煤、石油和天然气等,以使项目能够正常经营。在项目融资实务中,项目公司和贷款银行都十分关心项目在整个生命期内是否有可靠的资源和原料供应。而且,在取得了可靠的原料供应之后,还有一个关键的问题就是项目公司是否能够在事先协商的价格基础上签订一个长期的供应合同。如果项目公司不能做到这一点,它将会被迫在即期市场上购买其所需要的原料等,而如此一来,项目公司又要承担原料是否可获得和原料价格波动两种风险。

一般来说,在项目融资中,原料供应合同有两种不同的操作形式:

(一) 或取或付供应合同 (Take – or – pay Supply Contracts)

在这种合同结构下,项目公司同意在一个指定日期内按协议价格向合同的另一方(原料供应方)购买规定数量的原料。如果项目公司不向合同对方购买协议规定数量的原料,则它无论如何都必须向原料供应方付款。原料供应方的义务是以协定价格供应规定数量的原料。

(二) 纯供应合同 (Sole – supplier Contracts)

在这种合同结构下,项目公司和一家供应商签订协议,根据该协议,项目公司将向该供应商购买项目所需的全部原料。但是,所需原料的实际数量和支付的原料价款没有必要事先指定。而且,在任何情况下,项目公司只支付其实际购买的原料部分的款项。因此,在这种合同结构中,原料供应商可能供应也可能不供应项目所需的全部或部分原料。

贷款银行一般偏好或取或付供应合同，因为它使项目在协定价格的基础上获得一个稳定的原料供应。

五、以其他合同形式提供的项目担保

项目融资是由许多各自独立的合同交织在一起的一个复合体，这种巧妙而复杂的合同结构是金融界及其律师们根据长期经验创造出来的。任何一笔项目融资交易都需要采用一系列的合同，把借款人、贷款人、主办者及项目的其他参与者联系起来，以确定它们彼此之间的权利义务，并为资金提供者提供一种担保。这些合同形式除了以上各种合同外，还有以下种类的合同，也可以在一定程度上发挥项目担保的作用。

（一）投资协议（Investment Agreement）

投资协议是项目发起人与项目公司之间签订的协议，其内容主要是规定发起人同意向项目公司提供一定金额的财务支持。由发起人提供财务支持主要有两种方式：一是发起人同意以次级贷款或参与股权的方式向项目公司注资，贷款或股份出资的金额应当能使项目公司有清偿债务的能力，或达到规定的财务指标，比如应达到规定的最低流动资本额。二是由发起人向项目公司提供一笔足以使后者向贷款人偿还贷款的款项。

投资协议最终被项目公司转让给贷款人。

（二）购买协议（Purchase Agreement）

购买协议是项目发起人与贷款人之间签订的协议，根据该协议，发起人同意当项目公司不履行对贷款人的偿还义务时，发起人将购买相等于贷款人发放给项目公司的贷款的金额。因此，这种协议同样可以作为一种担保形式，它是项目发起人对贷款人向项目公司贷款所提供的一种保护。

案例分析：中信加拿大塞尔加纸浆厂项目中的担保分析

一、项目背景

塞尔加纸浆厂位于加拿大西海岸的大不列颠哥伦比亚省，是一个建于20世纪60年代、生产能力为18万吨高质量纸浆的中等规模纸浆厂。1985年，由于世界纸浆市场疲软，塞尔加纸浆厂准备出售产权。1986年，考虑到国内的市场需求，中信公司有意收购该厂。中信公司联合了当地两家公司为合作伙伴成功地收购了该项目：一家是鲍尔公司，该公司是加拿大较大的金融投资公司之一；另一家是巴瑟斯特公司，这是一家具有60多年历史、在资金和技术上都有优势的

纸浆造纸公司。

中信公司占有50%的比例，每年可获得9万吨产品，销往中国以及其他亚太国家市场。同时，中信公司成立了中信加拿大公司和中信（B.C.）公司，代表总公司管理项目投资，安排融资，从事生产、销售等生产经营活动。中信公司通过项目的选择、投资伙伴的选择以及信用保证结构的设计等，成功地完成了这个贷款总额5700万加元、期限10年的项目融资，并且实现了100%融资的目标。接管纸浆厂后，纸浆国际市场行情上涨，中信公司也因此获得了很大的利润。

二、塞尔加纸浆项目的投资结构

塞尔加纸浆项目的投资结构采用的是非公司型投资结构，中信加拿大公司所属的全资项目公司——中信（B.C.）公司与以加拿大鲍尔公司为主组成的财团分别持有50%的项目资产，并合资组建项目管理公司负责塞尔加纸浆厂的日常生产经营（见图5-1）。

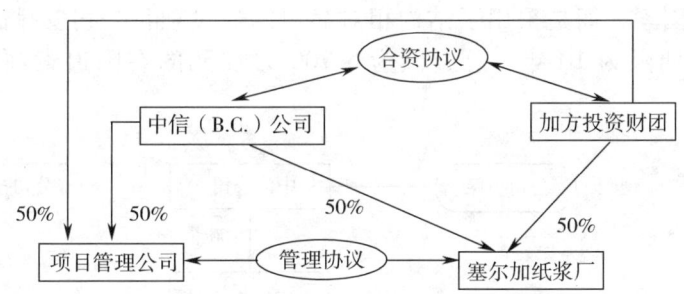

图5-1 塞尔加纸浆项目的投资结构

根据合资协议，双方合作的内容有：

1. 双方各出资一半收购该厂，日后可能发生的改造费用也各承担一半。
2. 按出厂成本双方各分得产品的一半，各自销售，各负盈亏，销售区域也有所划分，但一方销售有困难时，可委托对方代销。
3. 双方各派等额代表组成管委会，并指定一名委员负责工厂日常管理。管委会每年度召开一次会议，决定大政方针，并可根据需要随时召开会议；管委会主席由双方轮流担任，每届两年。
4. 由巴瑟斯特公司担任生产和管理的技术顾问，根据需要提供服务，收取一定的费用。

之后，为了解决原厂的环保问题，提高产量，降低单位成本，该项目的中外合作伙伴决定对塞尔加纸浆厂进行全面改造扩建，整个项目耗资7亿加元，同样是全部采用项目融资方式由银行贷款解决。1993年10月，塞尔加纸浆厂新厂开工。改造后的塞尔加纸浆厂年产量增加到42万吨,技术设备位居北美同行的前列。

由于塞尔加纸浆项目的投资与融资是同步进行的,所以投资双方可以根据各自的投资、融资战略需要,共同研究确定项目的投资结构。中信公司从一开始就明确提出要独立使用有限追索的项目融资方式来完成投资资金的安排,并且希望自己掌握项目投资份额产品的独立销售权。因此,确定项目结构为非公司型投资结构是一种十分自然的选择。

三、塞尔加纸浆厂的融资模式

中信公司与其合作伙伴——加拿大鲍尔公司组成的投资财团在塞尔加纸浆厂中各自独立地完成了投资资金的安排。

塞尔加纸浆厂不是一个新建项目,没有大量减免税收优惠(如固定资产加速折旧、投资扣减等)可供利用,并且从投资的第一天起,项目投资者就可以获得一定的现金流量。中信公司在融资模式的选择上没有以税务问题作为一个主要的考虑因素,而是采用了结构相对简单的通过项目公司安排融资的模式,组织了一个期限为10年、总金额为5 700万加元的有限追索项目贷款(见图5-2)。

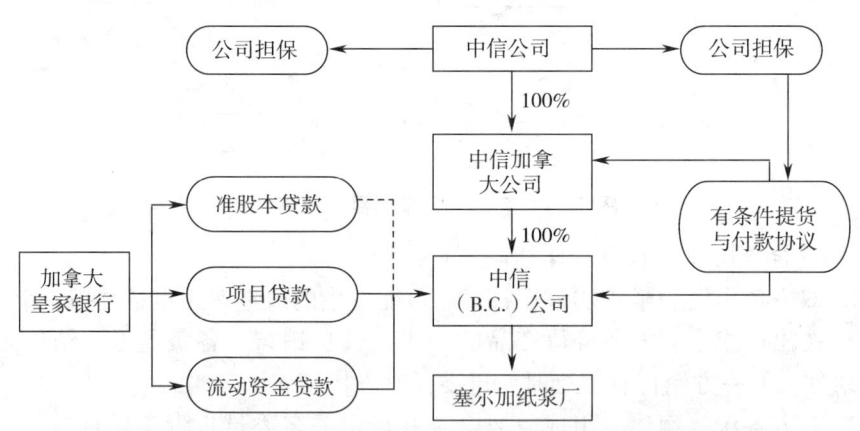

图5-2 中信公司在塞尔加纸浆项目中使用的项目融资结构

为了安排项目融资,中信公司在建立中信加拿大公司的同时,专门成立了一个单一目的项目公司——中信(B.C.)公司(为中信加拿大公司全资拥有),作为50%的塞尔加纸浆厂资产的持有者,对项目融资承担着直接的和主要的经济责任。采用这种结构,对于中信公司来讲,有两个方面的优点:第一,容易划清项目的债务责任,融资结构相对简单清晰,而贷款银行的追索权只能涉及中信

(B. C.) 公司的资产和现金流量，中信公司除提供必要的担保之外，不承担任何其他的责任。第二，由于项目资产的有限追索性质，贷款银行通常要对借款人的经营活动加以诸多限制。成立中信（B. C.）公司作为项目公司，而不是把中信加拿大公司作为项目公司，可以把银行的主要限制局限在中信（B. C.）公司范围内，有利于中信加拿大公司今后在其他业务领域的发展。

塞尔加纸浆项目的融资结构和资金结构是比较简单的。贷款全部由加拿大皇家银行一家提供（根据贷款协议，加拿大皇家银行有权组织银团贷款）。贷款资金由三个部分组成：（1）项目贷款：3 500 万加元，贷款期限为 10 年，具有固定的还款时间表。（2）流动资金贷款：1 200 万加元，根据项目现金流量的需求安排，期限不能超过项目贷款期限。项目贷款和流动资金贷款用于收购 50% 的塞尔加纸浆项目的固定资产和流动资产。（3）准股本贷款：1 000 万加元，准股本贷款由中信公司以公司信用提供担保（即公司担保），用途是一旦项目现金流量出现短缺，用以支持项目的生产性开支、资本开支以及到期债务的偿还。由于这部分贷款是依赖于中信公司的信誉安排的，因而具有准股本资金的性质。中信公司对准股本贷款的担保额度每年逐步增加（增加值按照 1 000 万加元的利息计算），但是任何时候都不超过 1 500 万加元。

四、项目融资的担保结构

塞尔加纸浆项目融资的信用支持由两个方面构成：一是有条件的提货与付款协议以及中信公司对该协议的担保，二是资金缺额担保以及中信公司对准股本贷款的担保。

（一）有条件的提货与付款协议

当时收购塞尔加项目正值国际纸浆工业处于低谷，贷款银行对纸浆工业及其价格走势看不清楚，认为单纯接受一个标准的完全以国际市场价格定价的提货与付款协议，银行将承受过大的项目市场价格风险，因而坚持由中信公司提供一个介于提货与付款类型与无论提货与否均需付款类型之间的长期产品销售协议，并由中信公司提供一个市场最低价格担保。但是，该协议在满足一定条件之后，最低价格担保就可以被解除，因此是一个有条件的提货与付款协议，如图 5-3 所示。

由于在有条件的提货与付款协议中建立了底价基金（用来作为贷款银行附加的信用保证）条款，保证了贷款银行在无论是国际市场价格出现问题还是生产出现问题的情况下，均可获得一个最低的维持项目正常运行的现金流量，从而增强了贷款银行对项目经济强度的信心。

（二）资金缺额担保与准股本贷款

有条件的提货与付款协议所保证的只是维持项目正常生产运行所必需的最小

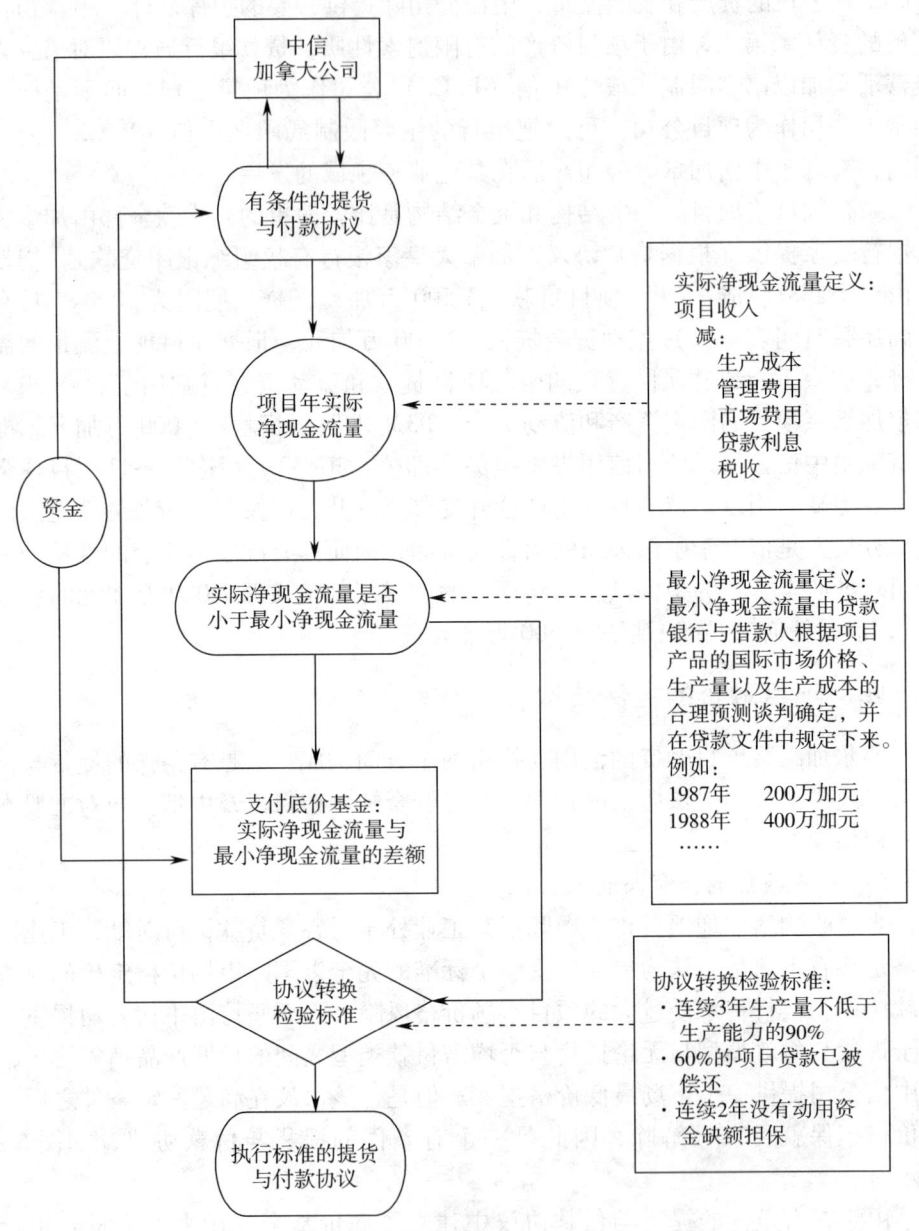

图 5-3　有条件的提货与付款协议的工作机理

现金流量。但是，由于塞尔加纸浆厂已是一个具有20年生产历史的老厂，设备更新改造，特别是改善环境污染方面的新增资本投资是一项可观的开支。项目在经营过程中能否创造出足够的现金流量来支付这些资本开支，不仅关系到项目投资者的利益，也关系到贷款银行的直接利益。基于这种考虑，在有条件的提货与付款协议之外，贷款银行同时要求中信公司以准股本贷款方式为项目融资提供一项资金缺额担保，如图5-4所示。

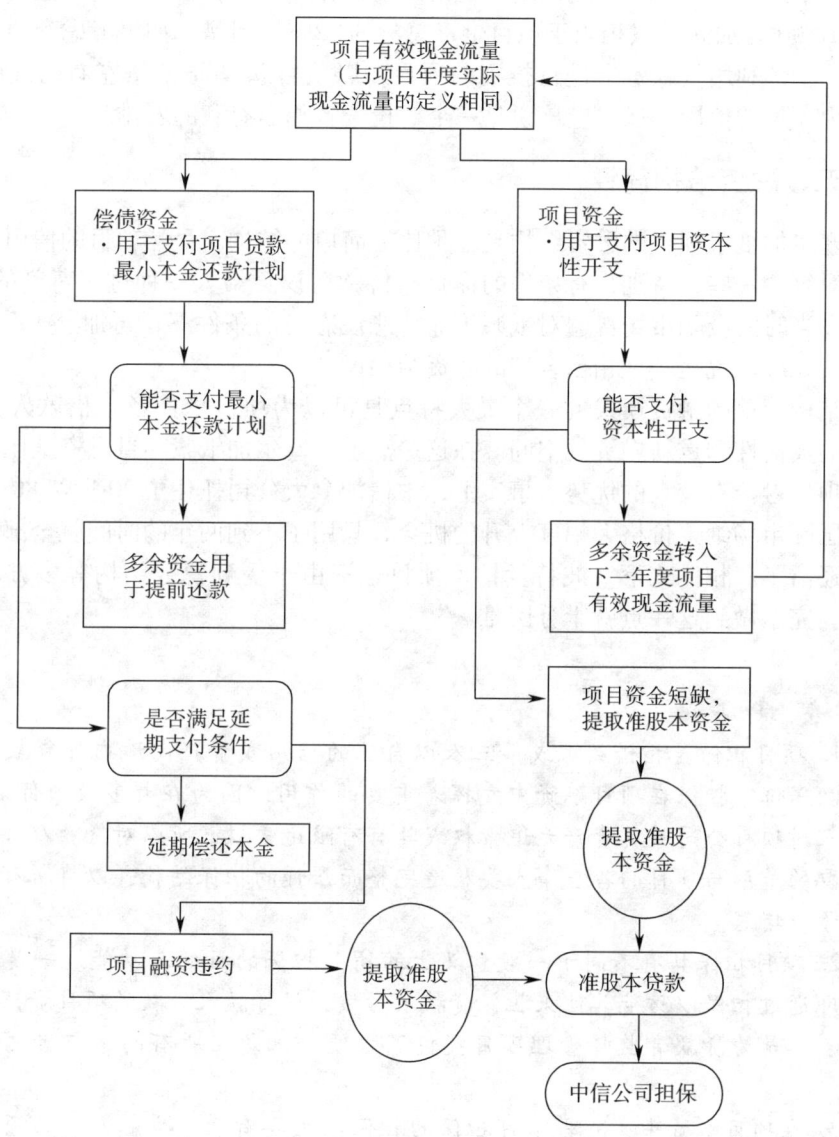

图5-4 资金缺额担保与准股本贷款的工作机理

但是，需要说明的是，无论是有条件的提货与付款协议还是资金缺额担保，都是有限责任担保，担保人在这两项担保中承担的都是一种具有上限的直接担保责任。具体来说，在第一个担保中，担保人承担的最大风险是贷款期限内最小净现金流量的总和（其金额已在融资协议中作出明确规定，因而是一种有限责任），只有假设在整个贷款期间项目实际净现金流量全部小于或等于零的情况下，这个最大风险才有可能出现。在第二个担保项目中，担保人所承担的最大金额为1 500万加元，只相当于项目融资总额的32%。但是，如果考虑到项目本身是一个全部利用贷款资金进行投资的项目，以项目总投资30%左右的准股本资金作为项目的信用担保，应该说是一个对投资者相当有利的安排。

五、融资结构简评

塞尔加纸浆项目的融资结构是一种比较简单的结构。虽然项目的信用保证结构相对复杂一些，特别是有条件的提货与付款协议会给人一种过于苛刻的感觉，但是在当时的金融市场普遍对纸浆工业持悲观态度的条件下，再加上100%的项目融资，应该说是一个相当合理的融资结构设计。

结构简单的融资模式的一个最大特点是可以为项目投资者（借款人）提供较大的灵活性和重新融资的空间。在这一点上，塞尔加纸浆项目融资就比波特兰铝厂项目融资有较大的优势。事实上，中信加拿大公司抓住了20世纪80年代中后期国际市场纸浆价格大幅度上升的机会，只用了不到两年的时间就全部把贷款提前还清了。相比之下，波特兰铝厂项目融资由于受到税务结构等多方面的限制，要完全做到这一点就十分困难。

本章小结

1. 项目担保是指借款人或第三人以自己的信用或资产向境内外贷款人所作的还款保证。担保在项目融资中发挥着重要的作用，因为在大多数项目融资中，贷款人对项目公司及其资产无追索权或具有有限追索权，所以对贷款人来说，至关重要的是参与项目的各当事人要构造完整而严谨的担保结构，以将所有的风险漏洞予以堵塞。

2. 项目担保具有不同于一般意义上的商业担保的目的与功能。一是防御功能，即通过担保以防范其他未担保贷款人对该担保贷款人贷款的项目资产行使处置权。二是为贷款者监督管理项目提供了方便。三是在所有的参与者之间分配风险。

3. 在项目融资中，充当项目担保的担保人主要有项目发起人、与项目利益有关的第三方和商业担保人三类。

4. 在项目融资中，物的担保主要是指项目公司或第三方以自身资产为履行贷款债务提供的担保，通过提供物权担保来约束项目有关参与方认真履行合同，保证项目顺利建成和运营。它可分为动产物权担保和不动产物权担保，按担保方式可分为固定担保和浮动担保。但在实际操作中,物权担保在项目融资中存在诸多不足之处,往往使贷款人不能单纯地从物权担保中获得保障。因此,在多数情况下,项目融资所设定的物权担保,其作用主要是消极的、防御性的,而不是积极的、进攻性的。

5. 项目担保在项目融资结构中的基本表现形式是人的担保,即以法律协议形式向债权人作出的承诺。根据项目融资信用担保在项目融资中承担的经济责任的不同,项目担保可以划分为三种基本类型:直接担保、间接担保、意向性担保。

6. 直接担保是指担保人以直接的财务担保形式为项目公司(借款人)按期还本付息而向贷款银行提供的担保。它在时间或数量上是有限的,是项目融资中必需的最低信用保证结构,主要有完工担保和资金缺额担保。

7. 完工担保是一种在时间上有限制的直接担保方式,即只在项目的开发建设阶段承担担保责任。完工担保所针对的项目风险主要是成本超支风险。完工担保主要由两类当事人提供:一类是项目的发起人,另一类是承建项目的工程承包公司。由项目发起人提供的完工担保是完工担保的主要方式,也是最易为贷款人所接受的担保方式。根据完工担保协议,一旦出现成本超支现象,项目发起人应采取相应的行动履行其担保义务。由项目工程承包公司提供的完工担保通常表现为承包公司提供由金融机构签发的担保合同或银行保函。

8. 间接担保是指项目担保人不以直接的财务担保形式为项目提供的一种担保。间接担保多以商业合同或政府特许权协议的形式出现。其中,以或付或取合同提供的担保是项目融资中最普遍的做法,根据该合同,买方承担按期根据规定的价格向卖方支付最低数量项目产品销售金额的义务,而不问事实上买方是否收到合同项下的产品。这里的买方可以是项目发起人,也可以是其他与项目利益有关的第三方担保人,卖方则是项目公司。

9. 意向性担保仅是一种道义承诺,无法律后果。但是,由于关系到担保人自身的资信,违反安慰信中所作的承诺虽然不引起法律责任,但会影响担保人今后的业务。因此,资信良好的担保人一般不会违背自己在安慰信中的诺言。所以,贷款人愿意接受担保人出具的安慰信作为一种担保形式。提供意向性担保的主要方法是出具安慰信。安慰信一般是由项目发起人或政府写给贷款人的对其发放给项目公司的贷款表示支持的信函。

10. 东道国政府在项目融资中扮演的角色虽然是间接的,但很重要。在许多情况下,东道国政府授予开发、运营的特许权和颁发执照是项目开发的前提。

本章重要概念

项目担保　　固定设押　　浮动设押　　直接担保　　间接担保

完工担保　　资金缺额担保　　担保存款　　或付或取合同
提货与付款合同　　安慰信

本章思考题

1. 项目担保的主要目的是什么？项目担保与一般意义上的商业担保有何区别？
2. 项目融资中的动产物权担保有哪几种形式？
3. 简述项目融资中物权担保的局限性。
4. 什么是浮动设押？它在项目融资担保中有何意义？
5. 简述完工担保的操作方法及作用。
6. 什么是资金缺额担保？如何操作？
7. 简述或付或取销售合同的含义、性质及作用。
8. 比较或付或取销售合同与提货与付款销售合同的异同点。
9. 比较"交钥匙"承包合同与设计—采购—施工合同的异同点。
10. 试分析签订建设合同的主要注意事项。
11. 什么是经营和维护合同？它有哪些基本种类？各有何特点？
12. 什么是意向性担保？有何特点？
13. 中信公司在塞尔加纸浆厂项目中的投资结构与担保结构有哪些特点？

第六章

项目融资的筹资

可行性研究与项目风险分析以及各种项目担保的落实,为项目融资奠定了坚实的基础。那么,一个具体的工程项目如何进行融资呢?项目所需的资金从何而来呢?本章将对此进行重点分析。

第一节 项目的可融资性分析

项目的经济、技术、政策及环境的可行性分析在很大程度上都是从项目发起人的角度进行的。但这并不意味着项目就具备了可融资性,即满足了投资者的最低风险要求,并不意味着项目一定能够满足融资的要求。因此,进行项目的可融资性分析就显得非常重要。

项目的可融资性,即银行的可接受性。一般地,银行不愿冒不确定或不能控制的风险,如它们一般不愿承担法律变化的风险,因为这样的风险无法转移给消费者或产品购买者。但它们可承担石油开发项目中原油价格下跌的风险,因为它们的分析师能根据大量的历史数据预测原油价格的未来走势。

一、项目可融资性的内涵

对于项目的可融资性,一些学者进行了并不权威的归纳,他们认为,理解项目可融资性应着重理解以下几点:

1. 银行一般不愿意承担法律变化的风险;
2. 在存在信用违约或对贷款人进行第一次偿还以前,项目发起人不得进行红利分配;
3. 完工前收入应用于补充项目的资本性支出,以此来减少对银行资金的需求量;
4. 对项目风险应进行较好的分摊,项目公司不能承担太多的风险,尤其不能承担东道国政府和项目发起人都不愿承担的风险;

5. 项目合同涉及的其他当事人不能因为银行对项目资产或权益行使了抵押权益而终止与项目公司的合同。

二、对免责条款的运用

在项目融资实务中,项目发起人在说服银行接受该项目时,应注意利用不可抗力因素来构成免责条款。因此,对这一条款的理解相对于发起人和银行来说都是非常重要的。一般地,出现以下事件时,就构成了不可抗力因素,可以免除项目发起人的责任:

1. 罢工或其他工业行为;
2. 战争和其他武装斗争,如恐怖分子活动、武装阴谋破坏活动、暴乱等;
3. 封锁或禁运导致供应或运输的中断;
4. 不利的自然现象,如雷电、地震、火山爆发、山崩、飓风、暴雨、火灾、洪水、干旱、积雪及陨石等;
5. 流行病;
6. 辐射和化学污染等;
7. 法律和法规的变化;
8. 其他人类暂时不能控制的事件等。

以上是不可抗力因素的一些排序,但并不是说所有的项目都可以将以上所有事件视为不可抗力因素。对于不同的项目,不可抗力的特征是不同的,如在电力开发项目中,能源供应的中断就不构成项目的不可抗力事件,表明项目公司必须为此而承担责任。

三、项目可融资性的必要条件

银行只有在所承担的风险与收益相当时,才能向项目注入资金,而要保证这一点,银行就会提出种种限制条件。

(一)对各种授权合约的限制

1. 所有授权合约都必须确定项目的有效生命期。
2. 如果银行对项目公司行使抵押权(包括银行卖出项目公司抵押的股份),授权合约不能提前终止,即所有这些合约应与项目而不是与项目公司同在。
3. 授予的权利应能全部转让。

(二)对股东协议和所有者权益分配的限制

1. 发起人应认购分配给它的全部股份;
2. 发起人应补足成本超支的资金;
3. 发起人应为保险不能覆盖的部分提供资金保证。

（三）对特许协议的限制

1. 特许协议应规定项目的固定生命期；
2. 不能将不适当的过重的条款加在项目公司的身上；
3. 特许协议的授予者应承担法律变更的风险；
4. 由于不可抗力因素，应延长项目的特许期限；
5. 特许协议不能简单地因为银行对项目公司行使了抵押权而提前终止；
6. 银行应可以自由地转让特许权给第三者。

（四）对建设合同的限制

1. 建设合同应是一揽子承包合同；
2. 在建设合同中应规定固定价格；
3. 应在固定期限内完工；
4. 不可抗力事件应控制在有限范围内；
5. 如果不能在固定日期完工，承包商应承担由此给项目公司带来的损失，而且这种损失赔偿额应至少能弥补项目公司须支付的银行贷款利息额；
6. 承包商应提供广泛的担保合同。

（五）对经营和维护合同的限制

1. 对项目经营者应提供适当的激励措施以使其保证项目正常和有效率地运行，实现项目公司利润最大化的目标；
2. 反之，如果由于项目经营管理不善导致经营目标失败，经营者应承受严格的处罚；
3. 银行应有权对经营管理不善的经营者行使开除权或建议开除权。

对于以上三点，应进行一些解释：首先，经营者所得到的激励与所承受的处罚应相对平衡，有时甚至需要进行重新谈判来修改条款；其次，对于银行拥有的对经营者的否定权，操作起来有些难度，通常的做法是把项目公司在经营和维护合同中拥有的控制合同终止权授予银行，这样，银行可以控制经营合同的期限，但不能直接开除某经营者。

综上所述，只有在解决以上问题之后，才能打消银行的顾虑，银行才能将大量资金长期注入到项目中。

第二节 项目融资的筹资渠道

项目融资有别于公司融资的一个重要特点就是其多元化的筹资渠道。具体包括国际金融机构、政府出口信贷机构、东道国政府、商业银行、机构贷款者、货币市场基金、商业金融公司、租赁公司、投资管理公司、富有的个人投资者、供应产品或原材料的公司、需要项目产品或服务的公司、工程建设公司、发起人等提供的资金和贸易信贷。下面对这些融资渠道进行介绍。

一、商业银行

（一）商业银行是项目融资中资金的最大提供者

商业银行贷款是国际项目融资的最大来源，主要是因为商业银行具备评估项目贷款的信贷风险的能力，许多大的国际商业银行拥有各种各样的工程师及金融专家，他们擅长于构建项目融资结构，分析项目的各种风险。

传统上，项目融资和公司融资一样都是通过商业银行进行的。但是近几年来，商业银行间并购和全球性银根收缩，使得单一的商业银行贷款日益减少。大多数的大型项目融资都是通过国际辛迪加组织提供的辛迪加贷款筹集到所需资金的。

（二）银团贷款是项目融资的最主要提供方式

项目融资所需的金额往往很大，少则数百万美元，多则数亿美元甚至数十亿美元。这样巨额的贷款，仅靠一家银行的力量一般是承担不了的，即使能够承担，风险也太大。为了分散贷款的风险，从事国际项目融资贷款业务的银行往往组成一个集团，由集团内的每个成员分别承担贷款总金额的一部分，按照该集团与项目公司订立的单一的借贷协议所规定的条件，由集团的代表统一借给项目公司，这种做法称为国际银团贷款，也称辛迪加贷款（Syndicated Loan）。

以银团贷款方式解决项目融资的优势如下：

第一，能筹集到数额很大的资金。从国际借贷实践来看，在发展中国家一般超过3 000万美元、在工业国家一般超过1亿美元数额的债务资金必须通过国际银团贷款方式才能解决。在项目融资案例中，项目所需的资金动辄上亿美元，甚至几十亿美元，这是任何一家商业银行都不愿或不能独自承担的贷款金额。通过组成国际银团，共同对项目注入资金，就能解决这一问题。如在印度尼西亚帕塔米纳液化天然气管道项目融资中，作为项目融资顾问的美国大通曼哈顿银行亚洲分行和日本三菱银行在1991年3月对帕塔米纳石油公司提供项目贷款时，就组成了一个由17家银行参加的贷款银团组织，共承购了7.5亿美元的项目债务。

第二，参与国际银团的银行通常是国际上具有一定声望和经验的银行，它们可以在项目融资过程中充当很好的融资顾问和财务顾问。在项目融资实务中，如何构造项目的债务资金结构是一个非常重要的问题，稍有不慎，就会无形中增加借贷资金的成本。因此，选好有经验的项目融资顾问非常重要。在融资方案的选择上，国际银团可以利用其成员的分散性和丰富的借贷经验为项目融资构造一个非常有利的债务资金结构，从而为项目融资节约融资成本。如在中信澳大利亚波特兰铝厂项目融资案例中，其项目融资经理人——美国信孚银行澳大利亚分行为项目融资提出了一个全新的方案，即采用杠杆租赁融资方式来达到100%的有限追索债务融资的目的。

第三，贷款货币的选择余地大，有利于项目融资货币风险管理。在国际银团贷款中，银团成员来自于不同的国家，可以提供选择度较大的债务货币。国际银团贷款甚至允许借款人在贷款期间改变贷款的货币种类，给予借款人在不同时间提取不同货币的贷款选择权。这一点为项目公司进行货币风险管理提供了方便。这样，项目公司可以根据项目的性质、项目现金流量的来源和货币种类来选择最适当的贷款货币种类。

银团贷款的利息按伦敦银行同业拆借利率（LIBOR）计收，该利率最高时曾达18%，最低时为3.6%左右。但其中30%的贷款合同不按LIBOR计收利息，而按美国商业银行优惠放款利率（Prime Rate）计收。

获得银团贷款除支付利息外，作为借款人的项目公司还需支付：（1）附加利率，在1%左右；（2）管理费，费率在1%左右；（3）代理费，费率一般在0.25%~0.5%，有的一次收取，有的每年按费率支付；（4）杂费，指在贷款协议签订前银团发生的一切费用，其中主要是律师费，1亿美元贷款约为5万美元；（5）承担费，即贷款协议签订后，借款人对未提取的贷款余额应支付的费用，一般承担费的费率为0.25%~0.5%。上述这些费用是借款者必须支付的，有时银团还向借款者收取安排费，或要求借款者将一定的贷款余额存放在有关银行的账户上，这叫抵偿结存（Compensation Balance）。因此，银团贷款除利息外，主要的费用负担如折成年率为1.5%~2%。如果是按LIBOR计息，则借款人的借款成本为8.0%~8.5%；如果是按美国商业银行优惠放款利率计息，则借款人的借款成本为10.14%~10.64%。

银团贷款的偿还办法，根据具体情况由贷款双方协商决定，一般有3年的宽限期，宽限期内借款人无须偿还贷款本金，宽限期后，一般借款人每半年偿还贷款一次。

(三) 银团贷款在项目融资中的利弊分析

项目融资中银团贷款的优点表现为：

1. 有能力筹集到数额巨大的资金。银团贷款的金额根据其参与行的多少和实力，有时可以给一个巨型项目提供资金。

2. 借款货币的选择余地大。借款人可以根据项目的性质、现金流量的来源和货币种类，在辛迪加组织内选择最适当的借款货币结构，便于事先估计货币风险，加强工程成本核算。

3. 参与银团贷款的银行通常是国际上具有一定信誉和经验的银行，具有理解和参与复杂项目融资结构并承担其中的信用风险的能力。

4. 提款方式和还款方式都较灵活，因为它无须经当地政府批准，可根据议定的时间与工程建设的需要随时提取资金。

5. 贷款的使用方向没有任何限制，可用于向第三国购买机器设备、商品、原材料或劳务，项目单位也可在国际间招标购买工程设备，从而降低工程成本。

6. 谈判手续相对简单，需要的时间较短。如果从世界银行等国际金融组织贷款，谈判时间有时需要两三年，政府贷款需要两年左右，出口信贷有时也需要一年左右的谈判时间。

当然，这种资金来源方式也有其不利的方面，表现为：

1. 贷款的费用相对较高，它是按市场利率收取的，而且，除收取利息外，还收取其他费用，从而提高了总的借款成本。

2. 难以精确计算工程成本，因为大多数银团贷款采用的是浮动利率，每半年调整一次利率。

3. 除了较高的贷款利率外，还要支付一定比例的管理费、代理费、承担费和杂费等。

二、出口信贷机构

（一）在项目融资中出口信贷常与设备供应捆绑在一起

出口信贷作为一种国际信贷方式，是西方国家为支持和扩大本国大型设备的出口，加强国际竞争力，以对本国的出口给予利息贴补并提供信贷担保的方法，鼓励本国的银行对本国出口商或外国进口商（或其银行）提供利率较低的贷款，以解决本国出口商资金周转困难，或满足外国进口商对本国出口商支付货款需要的一种融资方式。它是各国争夺市场、扩大资本货物销售的一种有效手段。

由于项目融资中所涉及的都是资本品的进出口，属于出口信贷支持的范围，出口信贷也构成了项目融资的重要资金来源。而且，出口信贷与设备供应捆绑在一起，几乎成为项目融资的惯例。

出口信贷按照取得资金的对象，又可分为卖方信贷和买方信贷。卖方信贷是出口商所在地有关银行为便于该国出口商以延期付款形式出售设备而给予本国出口商的一种贷款。买方信贷则是出口商所在地银行为促进本国机械设备的出口而对国外进口商（或其银行）所发放的一种贷款。从国际范围看，买方信贷使用得更为广泛些，特别是把贷款发放给进口商所在地银行再转贷给进口商的买方信贷使用得更为广泛。

出口信贷的贷款条件与原则是由经济合作与发展组织国家在《官方支持的出口信贷指导原则协议》中共同规定的。每个成员国都应遵守，不能逾越。出口信贷的利率一般按各自会员国5年期政府债券的收益率来计算，这种5年期政府债券的收益率就叫做商业参考利率（Commercial Interest Reference Rate）。向借款人发放出口信贷时，在商业参考利率的基础上附加1%。此外，借用出口信贷，借款者还须支付管理费（1%）、承担费（0.25%～0.5%）和信贷保险费三种主要费用。可见，出口信贷的费用较银团贷款少。

出口信贷的还款期限，按1999年4月公布的数据，对于富有国家，即人均GDP为4 750美元以上的为5年；对发展中国家，即人均GDP在4 750美元以下的为10年。使用买方信贷进口商所买的设备运抵口岸后6个月就要开始偿还贷款（这称为Start Point），每半年偿还贷款一次，每次偿还贷款的金额均等；而使用银团贷款的宽限期与偿还办法借款人和银行可以自由商定。从这一点讲，出口信贷不如银团贷款灵活，它的回旋余地较小。此外，买方信贷不是全额信贷，即进口商购买的设备，出口所在地银行只能提供设备价款的85%的出口信贷，设备价款的15%要由进口商以定金的形式用现汇支付。从这一点看，买方信贷对项目单位而言不如国际租赁，租赁是全额信贷，作为承租人的项目单位可得到设备价款的全额融资。

（二）项目融资中利用出口信贷的利弊分析

项目融资中利用出口信贷的有利之处表现为：

1. 在出口买方信贷协议签字后，在协议的有效期内利率固定，有利于成本核算，避免受通货膨胀的消极影响；

2. 商业参考利率水平从总体上看低于商业利率；

3. 所得贷款可用于机械设备和技术购买（原材料、一般产品是不可以的），这正好符合工程项目融资的要求；

4. 可取得比商业贷款较长的贷款期限；

5. 贷款具有准政府贷款的性质，这样可以保护项目免于被政府没收或干涉；

6. 出口国竞争激烈，项目单位可选择一个对自己最有利的出口信贷方案。

所以，当项目牵涉到进口设备或出口产品时，项目公司也可以从政府的专设金融机构，如英国出口信贷担保署（ECGD）、美国进出口银行（EXIM）、中国进出口银行等，获得出口信贷以满足投资需要。

但是，利用出口信贷为项目公司筹集资金也存在着一些不足之处：

1. 出口信贷的获准时间较长。

2. 项目收入可能不是与出口信贷发放货币相同的货币，从而增加了项目的货币兑换风险。

3. 利用出口买方信贷只能从提供买方信贷国家的厂商购买设备，设备的技术标准与质量不一定是国际一流的（质量最好的出口商愿意卖现汇，而不提供贷款）。也就是说，买方信贷发放国提供的设备可能不是项目所需要的。

4. 设备价款可能会高于从第三国购买或国际招标购买的价格，这样就会在一定程度上抵消出口信贷利率低的优惠等。

三、双边和多边金融机构

（一）项目融资可利用双边和多边金融机构的贷款

利用双边和多边金融机构的贷款或担保也是项目融资的一个重要资金来源。这些双边和多边金融机构包括世界银行、国际金融公司、欧洲复兴与开发银行、亚洲开发银行和中美洲开发银行等全球性和地区性银行。其中，世界银行在项目融资中的作用最为显著。

世界银行，也即国际复兴开发银行，专门向会员国发放能源、交通、公用事业、农村发展、环境保护等重点基础工程项目开发建设贷款。只有会员国确实不能以合理的条件从其他方面取得贷款时，世界银行才考虑发放贷款、参加贷款或提供保证。世界银行发放的与项目相结合的贷款有极其严格的规范化程序，对借款人及营建的项目进行监督，每个环节借款人均应按规定的要求提供资料。世界银行的贷款发放程序是非常典型的项目周期，包括项目选定、项目准备、项目评估、项目谈判、项目执行和项目总评价六个阶段。世界银行每年发放贷款170亿~200亿美元，其中，向动力电厂等项目发放20亿~30亿美元，向油、气项目贷款约为10亿美元。

世界银行贷款使用不同货币对外发放，对承担项目的承包商或供应商，一般用该承包商或供应商所属国的货币支付。如果由本地承包商供应本地物资，则用借款国货币支付；如本地供应商购买的是进口物资，即用该出口商所属国货币支付。贷款利率实行浮动利率，略低于市场利率，并收取一定的附加利率。贷款期限最长可达30年。与银团贷款收取承担费相似，世界银行对已订立的借款契约，而未提取的部分，按年征收0.75%的手续费。

商业银行在为项目提供贷款时，常常与诸如世界银行、欧洲复兴与开发银行等多边金融机构进行合作，构成一个更为庞大的辛迪加。在具体操作时，可以是各自都为某一项目提供贷款，也可以是由商业银行为多边金融机构的贷款提供担保。这种联合贷款的优点在于：对于一些大型工程项目，由于有了世界银行等多边金融机构的参与，增强了商业银行投资的信心和胆量，可以相应减少投资风险，并在一定程度上使商业银行降低贷款利率。但取得这种联合贷款的手续比较复杂。

（二）双边和多边金融机构贷款的利弊分析

双边和多边金融机构贷款对项目融资而言具有以下好处：

1. 利率低于市场利率，并根据工程项目的需要定出较为有利的宽限期与偿还办法。
2. 贷款期限比较长。
3. 它们在提供贷款时一般也采用国际招标方式，这样可以最大限度地压低项目建设成本，保证项目建设的技术最先进。

4. 可以规避政治风险。双边和多边金融组织的贷款基础是扎实的，一般都必须有利于东道国经济的发展，都会得到东道国政府的产业政策支持或者可以促使东道国的产业结构政策更符合这些机构的指导方向，通过与东道国政府的往来接触，有助于加快进行与项目有关的法律与管理准备工作。

5. 这些机构的参与还有利于其他商业金融机构或投资者参加到项目中来。在项目融资中，由于政治风险及商业风险较高，有的项目就采用世界银行等多边金融机构与商业银行联合贷款的方式来降低成本和风险。

6. 世界银行还可提供项目的政治风险和货币风险的担保。

但是，这种贷款又有严格的限制条件：

1. 当借款方不是一个国家的政府时，它必须获得该国政府的担保；
2. 该工程项目要经得起严格的环保评估，并且能够实现一定的经济效益；
3. 该机构对工程项目发放的贷款是直接给予工程项目中标的外国厂商的，借款国在取得贷款时，无法知道这一贷款对本国货币或项目的核算货币所带来的影响，因而不易事先进行费用的核算比较；
4. 世界银行贷款手续繁杂，项目从设计到投资所需时间较长，有时需3～5年。

四、其他筹资渠道

1. 机构投资者。机构投资者主要是指一些人寿保险公司、意外保险公司、退休养老金和慈善基金等。在国际资本市场上，这些机构投资者拥有巨额资金，可为世界上许多发展中国家的大多数能源、运输、电讯等基础设施项目提供相当可观的资金。在美国，它们可提供较长期限的固定利率贷款，但是法律规定这种贷款的有限部分才可以提供给国外客户。在中国，正在进行的住房制度和社会保障制度改革，已逐步建立起住房公积金、养老、失业、医疗等基金，将是一笔数额庞大的资金，条件成熟时也可以用于项目融资。

2. 租赁公司。基础设施建设往往需要大批施工设备，项目发起方或承包商若自行购置，不但要占用很大的一笔资金，而且在购置之后还要缴纳税款，用租赁的方式为项目提供所需的设备，本身就是为项目解决了大量资金。

3. 资本市场。传统上，银行及其他金融机构是项目融资的主要资金供应者，尤其是商业银行。随着金融创新的迅速发展，资本市场也日益成为项目融资的重要渠道。项目公司可以在资本市场上通过发行股票和债券为项目筹集中长期资金。

4. 投资管理公司。投资管理公司的资金作为一种风险资本注入到项目中，以体现其一定的股本参与，如认购股权证、项目公司股票、可转换权证等。这些公司有些是被银行或保险公司控股,在美国,它们一般将其投资规模限制在5亿美元内。其他一些投资管理公司则是独立存在的,如一些风险资本投资基金,它们的投资规模在一定情况下将可能超过5亿美元。

5. 项目参与者。由项目发起人直接对项目贷款在项目融资中很少采用,因为贷款会反映在其资产负债表上。但是,在有些情况下,发起人的直接贷款往往是非常必要的,如成本超支或其他由发起人承担的债务发生时。发起人可能会偏好贷款,而不是股本投资,因为贷款是必须偿还的,而且,项目还可以从利息偿还中得到免息的好处,而红利支付是要缴纳税收的。

其他项目参与者,如原材料供应商、项目产品购买者或服务设施使用者、工程承包商及项目经营者等都可能为项目提供融资。

第三节 项目股本资金及准股本资金的筹集方式

项目融资的特殊性表现在资金结构上,就是它的资金结构包括股本资金、准股本资金和债务资金三部分,而不是通常意义上的股本资金和债务资金两部分。甚至在大多数情况下,项目资金结构只包括准股本资金和债务资金,项目发起人不提供任何股本资金,实现所谓的百分之百融资的目标。

一、项目股本资金的筹集

(一) 股本资金的作用

股本资金是投资者投入的风险资金,它是项目融资的基础。在资金偿还序列中股本资金排在最后一位。作为项目投资者,股本资金在承担风险的同时,也会由于项目具有良好的发展前景而能够为其带来相应的投资收益。在项目融资中,股本资金的比例不一定非常大,但是它起着非常重要的作用。

1. 股本资金可提高项目的抗风险能力。股本资金在资金偿还序列中排在最后一位,它标志着一个稳固的财务基础。在项目中股本资金投入越多,项目的抗风险能力就越强,贷款银行的风险也就越小;反之,项目承受的债务越高,现金流量中用于偿还债务的资金占比就越大,贷款银行所面对的潜在风险也就越大。

2. 股本资金的投入比例决定着投资者对项目的关心程度。股本资金的投入比例决定着投资者对项目的关心程度,投入比例越大,相应能降低银行的贷款风险。投资者在项目中投入的股本资金的多少与其对项目管理和前途的关心程度是成正比的。贷款银行总是希望项目投资者能够全力以赴地管理项目,尤其是在项目遇到困难的时候千方百计渡过难关。如果要实现这一点,要求投资者在项目中投入相当数量的股本资金是最好的方法。

3. 股本资金的投入对项目贷款者起着一种心理鼓励作用。因为股本资金的投入代表着投资者对项目的承诺和对项目未来发展前景的信心,对于组织项目融资有很好的促进作用。

(二) 股本资金的投入方式

典型的股本资金投入方式就是认购公司的普通股和优先股。股本金的来源基本上是投资者的自有资金投入。在过去很长一段时间内,股本资金的投入相对简单,基本上就是投资者自有资金的直接投入。近年来,在项目融资中出现了一种新的情况,在安排项目融资的同时,直接安排项目公司上市,通过发行项目公司股票和债券的方式来筹集项目融资所需要的股本资金和准股本资金。在中国,经国务院证券管理机构批准,项目公司也可以通过募集设立的方法成立股份有限公司,向社会公开募集股本金,但公司股票不能公开交易,即不能在证券交易所进行公开自由交易。

1. 定向募集自有资本。投资项目的股本资金是指全体股东所认购的股份总额。在投资项目时,可能会设立法人实体——项目公司。公司设立时,必须达到公司法所要求的最低资本额。设立公司有两种形式:发起设立和募集设立。发起设立这种设立方式,由发起人认购全部股份,不向发起人之外的任何人募集股份,并在规定的时间内,以公司认可的形式缴足股款。募集设立是由发起人认购股份总额的一部分,其余部分向发起人之外的自然人、法人公开募集股本资金。采取这种方式的公司必须有经主管部门批准的招股章程或招股说明书,根据招股章程公开募集股份。

(1) 有限责任公司的自有资本募集。《中华人民共和国公司法》规定,有限责任公司由五十个以下股东出资设立,公司以其全部法人财产依法自主经营,自负盈亏。有限责任公司的注册资本为在公司登记机关登记的全体股东认缴的出资额,还规定了有限责任公司的注册资本的最低限额。

(2) 股份有限公司的自有资本募集。股份有限公司的设立有两种方式:发起设立和募集设立。在发起设立的情况下,发起人须认购全部股份,不向发起人之外的任何人募集股份,并在规定的时间内以公司认可的形式缴足股款。

2. 上市募集自有资本。《中华人民共和国证券法》规定,股份有限公司在满足规定条件的情况下,可申请其股票上市募集股本资金。

(1) 境内上市。境内上市是股份有限公司采取募集设立方式的一种主要募集股本资金的形式。《中华人民共和国证券法》规定,股份有限公司申请其股票上市募集股本资金,必须具备以下条件:第一,股票经国务院证券监督管理机构核准已公开发行;第二,公司股本总额不少于人民币三千元;第三,公开发行的股份达到公司股份总数的百分之二十五以上;公司股本总额超过人民币四亿元的,公开发行股份的比例为百分之十以上;第四,公司最近三年无重大违法行为,财务会计报告无虚假记载。

在目前情况下，境内上市的方式有通过证券市场发行 A 股和 B 股两种形式。A 种股票以人民币进行支付，B 种股票以外币认购和进行交易。

(2) 境外上市。投资项目所需股本资金也可在境外证券市场上市募集。

在美国市场上，主要有三种发行股票或发行美国股票存托凭证（ADR）的方式可用来筹集股本资金：一是注册登记发行，即公开发行证券必须进行登记注册，对非美国发行人来说，最大的挑战是其财务资料必须经过调整以遵循美国通用的会计准则。二是按 144A 条例发行，按照美国 1933 年《证券法》的一般规定，私募证券不允许在二级市场上再出售，但根据美国 144A 条例，则允许证券在美国公开出售给不限数量而有资格的机构投资者（即至少拥有 1 亿美元投资的大型机构投资者）。三是私人配售。根据美国证券法，证券发行人可以通过私人配售方式发行证券，这种发行方式可以豁免注册登记的要求，但又规定，私人配售是指向"经认可的投资者"出售证券，这些"经认可的投资者"指银行、保险公司和类似机构以及某些资产超过 500 万美元的经营实体和某些富有的个人。

我国公司也可以到香港证券市场发行 H 股以筹措股本资金。

在欧洲市场上，发行的途径是向投资银行发行股本证券。该类证券经常在伦敦证券交易所或卢森堡证券交易所上市交易。所以，对项目公司而言，一切证券发行工作只要找到一家可靠的投资银行即可，但上市以后，项目公司就要面对更为广泛的潜在投资者，如投资基金和个人投资者等，因此，同样要遇到资信的挑战。

在亚洲市场上，为项目融资筹集资金则尚未发展成熟，主要集中在香港联合交易所、东京证券交易所、新加坡交易所等市场，其发行方式类似于欧洲市场。

项目公司选择哪个市场进入取决于若干因素：一是证券的种类，二是该发行针对的投资者群体，三是在那些市场中存在的类似发行行业或机构，四是公司委托安排该发行的投资银行集团的配售能力。

二、项目准股本资金的筹集

在项目融资中，股本资金投入是多样化的，其中包括可以用各种各样的准股本资金形式来代替现实股本资金的投入。

（一）准股本资金的特点

准股本资金是指在偿还顺序上先于股本资金但落后于高级债务和担保债务的次级债务。当项目公司破产时，在偿还所有的项目贷款和其他高级债务之后，它优先于股本资金得到偿还。

所以，高级贷款人在考虑项目的债务股本比率时，将准股本资金当做股本资金，属于股本资金的一部分，我们称之为准股本资金。准股本资金可被当做一种与股本资金和高级债务资金平行的形式进入项目，也可被当做一种准备金形式，用来承担项目建设超支、生产费用超支以及其他贷款银行要求投资者承担的资金责任。

准股本资金的功能表现为：(1) 作为发起人初始股本的替代投入方式；(2) 用来支持第三方提供高级债务；(3) 用来为建设成本超支和其他支付责任担保。

(二) 准股本资金的优点

对于项目投资者而言，为项目提供准股本资金要比提供股本资金具有以下一些优点：

1. 投入资金的回报率相对稳定。准股本资金作为一种从属性债务，一般包含了比较具体的利息和本金的偿还计划，而股本资金的红利分配则带有较大的随机性和不确定性。因此，投资准股本资金，会较投资股本资金能稳定地得到利息收益，从而使投资者投入资金的回报率相对稳定。

2. 它使投资者在利益分配上所受的限制减少。在项目融资安排中，对于项目公司的盈利分配通常有着十分严格的限制，它必须在保证能按时分期偿还项目贷款银行债务的前提下才能进行股东红利的分配。但是，对公司从属性债务却可以通过谈判减少在这方面的限制，从而保证从属性债务持有者的利益，也即准股本资金持有者的利益。

3. 它可以帮助项目公司形成较为优良的税务结构。作为债务，利息的支付是可以抵税的，而且债务资金的偿还可以不用考虑项目是否缴税。因此，以准股本资金作为股本资金的一部分，就可以使项目公司充分利用在税务方面的优惠，提高公司的综合经济效益。

(三) 准股本资金的投入形式

项目融资中最常见的准股本资金投入形式有：

1. 无担保贷款。由项目发起人为项目公司提供无担保贷款作为股本资金的替代方式是项目融资中的操作习惯。

无担保贷款（Unsecured Loan）是指没有任何项目资产作为抵押和担保的贷款，其他特点与商业贷款相似。多数情况下股东贷款属于无担保贷款，以增强项目的抗风险能力，为取得银行贷款提供多一层的安全保障。

在项目融资中，项目发起人为了吸引担保贷款和其他融资，往往愿意提供无担保贷款，作为种子资金。因为项目融资数额巨大，发起人只能筹集到有限的权益资本，为了使主要贷款人放心，项目发起人提供无担保贷款作为发起人投入的资本，以支持来自金融市场的商业贷款。而且，发起人通过债务筹资还可享受利息免税的好处，利用财务杠杆可以增加其资本的报酬率等。所以，项目发起人乐于接受无担保贷款来代替权益投资。对发展中国家来说，无担保贷款往往由政府提供，因为有些融资项目政府机构不能拥有股权，但可以给项目提供无担保贷款，以此作为种子资金吸引外国金融机构的主要贷款，是鼓励外商投资的一种措施。

有时无担保贷款也可能由项目其他参与者提供，如急于为自己的设备寻找长期销路的设备供应商可能以商业信用的方式为项目公司提供货物，即相当于供应商向项目公司提供了无担保贷款。此时，由于无担保贷款仅以项目公司的信用为基础发放，在操作上一般会规定一些特殊的条款，以在一定程度上保护贷款人的利益。

（1）负担保条款（Negative Pledge Clause）。即规定当项目公司抵押其流动性较强的高价值的资产从而会降低贷款人的贷款回收安全时，项目公司将不得抵押其资产。

（2）加速还款条款。即规定在经营期间按所得净现金流量的一定比例偿还贷款的本息，并规定当项目公司的财务状况恶化时，应提高这一比例，甚至可要求项目全部的净现金流量用于还款，以保证无担保贷款的按期或加速偿还。

（3）限制新债务条款。为了保证无担保贷款人的资金安全，一般规定限制项目公司筹措新的债务。

2. 与股本有关的债券。项目发起人认购项目公司发行的与股本有关的债券，也可以作为股本资金投入的替代方式。

（1）可转换债券（Convertible Bonds）。该债券的特点是：在债券有效期内，只支付利息，在债券到期日或者某一段时间内，债券持有人有权选择将债券按照规定的价格转换成公司的普通股。如果债券持有人不执行期权，则公司需要在债券到期日兑现本金。这种债券不同于一般债券的地方在于：这种债券没有任何公司资产或项目资产作为担保，利率也比同类债券利率要略低一点。这种债券对于债券持有人的吸引力在于，如果公司或项目经营良好，公司股票价格或项目资产价值会高于现已规定的转换价格，债券持有人可以通过转换获得资本增值。相反，如果公司或项目经营结果较预期差，债券持有人仍可以在债券到期日收回债券面值。因此，以可转换债券作为准股本资金投入在国外一些项目融资中得到了广泛的应用。

（2）附有认股权证的债券（Bonds with Warrants）。它是作为可转换债券的竞争品出现的，认股权即赋予这种债券的持有者以特定的价格（一般比股票市场价格高15%以上）购买股票的权利。一般可以用债券支付股票的购买费用，这种债券可以是次级债务，也可以不是次级债务。在实务中，附有认股权证的债券比可转换债券应用得更为广泛，因为：一是认股权比可转换债券对投资者更有利。认股权的利率与债券特征的关系不是十分明显，所以，附有认股权证的债券的持有者可以得到更高的利息。二是由于债券与认股权相分离，认股权证赋予债券持有者更大的灵活性，他可以持有该债券及认股权，可以单独出售认股权，也可以实施认股权，买入股票。同时，因为该种债券的利率通常低于非转换债券的利率，项目公司实际上是通过发行延期股权来以合理的价格借得资本，所以也深受项目公司的青睐。

3. 零息债券。零息债券（Zero Coupon Bond）是只计算利息但不支付利息的一种债券。在债券发行时，根据债券的面值、贴现率和到期日贴现计算债券发行价格，债券持有人按发行价格认购，债券发行价格与其面值的差额就是债券持有人的收益。零息债券作为一种准股本资金形式，在项目融资结构中的应用也较普遍，主要是因为这种资金安排既带有一定的债务资金特点（如每年的名义利息可以获得税务扣减），同时又不需要实际支付利息，减轻了对项目现金流量的压力。因此，如果由于种种原因，项目投资者没有在项目中投入足够的股本资金，贷款银行则通常会要求项目发起人以零息债券形式为项目提供一定数额的从属性债务，作为投资者在项目中的股本资金。

4. 以贷款担保形式作为准股本资金投入。以贷款担保作为准股本资金的投入，是项目融资中具有特色的一种资金投入方式。在这种情况下，投资者不直接投入资金作为项目公司的股本资金，而是以贷款银行接受的方式提供固定金额的贷款担保作为替代。由于在项目中没有实际的股本资金占用，项目资金成本最低，因而成为项目投资者利用资金的最好形式。

主要担保方式有担保存款和备用信用证，在前面项目担保中已有详细介绍，在此不再重复。

当然，从贷款银行的角度看，以贷款担保形式替代现实的股本资金投入，意味着银行在项目风险因素之外又增加了投资者自身的信用风险因素，因此，在实践中，很少完全由此种形式替代股本资金的投入，除非项目具备很好的经济强度。否则，如果要以该种方式完全替代股本资金的实际投入，就必须将贷款担保形式和实际的股本资金投入形式结合起来使用。

有时与项目有关的一些政府机构和公司出于政治和经济的考虑，也会为项目提供类似股本金和准股本金的资金，这类资金成为第三方资金。这些机构和公司包括购买项目产品的公司、原材料供应商、工程承包公司、政府机构以及世界银行和地区开发银行，资金的形式为实际资金投入或"软贷款"，甚至贷款担保。

第四节 项目债务资金的筹集方式

如何安排债务资金是解决项目融资来源问题的核心。对于一个项目投资者来说，其所面对的债务资金市场可以分为本国资金市场和外国资金市场。除了一些规模较小的工程项目外，大多数大型项目的融资，其债务资金几乎全部或者大部分来自于国外的资金市场。所以，我们在介绍项目债务资金筹资方式时，更多地借鉴了国外项目融资的经验。

一、贷款融资

贷款是项目发起人为项目融通资金的一个非常重要的渠道。有些项目甚至由贷款融资构成其债务融资的全部。

(一) 商业银行贷款

如前所述,商业银行是项目融资的最大来源。这主要是因为商业银行具备评估项目贷款风险的能力。许多大的国际商业银行拥有各种各样的工程师及金融专家,他们擅长于构建项目融资的结构、分析项目的风险等。

在项目融资中,商业银行贷款一般分为两个阶段进行:一是建设阶段,二是经营阶段。在建设阶段,项目风险逐渐增加,而项目不产生任何现金流入;在经营阶段,项目风险逐渐减少,项目开始产生现金流入,项目公司开始偿还银行贷款。因此,在贷款操作上,一种方法是根据项目的这两个阶段,由项目借款人与贷款银行分别签订两个贷款协议,即建设阶段贷款协议和经营阶段贷款协议。另一种方法是将两个协议合为一个,签订一个总的贷款协议,但在具体贷款提取上根据项目阶段分别掌握。

在建设阶段,贷款的发放一般是根据工程进度进行的,由于不产生项目收入,这一阶段的利息一般都资本化,即计入贷款本金,借款人无须偿还利息。银行所承受的信贷风险相当大,所以,在这一阶段,为了降低银行的风险,项目发起人要提供部分或全部建设风险的担保,贷款一般都是完全追索的,直到项目完工为止;或者对于某种特定的风险,如成本超支风险,安排为有限追索,即项目发起人提供一定数额的完工担保。

在经营阶段,贷款的发放就是一次性的了。因为在这一阶段,项目已投入正常运营,项目开始产生现金流入,有了项目收入就可以按期偿还银行本息。银行贷款的信贷风险逐渐减少,甚至为零。

商业银行贷款典型的类型有:

1. 工程贷款(Construction Loan)。即在项目建设阶段银行对建筑工程发放的短期不动产贷款。贷款资金按实际需要或事先拟订的计划分期支付。工程完工后,一般用抵押贷款的资金偿还这种贷款。这种贷款的利率一般较高。

2. 定期贷款(Term Loan)。即对借款人发放的中长期(一般为 2~10 年)有担保贷款,通常用来购买资本设备或用做营运资金(Working Capital)。该贷款通常按协议分期偿还。

3. 转换贷款(Bridge Loan)。俗称桥梁贷款,是借款人希望得到中长期资金而暂时使用的一种贷款种类,以满足借款人对资金的临时需求。因此,这种贷款期限一般不长,具有过渡性特点。

4. 抵押贷款(Mortgage Loan)。即借款人以某项财产的留置权作为还款抵押而取得的银行贷款。在项目融资中，通常以项目公司的资产和现金流量为抵押而取得银行的贷款。

5. 运营资金贷款（Working Capital Loan）。一般为短期贷款，是为了弥补借款人的运营资金的不足，以保证项目的正常运行。

6. 双货币贷款（Dual Currency Loan）。所谓双货币贷款，实际上其利息的计算和支付采用的是一种货币，本金的计算和支付采用的是另一种货币。一般情况下，双货币贷款使用低利率货币作为计算利息的货币，使用相对高利率货币作为计算本金的货币。双货币贷款是在单一货币的辛迪加贷款的基础上发展起来的一种债务资金形式。它于1981年首次在国际金融市场上出现，由于其明显的特征，在国际融资活动中获得了迅速发展。

7. 商品关联贷款（Commodity-linked Loan）。即通过贷款人参与产品价格波动来实现降低融资成本的目的。在操作方式上又分为两种类型：一种是贷款本金的商品价格参与，另一种是贷款利息的商品价格参与。

贷款本金的商品价格参与是将贷款的本金与某一种商品的价格联系在一起，而贷款利率则低于同样条件下的商业贷款或辛迪加贷款的利率。在还款日，贷款本金的偿还金额部分或全部取决于当时该种商品的价格，如果该种商品当时的价格低于某一个预定价格，则借款人只需要偿还贷款本金；如果商品价格高于这一预定价格，则需要按照一个预定公式增加银行贷款本金的偿还数额。然而，一般情况下，在商品价格上升时，生产该种商品的项目的经济效益也会增加，因而借款人也有能力承受较高的债务。

贷款利息的商品价格参与是将贷款期限内的贷款利率水平与某种商品价格在同一期限内的变化水平联系起来，如果在这一时期内实际商品价格的变化与预测的商品价格的变化相吻合或相接近，则借款人可以获得较低的贷款利率；反之，借款人将要承担较高的贷款利率。

（二）银团贷款

在项目融资中，银团贷款的具体操作方式有两种：一种是直接参与型，另一种是间接参与型。

1. 直接银团项目贷款。直接银团项目贷款由银团内的各个成员银行直接向项目公司贷款，贷款工作由各成员银行在借贷协议中指定的代理银行（Agent Bank）统一管理。在成立银团的过程中，有一个贷款银行起了牵头作用，它就是牵头银行（Lead Bank），但无论是成员银行发放贷款还是项目公司归还借款，均须由代理银行统一管理，而与牵头银行无关。在这种贷款方式中，所有成员银行都是直接同项目公司签订借贷协议，按贷款协议所规定的统一条件贷款给项目公司，但是每个贷款行都明确表明对其他银行的贷款义务不承担任何责任。因此，如果在贷款银团中某家银行不能履行其贷款义务，项目公司只能向该银行追究其违约责任，但不能要求银团中的其他成员银行对此负责。

2. 间接银团项目贷款。间接银团项目贷款是由一家牵头银行向项目公司贷款，然后由该银行将参加贷款权分别转售给其他银行，后者称为参与银行，它们按照各自承担的参加贷款的数额贷款给项目公司，贷款工作由牵头银行负责管理。

牵头银行在与项目公司订立借贷协议后，可以采用不同的法律方式将参加贷款权授予其他贷款人，这些不同的方式对当事人之间的权利和义务会产生重大的影响。在欧洲货币市场上，目前最常见的几种方式是更新、代理、从属贷款和转让。

第一，更新或替代。这是由项目公司、牵头银行与参与银行三方面达成的一项协议。根据这项协议，牵头银行经项目公司同意，将牵头银行的权利和义务转让给参与银行，原先在项目公司和牵头银行之间发生的债权债务关系即告消失。这种做法在大陆法上称为合同更新（Novation），在英美法上称为合同替代（Substitution），在法律上都认为是有效的。在银团贷款业务中，采用更新的办法来授予参加贷款权是不多见的，因为它不符合授予参加贷款权的一个主要目的，即无须通知借款人或无须让借款人参与就可把参加贷款权授予其他贷款人，而且，项目公司也没有达到只与一个贷款人发生信用关系的目的。但这样做对牵头银行有一个好处，即牵头银行可以解除其根据与借款人所订立的借贷协议所承担的一部分贷款义务，因为按照合同法的一般原则，非经借款人同意，牵头银行是不能解除其任何贷款义务的。

第二，不披露身份的代理（Undisclosed Agency）。这是英美法所承认的制度，其具体做法是：由牵头银行作为银团其他成员的代理人，同项目公司签订借贷合同，但不披露其代理人的身份，所以，在项目公司看来，它是同当事人打交道而不是同代理人打交道。但银团成员必须在签署借贷协议之前就指定该牵头银行为代理人，在签字以后就不能再指定。当项目公司发现不披露的代理关系时，可以选择向牵头银行要求给予贷款，或直接向参与银行要求给予贷款。

第三，从属贷款（Sub-loan）。参与银行先给牵头银行贷款，再由牵头银行贷款给项目公司。参与银行贷款给牵头银行的条件是：在牵头银行从项目公司那里收回贷款后，由其归还参与银行的款项，参与银行不能要求牵头银行用其他资金归还贷款。如果项目公司破产，牵头银行不能从项目公司那里收回贷款，参与银行向牵头银行发放的贷款也不可能收回。这种做法与下面的让与方式的主要区别是，参与银行不能取得对项目公司的直接请求权，项目公司是直接从牵头银行取得贷款、直接向牵头银行还本付息的，而不是直接从参与银行取得贷款，所以也无义务向其还本付息。

第四，让与。牵头银行将其与项目公司订立的借贷协议中的一部分贷款义务连同其收益一道让与其他参与银行，这种做法在法律上称为让与（Assignment）。通过让与使受让人取得参加贷款权，成为参加贷款权人。让与的特点是，通过让与方式取得参加贷款权的银行可以取得对项目公司的直接请求权。让与参加贷款权事先要取得项目公司的同意，所以，这种方式在项目融资中的使用也不多见。

二、债券融资

债券融资也是项目融资较大的资金来源，越来越多的项目通过债券融资，特别是在美国和欧洲的债券市场上融资。1991年11月，美国的内陆发电项目率先在证券市场上发行了具有有限追索权的项目债券，自此，资本市场同项目融资结下了不解之缘。

（一）债券融资的利弊

同有限的银行贷款相比，在资本市场发行债券为项目筹集资金具有以下优势：

1. 能提供规模巨大的资金。因为项目债券一般都是在公开的资本市场上发行，资本市场上存在着大量的机构投资者和个人投资者，其规模效应是显而易见的。

2. 能取得较长期限的资金。资本市场上发行的项目债券的平均期限一般较商业银行的贷款期限长。如墨西哥的 Tribasa 公路债券的期限为18年，哥伦比亚的 Centragas 电厂债券的期限为16年，香港的 Castle Peak 电力公司债券的期限为15年。

3. 项目发起人受到较少的限制。在商业银行项目贷款中，项目发起人要受到诸多限制，以防止出现对银行不利的情况，并进行许多的事前干预。通过资本市场发行债券筹资，市场上的投资者一般很少与项目发起人签订烦琐的协议及条款，而且只能是事后干预，即只有当项目公司不能及时兑付债券时，投资者才会有所反应。

当然，利用资本市场发行债券为项目筹资也存在一些弊病：

1. 导致管理上的过度疏忽（Regulatory Oversight）。市场投资者缺乏专门的技术和机构来监督项目的经营和管理，可能使项目发起人及其他参与者疏于对项目的严格管理。

2. 信用评级受到挑战。在资本市场上公开发行债券，一般都要经过公认的信用评估机构的信用评级，而项目公司多是新成立的公司，没有运营历史，因此就需要项目发起人提供一定的信用担保等，最终取得在资本市场上发行债券的资格，这可能是一个很费时的过程。

3. 较高的交易成本。在资本市场上发行与销售债券要承担高额的交易费用，因此，一般少于100百万美元的融资规模就没有必要通过这种方式去融资。

4. 债券到期时会形成对项目现金流量的巨大压力。项目现金流量的产生是有阶段性的，这就容易产生债券兑现要求与现金流量不匹配的问题。如果处理得不好，可能会影响项目借款者的进一步融资。

5. 项目债券的投资者有限。债券市场上的投资者一般不喜欢冒险。因此，只有信用好的公司发行的债券才会受到欢迎，而投资者很少愿意承担纯粹的项目风险。

(二) 一般债券市场

1. 利用欧洲债券市场融资。欧洲债券是指用境外货币标价并交易的债券，如在纽约发行的英镑债券，在伦敦发行的美元债券等。欧洲债券市场是跨国公司、外国政府以及第三世界国家重要的资金来源。

欧洲债券一般由许多国家的银行和证券公司组成庞大的认购集团承销，再同时向多个国家销售，涉及多个国家的法律体系。许多大型国际商业银行积极参与欧洲债券的认购，个人投资者也受税收优惠的吸引而投资于欧洲债券市场。主要的欧洲债券市场是欧洲美元债券市场、欧洲日元债券市场和欧洲马克债券市场。

通过欧洲债券市场筹集资金具有以下优势：(1) 可以借入多种货币。(2) 在一些国家，采用欧洲债券方式融资可以获得不用支付利息预提税的优惠。(3) 筹资时间比较短。一旦建立发行系统后，可以迅速进入市场，以利用货币市场的有利条件。(4) 由于交易的是没有一国的中央银行能管制的欧洲货币，发行一般无须在当地注册，发行成本低。(5) 比辛迪加银团贷款提供的可供选择的期限多。

但是，在这个市场上，投资者的分散使其缺乏分析复杂项目的资信及风险的能力，因此，一般投资于部分资信较高的公司债券。对项目债券来说，都需要有类似辛迪加银团那样的银团组织作为发行债券的后盾（由该银团承担项目债券风险），如作为债券发行人的担保人或直接以银团名义发行，而这样一来又增加了发行成本，使发行欧洲债券融资的成本优势相对削弱。

2. 利用外国债券市场融资。外国债券是指借款人在外国资本市场发行的以东道国货币标价的国际债券，主要市场包括苏黎世、纽约、东京、法兰克福、伦敦、阿姆斯特丹等。比较典型的外国债券包括外国投资者在美国发行的以美元标价的扬基债券（Yankee Bonds）、在日本发行的以日元标价的武士债券（Samurai Bonds）和在英国发行的以英镑标价的猛犬债券（Bulldog Bonds）等。

3. 债券市场品种。在债券市场筹集资金，可以通过发行不同的债券品种来达到借款人的不同目的。

(1) 固定利率债券（Fixed-Rate Bonds）。该种债券有固定的利率和兑现日期，通常每年或每半年支付利息一次，兑现日偿还本金。

（2）变动利率债券（Variable Rate Bonds），即债券的利率可以按照事先规定的条件调整，不过，其利率变动的频率和幅度均小于浮动利率债券。

（3）浮动利率债券（Floating Rate Bonds），即债券的利率按照事先规定的定价公式和定价周期定期调整。一般每3~6个月就调整一次，利率通常在LIBOR或者美国财政部债券（U. S. Treasury Bill）利率的基础上加上一个贴水，因此，其利率类似辛迪加银团贷款利率。

（4）附有其他权利的债券。即投资者认购该种债券时，同时得到与债券发行者进行其他交易的权利，这种权利可以与债券相剥离而单独买卖。这些权利包括：a. 认股权证，即以指定价格购买普通股的权利，前已论述。b. 认债权证，即以同样价格增购该种债券的权利，当利率下降时，投资者可以得到好处。c. 货币转换权，即以指定的汇率将一种货币兑换成另一种货币的权利，使投资者规避汇率风险或从中获益。d. 产品购买权，即以指定价格购买产品的权利，典型的产品有黄金、石油等。

（5）双货币债券。即以一种货币支付利息，而以另一种货币支付本金的债券。利息及本金支付所用的汇率可以是事先指定的，也可以用支付时的汇率。对于项目融资中的借款人来说，可以根据项目现金流量的货币结构，有的放矢地选择一种当时市场上相对利率较低的货币作为计算利息的货币，而选择项目所在国货币或者一种与项目现金流量密切相关的货币作为偿还本金的货币。对于项目债券持有人来说，投资双货币债券则可以获得比投资单一货币债券更高的利息收入。

对于债券投资双方来说，双货币债券仍然存在一定的汇率风险，因为其债券的内在价值是根据双货币债券的定价原理，运用远期汇率确定下来的，在实际经济生活中，还款日的汇率由于受到种种不可预测的国际政治、经济、军事、金融等方面因素的影响，有可能偏离这一预先确定的远期汇率，其结果可能只是对一方有利而对另一方不利，这是投资双方为了在其他方面获得收益所必须承担的风险。

（6）商品关联债券。即与商品的价格联系在一起的债券。如与白银或黄金价格联系的债券，债券投资者将通过盯住这些贵金属市场价格的方式获取利息，而不是得到一个固定的利息额。此种债券意味着针对通货膨胀套期保值，因为通货膨胀会驱使大多数商品价格上涨。其操作方法类似于商品关联贷款。

（三）市政债券市场

所谓市政债券（Municipal Bond），是指由地方政府或其授权代理机构发行的用于当地城市基础设施和社会公益性项目建设的有价证券。在美国，市政债券的最大特点是免征联邦收入税，因而成为投资者青睐的对象。美国、德国、日本等发达国家已经形成了成熟和完善的市政债券市场，市政债券与国债、企业债券、股票和投资基金等一起，共同构筑了完整统一的证券市场。

1. 市政债券的种类。根据信用基础的不同，市政债券可分为一般责任债券和收益债券两大类，也存在着一些兼具二者特点的混合证券。

一般责任债券（General Obligation Bonds）是以发行人的无限征税能力为保证的市政债券，政府以自身的信誉和信用为这种债券提供全面支持，除非受到某种限制，政府将把所有的收入作为偿还债券的基础。因此，这种市政债券的资信等级较高。

收益债券（Revenue Bonds）是指为特定的具有一定收入的城市基础设施项目融资而发行的市政债券。收益债券以所融资项目的收入作为对债券持有人的抵押，地方政府通常不给予担保。因此，收益债券的投资风险比一般责任债券的高，但收益率也较高。

常见的收益债券如下：

机场债券（Airport Bonds）：这类债券的收入来自于交通收入，如着陆费、场地使用费及航空加油费；或来自于因一家或多家航空公司对某一具体设施如终点站或飞机库的使用而获得的租金收入。

工业收益债券（Industrial Revenue Bonds，IRB）：通常这些债券是由地方政府代表具体某一公司和行业发行的。

公用电力债券（Public Power Bonds）：这类债券以发电厂将取得的收入作担保。有些债券是由某一发行人独家发行，该发行人建造并经营电厂，之后出售电力。其他公用电力收入债券是由一组为国家及私人投资者所有的公用事业部门为联合集资兴建一家或多家发电厂而发行的。

海港债券（Seaport Bonds）：这类债券的担保品可包括与修建港口的公司签订的明确租约，或被抵押的海港卸货码头及货物的吨费。

因此，发行收益债券也可以作为项目融资的一个重要渠道。工业收益债券由行政机构在其所属的地方发行，发行收入用于购买设备或建设项目，然后将设备租赁给公司或将项目出售给公司，行政机构仅充当债权人和公司之间的融资中介人，目的是利用其发行免税债券的优势。

2. 收益债券结构。收益债券的发行人不承担任何债务责任，债券本息和其他发行成本均由公司承担，这一问题在发行人与公司签订的融资协议中会加以规定，这就形成了不同的收益债券结构。

（1）贷款协议（A Loan Agreement）。发行人将发行收入贷给公司，使后者能建设项目或得到设施。在贷款协议中，或借助本票，公司同意偿还贷款给发行人，使其有足够的金额兑付债券本息。这是一种最简单的结构，但可能一些国家的法律不支持。

(2) 租赁协议（A Lease Agreement）。发行人用发行收入建造项目，然后出租给公司使用，收取足够的租金用于兑付债券本息。在多数案例中，实际上是公司以发行人的名义建造项目。

(3) 租赁—再回租协议（A Lease–leaseback Agreement）。公司将设备出租给发行人以收取租金，租金的金额等于出租人的设备建造成本或债券发行收入。与此同时，发行人将设备再出租给公司，租金应等于债券的本息之和。

(4) 分期销售协议（An Installment Agreement）。发行人用债券收入建造项目，然后销售给公司，后者的购买价格应足以支付债券的本金和利息。公司的付款责任可以由分期付款协议确定，也可以用发行担保的本票履行。设施的所有权可以在签订分期销售协议时转移给公司，也可以在付清全部的本息之后转移给公司。

三、商业票据融资

商业票据（Commercial Paper）是享有信誉的大企业在金融市场上筹措短期资金的借款凭证，是一种附有固定到期日的无担保的本票。商业票据的主要投资者是工业企业、保险公司、各种基金（如退休基金、养老基金等）及个人，票据的销售价格是基于国际资本市场情况和主要的评级公司如标准普尔公司和穆迪公司所授予的信用等级而定的，一般以贴现方式发行。通过发行新的商业票据偿还旧的商业票据，就可以达到融通长期资金的目的。

(一) 商业票据融资的利弊

发行商业票据进行融资的主要优点是：

1. 可以提高企业在国际金融市场上的知名度。因项目发行人在商业票据市场频繁出现而增加投资者对其的了解，可以为公司将来发行扬基债券或其他融资方式打下基础。

2. 发行成本较低。在美国报批手续简便，期限为270天或短于此期限的商业票据，不需要在美国联邦证券委员会注册，评级公司的评级也是基于信用证开证行的短期信誉，评级公司不需要对商业票据的发行人和母公司的资产、信誉、偿还能力、财务状况等进行严格调查。所以，在同等条件下，从美国商业票据市场融资，比以LIBOR或美国银行优惠利率为基础的辛迪加银团贷款在利息成本上会便宜许多。

3. 资金筹集较灵活。美国商业票据为票据发行人在票据期限和发行时间上提供了很大的灵活性，从而可以满足票据发行人的各种具体需要。一般的辛迪加银团贷款要求提款必须事先通知，提前5~30天。但是，使用商业票据市场可以做到同一天发行票据并获得资金，不需要任何提前通知，使筹资者能及时获取资金。

(二) 商业票据的种类

1. 欧洲商业票据融资。欧洲商业票据种类丰富，包括欧洲期票、欧洲商业票据等。

(1) 欧洲期票（Euronote）。欧洲期票在原理上类似于商业票据，它作为欧洲债券市场的一个组成部分，是金融市场业务创新的结果，开始于20世纪70年代后期。1978年12月，美国花旗银行（Citibank）香港分行发行了一种被称为承诺期票购买贷款（Committed Note Purchase Facility）的新型融资工具，为新西兰航运公司筹集了一笔可循环使用的为期6年的3 000万美元浮动利率辛迪加贷款。此后，这种融资方式就在欧洲债券市场上得到了广泛的应用。在性质上，欧洲期票接近于辛迪加贷款，但较后者具有低成本及避免利息预提税的优点，所以，近年来成为国际项目融资的一种重要的债务资金来源。

主要的欧洲期票品种有以下几种：a. 欧洲期票贷款（Euronotes Facility）：这类期票是欧洲期票中比较简单的一种类型，期票发行人在一个确定的期限内（一般为3~7年）利用招标组（Tender Panel）等多种发行手段发行短期可转让票据筹集资金，票据期限一般为1~6个月。其发行的特征是不需要期票承购组作为发行的后盾，因此，一般只适用于为欧洲期票市场所熟悉的、信誉好的政府机构及大公司的融资活动。这类欧洲期票包括欧洲期票发行贷款（Euro-Note Issuance Facility, ENIF）、期票发行贷款（Note Issuance Facility, NIF）和辛迪加期票发行贷款（Syndicated Note Issuance Facility, SNIF）等几种形式。b. 可循环承购贷款（Revolving Underwriting Facility）：循环承购实际上是在欧洲期票发行程序中加入了承购的机制，是欧洲期票中最典型的结构，也是使用最为普遍的一种形式。绝大多数使用欧洲期票作为债务资金来源的项目融资案例，都是使用这个结构或者改进型来为项目融资的。其过程一般为：由一组金融机构提供中期承购允诺，在这个承诺下，借款人通过发行短期（1~6个月）期票筹集资金，任何未能在招标中售出的期票由承购人买入，在承购期内，每次期票到期时，通过发行新的票据替代到期期票来达到贷款资金不断循环进行中期使用的目的。c. 综合期票贷款（Global Note Facility）：这类欧洲期票包括多期权贷款（Multi-Option Facilities, MOF）和综合期票贷款等几种形式。一般地，在确定的借款额度内，期票发行人（即借款人）可以通过在欧洲债券市场发行欧洲期票，也可以通过在美国商业票据市场发行商业票据，或者通过直接贷款等其他规定方式筹集所需的债务资金。有时，期票发行人可以在几个市场上进行贷款掉期，甚至可以同时在几个市场上筹集资金，只要债务资金不超过限定总额就可以了。所以，可以看出，这种欧洲期票的融资活动具有更大的灵活性。

(2) 欧洲商业票据（EuroCommercial Paper）。欧洲商业票据是在欧洲期票市场的基础上发展起来的，其期限一般为78天至178天，可以是固定利率，也可以是以LIBOR为基础的浮动利率。欧洲商业票据基本上类似于欧洲期票中的可循环承购贷款，只是在欧洲商业票据的发行过程中，没有金融机构的承购机制，因而一般只有资信卓著的公司或政府机构可以在这个市场上获得成本更低的资金。欧洲商业票据一般是通过交易行发行，交易行没有责任一定要购入商业票据，除非它们确信可以将其有利可图地转售出去。因此，欧洲商业票据在项目融资中的应用就存在一些困难。只有在引入银行备用信用证作为信用担保或承购担保之后，欧洲商业票据才有可能成为项目融资的一种有效融资工具，但这样一来，除发行方式外，欧洲商业票据和欧洲期票已没有任何本质的区别了。

2. 美国商业票据融资。根据美国1933年证券法的规定，公募商业票据没有登记和发行计划书的要求，而且，外国公司在美国举债的票据期限不得超出270天，所以市场上发行商业票据的期限大多数在90~180天，然后，通过滚动（发行商业票据来归还到期的商业票据）发行的办法来获取较长的借款使用期。其利率以银行贴现率为计算基础，因为传统的商业票据都以贴现方式发行。但近年来以付息形式发行商业票据成为一种发展趋势。在绝大多数情况下，商业票据的最小单位为10万美元。而且，根据美国法律，商业票据不能直接售予个人。因此，票据持有人（投资者）多为活跃在金融市场上的投资基金、保险公司、银行、养老基金等金融机构以及一部分工业公司。

（三）美国商业票据与欧洲商业票据的比较

一般来说，美国商业票据和欧洲商业票据具有以下不同之处，投资者可以根据项目的需要选择不同的商业票据种类进行融资。

1. 平均融资期限不同。欧洲商业票据的期限较长，它可长达美国商业票据期限的两倍左右。

2. 投资方式不同。欧洲商业票据存在着活跃的二级市场，而美国商业票据通常被原始持有者持有至到期。

3. 投资主体不同。在欧洲商业票据市场上，中央银行、商业银行和公司是其重要的投资者，而美国商业票据以货币市场基金为投资主体。

4. 信用评级的要求不同。只有一部分欧洲商业票据的发行进行过信用评级，而在美国商业票据市场上，信用评级是必需的一个条件。

5. 融资的灵活性不同。欧洲商业票据显现出更大的灵活性，比如，其票面货币可以是多国的，即在一次票据发行总额中，可以由多种货币组成。但美国商业票据只能以美元为计价货币。

四、租赁融资

租赁也经常被作为项目融资结构中一种重要的债务资金来源。这是因为，项目融资所希望达到的一些目标都可以通过租赁融资的手段实现。租赁是使用者（即承租人）可以获得某一设备或某一工厂的使用权而不需要在使用初期支付该设备或工厂全部资本开支的一种融资手段。

在西方国家，根据在租赁协议中承租人和出租人所承担的责任以及租赁期间资产的使用价值占该资产全部使用价值的比重，将租赁分为经营租赁和融资租赁两种基本类型。它们在项目融资中都占有重要的位置。

（一）经营租赁

经营租赁一般是指租赁期较短并且在租赁期内承租人有权取消租约，将租赁物退还给出租人的租赁协议。在经营租赁期间，出租人承担对被出租资产的保养和维修责任，承租人的责任只局限于按期交纳租金，在租赁期结束时有权选择是将租赁资产退还给出租人还是将其购入。经营租赁一般适用于厂房、土地、轮船、飞机、建筑机械、铁路运输设备等通用性强或易于移动的资产的出租。

（二）融资租赁

融资租赁是指一种租赁期限相对较长，承租人不能随意提前终止租约的租赁协议。其租赁期限占出租资产的大部分经济生命期，有时可以占到90%以上。在租赁期内，出租人虽然拥有被出租的资产，但是实质责任只局限于提供一种融资，占有和使用被出租资产所需要的一切费用和成本，包括维修、保养乃至有关税收均需要由承租人负担。承租人按照租赁协议定期支付租金，并且向出租人保证在租赁期满时支付一笔资金以购买所租赁资产。融资租赁的应用范围十分广泛，小到一个机械设备，大到一个完整的工程项目，都可以采取这种方式。按照租赁的结构，融资租赁又可进一步分为直接租赁和杠杆租赁。（1）直接租赁（Direct Lease）是指只有出租人和承租人两方参与的简单租赁形式。出租人自己安排资金购买被出租资产，然后将其租赁给承租人。（2）杠杆租赁（Leverage Lease）是指在租赁融资中，出租人只需投资租赁设备购置款项20%~40%的金额，即可在法律上拥有该设备的所有权，享有如同对设备100%投资的同等税收待遇，设备购置款项的60%~80%由银行等金融机构提供无追索权的贷款解决，但需出租人以租赁设备作抵押，以转让租赁合同和收取租金的权利作为信用担保。

案例分析：山东日照电厂项目融资分析

一、项目简介

日照电厂项目包括两个35万千瓦的燃煤电厂，由中外双方共同组成合作经营公司，向境外银行借款进行项目的建设和开发。项目静态总投资约为50亿元人民币，其中国外贷款 3.5 亿美元。为了建设该项目，双方出资成立了一个专门公司——合作经营公司（有限责任公司），注册资本为 1.5 亿美元，具体出资比例如下：

中国电力投资有限公司	27%	4 050 万美元
山东华能发电股份有限公司	25.5%	3 825 万美元
山东省国际信托投资公司	7.5%	1 125 万美元
山东省电力公司	7.5%	1 125 万美元
日照市经济开发总公司	7.5%	1 125 万美元
以色列联合发展有限公司（UDI）	12.5%	1 875 万美元
德国西门子公司	12.5%	1 875 万美元

项目公司的经营范围是：为发电厂筹资、建设、拥有和运行电厂，生产和出售电力。项目一期工程为 2×35 万千瓦，合作期为 20 年。合作期满，项目公司的注册资本权益无偿转让给中方各投资方。

项目于 1993 年 3 月由国家计委批准立项。1995 年 7 月，项目发起人与德国西门子公司签订了设备供应合同。同年 9 月，签署了贷款协议。1996 年 3 月，中外合作经营山东日照发电有限公司正式成立。

以色列联合发展有限公司与中国电力投资有限公司共同负责筹集国外贷款，贷款属于不需要中国政府和中国金融机构担保的出口信贷。

由德国西门子公司和西班牙福斯特·惠勒公司作为项目的设备供应商，为合作公司提供发电设备。

山东省电力公司作为项目的总承包商，负责项目的建设、施工、运行等。

二、合作公司的资金结构

除上述各投资方的股本资金投入外，合作公司还筹集了 3.5 亿美元的国外贷款，由德国和西班牙各提供一半，以支持本国设备供应商的设备出口。其中，85% 为出口信贷，利率在德国为 6.6%，在西班牙为 5.95%，平均贷款利率为 6.275%，贷款期限为 16 年，宽限期为 4 年，还贷期为 12 年，分 24 次每半年连续等额支付。

另外的 15% 为商业银行贷款，年利率为 LIBOR + 1.25%，贷款期限为 12 年，宽限期为 4 年，还贷期为 8 年，分 16 次每半年连续等额支付。

三、合作公司为项目贷款提供的担保结构

1. 合作公司将其项目资产和权益全部抵押给国外的贷款银行。
2. 山东省政府和电力部门给予经营公司及两银行安慰信。它是应经营公司中外方和贷款银行的要求开出的，内容是从政府的角度对项目表示支持，并且对

未来电价作了承诺，对外汇汇出的有关情况进行了解释。我国是属于政府控制电价的国家，但在1995年12月，我国对引进外资建设的电厂实行了"新电新价"政策，规定新建电厂可以把包括发电成本、投资方回报、银行贷款本息费用在内的全部成本计算在内，以保证投资收益。但由于当时中国未颁布电力法及配套法规，外方难免有所担忧。因此，政府主管部门和地方政府的承诺就很有实际意义。另外，我国未实现外汇自由兑换，而电站未来收入只能是人民币形式，因此，对外方作出换汇及汇出许可的说明，也很有必要。外方往往是看了书面承诺才放心的，安慰信实际上是确认相关政策稳定性的"定心丸"。

3. 合作公司与作为承包商的山东省电力公司签署供煤、运行、维护和购买合同以及电厂发展合同。运行购买合同对于项目的最终收益起了根本性的保证作用。通过电厂发展合同，山东省电力公司负责在正式开工后12个月内按固定预算完成电厂建设。其特别之处在于山东省电力公司既是合作公司的股东之一，又是项目的总承包商和购买方，这种操作实际上就是作为一种担保降低了项目的完工风险和收入不足风险。

作为总承包商的山东省电力公司又涉及下列合同：

（1）供货合同。由作为总承包商的山东省电力公司与分包商的外国出口商签署。在这一合同中，规定了双方的权利与义务，还明确规定了违约条款：如果由于出口商原因造成延误，要赔偿一定比例的违约金，从而将部分完工风险转移给了国外设备供应商。

（2）电厂发展合同。由合作公司与山东省电力公司签署。按照该合同，山东省电力公司在固定的预算和预计的工期内完成电厂建设；同时，按照运行购电合同的规定，合同完工日之前的净售电收入将全部归电力公司，以减少项目工期延误的风险。

（3）运行购电合同。由山东省电力公司与合作经营公司签署。该合同规定，山东省电力公司有义务保证电厂的最低年发电量（5 500小时），并且购电者有义务向合作公司以人民币按时支付包括成本的电费。

4. 山东电力协议。由于运行购电合同受中国法律管辖，贷款银行要求签订山东电力协议作为补充。该协议适用贷款国法律，它是山东省电力公司与合作公司、国外贷款银行、担保代理人（建设银行）之间签署的协议，在该协议中，山东省电力公司重申在运行购电合同中关键条款的内容，特别是支付电费的条款。山东省电力公司同意，在某些特定事件发生时，将代替借款人作为贷款协议和融资担保协议的一方，并作出一些其他的声明、担保和承诺。

5. 股东支持协议。由所有股东与国外贷款银行和担保代理人签署协议。在该协议中，所有股东保证：认缴合作公司的注册资本、支持提供从属贷款以弥补建设超支或施工延误。

6. 融资担保协议。它是整个贷款结构的关键。该项目融资的保证人是中国建设银行，贷款银行与建设银行为一方、合作公司为另一方签署这一协议，协议中规定贷款的主要共同商务条款，包括有关的声明、保证、先决条件、账户系统等。该协议规定，今后项目的全部现金收入必须进入建设银行监管下的专门账户，并确定国外贷款为优先债务，贷款银行还为此设计了一整套保证账户结构。这样，作为外方代理人的建设银行直接掌握了电站未来收益的现金流。贷款人也就取得了还款在操作层面的保证。

然而，日照电厂项目的经验也有其局限性，有关专家指出，在日照项目所有的贷款中，毕竟以德国和西班牙两国政府给予补贴的出口信贷为主，而后者是以购买贷款国的设备为前提的。在难度和具体运作方式上，与国外规范的项目融资有很大的不同。此外，山东省电力公司在日照项目中承担了重大责任，其为大型国有企业，又在电力经营中处于无对手的垄断地位，这种情形与市场经济条件下通过竞争体系建立的风险机制也还是具有实质性差别的。其实，日照项目的局限，本质上是体制的局限，这是不能不加以正视的。正因为如此，政府有关部门更应以改革的观点，采取积极步骤，支持项目融资这一新生事物健康发展。

本 章 小 结

1. 项目的可融资性是指银行的可接受性。项目可行性研究满足了投资者的最低风险要求，并不意味着项目一定能够满足融资的要求。所以，项目的可融资分析对项目融资的成功来说必不可少。同时，在项目融资实践中，项目发起人在说服银行接受该项目时，应注意利用不可抗力因素来构成免责条款。

2. 项目融资的资金构成基本上可以分为三个部分：股本资金、准股本资金和债务资金。作为项目的管理者，选择最佳的债务/股本比率，从而实现管理的目标——项目价值最大化是筹资的关键。一般来说，影响项目的资本结构的因素主要是债务/股本的资金成本、利息预提税、资金使用期限计划。

3. 项目融资不同于传统的公司融资的一个重要特点是多元化的筹资渠道，具体包括国际金融机构、政府出口信贷机构、东道国政府、商业银行、机构贷款者、货币市场基金、商业金融公司、供应产品或原材料的公司、需要项目产品或服务的公司、工程建设公司、发起人等提供的资金和贸易信贷。

4. 商业银行贷款是国际项目融资的最大来源，主要是因为商业银行具备评估项目贷款风险的能力，许多大的国际商业银行拥有各种各样的工程师及金融专家，他们擅长于构建项目融资结构，分析项目的各种风险。而且，大多数的大型项目融资都是通过辛迪加组织提供的贷款筹集到所需资金的。

5. 股本资金是投资者投入的风险资金，它是项目融资的基础。在资金偿还序列中，股本资金排在最后一位。作为项目投资者，股本资金在承担风险的同时，也会由于项目具有良好的发展前景而能够获得相应的投资收益。在项目融资实践中，在多数情况下，项目投资者甚至只有准股本资金的投入。

6. 在项目融资中，股本资金的比例不一定非常大，但是它起着非常重要的作用。它可提高项目的抗风险能力，其比例的高低决定着投资者对项目的关心程度，对项目贷款人来说起着一种心理鼓励作用。

7. 在项目融资中，股本资金投入是多样化的，其中之一就是可以用多种多样的准股本资金形式来替代实际的股本资金投入。准股本资金是指在偿还顺序上先于股本资金但落后于高级债务和担保债务的次级债务。准股本资金在高级贷款人计算项目的债务股本比率时被当做股本资金。对于项目投资者而言，为项目提供准股本资金要比提供股本资金具有以下优点：投入资金的回报率相对稳定，使投资者在利益分配上所受的限制减少，以及可以帮助项目公司形成较为优良的税务结构。项目融资中最常见的准股本资金投入形式有：无担保贷款、与股本有关的债券、零息债券以及以担保存款和备用信用证为代表的贷款担保形式。

8. 如何安排债务资金是解决项目融资来源问题的核心。对于一个项目投资者来说，他所面对的债务资金市场可以分为本国资金市场和外国资金市场。项目债务融资大致可分为四大类：一是银团贷款融资，二是债券融资，三是商业票据融资，四是租赁融资。

9. 银团贷款的操作方式有两种：一种是直接参与型，另一种是间接参与型。前者是由银团内的各个成员银行直接向项目公司贷款，贷款工作由各成员银行在借贷协议中指定的代理银行统一管理。后者是由一家牵头银行向项目公司贷款，然后由该银行将参加贷款权分别转售给其他银行，贷款工作由牵头银行负责管理。

10. 各国进出口银行或机构提供的出口信贷也是项目融资的重要渠道，尤其是在存在国外设备供应商的情况下。作为重要的资金来源之一，出口信贷的优势在于利率固定，便于核算成本；利率优惠、贷款期限较长以及具有准政府贷款的性质，可以保护项目免于被政府没收或干涉等。这种方式也存在着不足，即只能从提供买方信贷国家的厂商购买设备，设备的技术标准与质量不一定是最符合项目要求的；设备价款可能会高于从第三国购买或国际招标购买的价格，因此，在一定程度上抵消了出口信贷利率低的优惠等。

11. 发行债券也是项目融资重要的资金来源，越来越多的项目通过债券融资，特别是在美国和欧洲的债券市场上融资。项目投资者可以通过发行欧洲债券和外国债券等为项目筹集资金。同银行贷款相比，发行债券为项目筹集资金具有融资规模大、融资期限长以及借款人所受限制少的优点。当然，债券融资也存在一些弊病，如容易导致管理上的过度疏忽，面临信用评级的挑战，存在较高的交易成本，债券到期时会形成对项目现金流量的巨大压力等。

12. 市政债券是指由地方政府或其授权代理机构发行的用于当地城市基础设

施和社会公益性项目建设的有价证券。在美国等西方发达国家,市政债券被证明是一种非常成功的为基础设施项目筹集资金的工具。根据信用基础的不同,市政债券可分为一般责任债券和收益债券两大类。前者是政府以自身信誉和信用对债券提供全面支持,除非受到某种限制,政府将把所有的收入作为偿还债券的基础。因此,这种市政债券的资信等级较高。后者是指为特定的具有一定收入的城市基础设施项目进行融资而发行的债券。

13. 商业票据是享有信誉的大企业在金融市场上筹措短期资金的借款凭证,是一种附有固定到期日的无担保的本票。发行商业票据进行融资可以提高企业在国际金融市场上的知名度,增强资金使用的灵活性。重要的商业票据市场是欧洲商业票据市场与美国商业票据市场。

14. 租赁也经常被作为项目融资结构中一种重要的债务资金来源。在项目融资中使用频率较高的是融资性租赁,它具有的避税效应正好满足了项目投资者的要求。

本章重要概念

准股本资金　　次级债务　　高级债务　　辛迪加贷款　　出口信贷
可转换债券　　附有认股权证的债券　　零息债券　　双货币贷款
商品关联贷款　　欧洲债券　　外国债券　　商业票据　　市政债券
收益债券

本章思考题

1. 试分析项目的可融资性分析的意义。
2. 试分析项目融资中商业银行贷款的操作方式及利弊。
3. 简述出口信贷在项目融资中的作用及局限性。
4. 如何看待多边金融机构在项目融资中的作用?
5. 如何理解项目融资中股本资本投入的多样化特点?
6. 什么是准股本资金?其投入方式有哪些?
7. 什么是商品关联贷款?其在项目融资中有何作用?
8. 什么是双货币贷款?如何操作?
9. 试分析项目融资中通过发行债券融资的利弊。
10. 如何利用欧洲商业票据为项目筹集资金?
11. 比较欧洲商业票据与美国商业票据的异同点。
12. 什么是收益债券?其操作模式有哪几种?
13. 试分析山东日照电厂项目的筹资渠道的特点及局限性。

第七章

项目融资的主要模式

项目融资模式是对前面项目融资各要素的综合,因此,它实际上涉及的内容是对项目融资要素的具体组合和构造。前面各章的分析是为了设计出一个合理的项目融资模式。所以,可以说,项目融资模式是项目融资整体结构组成中的核心部分。本章主要介绍项目融资模式的一般问题,包括设计项目融资模式的基本原则、项目融资模式的结构特征及基本框架;项目融资的主要模式,如以设施使用协议为基础的项目融资模式、以产品支付为基础的项目融资模式、以杠杆租赁为基础的项目融资模式、BOT融资模式和资产证券化融资模式等(本章重点介绍前三个模式,后两个模式由于其操作的广泛性在后面专门有章节进行介绍)。

第一节 设计项目融资模式的基本原则

严格地讲,世界上很少有任何两个项目融资的模式是完全一样的,这是由于项目在工业性质、投资结构等方面的差异,以及投资者对项目的信用支持、融资战略等方面的不同考虑所造成的。然而,无论一个项目的融资模式如何复杂,实际上融资模式中总是包括一些具有共性的东西。这就是人们所说的在设计项目融资模式时所必须遵循的一些基本原则。

一、争取适当条件下的有限追索融资

如前所述,追索是指在借款人未按期偿还债务时,贷款人要求借款人用除抵押资产之外的其他资产偿还债务。有限追索是指贷款人可以在某个特定时间阶段(如项目建设期或试生产期)对项目借款人实行追索,或者在一个规定的范围内(如金额或者形式的限制)对项目借款人实行追索。除此之外,无论出现任何债务清偿问题,贷款人均不能追索到借款人除项目资产、现金流量以及有关方所承诺的义务之外的任何形式的资产。

为了限制融资对项目发起人的追索责任,需要考虑的问题有两个:第一,项

目的经济强度在正常情况下是否足以支持融资的债务偿还；第二，项目融资是否能够找到强有力的来自项目发起人以外的信用支持。至于项目发起人在融资中需要承担的责任和义务，需要提供的担保的性质、金额和时间要求，主要取决于项目的经济强度和贷款银行的要求，是由借贷双方通过谈判决定的。

二、实现项目风险的合理分担

保证项目发起人不承担项目的全部风险责任是项目融资模式设计的第二条基本原则。因此，对于与项目有关的各种风险要素，要以某种形式在项目发起人、与项目开发有直接或间接利益关系的其他参与者和贷款人之间进行分摊，力争实现对项目发起人的最低债务追索。

从前面几章的介绍中知道，项目在不同阶段中的各种性质的风险有可能通过合理的融资结构设计分散。例如项目发起人（有时包括项目的工程承包公司）可能需要承担全部的项目建设期和试生产期风险。但是，在项目建成投产以后，发起人所承担的风险责任将有可能被限制在一个特定的范围内，如发起人（有时包括对项目产品有需求的第三方）有可能只需要以购买项目全部或绝大部分产品的方式承担项目的市场风险，而贷款银行则有可能需要同样承担项目的一部分经营风险。这是因为，即使项目发起人或者项目以外的第三方产品购买者以长期协议的形式承购了全部的项目产品，对于贷款银行来说仍然存在两种潜在的风险：第一，有可能出现国际市场产品价格过低，从而导致项目现金流量不足的问题；第二，有可能出现项目产品购买者不愿意或者无力继续执行产品销售协议而造成项目的市场销售难问题。这些潜在问题所造成的风险是贷款银行必须承担的，除非贷款银行可以从项目发起人处获得其他的信用保证。

三、最大限度地降低融资成本

项目融资的金额大，周期长，如何实现最大限度地降低融资成本是项目发起人最关心的问题。因此，在具体设计项目融资模式时，应尽量从以下几个方面入手：第一，完善项目投资结构设计，增强项目的经济强度，降低风险以获取成本较低的债务资金；第二，合理选择融资渠道，优化资金结构和融资渠道；第三，充分利用各种税收优惠，如加速折旧、税务亏损结转、利息冲抵所得税、减免预提税、费用抵税等。这一点在项目融资中非常重要，有的融资模式甚至是专门为了充分吸收税务亏损而设计，如杠杆租赁融资模式。

四、实现发起人对项目较少的股本投入

任何项目的投资，包括采用项目融资安排资金的项目都需要项目发起人注入一定的股本资金作为对项目开发的支持。然而在项目融资中，这种股本资金的投

人可以比传统的公司融资更为灵活,这就为设计项目融资模式争取实现发起人对项目较少的股本投入提供了条件。比如,项目发起人除了可以以认购项目公司股本或提供一定的出资金额的方式提供股本金外,还可以以担保存款、信用证担保等非传统的方式代替实际的股本资金投入。因此,如何使发起人以最少的资金投入获得对项目最大程度的控制和占有,是设计项目融资模式必须加以考虑的问题。

五、处理好融资与市场之间的关系

长期的市场安排是实现有限追索项目融资的一个信用保证基础,没有这个基础,项目融资是很难组织起来的。而对于大多数项目投资者来说,尤其是在非公司型投资结构中,以合理的市场价格从投资项目中取得部分产品是其参与该项目投资的一个主要动机。这样,就可能出现一种矛盾的局面:从贷款银行看,低于公平市场价格的市场安排意味着银行将要承担更大的市场风险,但对于项目投资者来说,高于公平市场价格的市场安排则意味着全部或部分失去了项目融资的意义。因此,在设计项目融资模式时,能否确定以及如何确定项目产品的公平市场价格就成为借贷双方谈判的一个焦点问题。

国际项目融资在多年的发展中积累了大量处理融资与市场关系的方法和手段,其中,除了前面提到的或付或取合同和提货与付款合同外,还有一些融资模式就是对该问题的解答,如"产品支付"项目融资模式就是一例。

六、争取实现资产负债表外融资

实现资产负债表外融资是一些投资者选用项目融资的重要原因。虽然通过设计项目投资结构,在一定程度上也可以做到不将所投资项目的资产负债列入投资者自身的资产负债表中,但是多数情况下,这种安排只对于共同安排融资的合资项目中的某个投资者而言是有效的。如果是投资者单独安排融资,怎样才能实现投资者的表外融资呢?这就是在设计项目融资模式时需要考虑的问题。

在设计项目融资模式时,可以把一项贷款设计成一种"商业交易"的形式,按照商业交易来处理,既实现了融资的安排,也达到了不把这种贷款列入投资者的资产负债表的目的,因为按照国际通行的会计制度,贷款必须反映在债务人的资产负债表上(或在资产负债表的注释中说明),而商业交易则不必进入资产负债表中,这样就实现了资产负债表外融资,如"产品支付"项目融资模式和"远期购买"项目融资模式。另一种做法是在BOT项目融资模式中,政府以特许权协议为手段利用私人资本和项目融资兴建本国的基础设施,一方面达到了改善本国基础设施状况的目的,另一方面又有效地减少了政府的直接对外债务(使政府所承担的义务不以债务的形式出现)。

第二节 项目融资模式的结构特征及基本框架

一、项目融资模式的结构特征

虽然任何一个具体的项目融资方案,由于时间、地理位置、项目性质、投资者的状况及其目标要求等多方面的差别,都会有各自不同的特点。但是,基本的项目融资模式仍具有以下三个方面的结构特征。

(一) 在贷款形式方面的特征

在贷款形式上,不外乎以下两种情况:

1. 贷款方为借款方提供有限追索权或无追索权的贷款。这是最普遍的一种操作方法,就是由银行提供有限追索或无追索的贷款,这种贷款的偿还将主要依靠项目的现金流量。

2. 签订远期购买协议或产品支付协议。在这种方式中,由贷款方预先支付一定的资金来"购买"项目的产品或一定的资源储量(最终将转化为销售收入)。

(二) 在信用保证方面的特征

无论采取哪种项目融资模式,最重要的环节是建立结构严谨的担保体系。这种担保体系的构造一般具有以下特征:

1. 贷款银行要求对项目的资产拥有第一抵押权,对于项目的现金流量具有有效控制权。因此,当商业银行与世界银行等多边金融机构同时对项目提供贷款时,商业银行往往愿意为后者的贷款提供担保,以取得项目资产及现金流量的完全抵押权。

2. 要求项目投资者(借款人)将其与项目有关的一切契约性权益转让给贷款银行。所以,项目公司根据"或付或取"合同取得项目收入的权利、工程公司向项目公司提供的各种担保的权益等都必须转让给贷款者。

3. 要求项目在法律上为一个单一目的实体所拥有。即把项目的经营活动尽量与投资者的其他业务分开,除了项目融资安排之外,限制该单一目的实体筹措其他债务资金。这在股权式合资结构中容易操作,而在非公司型投资结构中,就需要巧妙地设计项目的投资结构和融资结构。

4. 在项目的开发建设阶段,要求项目发起人提供项目的完工担保。目的是保证项目按商业标准完工。

5. 在项目经营阶段,要求项目具有类似"或付或取"或者"提货与付款"性质的市场销售安排。以此保证项目带来稳定的现金流量,除非贷款银行对项目产品的市场状况充满信心。在项目融资中,只有很少一部分产品会在即期市场上销售。

（三）在贷款发放方面的特征

一般而言，贷款协议至少应明确项目中的两个阶段：建设开发阶段和投入经营阶段。

1. 在项目开发建设阶段，贷款多是完全追索性的。对于贷款银行来说，在项目开发建设阶段，风险是最高的，因此，在这个阶段，贷款常常是具有完全追索权的，并有项目发起人就此所作的具有法律效力的担保。当然，贷款方还有另外一种策略，就是提高利率，并同时要求提供承建合同的担保及相关的履约担保。

在这一阶段，贷款的发放随工程进度逐步到位，但利息的偿还可以推迟。推迟的办法有两种：把利息累积起来等项目投产后有了现金流量再分期偿还；或者从银行贷出新款以还旧债。根据各方事先在合同中规定好的标准，经过独立的专家审核，确定项目完工后，贷款方对项目发起人的追索权可能会被撤销或降格，贷款利率也可能会随之下调。完工标志着项目投产经营阶段的开始，这时，项目便开始有了现金流入，并可开始偿还贷款。

2. 在项目经营阶段，贷款可能被安排成有限追索的或无追索的。在项目的投产经营阶段，贷款人会进一步要求以项目产品销售收入和项目其他收入作担保。贷款利息和本金的偿还速度通常是和项目的预期产量、销售收入和其他应收款项相关联的，项目净现金流量的一个固定比例会自动用于债务偿还。而且，在贷款协议中一般还会规定，在某些特殊情况下，用于偿还贷款的比例可以增加甚至可以达到100%。例如，如果产品的需求或产量明显低于预期，贷款者有正当的理由认为项目的前景以及项目所在国的政治、经济环境发生了恶性逆转等。

在投产阶段，偿还贷款比例通常是根据税后净现金流量计算的，但在有些情况下，项目发起方也会要求按税前净现金流量来计算。如果贷款银行是根据税前净现金流量来提供贷款的话，则它们实际提供的贷款额要高于根据税后利润所应发放的贷款。在这种情况下，贷款者会相应地提高他们对项目借款人或担保人的追索权。

图7-1和图7-2分别描述了在项目建设阶段和项目经营阶段贷款方和借款方的担保关系及贷款的资金流向。

二、项目融资模式的基本框架

无论采用哪种具体的项目融资模式，一般都离不开以下两种操作模式，即项目发起人直接安排项目融资模式和通过项目公司安排项目融资模式。

（一）由项目发起人直接安排项目融资模式

由项目发起人直接安排项目融资，并且直接承担融资安排中相应的责任和义

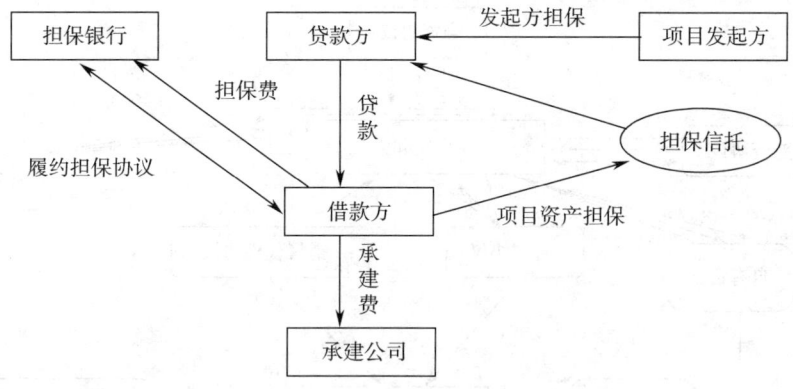

图 7-1　项目建设阶段贷款结构示意图

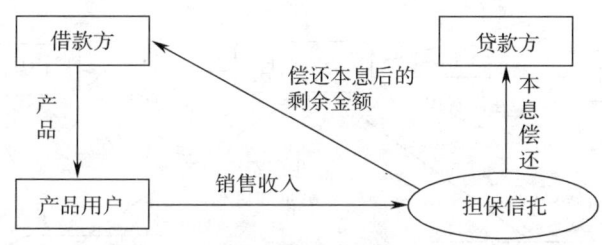

图 7-2　项目经营阶段贷款结构示意图

务,可以说是结构最简单的一种项目融资模式。一般在发起人本身公司财务结构不很复杂的情况下采用。

这种项目融资模式有利于发起人税务结构方面的安排,对于资信状况良好的投资者,直接安排项目融资可以获得相对成本较低的贷款,这是因为即使安排的是有限追索的项目融资,但由于是直接使用投资者的名义,对于大多数银行来说,资信良好的公司名誉本身就是一种担保。但在这种项目融资模式中,需要注意的问题是如何限制贷款银行对投资者的追索权利,贷款由投资者直接安排并直接承担其中的债务责任,在法律结构中实现有限追索就会相对复杂一些。而且,这种结构也很难将项目贷款安排成非公司负债型融资。

投资者直接安排项目融资的模式,在非公司型投资结构中比较常用,因为绝大多数的非公司型投资结构不允许以合资结构或管理公司的名义举债。在这种融资结构中,又可以分为两种操作方法:

1. 由项目发起人直接安排项目融资,但面对的是同一个贷款银行和市场安排。

其具体过程如图 7-3 所示:

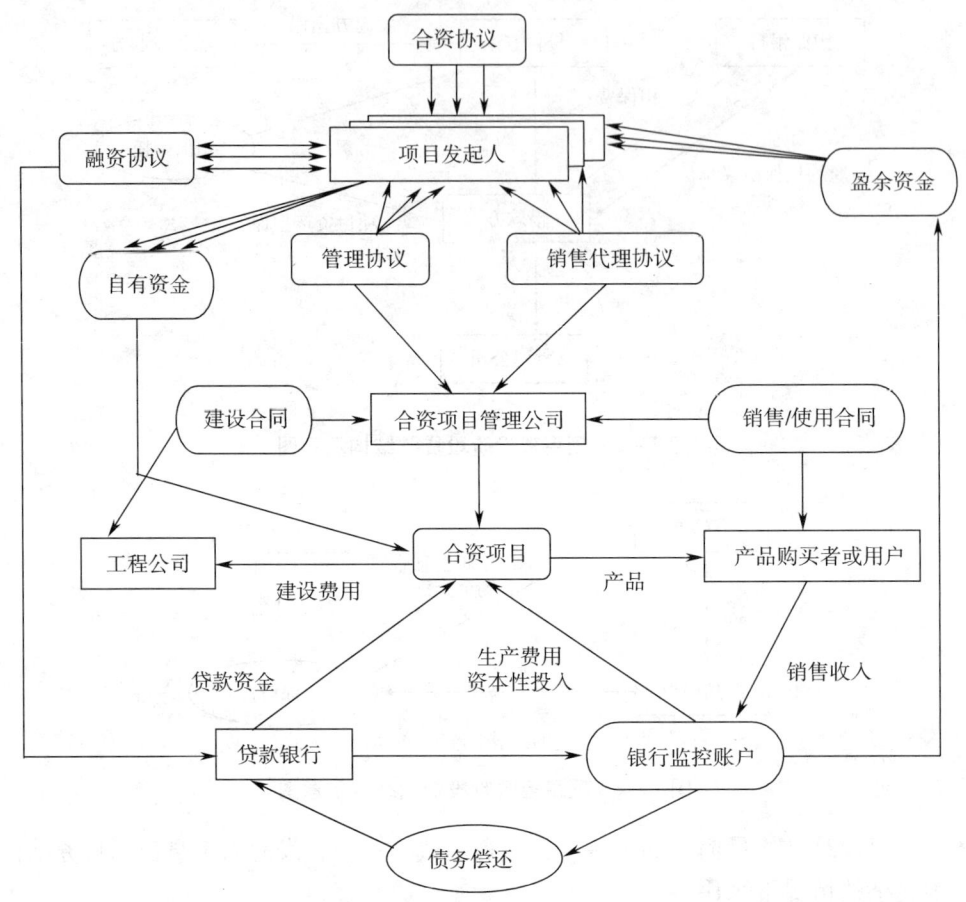

图 7-3 发起人直接安排项目融资的结构之一

图 7-3 可归纳为以下操作过程：

（1）项目发起人根据合资协议组成非公司型投资结构，并按照投资比例合资组建一个项目管理公司负责项目的建设和生产经营，项目管理公司同时也作为项目发起人的代理人负责项目的产品销售。项目管理公司的这两部分职能分别通过项目的管理协议和销售代理协议加以规定和实现。

（2）根据合资协议规定，发起人分别在项目中投入相应比例的自有资金，并统一安排项目融资作为项目的建设资金和流动资金，但是由每个发起人独立地与贷款银行签署协议。

（3）在建设期间，项目管理公司代表发起人与工程公司签订工程建设合同，监督项目的建设，支付项目的建设费用；在生产经营期间，项目管理公司负责项目的生产管理，并作为发起人的代理人销售项目产品。

(4) 项目的销售收入将首先进入一个贷款银行监控下的账户，用于支付项目的生产费用和资本再投入，偿还贷款银行的到期债务。最后，按照融资协议的规定将盈余资金返还给发起人。

2. 由项目发起人各自独立地安排融资和承担市场销售责任。在这种项目融资模式中，项目发起人组成非公司型投资结构，投资项目由发起人而不是项目管理公司组织产品销售和债务偿还。具体过程如图7-4所示。

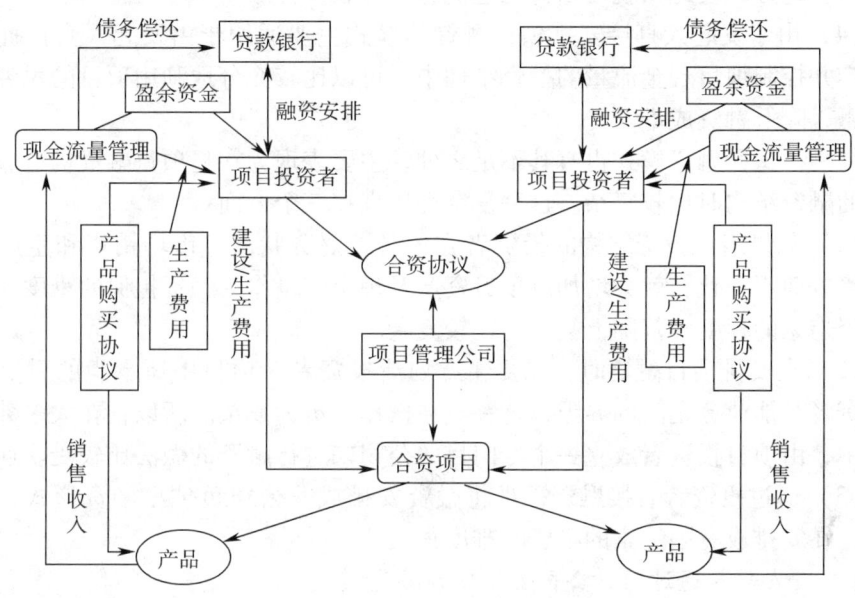

图7-4 发起人直接安排项目融资的结构之二

图7-4可归纳为以下操作过程：

(1) 项目发起人根据合资协议投资合资项目，任命项目管理公司负责项目的建设和生产管理。

(2) 发起人按照投资比例，直接支付项目的建设费用和生产费用，根据自己的财务状况自行安排融资。

(3) 项目管理公司代表发起人安排项目建设，安排项目生产，组织原材料供应，并根据投资比例将项目产品分配给项目发起人。

(4) 发起人以或付或取合同规定的价格购买项目产品，其销售收入根据与贷款银行之间的现金流量管理协议进入贷款银行监控账户，并按照资金使用优先序列的原则进行分配。

3. 发起人直接安排项目融资模式的共同特点。通过以上分析，归纳起来，由发起人直接安排项目融资的模式具有以下几个特点：

（1）选择融资结构及融资方式比较灵活。发起人可以根据不同需要在多种项目融资模式、多种资金来源方案之间充分加以选择和合并，比如，资信较好的公司可以很便宜地融通到资金，而一些小公司却必须付出很高的融资成本。

（2）债务比例安排比较灵活。发起人可以根据项目的经济强度和本身的资金状况较灵活地安排债务比例。

（3）可以灵活运用发起人在商业社会中的信誉。同样是有限追索的项目融资，信誉越好的发起人就可以得到越优惠的贷款条件。

（4）由于发起人直接安排项目融资的模式主要适用于由发起人直接拥有项目资产并控制项目现金流量的投资结构中，可以比较充分地利用项目的税务亏损或优惠，降低融资成本。

但是，这种融资模式也有其不足之处，主要表现为在将项目融资构造成有限追索的融资结构时比较复杂。这种复杂性体现在三个方面：

（1）如果组成投资结构的投资者在信誉、财务状况、市场销售和生产管理能力等方面不一致，就会增加以项目资产及现金流量作为融资担保的难度。从而在融资追索的程度和范围上会显得比较复杂。

（2）在安排项目融资时，需要注意划清投资者在项目中所承担的融资责任和投资者其他业务之间的界限，这一点在操作上更为复杂。所以，在大多数项目融资中，由项目投资者成立一个专门目的公司来进行融资的做法比较受欢迎。

（3）通过投资者直接融资很难将融资安排成非公司负债型融资形式，也就是说，在安排成有限追索的融资时难度很大。

（二）发起人通过项目公司安排项目融资模式

项目发起人通过成立一个单一目的项目公司来安排融资，又有两种基本形式。

1. 在非公司型投资结构中，一个或一个以上项目发起人各自成立一个单一目的的公司参与合资项目，安排项目融资和建设。

在非公司型投资结构、合伙制投资结构甚至公司型投资结构中，项目的发起人经常建立一个单一目的的项目子公司作为投资载体，以该项目子公司的名义与其他投资者组成投资结构安排融资。

这种融资模式的特点是项目子公司将代表发起人承担项目中全部的或主要的经济责任。但是，由于该公司是发起人为一个具体项目专门组建的，缺乏必要的信用和经营历史，有时也缺乏资金。所以可能需要发起人提供一定的信用支持和保证。如由项目发起人为项目子公司提供完工担保和产品购买担保等。在中信参与的波特兰铝厂项目融资案例中，就是采取这种投融资结构。中信总公司特地成立了一个全资控股的中信澳大利亚公司，在具体参与波特兰铝厂项目时，又成立了中信澳（波特兰）公司，该公司的业务就是专门参与波特兰铝厂项目的融资与投资活动。

这样操作对于发起人而言有许多好处,主要表现在:

(1) 容易划清项目的债务责任。贷款银行的追索权只能够涉及项目子公司的资产和现金流量,其母公司除提供必要的担保以外,不承担任何直接的责任,融资结构较发起人直接安排融资要相对简单、清晰一些。

(2) 项目融资有可能被安排成非公司负债型融资。

(3) 在税务结构安排上,灵活性可能会差一些,但这不一定就构成这种融资模式的缺陷,主要取决于各国税法对公司之间税务合并的规定。

这种融资模式如图7-5所示:

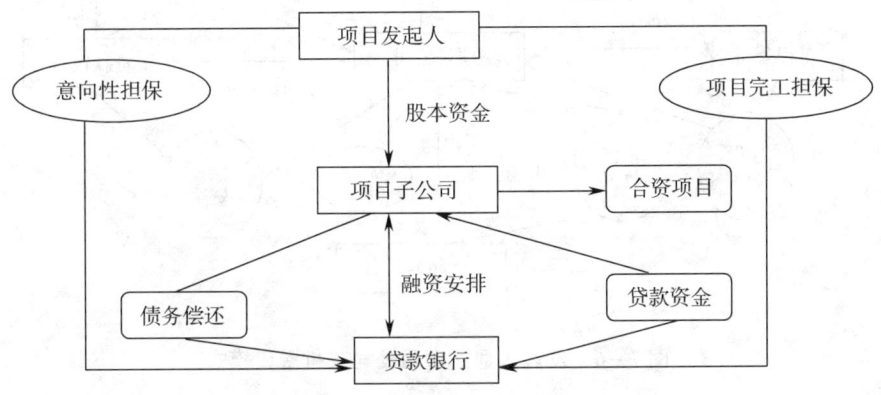

图7-5 在非公司型投资结构中发起人通过项目子公司安排融资示意图

2. 在公司型投资结构中发起人共同出资成立项目公司安排项目融资和建设。通过项目公司安排融资是最主要的一种项目融资模式。在这种融资模式中,由项目发起人共同投资组建一个项目公司,再以该公司的名义拥有、经营项目和安排项目融资。采用这种模式,项目融资由项目公司直接安排,债务的主要信用保证、担保来自项目公司拥有的现金流量、项目资产以及项目发起人和其他参与者所提供的与融资有关的担保和商业协议。对于具有经济强度的较好项目,这种融资模式可以安排成对发起人无追索的形式。

其基本操作过程可以归纳为以下几点:

(1) 项目发起人根据股东协议组建一个单一目的的项目公司,并注入一定的股本资金。

(2) 项目公司作为独立的法人实体,签署一切与项目建设、生产和市场有关的合同,安排项目融资,建设经营并拥有项目。

(3) 项目融资被安排在对项目发起人有限追索的基础上。但是,由于项目公司除了正在安排融资的项目之外,没有任何其他的资产和业务,也没有任何经营历史，所以，项目发起人必须提供一定的信用担保以承担一定程度的项目责任。如在建设期间，项目发起人为贷款银行提供项目完工担保，在生产经营期间，如果项目的生产经营达到预期标准，项目现金流量达到债务覆盖比率要求，项目融资甚至可以被安排成对发起人的无追索贷款。

以上过程可用图7-6表示：

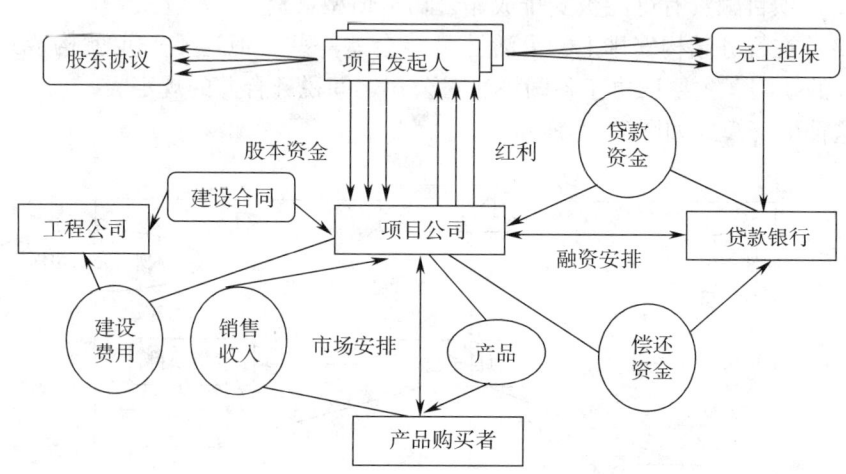

图7-6 发起人通过项目公司安排融资模式

发起人通过项目公司安排融资的模式，归纳起来有以下好处：

（1）将项目的融资风险和经营风险大部分限制在项目公司，项目公司对偿还贷款承担直接责任，实现对项目发起人的有限债务追索。项目发起人并不直接安排融资，而是通过间接的信用保证形式支持项目公司的融资，如完工担保、或付或取销售合同等。

（2）容易将融资安排成非公司负债型融资。根据一些国家的会计制度，成立项目公司进行融资，可以避免将有限追索的融资安排作为债务列入项目发起人自身的资产负债表上，实现非公司负债型融资安排，从而降低项目发起人的债务比率。

（3）组织项目公司便于把项目资产的所有权集中在项目公司，而不是分散在各个发起人所拥有的公司，便于管理。项目公司统一负责项目的建设、生产、市场，并且可以整体地使用项目资产和现金流量作为融资的抵押和信用保证，在概念和融资结构上较易为贷款银行接受，法律结构也相对比较简单。

（4）在公司型投资结构中，通过项目公司安排融资，可以充分利用大股东在管理、技术、市场和资信等方面的优势为项目获得优惠的贷款条件，而这些优惠条件可能是其中一些条件相对较弱的股东所根本无法得到的。同时，通过项目融资共同融资也避免了发起人之间为安排融资的相互竞争。

当然，这种融资模式也有其缺陷，主要表现为融资的灵活性较差，很难满足不同投资者对融资的各种要求：第一，在税务结构安排上缺乏灵活性。因为在这种融资结构中，项目的税务优惠或亏损只能保留在项目公司中应用，容易形成税务优惠的浪费。第二，在债务形式选择上缺乏灵活性。虽然项目发起人对项目的资本投入可以选择普通股、优先股、从属性贷款、零息债券、可转换债券等多种形式，但是由于投资者缺乏对项目现金流量的直接控制，在资金安排上有特殊要求的投资者就会面临一定的困难。

第三节 以设施使用协议为基础的项目融资模式

通常会出现这种情况，即一个项目融资协议是以一个工业设施或者服务性设施的使用协议作为主体来安排的。

一、设施使用协议项目融资模式的定义及适用范围

这种设施使用协议（Tolling Agreement）是指在某种工业设施或服务性设施的提供者和使用者之间达成的一种具有"无论使用与否需付款"性质的协议。因此，事实上，这种设施使用协议就构成了项目融资安排中的主要担保来源。以此协议为基础构造的一种有限追索项目融资，即是以设施使用协议为基础的项目融资模式。

这种融资模式最初主要运用于带有服务性质的项目，如天然气管道项目、发电设施、某种专门产品的运输系统以及港口、铁路设施等。20世纪80年代以来，由于在很长一个时期内国际原材料市场不景气而导致与原材料有关的项目投资风险过高，这种融资模式也开始被引入到工业项目之中，从而使这种融资模式在其他投资项目中得到推广。

二、设施使用协议项目融资模式的特点

利用设施使用协议安排项目融资，其成败的关键是项目设施的使用者能否提供一个强有力的具有"无论使用与否均需付款"性质的付费承诺。因此，我们可以将以设施使用协议安排项目融资模式的特点归纳为以下几点：

1. 设施使用协议的无条件性。根据设施使用协议，项目设施的使用者必须承诺在项目融资期间定期地向设施的提供者（项目投资者）支付一定数量的预先确定下来的项目设施的使用费。这个承诺是无条件的、不可撤销的，即不管项目设施的使用者是否真正地使用了项目设施所提供的服务，这种付款义务都存在。

2. 设施使用协议的权益应该可以被转让。尤其要求这种设施使用协议的权益应该可以被转让给提供资金的贷款银行。

3. 项目投资者只需提供一定的完工担保。由于将设施使用协议中无条件地取得使用费的权益转让给了贷款银行，因此，项目投资者只需提供一定的完工担保，就构成了项目信用保证结构的主要组成部分。相对其他形式的融资模式来说，这种结构对于项目投资者来说可以节省一定的担保费用。

4. 设施使用协议的使用费应足以支付项目的生产经营成本和项目债务还本付息额。一般来说，在确定使用费的金额时，应至少考虑以下因素：第一，项目生产运行成本和资本再投入费用；第二，融资成本，包括项目融资的本金和利息；第三，投资者的收益等。其中，项目设施的使用费在融资期间应至少能够足以支付项目的生产经营成本和满足项目债务还本付息要求，而对投资者的收益安排可以稍灵活。

5. 投资结构的选择比较灵活。投资者可以根据项目的性质、设施使用者的要求和融资税务方面的要求等，具体设计项目投资结构。既可以采用公司型投资结构，也可以采用契约型投资结构及合伙制投资结构。

6. 项目投资者可以利用与项目利益有关的第三方（如项目设施使用者）的信用来安排融资，分散风险，节约初始资金的投入。因而特别适用于资本密集、收益相对稳定的基础设施类项目的融资。

三、设施使用协议项目融资模式的案例分析

下面以20世纪80年代初期澳大利亚一个运煤港口项目的建设实例来说明设施使用协议融资模式的运作过程。

A、B、C等几个公司以非公司型投资结构的形式在澳大利亚昆士兰州的著名产煤区投资兴建了一个大型煤矿项目。该项目与日本、欧洲等地客户订有长期的煤炭供应协议。但是，由于港口的运输能力不足，影响了煤炭的生产和出口。该项目的几个投资者与主要煤炭客户谈判，希望能够共同进行港口的扩建工作，以扩大港口的出口能力，满足购买方的需要。但是，买方是国外的公司，不愿意进行直接的港口项目投资，而A、B、C等几家公司出于本身财务能力的限制，或者出于发展战略上的考虑，也不愿意单独承担港口的扩建工作。经过多方面的权衡利弊，最后煤矿项目投资者与主要煤炭买方等共同商定以设施使用协议为基础来安排项目融资筹集资金进行港口的扩建工作。其操作过程是：

1. 签订港口设施使用协议。煤炭项目投资者与日本及欧洲的煤炭客户谈判达成协议，由几个煤炭客户联合提供一个具有"无论使用与否均需付款"性质的港口设施使用协议，在港口扩建成功的前提条件下，定期向港口的所有者支付规定数额的港口使用费作为项目融资的信用保证。一般地，如果煤炭用户是国际

大公司，不需要再提供任何信用担保。如果煤炭用户是小公司，就要出示银行担保信用证，担保煤炭用户一定履行使用该港口并支付港口设施使用费的责任。在该项目中，由于签约方主要是日本和欧洲实力雄厚的大公司，因此，这个港口设施使用协议能够为贷款银行所接受。

2. 成立港口项目公司。A、B、C 等几家煤炭项目的投资者根据买方提供的港口设施使用协议和煤炭的长期销售协议，投资组建了项目公司即煤炭运输港口公司，由该公司负责拥有、建设、经营整个煤炭运输港口系统。由于以港口设施使用协议和长期销售协议为基础，港口的未来吞吐量及其增长是有协议保证的，港口的经营收入也就相对稳定和有保障。因此，除项目投资者少量的初始资金投入外，该项目公司通过发行股票，吸引了当地政府、机构投资者和公众的资金作为项目公司的主要股本资金。

3. 通过公开招标选择港口项目的工程公司，签订交钥匙工程建设合同。中标的公司通常必须具备一定的资信和经验，并且应提供由贷款银行所认可的银行出具的履约担保。

4. 构造项目融资担保体系。煤矿项目的投资者将与煤炭客户签订的港口使用协议的权益转让给项目公司，再由项目公司将该协议和与工程公司签订的交钥匙工程建设合同及由银行提供的工程履约担保组合在一起，将其权益转让给贷款银行，这样，一个以港口设施使用协议为基础的简单项目融资担保结构就组建起来了。

对于日本、欧洲等地的煤炭客户来说，这样的安排相对直接参与港口扩建投资，节约了大量的资金。由于他们长期需要煤炭作为后序工业的原料，也避免了投资风险和市场风险，因为他们只是承诺了正常使用港口设施和支付港口使用费的义务；对于煤矿项目的投资者而言，既避免了大量的资金投入，又有效地将港口项目的投资风险分散给了与项目有关的用户、工程公司以及其他股本投资者，完成了港口的扩建工作，更重要的是通过这一安排保证了煤矿项目的长期稳定市场。

从这一案例分析中可以进一步看到，市场安排在项目融资中所起到的关键和主导作用。

上述过程如图 7-7 所示。

上述过程是在服务性项目中，设施使用协议项目融资模式的应用。在生产型工业项目中，也可以采用这种融资模式。只不过在生产型项目中，设施使用协议被称为委托加工协议，项目产品的购买者提供或组织生产所需要的原材料，通过项目的生产设施将其生产加工成为最终产品，然后由购买者在支付加工费后将产品取走。围绕委托加工协议组织起来的项目融资在结构上与上述安排是基本一致的。

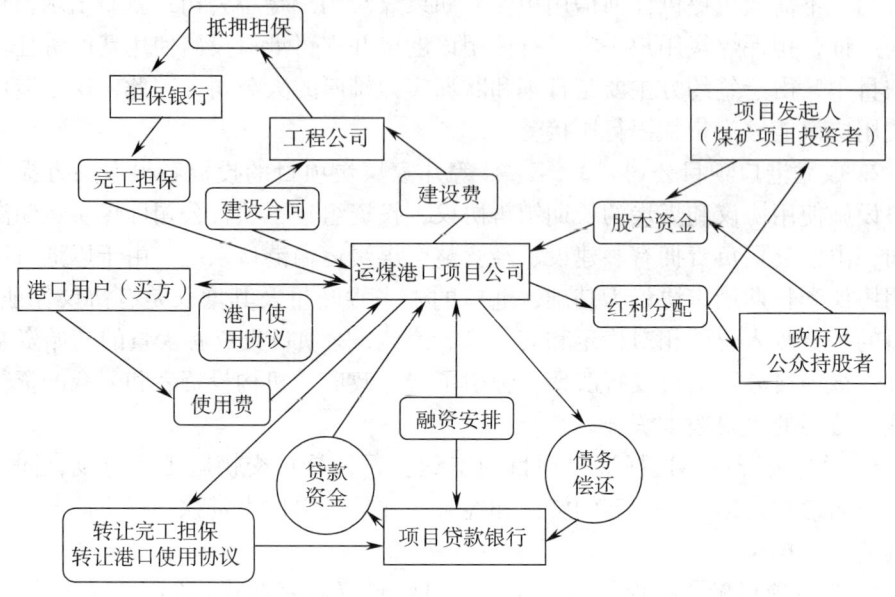

资料来源：张极井：《项目融资》，120页，北京，中信出版社，2003。

图7-7 设施使用协议融资模式的港口建设项目示意图

第四节 以产品支付为基础的项目融资模式

一、产品支付项目融资的定义及适用范围

产品支付（Production Payment）项目融资是在美国石油、天然气和矿产品项目融资中被证明和接受的无追索权或有限追索权融资方法，它完全以产品和这部分产品销售收益的所有权作为担保品而不是采用转让或抵押方式进行融资。这种形式是针对项目贷款的还款方式而言的。借款方在项目投产后不以项目产品的销售收入来偿还债务，而是直接以项目产品来还本付息。在贷款得到偿还前，贷款方拥有项目部分或全部产品的所有权。当然，这并不意味着贷款银行真的要储存几亿桶石油或足以照亮一座城市的电力。在绝大多数情况下，产品支付只是产权的转移而已，而非产品本身的转移。通常，贷款方会向项目公司出售属于它们的产品或要求项目公司充当它们的代理人来销售这些产品。因此，销售的方式可以是市场出售，也可以是由项目公司签署购买合同一次性统购统销。无论哪种情况，贷款方都用不着接受实际的项目产品。

因此，产品支付项目融资适用于资源储量已经探明并且项目产生的现金流量能够比较准确地计算出来的项目。

二、产品支付项目融资模式的特点

以产品支付为基础组织起来的项目融资，在具体操作上具有以下基本特征：

1. 独特的信用保证结构。这种融资方式是建立在由贷款银行购买某一特定矿产资源储量的全部或部分未来销售收入的权益的基础上。这部分储量的销售收入也就成为项目融资的主要偿债资金来源。因此，产品支付是通过直接拥有项目的产品，而不是通过抵押或权益转让的方式来实现融资的信用保证。对于那些资源属于国家所有的项目，项目投资者获得的只是资源开采权，这时，产品支付的信用保证是通过购买项目未来生产的现金流量，以及资源开采权和项目资产的抵押实现的。

2. 贷款银行的融资容易被安排成无追索或有限追索的形式。由于所购买的资源储量及其销售收益被作为产品支付项目融资的主要偿债资金来源，而产品支付项目融资的资金数量的多少取决于产品支付所购买的那一部分资源储量的预期收益在一定利率条件下贴现出来的资产现值。所以，贷款的偿还非常可靠，从一开始贷款就可以被安排成无追索或有限追索的形式。因此，如何计算所购买的资源储量的现值就成为安排产品支付融资的一个关键性问题。同时，也是实际工作中一个较为复杂的问题。为了计算资源储量现值，一般需要确定以下因素：第一，已证实的资源总量，它将影响产品支付融资的最大可能量；第二，资源价格；第三，生产计划，包括年度开采计划和财务预算；第四，通货膨胀率、汇率、利率和其他一些经济因素；第五，资源税和其他有关政府税收等。

3. 产品支付项目融资期限一般应短于项目预期的经济生命期。即如果一个资源性项目具有 20 年的开采期，产品支付项目融资的贷款期限将会大大短于 20 年。

4. 产品支付中的贷款银行一般只为项目的建设和资本费用提供融资，而不承担项目生产费用的融资。并且要求项目发起人提供最低生产量、最低产品质量标准等方面的担保等。

5. 产品支付项目融资时，一般成立一个融资中介机构，即所谓的专设公司用于专门负责从项目公司中购买一定比例的项目生产量。这样做的目的可能是出于以下原因的考虑：其一，贷款人所属国家的银行法禁止银行参与非银行性质的商业交易；其二，在由多家银行提供项目贷款时，希望由一家专设公司负责统一管理。如果由银行直接与项目公司签订产品支付协议，则必须得到有关部门的授权能从事此项贸易。

三、产品支付项目融资的操作程序

以下通过一个模拟案例来说明产品支付融资的结构。其操作程序归纳如下：

第一步，由贷款银行建立一个特别目的的金融公司专门负责从项目公司购买一定比例的石油产品作为融资的基础。这个专设公司一般由信托基金结构组成。

第二步，贷款银行把资金贷给该专设公司，专设公司再根据产品协议将资金注入项目公司，以表示从项目公司那里购买一定数量的项目产品。项目公司同意把产品卖给专设公司，产品的数量要在产品本身价格的基础上考虑"利息"因素，也就是说，项目公司要多给专设公司一些产品。

第三步，专设公司以对产品的所有权及其有关购买合同作为对贷款银行的还款保证。

第四步，项目公司从专设公司那里得到"购货款"作为项目的建设和资本投资资金，开发建设油田。

第五步，当项目投产以后，产品销售的方法有两种：一是由专设公司（如果是由银行直接购买，就是该贷款银行）在市场上直接销售产品或销售给项目公司或其相关公司，用销售款来偿还其自身的"购货款"；二是由项目公司以专设公司代理人的身份把产品卖给用户，然后把销售收入付给专设公司，专设公司再以这笔钱来偿还银行贷款。根据产品支付协议，贷款银行所取得的权利仅限于让与它的那一部分项目产品，产品所有权属于它，如果项目产品销售收入不足以偿还其贷款，贷款人也无权请求补偿。

以上过程如图7-8所示：

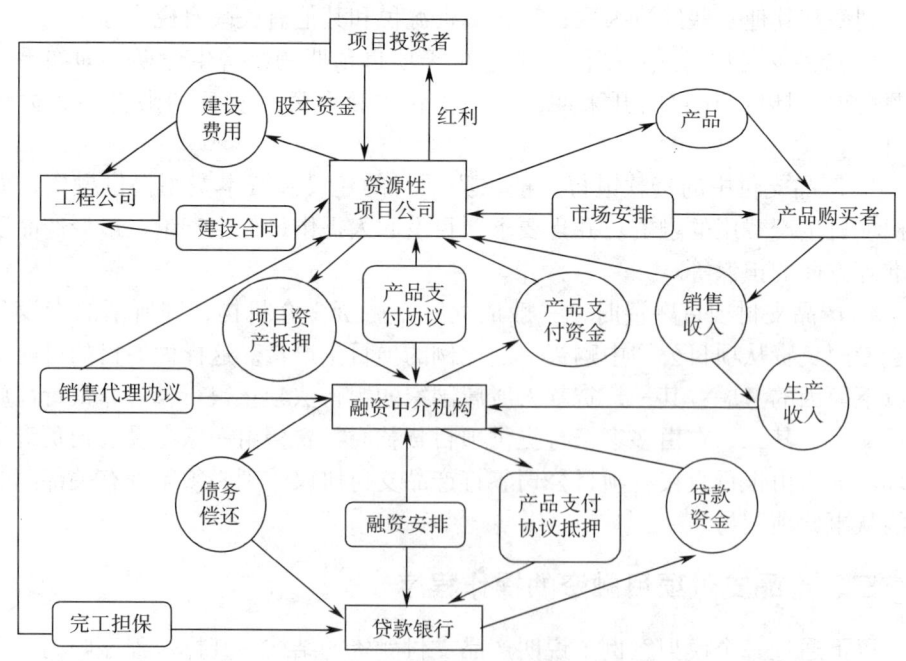

图7-8 产品支付项目融资模式结构示意图

与产品支付项目融资相似的还有一种融资模式,即远期购买(Forward Purchase)模式,但比产品支付更为灵活。这是在产品支付的基础上发展起来的一种更为灵活的项目融资方式。

远期购买与产品支付的区别在于,在远期购买模式中,金融公司不仅可以购买事先商定的一定数量的远期产品,还可以直接购买这些产品未来的销售收入,项目公司将来支付给金融公司的产品或收入正好可以用来偿还银行贷款。其他操作方式都类似于产品支付项目融资模式。

四、产品支付项目融资模式案例

现在,以英国北海石油项目的融资案例来对产品支付项目融资模式进行具体的实证分析。

(一)项目背景

1977年,据专家勘测估计,属于英国领海范围内的北海油田储油量为30亿~40亿吨,约等于220亿~340亿桶(美制)。英国政府为了控制石油的开发与生产,专门成立了开发北海油田的承办单位——英国国家石油公司(British National Oil Corporation,BNOC)。由于开发费用太大,并且开采技术复杂,因此,英国国家石油公司联合私营石油公司共同开发。英国国家石油公司为保证北海油田的石油产品能在本国提供,并供应本国市场,同意按国际市场价格购买开采出的51%的石油产品。从这个角度讲,英国国家石油公司既是项目发起人,同时又是项目产品购买者。

(二)项目融资结构

英国北海石油项目融资采取的是典型的产品支付项目融资模式。其简单的操作过程可归纳为以下几点:

1. 英国石化公司组建两个完全控股的独立的实体,即英国石化开发公司和英国石化贸易公司。

2. 英国石化公司另外成立一个壳公司,即北海油田项目公司,由它专门负责北海油田的项目融资安排。

3. 英国石化开发公司转让由英国政府授予的石油开采许可证给北海油田项目公司,由后者将其转让给贷款银行,贷款银行与北海油田项目公司签订产品支付条件下的贷款协议。

4. 银行将贷款资金支付给北海油田项目公司,由后者以产品预付款形式支付给英国石化开发公司作为石油开采费。美、英两国12家商业银行参与了对该项目的贷款,贷款资金近9亿美元,贷款期限为8年,宽限期为4年。宽限期无须偿还本金,因在前4年中尚处于勘探开发阶段,储量不明;后4年为偿还期,这时,油田处于生产阶段,分8次偿还贷款本金。这笔贷款的取得既无英国财政部的担保,也不以英国国家石油公司的股权作抵押。这表明,北海油田项目融资实际上是以开采出来的石油为产品支付基础的。

5. 英国石化开发公司开采出石油,并由英国石化贸易公司负责销售。

6. 英国石化贸易公司将石油销售收入支付给北海油田项目公司,由后者偿还银行的债务资金。在这里,英国石化贸易公司实际上是作为银行的销售代理人销售产品的,这也就进一步证明了在产品支付项目融资模式中,银行并不要将与产品支付相对应的石油产品购买下来。

(三) 风险担保结构

1. 商业银行提供贷款时,要求以所有借款人的权益作担保,包括合资经营协议的权益和销售合同的权益等。

2. 英国石化开发公司保证以合理的价格开采出石油。

3. 由于不能在未开采出来的石油上设置担保权益,所以,银行要求将石油开采许可证作抵押转让给银行。因为处在地下的石油属于英国政府所有,只有被开采出来的石油才能作为产品支付的保证基础。

所以,从以上分析可看出,北海油田项目融资中的贷款银行实际上是承担了一定的石油储量不足的风险。至于商业银行是如何理解并接受项目风险的,不得而知,但很幸运,该项目成功地完成了。

以上分析如图 7-9 所示。

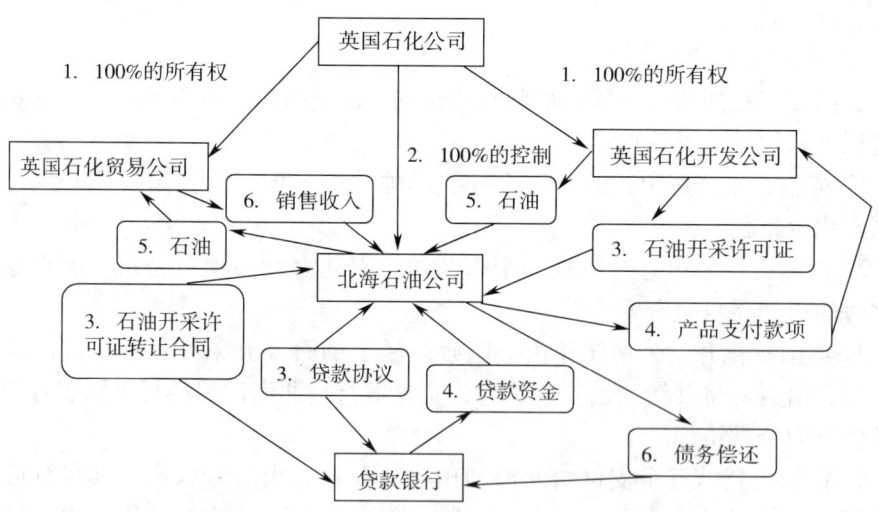

资料来源:内维特·彼特:《项目融资》,第五版,212 页,欧洲货币出版局,1995。

图 7-9 英国北海石油项目融资结构示意图

第五节 以杠杆租赁为基础的项目融资模式

一、租赁的种类及其发展形式

在将杠杆租赁引入项目融资之中进行分析以前,为了保证本书的体系,我们先简单介绍一下有关租赁的分类。

通常将租赁分成经营性租赁和融资性租赁两大类。经营性租赁又称传统租赁,是指出租人根据其对市场需求的判断而购进的具有相对通用性物件,通过不断出租给不同的承租人使用而逐步收回租赁投资成本并获得相应利润的一种租赁类型。而融资性租赁又称现代租赁,是指出租人购进承租人所选定的租赁物件,再以收取租金为条件将该租赁物件长期地出租给该承租人使用的一种租赁。因此,融资性租赁实际上是传统租赁与以货币为载体的信用融资方式的结合。但是理论和实务上对租赁的分类众说纷纭。由于本书的实务性,所以,在此并不对租赁的定义进行详细的讨论。而随着租赁业在国外的迅速发展,租赁融资占据了欧美金融市场融资总量的1/3。因此,我们就不能不将此融资方式的最新操作介绍给读者,因为有些租赁方式会成为项目融资中的备选融资渠道。

1. 转融资租赁(Sub-lease)。由出租人从另一家融资租赁公司租进设备,然后转租给承租人使用。第二出租人可以不动用自己的资金而通过发挥类似融资租赁经纪人的作用获利,并能分享第一出租人所在国家的税收优惠,降低融资成本。转融资租赁多发生在跨国融资租赁业务中。

2. 售后租回融资租赁(Sale and Leaseback Lease)。一般简称回租,由设备使用方首先将自己的设备出售给融资租赁公司(出租人),再由租赁公司将设备出租给原设备使用方(承租人)使用。厂商通过回租可以满足其改善财务状况(资产负债表)、盘活存量资产的需要,并可与融资租赁公司共同分享政府的投资减税优惠政策带来的好处,以较低的租金即可取得继续使用设备的权利。财产(设备)所有人通过这种方式可以在不影响自己对财产继续使用的情况下,将物化资本转变为货币资本。

3. 杠杆租赁(Leveraged Lease)。国外杠杆租赁的运作方式十分复杂,涉及的当事人较多,一般包括承租人、生产厂商、物主出租人、物主受托人、债权人、经纪人等。融资租赁公司(出租人)只承担设备成本的一小部分,一般为20%~40%,并以此为"杠杆",大部分资金由银行或银团等金融机构提供。出租人要把租赁物的所有权、融资租赁合同的担保受益权、租赁物的保险受益权及融资租赁合同的收益权转让或抵押给贷款人，贷款人对出租人无追索权。该融资租赁对象大都是一些购置成本特别高的大型设备，如飞机、轮船、卫星等。

4. 委托融资租赁（Entrusted Lease）。一种方式是拥有资金或设备的人委托非银行金融机构从事融资租赁，第一出租人同时是委托人，第二出租人同时是受托人。第二种方式是出租人委托承租人或第三人购买租赁物，出租人根据合同支付货款。又称委托购买融资租赁。

5. 项目租赁（Project Lease）。承租人是以项目自身的财产和效益为保证，与出租人签订项目租赁合同，出租人对承租人项目以外的财产和收益无追索权，租金的收取也只能以项目的现金流量和效益来确定。出卖人通过自己控股的租赁公司采取这种方式来推销产品，扩大市场份额。通讯设备、大型医疗设备、运输设备甚至高速公路经营权都可以采用这种方法。

6. 销售式租赁（Firm Lease）。生产商或流通部门通过自己所属或控股的租赁公司采用融资租赁方式促销自己的产品。这些租赁公司依托母公司能为客户提供维修、保养等多方面的服务。出卖人和出租人实际是一家，但属于两个独立法人。在这种销售式租赁中，租赁公司作为一个融资、贸易和信用的中介机构，自主承担租金回收的风险。通过综合的或专门的租赁公司采取融资租赁方式，配合制造商促销产品，可减少制造商的应收账款和"三角债"的发生，有利于分散银行风险，有利于促进商品流通。

7. 抽成融资租赁（Share Lease）。又称收益百分比融资租赁。对回笼期较长但现金流稳定且具有一定垄断性的项目，可尝试采用收益权担保、收费分成的融资租赁方式。这种融资租赁的租金不是固定的，而是由承租人的盈利状况决定的，通常由承租人向出租人先支付一定的租金，租金余额按承租人营业收入的一定比例抽成。具体的比例可以灵活多变，由承租人和出租人根据实际生产状况确定。

8. 风险融资租赁（Venture Lease）。出租人以租赁债权和投资方式将设备出租给承租人，以获得租金和股东权益收益作为投资回报的租赁交易。在这种交易中，租金仍是出租人的主要回报，一般为全部投资的50%，其次是设备的残值回报，一般不会超过25%，这两项收益相对比较稳定可靠。其余部分按双方约定，在一定时间内以设定的价格购买承租人的普通股权。这种业务形式为高科技、高风险产业开辟了一种吸引投资的新渠道。出租人将设备融资租赁给承租人，同时获得与设备成本相对应的股东权益，实际上是以承租人的部分股东权益作为出租人的租金的新型融资租赁形式。同时，出租人作为股东可以参与承租人的经营决策，增加了对承租人的影响。在实际操作中，一般由融资租赁公司以设备价款的60%买下设备，与承租方共同组建营运管理中心，参与各项重大决策，在收回本金后仍保留项目 20%～30% 的收益权。风险融资租赁实际上是风险投资在融资租赁业务上的创新表现，与抽成融资租赁（收益百分比融资租赁）有相同之处，但又不完全相同，其差别在于风险融资租赁中存在一种质的转换：债权转股权，与此相对应借贷资本转为权益资本。

9. 结构式参与融资租赁（Structured Participation Lease）。由注资、还租、回报 3 个阶段构成。其中，注资阶段资金注入的方法与常规融资租赁资金注入方法无异；还租阶段是将项目现金流量按一定比例在出租人和承租人之间分配，例如 70% 分配给出租人，用于还租，30% 由承租人留用。回报阶段是指在租赁成本全部冲减完以后，出租人享有一定年限的资金回报，回报率按现金流量的比例提取。回报阶段结束，租赁物件的所有权由出租人转移到承租人，整个项目融资租赁结束。结构式参与融资租赁和我们熟知的 BOT 方式有异曲同工之妙。

10. 捆绑式融资租赁（Bundle Lease）。又称"三三"融资租赁。"三三"融资租赁是指承租人的首付金（保证金）不低于租赁标的价款的 1/3，厂商在交付设备时所得货款不是全额，大体上是 1/3，余款在不长于租期一半的时间内分批支付，而租赁公司的融资强度差不多为 1/3。这样，厂商、出租方、承租人各承担一定的风险，命运和利益"捆绑"在一起，以改变以往那种所有风险由出租人一方独自承担的局面。

11. 综合性租赁（Comprehensive Lease）。综合性租赁是租赁与贸易相结合的租赁方式，由于结合的方式不同，大体有以下几种：一种是租赁与补偿贸易相结合，这一方式是承租人不是以现金支付租金，而是以设备投入生产后所生产的直接产品来抵付租金。另一种是租赁与加工装配贸易相结合，这一方式是出租人不但向承租人提供设备，而且还提供原料或零部件，由承租人进行加工装配后，将成品交付租赁公司或它指定的第三者，以加工装配的产品工缴费作为租金。还有一种是租赁与包销相结合，这一方式是承租人利用租赁公司提供的设备生产，其全部产品由租赁公司包销，并从包销价款中扣取租金。

12. 主租赁（Master Lease）。主租赁是一种开放型（Open－ended Contract）租赁方式，承租人在整个租赁期内除租用目前所需的设备外，还可根据今后的需要，按同样的租赁条件和规定（租金除外）租用新的设备，而无须另签订新的租约，租赁公司在整个租期内有责任提供最先进的设备。租赁公司提供的设备数量可以根据季节或承租人的要求而有所不同。租赁的期限通常与设备使用的年限差不多。这种形式的租赁实际上等于租赁公司给予承租人的一个授信额度。主租赁通常用于卡车、计算机及其附属设备的租赁。

二、杠杆租赁的定义及其优越性

（一）什么是杠杆租赁

根据出租人对购置一项租赁设备的出资比例，可将金融租赁（Financial Lease）划分为单一投资租赁和杠杆租赁两种类型。在一项租赁交易中，凡设备购置成本100%由出租人独自承担的即为单一投资租赁。而在项目融资中，得到普遍应用的是杠杆租赁。

杠杆租赁是指在融资租赁中，设备购置成本的小部分由出租人承担，大部分由银行等金融机构提供贷款补足的租赁业务。出租人一般只需投资购置设备所需款项的20%~40%，即可在经济上拥有设备所有权，享受如同对设备100%投资的同等税收待遇。一般而言，杠杆效果是指凭借他人资本来提高自有资本利润的方式，例如，原有自有资本的利润率为5%，经过贷款并归还利息以后，自有资本的利润率上升为10%，这种情况就是杠杆效果。在杠杆租赁中，通过这一财务杠杆作用，充分利用政府提供的税收好处，使交易各方，特别是使出租人、承租人和贷款人获得一般租赁所不能获得的更多的经济效益。租赁的对象可以是机械设备及其他资本品，甚至可以是整个项目，在这种情况下，一般是项目公司将整个项目及资产出售给金融租赁公司，再与之签订租赁协议将其承租回来开发、建设。

在项目融资的租赁安排中，提供租赁的出租人可以是以下三方：（1）专业租赁公司、银行和财务公司，这些机构可以为项目安排融资租赁，包括直接租赁和杠杆租赁；（2）设备制造商和一部分专业性租赁公司，主要为项目安排经营租赁；（3）项目的发起人以及与项目发展有利益关系的第三方，也可以采取租赁形式将资金投入到项目中，包括经营租赁、直接租赁和杠杆租赁等。

（二）杠杆租赁的优越性

租赁在资产抵押性融资中使用很普遍，特别是在购买轮船和飞机的融资中。在英国和美国，很多大型工业项目也采用金融租赁，因为金融租赁尤其是其中的杠杆租赁的设备技术水平先进，资金占用量大，所以它能享受到诸如投资减免税、加速折旧、低息贷款等多种优惠待遇，使得出租人和承租人双方都能得到好处，从而获得一般租赁所不能获得的更多的经济效益。

对项目发起人及项目公司来说，采用租赁融资解决项目所需的资金，具有以下好处：

1. 项目公司仍拥有对项目的控制权。根据金融租赁协议，作为承租人的项目公司拥有租赁资产的使用权、经营权、维护权和维修权等。在多数情况下，金融租赁项下的资产甚至被看成由项目发起人完全所有、由银行融资的资产。

2. 可实现百分之百的融资。一般地，在项目融资中，项目发起人总是要提供一定比例的股本资金,以增强贷款人提供有限追索性贷款的信心。但在杠杆租赁融资模式中,金融租赁公司的部分股本资金加上银行贷款,就可全部解决项目所需的资金或设备,项目发起人不需要再进行任何股本投资。

3. 较低的融资成本。在许多情况下,项目公司通过杠杆租赁融资付出的融资成本低于银行贷款的融资成本,尤其是在项目公司自身不能充分利用税务优惠的情况下。因为在许多国家中,金融租赁可享受到政府的融资优惠和信用保险。一般地,如果租赁的设备为新技术、新设备,政府将对租赁公司提供低息贷款。如果租赁公司的业务符合政府产业政策的要求,政府可以提供40%~60%的融资等。同时,当承租人无法交付租金时,由政府开办的保险公司向租赁公司赔偿50%的租金,以分担风险和损失。这样,金融租赁公司就可以将这些优惠以较低的租金分配一些给项目承租人项目公司。

4. 可享受税前偿租的好处。在金融租赁结构中,项目公司支付的租金可以被当做费用支出,这样,就可以直接计入项目成本,无须缴纳税收。这对项目公司而言,就起到了减少应纳税额的作用。

租赁在项目融资中得到广泛应用还有其他一些原因。如在某些国家为某些资产进行融资时,如果该国缺乏充分和稳定的担保法律,租赁便显出了优越性,因为资产的所有权仍属于贷款方。

三、杠杆租赁项目融资模式的操作要点

以杠杆租赁为基础的项目融资模式操作起来比较复杂。但一般要经过以下步骤:

1. 项目发起人设立一个单一目的的项目公司,项目公司签订项目资产购置和建造合同购买开发建设所需的厂房和设备,并在合同中说明这些厂房和设备的所有权都将转移给金融租赁公司,然后再从其手中将这些项目资产转租回来(当然,这些合同必须在金融租赁公司同意的前提下才可签署)。

2. 由愿意参与到该项目融资中的两个或两个以上的专业租赁公司、银行及其他金融机构等以合伙制形式组成一个特殊合伙制的金融租赁公司。因为对于一些大的工程项目,任何一个租赁机构都很难具有足够大的资产负债表来吸纳所有的税收好处。因此,项目资产往往由许多租赁公司分别购置和出租,大多数情况下是由这些租赁公司组成一个新的合伙制结构来共同完成租赁业务。这个合伙制金融租赁公司是租赁融资模式中的股本参与者,它的职责是:第一,提供项目建设费用或项目收购价格的20%~40%作为股本资金投入;第二,安排债务资金用于购买项目及资产;第三,将项目及资产出租给项目公司。在这项租赁业务中,只有合伙制结构能够真正享受到融资租赁的税务好处。它在支付银行债务、税收和其他管理费后就能取得相应的股本投资收益。

3. 由合伙制金融租赁公司筹集购买租赁资产所需的债务资金，也即寻找项目的债务参与者为金融租赁公司提供贷款，这些债务参与者通常为普通的银行和金融机构，它们通常以无追索权的形式提供 60%～80% 的购置资金。因为，一般地，金融租赁公司必须将其与项目公司签订的租赁协议和受转让的资产抵押给贷款银行，这样，贷款银行的债务在杠杆租赁中就享有优先取得租赁费的权利。

4. 合伙制金融租赁公司根据项目公司转让过来的资产购置合同购买相应的厂房和设备，然后把它们租给项目公司。即项目发起人是项目真正的投资者，是项目资产的承租人。

5. 在项目的开发建设阶段，根据租赁协议，项目公司从合伙制金融租赁公司手中取得项目资产的使用权，并代表租赁公司监督项目的开发建设。在这一阶段，项目公司开始向租赁公司支付租金，租金在数额上应该等于租赁公司购置项目资产的贷款部分所需支付的利息。同时，在大多数情况下，项目发起方也需要为杠杆租赁提供项目完工担保、长期的市场销售保证及其他形式的信用担保等。

6. 项目进入生产经营阶段，项目公司生产出产品，根据产品承购协议将产品出售给项目发起方或其他项目产品用户。这时，项目公司要向租赁公司补缴在建设期内没有付清的租金。租赁公司以其收到的租金通过担保信托支付银行贷款的本息。

7. 为了监督项目公司履行租赁合同，通常由租赁公司的经理人监督或直接管理项目公司的现金流量，以保证项目现金流量的分配和使用按以下顺序进行：生产费用、项目的资本性开支、租赁公司经理人的管理费、相当于贷款银行利息的租金支付、相当于租赁公司股本投入的投资收益的租金支付，作为项目发起人投资收益的盈余资金。

8. 当租赁公司的成本全部收回并且获得了相应的回报后，杠杆租赁便进入了第二阶段。在这一阶段中，项目公司只需交纳很少的租金。在租赁期满时，项目公司没有购买租赁资产的权利，否则，就会被认为是另一种"租用购买"（Hire and Purchase）融资结构而失去杠杆租赁结构的税务好处。但是，项目发起人的一个相关公司可以将项目资产以事先商定的价格购买回去，或者由项目公司以代理的身份代理租赁公司把资产以其可以接受的价格卖掉，售价的大部分会被当做代销手续费由租赁方返还给项目公司。

将以上过程可以简单地表示为以下几个阶段，如图 7－10 所示。

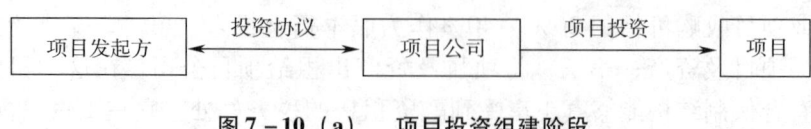

图 7－10（a）　项目投资组建阶段

第七章 项目融资的主要模式 209

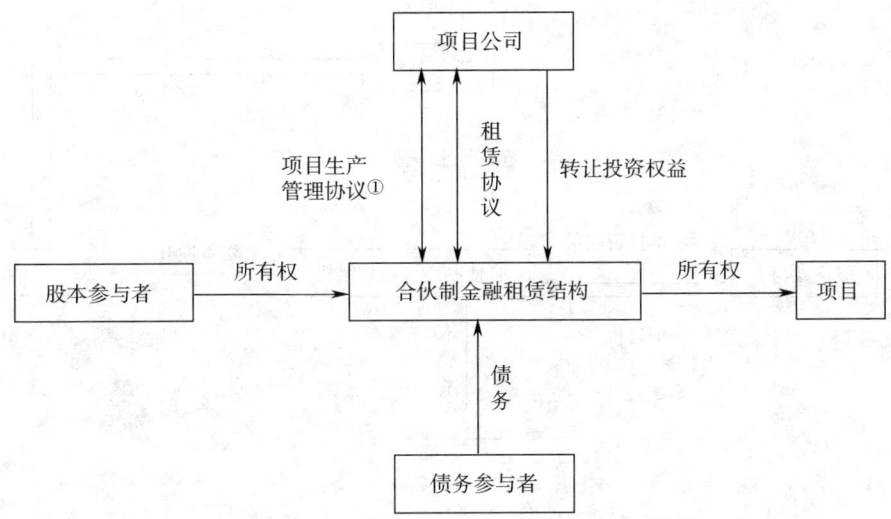

注：①项目的生产与建设由项目公司代表租赁公司进行监督与管理。

图 7-10（b） 项目租赁开始阶段

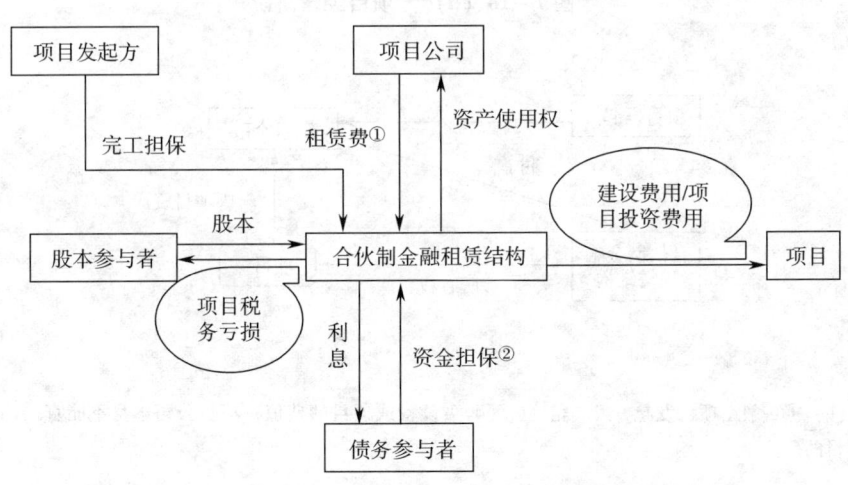

注：① 在项目建设阶段，一般不付或只付相当于租赁公司项目贷款利息的租赁费；
② 项目发起方提供的完工担保、租赁资产的所有权、租赁协议的收取租金权等作为担保资产由信托担保机构保管。

图 7-10（c） 项目建设阶段

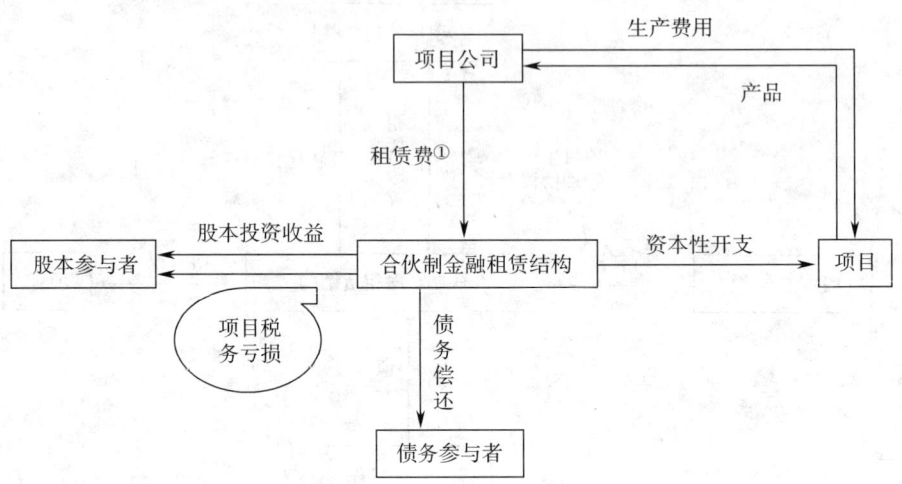

注:① 在第一期租赁合同中,项目公司要向租赁公司补缴在建设期内没有付清的租金,由此,金融租赁公司的成本将全部收回,并有一定的回报。然后,项目公司再与金融租赁公司签订第二期租赁合同,按该租赁合同,项目公司只需支付较少的租金。

图 7–10（d） 项目经营阶段

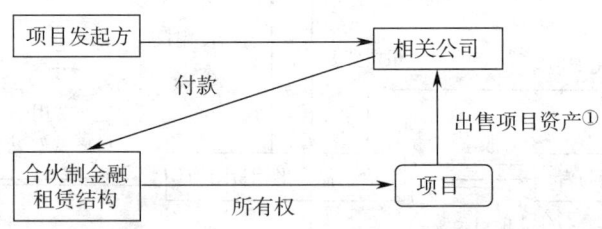

注:①一般由项目发起方或其相关公司购买设备或项目的残值,项目公司本身不能直接购买设备或项目的残值。

图 7–10（e） 租赁结束阶段

总之,杠杆租赁应用范围比较广泛,既可以为一个项目安排租赁,也可以为项目的一部分建设工程安排融资,例如用于购置项目的某一专项大型设备。

案例分析：中信波特兰铝厂项目融资案例

中国国际信托投资公司（以下简称中信公司）在澳大利亚投资的波特兰电解铝项目，是一个非常典型的以杠杆租赁为基础安排的有限追索项目融资模式。

波特兰铝厂位于澳大利亚维多利亚州的港口城市波特兰，主要由美国铝业澳大利亚公司（以下简称美铝澳公司）投资，始建于1981年，因为国际市场铝价大幅度下跌和电力供应等问题，于1982年停建。在与州政府达成30年电力供应协议之后，于1984年重新开始建设。1985年，美铝澳公司邀请中信公司投资波特兰铝厂。经过历时一年的投资论证、可行性研究、收购谈判及融资谈判等紧张工作，中信公司于1986年8月成功地投资了波特兰铝厂，持有项目10%的资产，每年可获得3万吨铝锭产品。

一、波特兰铝厂项目投资结构

波特兰铝厂的投资结构采用了第二章所述的非公司型投资结构，1986年中信公司参与波特兰铝厂时，项目的具体投资比例根据合资协议分配为：美铝澳公司持有45%的股权；维多利亚州政府持有35%；第一国民资源信托基金持有10%；中信澳大利亚有限公司持有10%。1992年，维多利亚州政府又将其在波特兰铝厂中10%的资产出售给日本丸红公司，这样新的投资结构组成为：美铝澳公司持有45%的股权；维多利亚州政府持有25%；第一国民资源信托基金持有10%；中信澳大利亚有限公司持有10%；日本丸红公司持有10%。

投资各方在该项目中的职责如下：

1. 由各项目投资者代表组成一个项目管理委员会，作为该合资项目的最高管理决策机构，负责项目的建设、生产、资本性支出和生产经营预算的审批等一系列重大决策问题。

2. 项目资产根据合资协议由各投资者按比例分别直接拥有，波特兰铝厂本身不具有法人地位。投资各方单独安排自己的项目建设和生产所需的资金，单独安排项目生产中所需要的主要原材料（氧化铝和电力），并直接获得相应比例的最终产品，直接销售其所获得的产品。这种投资结构为中信公司在安排项目融资时直接提供项目资产作为贷款抵押担保提供了客观上的可能性。

3. 由于其他投资者都不具备生产、管理铝厂的经验和技术，由项目管理委员会与其中之一的投资者——美铝澳公司的一个全资拥有的单一目的公司——波特兰铝厂管理公司签订了项目管理协议，由波特兰铝厂管理公司作为项目经理具体负责项目的日常生产经营活动。

波特兰铝厂的投资结构和管理结构示意图见第二章图 2-3 所示。

二、中信公司在波特兰铝厂项目中的融资模式

中信公司在波特兰铝厂项目投资中所采用的是一个为期 12 年的杠杆租赁融资模式,其融资结构图如图 7-11 所示。

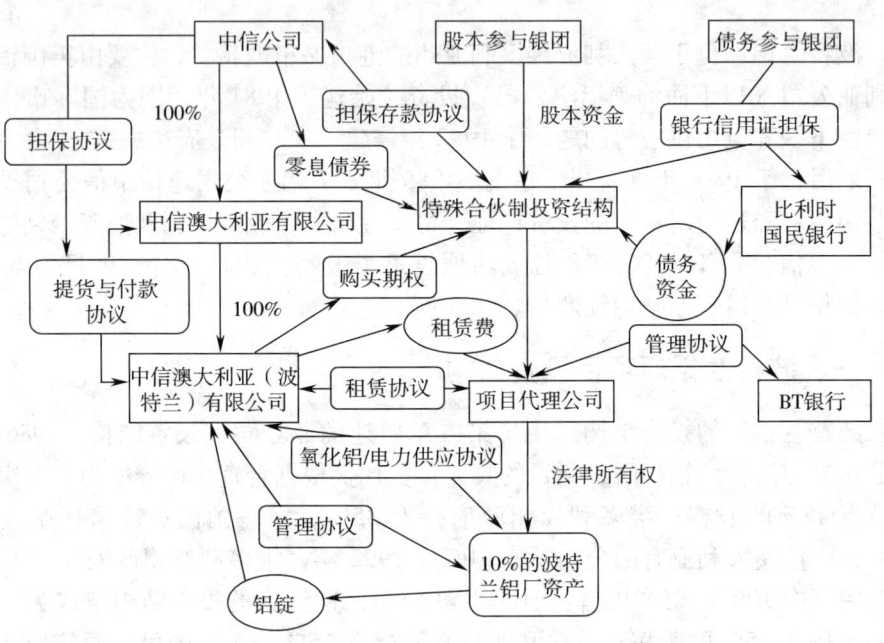

图 7-11 中信公司在波特兰铝厂项目中的杠杆租赁融资结构示意图

中信公司为了具体参与到该合资项目中来,成立了中信澳大利亚有限公司(以下简称中信澳公司),代表总公司管理项目的投资、生产、融资、财务和销售,承担总公司在合资项目中的经济责任。经过认真分析,中信公司决定为在该项目中的投资份额设计一个以杠杆租赁为基础的有限追索的融资结构,为此,又成立了由中信澳公司 100% 控股的单一目的公司——中信澳(波特兰)公司直接进行该项目的投资。

1. 选定项目融资经理人。在该项目融资模式中,美国信孚银行澳大利亚分行(Bankers Trust Australia Ltd.)在杠杆租赁融资结构中扮演了四个重要角色:第一,作为项目融资顾问,由其负责设计项目融资结构。第二,承担了杠杆租赁经理人的角色,代表股本参与银团处理一切有关特殊合伙制投资结构以及项目代理公司的日常运作。第三,担任了项目债务参与银团的主经理人。第四,分别参与了股本参与银团和债务参与银团,承担了贷款银行的角色。

2. 组建股本参与银团。由五家澳大利亚主要银行组成的特殊合伙制投资结

构，以及其任命的波特兰项目代理公司，是该杠杆租赁融资结构中的股本参与者，在法律上拥有中信公司投资的波特兰铝厂10%的所有权，并充当杠杆租赁结构中的出租人。其职责是为中信澳公司在波特兰铝厂项目中10%的投资提供股本资金（占项目建设资金的1/3）和安排债务资金。股本参与银团直接享有项目结构中来自加速折旧以及贷款利息等方面的巨额税务好处，并通过与中信澳（波特兰）公司签署的资产租赁协议（也称为委托加工协议），将项目资产出租给中信澳（波特兰）公司生产电解铝。股本参与银团以租赁费收入支付项目的资本开支、到期债务、管理费、税收等。股本参与银团本身通过以下两方面来获得收益：一是来自项目的巨额税务亏损，通过合伙制投资结构吸收这些税务亏损抵免公司所得税获取；二是吸收税务亏损的不足部分，通过租赁费形式获取。

3. 寻找债务参与银团。由股本参与银团去寻找债务参与者为合伙制投资结构提供债务资金，用于购买波特兰铝厂10%的投资权益。在该项目中，债务资金来自于两部分，比利时国民银行的贷款和项目债务参与银团的担保。由比利时国民银行提供项目建设所需的2/3的资金。但该行不愿意承担任何项目信用风险，所以，由美国信孚银行澳大利亚分行作为主经理人组成一个债务参与银团，为比利时银行的贷款提供信用证担保来承担项目信用风险（因此，比利时国民银行并不是杠杆租赁中真正的债务参与者）。之所以选择这种融资结构，是因为，在当时，比利时税法允许其国家级银行申请扣减在海外支付的利息预提税，因此，澳大利亚利息预提税成本就可以不由项目的实际投资者和借款人——中信澳公司承担（1992年，比利时政府修改税法，已取消了这种税务优惠安排）。此举为中信公司节省了总值几百万美元的利息预提税款。

实际上，在该杠杆租赁结构中，真正的债务参与者是由澳大利亚、日本、美国、欧洲等九家银行组成的贷款银团，它们本身不对项目提供任何资金，但是，以银行信用证方式为合伙制投资结构中的股本参与者和比利时银行的贷款资金提供信用担保，承担全部的项目风险。

以上股本参与银团、债务参与银团以及实际提供全部项目债务资金的比利时国民银行三方组成了波特兰铝厂项目融资中具有特色的一种资金结构，为全部项目投资提供了96%的资金，基本上实现了100%的融资。在这个资金结构下，对于项目投资者来说，无论是来自股本参与银团的资金投入，还是来自比利时国民银行的项目贷款，都是项目融资中的高级债务资金，都需要承担有限追索的债务责任。

4. 中信澳（波特兰）公司是该项目10%资产的承租人。中信澳公司全资拥有的中信澳（波特兰）公司是该杠杆租赁融资结构中的项目资产承租人。中信澳（波特兰）公司与合伙制投资结构的全资项目代理公司签订了一个为期12年的租赁协议，从项目代理公司手中获得10%波特兰铝厂项目资产的使用权。中信澳（波特兰）公司自行安排氧化铝及电力等关键性供应合同，使用租赁的资产生产出最终产品——铝锭，并直接销售给中信澳公司。由于项目融资的有限追索性质，中信澳（波特兰）公司的现金流量处于融资经理人的监控之下，用来支付生产成本、租赁费等经营费用，并在满足了一定的留置基金条件下，可以以利润的形式返还给股东——中信澳公司。

根据融资安排，在12年融资期限结束时，中信澳（波特兰）公司可以通过期权安排，收购股本参与银团在项目中的资产权益，成为10%波特兰铝厂资产的法律持有人。

三、中信澳（波特兰）公司的信用保证结构

在融资担保上，由中信总公司和其100%控股的中信澳公司为中信澳（波特兰）公司提供一定程度的信用支持。表现在四个方面：

1. 由中信澳（波特兰）公司与中信澳公司签订"提货与付款"（Take and Pay）性质的产品购买协议，该协议是一个期限与融资期限相同的产品长期销售协议，根据该协议，中信澳公司保证按照国际市场价格购买中信澳（波特兰）公司生产的全部铝锭产品，大大降低了项目债务参与银团的市场风险。

2. 由于当时的中信澳公司和中信澳（波特兰）公司都只是一个空壳公司，所以项目债务参与银团要求中信公司作为母公司对于它们之间签订的提货与付款购买协议提供担保。

3. 中信公司还以担保存款方式为项目提供了完工担保和资金缺额担保。为此，中信公司在海外一家国际一流银行存入了一笔固定金额（项目融资总金额的10%）的美元担保存款。在项目建设费用超支和项目现金流量不足时，杠杆租赁经理人就可以动用该担保存款资金。但是，中信公司承担的这个担保责任是有限的，其限额为担保存款的本金和利息。事实上，由于项目经营良好，担保存款从来没动用过，并在1990年通过与银行谈判解除。

4. 中信公司在项目中也投入了一部分股本资金，但其投入形式选择了以相当于项目建设总金额4%的资金购买合伙制租赁公司发行的与融资期限相同的无担保零息债券，实际上是一种准股本资金的投入形式，正如第六章所述，项目发起人往往偏向于以准股本的形式为项目注入初始资金。这种形式在对债务参与银团产生一种良好的心理作用的同时，给项目发起人自身也带来了诸多灵活性。

四、中信澳波特兰铝厂项目融资启示

1998年8月，中信澳大利亚公司从维多利亚省政府下属的维多利亚铝业有限公司手中，又收购了波特兰铝厂另外12.5%的股权。目前，公司拥有波特兰铝厂22.5%的股权，每年负责销售的铝锭为7.7万吨。中信公司在波特兰铝厂的

投资给国内项目融资实务至少提供了以下思考：

1. 虽然中信公司投资波特兰铝厂时，该项目的投资结构早已被确定下来，但是，由于该项目采用的是一种非公司型投资结构，中信公司在作投资决策时单独安排项目融资成为可能。

2. 电解铝项目资本高度密集，根据澳大利亚的有关税法规定可享有数量相当可观的减免税优惠，如固定资产加速折旧、投资抵减等。但是，在项目投资初期，中信澳公司刚刚建立，没有其他方面的经营收入，不能充分利用每年可得到的减税优惠和税务亏损；即使每年未使用的税务亏损可以向以后年份结转，但从货币时间价值的角度考虑，这些减税优惠和税务亏损如能尽早利用，也可以提高项目投资者的投资收益；进一步地说，如果能够利用减税优惠和税务亏损偿还债务，还可以减少项目前期的现金流量负担，提高项目的经济强度和抗风险能力。

从这些考虑出发，中信公司选择了杠杆租赁的融资模式，充分利用这种模式可以吸收减税优惠和税务亏损，减少了项目的直接债务负担，提高了投资的综合经济效益。

3. 项目融资结构复杂，为修改融资结构以及后期的重新融资带来了许多不便因素。杠杆租赁融资结构由于大量使用和转让减税优惠和税务亏损，结构设计除了要在各贷款银行之间取得一致意见外，还需要得到税务部门的批准。融资结构一旦确定下来之后，任何涉及结构性的调整也需要得到大多数银行以及税务部门的重新审核。这一过程交易成本很高，因而这种复杂的融资结构在多数情况下只适用于大型或超大型项目的融资实践。

本章小结

1. 严格地讲，国际上很少有任何两个项目融资的模式是完全一样的，这是由于项目在工业性质、投资结构等方面的差异，以及投资者对项目的信用支持、融资战略等方面的不同考虑所造成的。然而，无论一个项目的融资模式如何复杂，实际上融资模式中总是包括一些具有共性的东西。这就是人们所说的在设计项目融资模式时所必须遵循的一些基本原则。

2. 设计项目融资模式时，必须尽量遵循以下基本原则：争取在适当条件下的有限追索融资、实现项目风险的合理分担、最大限度地降低融资成本、实现发起人对项目较少的股本投入、处理好融资与市场之间的关系以及争取实现资产负债表外融资。

3. 项目融资模式的结构特征表现在三个方面：在贷款形式上，有两种情况：贷款方为借款方提供有限追索权或无追索权的贷款，该贷款的偿还将主要依靠项目的现金流量；或者通过远期购买协议或产品支付协议，由贷款方预先支付一定的资金来"购买"项目的产品或一定的资源储量（最终将转化为销售收入）。在信用保证方面：(1) 贷款银行要求对项目的资产拥有第一抵押权，对于项目的现金流量具有有效控制权；(2) 要求项目投资者将其与项目有关的一切契约性权益转让给贷款银行；(3) 在项目的开发建设阶段，要求项目发起人提供项目的完工担保，以保证项目按商业标准完工；(4) 在项目经营阶段，要求项目具有类似或付或取或者提货与付款性质的市场销售安排，以保证项目产生稳定的现金流量。在贷款发放方面：在项目开发建设阶段，贷款多是完全追索性的。在项目经营阶段，贷款可能被安排成有限追索的或无追索的。

4. 由项目发起人直接安排项目融资，并且直接承担融资安排中相应的责任和义务，一般在发起人本身公司财务结构不很复杂的情况下采用。在这种融资结构中，又可以分为两种操作方法：一是由项目发起人直接安排融资，但面对的是同一个贷款银行和市场安排；二是由项目发起人各自独立地安排融资和承担市场销售责任。无论采取哪种方法，这种融资结构使发起人可以根据其投资战略的需要，较灵活地安排融资结构。并且可以凭借发起人在商业社会中的信誉，取得条件优惠的贷款。但是，这种融资模式也有其不足之处，主要表现为在将融资构造成有限追索的融资结构时比较复杂。

5. 项目发起人通过成立一个单一目的项目公司来安排融资，这是项目融资中比较普遍的做法。它又分为两种操作模式：一是在非公司型投资结构中，一个或一个以上项目发起人各自成立一个单一目的的公司参与合资项目，安排项目融资和建设。二是在公司型投资结构中发起人共同出资成立项目公司共同安排项目融资和建设。无论采取哪种方式，都能将项目的融资风险和经营风险大部分限制在项目公司，容易将融资安排成非公司负债型融资，便于把项目资产的所有权集中在项目公司，而不是分散在各个发起人所拥有的公司，便于管理。当然，这种融资模式也有其缺陷，主要表现为融资灵活性较差，很难满足不同投资者对融资的各种要求。

6. 设施使用协议是指某种工业设施或服务性设施的提供者和使用者之间达成的一种具有无论使用与否均需付款性质的协议。这种设施使用协议事实上就构成了项目融资安排中的主要担保来源。以此为基础加上项目投资者提供一定的完工担保就可以构造一种有限追索项目融资。这种融资模式成败的关键是项目设施的使用者能否提供一个强有力的具有无论使用与否均需付款性质的付费承诺。因此，必须强调：设施使用协议的无条件性及其权益可以被转让给提供资金的贷款银行。而且，协议使用费应足以支付项目的生产经营成本和项目债务还本付息额。

7. 产品支付是在美国石油、天然气和矿产品项目融资中被证明和接受的无追索权或有限追索权融资方法，在这种融资方式下，借款方在项目投产后不以项目产品的销售收入来偿还债务，而是直接以项目产品来还本付息。在贷款得到偿还前，贷款方拥有项目部分或全部产品的所有权。因此，应强调以下几点：（1）产品支付的融资期限一般应短于项目预期的经济生命期；（2）贷款银行一般只为项目的建设和资本费用提供融资，而不承担项目生产费用的融资；（3）一般成立一个融资中介机构，即所谓的专设公司用于专门负责从项目公司中购买一定比例的项目生产量。

8. 与产品支付融资模式相似的还有一种融资模式，即远期购买模式，在远期购买模式中，金融公司不仅可以购买事先商定的一定数量的远期产品，还可以直接购买这些产品未来的销售收入，项目公司将来支付给金融公司的产品或收入正好可以用来偿还银行贷款。其他操作方式都类似于产品支付融资模式。

9. 杠杆租赁是指在融资租赁中，设备购置成本的小部分由出租人承担，大部分由银行等金融机构提供贷款补足的租赁业务。租赁项目融资模式是指以杠杆租赁代替银行贷款的一种项目融资模式，在杠杆租赁中，项目资产和设备能享受到诸如投资减免税、加速折旧、低息贷款等多种优惠待遇，使得出租人和承租人双方都得到好处，从而获得一般租赁所不能获得的更多的经济效益。因此，租赁融资占据了欧美金融市场融资总量的1/3，产生了许多创新的租赁融资形式，包括转融资租赁、售后租回融资租赁、委托融资租赁、销售式租赁等。

10. 项目租赁融资模式的操作要经过以下步骤：（1）项目公司签订项目资产购置或项目投资协议，并在合同中说明这些厂房和设备或项目的所有权都将转移给金融租赁公司，然后再从其手中将这些项目资产转租回来。（2）由愿意参与到该项目融资中的两个或两个以上的专业租赁公司、银行及其他金融机构等以合伙制形式组成一个特殊合伙制的金融租赁公司，作为租赁融资模式中的股本参与者。（3）由合伙制金融租赁公司寻找项目的债务参与者为金融租赁公司提供贷款购买资产或项目所有权。（4）合伙制金融租赁公司根据项目公司转让的资产购置合同购买相应的厂房和设备或根据项目投资协议购买项目法律所有权，然后把它们租给项目公司。即项目发起人是项目真正的投资者，是项目资产的承租人。（5）在项目的开发建设阶段，项目公司从合伙制金融租赁公司手中取得项目资产的使用权，并代表租赁公司监督项目的开发建设。并且开始向租赁公司支付租金，租金在数额上应该等于租赁公司购置项目资产的贷款部分所需支付的利息。（6）项目进入生产经营阶段时，项目公司要向租赁公司补缴在建设期内没有付清的租金。租赁公司以其收到的租金通过担保信托支付银行贷款的本息。（7）当租赁公司的成本全部收回并且获得了相应的回报后，杠杆租赁便进入了第二阶段。此时，项目公司只需交纳很少的租金。（8）在租赁期满时，项目发起人的一个相关公司可以将项目资产以事先商定的价格购买回去，或者由项目公司以代理的身份代理租赁公司把资产以其可以接受的价格卖掉，售价大部分会当做代销手续费由租赁方返还给项目公司。

本章重要概念

设施使用协议　　委托加工协议　　产品支付法　　远期购买法
融资性租赁　　直接租赁　　杠杆租赁　　项目租赁

本章思考题

1. 设计项目融资模式的基本影响因素有哪些?
2. 在贷款发放形式上,项目融资具有哪些基本特征?
3. 说明由项目发起人直接安排项目融资的操作方法及特点。
4. 在非公司型投资结构中,如何通过项目公司安排项目融资?
5. 简述通过项目公司安排项目融资的特点。
6. 什么是产品支付融资?这种操作方式的主要特点有哪些?
7. 产品支付融资与远期购买融资有何区别?
8. 试分析杠杆租赁在项目融资中的作用。
9. 杠杆租赁项目融资中的主要当事人与其他融资方式有何不同?
10. 项目租赁融资模式的操作步骤有哪些?

第八章

BOT 项目融资模式与 PPP 项目融资模式

国际上许多大型项目都采用过 BOT 项目融资模式进行融资与建设。BOT 作为项目融资模式中一种相对简单的融资模式,在 20 世纪 80 年代初就被引入我国,并在一些大型的水力、电力项目中得到了成功的应用。近年来,又在我国水务项目中得到了一定的发展。而在 BOT 项目融资实践中,政府与项目公司之间容易产生合同纠纷,由此产生了一种能较好地协调政府与私人项目公司之间关系的公共私人合伙模式,即 PPP 项目融资模式。因此,本章专门分析 BOT 项目融资模式及 PPP 项目融资模式的相关问题。

第一节 BOT 项目融资模式概述

一、什么是 BOT 项目融资

BOT 是 Build、Operate、Transfer 三个英文单词第一个字母的缩写,代表着一个完整的主要用于公共设施建设的项目融资模式。20 世纪 80 年代初期到中期,是项目融资发展的一个低潮期。在这一阶段,虽然有大量的资本密集型项目,特别是发展中国家的基础设施项目在寻找资金,但是,世界性的经济衰退和第三世界债务危机所造成的影响还远未从人们心中消除,所以,如何增强项目抗政治风险、金融风险、债务风险的能力,如何提高项目的投资收益和经营管理水平,成为银行、项目投资者、项目所在国政府在安排融资时所必须面对和解决的问题。BOT 就是在这样的背景下发展起来的一种主要用于公共基础设施建设的项目融资模式。

BOT 项目融资模式的基本思路是:由项目所在国政府或所属机构对项目的建设和经营提供一种特许权协议(Concession Agreement)作为项目融资的基础,由本国公司或者外国公司作为项目的投资者和经营者安排融资,承担风险,开发建设项目并在有限的时间内经营项目获取商业利润，最后，根据协议将该项目转让给相应的政府机构。所以，有时，BOT 被称为"暂时私有化"（Temporary Privatization）过程。

BOT 的概念是由时任土耳其总理的厄扎尔于 1984 年正式提出的。世界银行在《1994 年世界发展报告》中指出，BOT 有三种具体形式：BOT、BOO、BOOT，除此之外，它还有一些变通形式。

（一）BOT、BOO 和 BOOT

BOT（Build - Operate - Transfer）即建设—经营—移交，在标准的 BOT 项目融资中，私人财团或国外财团自己融资来设计、建设基础设施项目。项目开发商根据事先约定，经营一段时间以收回投资。经营期满，项目所有权或经营权将被移交给东道国政府。

BOO（Build - Own - Operate）即建设—拥有—经营，承包商根据政府赋予的特许权，建设并经营某项产业项目，但是并不将此项基础产业项目移交给公共部门。

BOOT（Build - Own - Operate - Transfer）即建设—拥有—经营—移交，则是私人合伙或某国际财团融资建设基础产业项目，项目建成后，在规定的期限内拥有所有权并进行经营，期满后将项目移交给政府。

1. BOT 与 BOO 的比较。BOT 项目融资模式和 BOO 项目融资模式最重要的相同之处在于：它们都是利用私人投资承担公共基础设施项目。在这两种融资模式中，私人投资者根据东道国政府或政府机构授予的特许协议或许可证，以自己的名义从事授权项目的设计、融资、建设及经营。在特许期，项目公司拥有项目的占有权、收益权以及为特许项目进行投融资、工程设计、施工建设、设备采购、运营管理和合理收费等权利，并承担对项目设施进行维修、保养的义务。在我国，为了保证特许权项目的顺利实施，在特许期内，如因我国政府政策调整因素的影响，项目公司受到重大损失的，允许项目公司合理提高经营收费或延长项目公司特许期；对于项目公司偿还贷款本金、利息或红利所需要的外汇，国家保证兑换和外汇出境。但是，项目公司也要承担投融资以及建设、采购设备、维护等方面的风险，政府不提供固定投资回报率的保证，国内金融机构和非金融机构也不为其融资提供担保。

但是，二者仍存在着较大的区别。BOT 项目融资模式与 BOO 项目融资模式最大的不同之处在于：在 BOT 项目中，项目公司在特许期结束后必须将项目设施移交给政府，而在 BOO 项目中，项目公司有权不受任何时间限制地拥有并经营项目设施，即项目的所有权不再交还给政府。从 BOT 的字面含义也可以推断出基础设施国家独有的含义：作为私人投资者在经济利益的驱动下，本着高风险、高回报的原则，投资于基础设施的开发建设。为了收回投资并获得投资回报，私人投资者被授权在项目建成后的一定期限内对项目享有经营权，并获得经营收入。期限届满后，将项目设施经营权无偿移交给项目东道国政府。由此可见，项目设施最终经营权仍然掌握在国家手中，而且在 BOT 项目整个运作过程中，私人投资者自始至终都没有项目所有权。说到底，BOT 项目融资模式不过是政府利用私人投资者在一定期限内对项目设施拥有经营权，但该基础设施的本质属性没有任何改变。

2. BOT 与 BOOT 的比较。BOT 与 BOOT 二者的区别可以归纳为两点：一是所有权的区别。在 BOT 项目融资模式中，项目建成后，私人只拥有所建成项目的经营权；而 BOOT 项目融资模式，在项目建成后，在规定的期限内，私人既有经营权，也有所有权。二是时间上的差别。采取 BOT 项目融资模式，从项目建成到移交给政府这一段时间一般比采取 BOOT 项目融资模式短一些。

其实，每种 BOT 形式及其变形，都体现了对于基础设施部分政府所愿意提供的私有化程度。BOT 意味着一种很低的私有化程度，因为项目设施的所有权并不转移给私人。BOOT 代表了一种居中的私有化程度，因为设施的所有权在一定有限的时间内转给私人。相应地，就项目设施没有任何时间限制地被私有化并转移给私人而言，BOO 代表的是一种最高级别的私有化。

换句话说，一国政府所采纳的建设基础设施的不同模式，反映出其所愿意接受的使某一行业私有化的不同程度。由于基础设施项目通常直接对社会产生影响，并且要使用到公共资源，如土地、公路、铁路、管道、广播电视网等。因此，基础设施的私有化是一个特别重要的问题。

对于运输项目（如收费公路、收费桥梁、铁路等）都是采用 BOT 项目融资模式，因为政府通常不愿将运输网的私有权转交给私人。在动力生产项目方面，通常会采用 BOT、BOOT 或 BOO 项目融资模式。一些国家很重视发电，因此，只会和私人签署 BOT 或 BOOT 特许协议。而在电力资源充足的国家（如阿根廷），其政府并不如此重视发电项目，一般会签署一些 BOO 许可证或特许协议。最后，对于电力的分配和输送、天然气以及石油来说，这类行业通常被认为是关系到一个国家的国计民生，因此，建设这类设施一般都采用 BOT 或 BOOT 项目融资模式。

（二）BOT 项目融资模式的其他几种变形

在对 BOT 项目融资模式的运用实践中，产生了很多具体形式，现简要介绍如下：

1. BTO。BTO（Build – Transfer – Operate），即建设—移交—经营。对于关系到国家安全的产业如通讯业，为了保证国家信息的安全性，项目建成后，并不交由外国投资者经营，而是将所有权移交给东道国政府，由东道国经营通讯的垄断公司经营，或与项目开发商共同经营项目。

2. DBFO。DBFO（Design – Build – Finance – Operate），即设计—建设—融

资—经营。这种模式是从项目设计开始就特许给某一私人部门进行,直到项目经营期收回投资,取得投资收益。但项目公司只有经营权,没有所有权。

3. BLT。BLT（Build-Lease-Transfer）,即建设—租赁—移交。其具体是指政府出让项目建设权,在项目运营期内政府成为项目的出租人,私营部门成为项目的承租人,租赁期满后,所有资产再移交给政府公共部门的一种融资方式。

4. TOT。TOT（Transfer-Operate-Transfer）,即转让—经营—移交,指政府部门或国有企业将建设好的项目的一定期限的产权和经营权,有偿转让给投资者,由其进行运营管理;投资者在一个约定的时间内通过经营收回全部投资和得到合理的回报,并在合约期满之后,再交回政府部门或原单位的一种融资模式。

5. FBOOT。FBOOT（Finance-Build-Own-Operate-Transfer）,即融资—建设—拥有—经营—移交。类似于BOOT,只是多了一个融资环节,也就是说只有先融通到资金,政府才予以考虑是否授予特许经营权。

6. DBOM。DBOM（Design-Build-Operate-Maintain）,即设计—建设—经营—维护,强调项目公司对项目进行规定的维护。

7. DBOT。DBOT（Design-Build-Operate-Transfer）,即设计—建设—经营—移交,特许期终了时,项目要完好地移交给政府。

以上只是BOT操作的不同方式,但其基本特点是一致的,即项目公司必须得到有关部门授予的特许经营权。

二、正确理解BOT是项目融资的模式之一

经常看到有文章将BOT与项目融资并列在一起讨论。其实,BOT是项目融资的一种模式,它们是一种包含与被包含的关系。因为从项目发起人,即项目所在国政府的角度看,BOT项目融资模式是一种有限追索的（有时是无追索的）项目融资结构。项目的建设资金、流动资金、项目的经营管理和财务安排,以及各种项目风险均由项目投资者与经营者组织起来的项目公司承担,项目发起人所承担的只是类似"无论提货与否均需付款"或"提货与付款"性质的经济责任和一定数额的贷款或贷款担保责任。与其他项目融资方式相比较,BOT项目融资模式的最大特点是项目发起人对项目没有直接的控制权,在融资期间也无法获得任何经营利润,只能通过项目的建设和运行获得间接的经济效益和社会效益。

相反,项目投资者和经营者在BOT项目融资模式中所作出的融资安排没有一定的规定,可以是有限追索的项目融资,也可以是传统的公司融资。但是,多数情况下,由于采用BOT项目融资模式的项目涉及巨额资金,又有政府特许权协议作为支持,投资者都愿意将其融资安排成有限追索的项目融资形式。

三、BOT 项目融资模式的产生及其在中国的发展

BOT 项目融资模式远非一种新生事物，它至今已有 300 多年的历史。17 世纪英国的领港公会负责管理海上事务，包括建设和经营灯塔，并拥有建造灯塔和向船只收费的特权。但是据罗纳德·科斯（R. Coase）的调查，从 1610 年到 1675 年的 65 年当中，领港公会连一个灯塔也未建成，而同期私人建成的灯塔至少有 10 座，这种私人建造灯塔的投资方式与现在所谓的 BOT 项目融资模式如出一辙。19 世纪初，美国也以这种方式修建桥梁、电站、运河。20 世纪 80 年代以来，随着以中国、马来西亚等为代表的发展中国家先后出现了一些 BOT 项目，BOT 项目融资模式才引起了世界各国的广泛关注，被当成一种新型的投融资方式进行宣传。

目前，BOT 项目融资模式已被广泛地应用在发展中国家和发达国家的基础设施建设中。著名的横贯英法之间的欧洲隧道，澳大利亚的悉尼港口隧道等都采用了 BOT 项目融资模式建设。中国、泰国、土耳其、新加坡等发展中国家都有 BOT 项目融资模式建设的项目。

BOT 项目融资模式在中国被称为"特许权投融资方式"，是指国家或地方政府部门通过特许权协议，赋予签约方的外商投资企业（包括中外合资企业、中外合作企业、外商独资企业）承担公共性基础设施（基础产业）项目的投融资、建造、经营和维护的权利；在协议规定的特许期限内，项目公司拥有投资建造设施的所有权（这个所有权不是完整意义上的所有权）；允许向设施使用者收取适当费用，由此回收项目投融资、经营和维护成本并获得合理的回报；特许期届满，项目公司将设施无偿移交给签约方的政府部门。

第二节　BOT 项目融资模式中政府与项目公司的关系

一、BOT 项目融资模式的运作程序

按照惯例，BOT 项目的运作程序主要包括：确定项目方案阶段、项目立项阶段、招标准备阶段、资格预审阶段、准备投标文件阶段、评标阶段、谈判阶段、融资和审批阶段、实施阶段（包括设计、建设、运营和移交）。

对于发起 BOT 项目的国内政府及其代理机构而言，从确定方案阶段开始到实施阶段之间的各阶段，是 BOT 项目的前期工作，需要落实各种建设条件、选定投资者、落实项目资金来源、基本确定建设方案。这一过程可以采用协商方式，也可以采用招标方式。大型的或者复杂的 BOT 项目往往采用招标方式来选择投资者。

具体的运作程序如表 8-1 所示。

表 8-1　　　　　　　　　　BOT 项目运作程序简表

运作程序	招标人的主要工作	投标人的主要工作
确定方案	提出项目建设的必要性，确定项目需要达到的目标。	
立项	向计划管理部门上报项目建议书或预可行性研究报告，取得批复文件或者同意进行项目融资招标的文件。	
招标准备	1. 成立招标委员会和招标办公室； 2. 聘请中介机构； 3. 研究项目技术问题，明确技术要求； 4. 准备资格预审文件； 5. 设计项目结构，落实项目条件； 6. 编写招标文件，制定评标标准。	
资格预审	1. 发布招标公告； 2. 发售资格预审文件； 3. 组织资格预审； 4. 通知资格预审结果，发出投标邀请书。	1. 获取项目招标信息； 2. 购取资格预审文件； 3. 编写并递交资格预审文件。
准备投标书	1. 编写并发售招标文件； 2. 标前答疑，组织现场考察。	1. 购取招标文件； 2. 研究招标文件，向招标人提问； 3. 参加现场考察； 4. 编写并按时递交投标书。
评标与决标	1. 对有效标书进行评审； 2. 选出中标候选人。	回答、澄清评标委员会的提问。
合同谈判	1. 按照排序与中标候选人就全部合同和协议的条款与条件进行谈判，直至双方完全达成一致； 2. 草签特许权协议及其他合同和协议。	1. 按照排序与中标候选人就全部合同和协议的条款与条件进行谈判，直至双方完全达成一致； 2. 草签特许权协议及其他合同和协议。
融资与审批	1. 协助中标人报批项目和成立项目公司； 2. 在项目公司成立后与其正式签订特许权协议及其他合同和协议。	1. 报批项目可行性研究报告，成立项目公司； 2. 项目公司正式与贷款人、建筑承包商、运营维护承包商和保险公司等签订相关合同； 3. 项目公司与招标人正式签订特许权协议及其他合同和协议。
实施项目	1. 协助项目公司实施项目； 2. 对项目的设计、建设、运营和维护进行检查和监督； 3. 特许期届满时接收（或其指定机构接收）应该移交的设施。	1. 正式开始设计和建设； 2. 项目竣工后开始商业运营； 3. 特许期届满时移交应该移交的设施。

可以看出，在 BOT 项目融资模式应用程序中，政府与项目公司的关系对于项目的顺利进行起着关键的作用。

二、政府在 BOT 项目融资模式运作中的重要作用

（一）BOT 项目融资模式对于政府的好处

项目的最终所有者通常是这个 BOT 项目的发起人，这是与其他融资方式不同的地方。在 BOT 项目融资中，项目发起人通常是项目所在国政府、政府机构或政府指定的公司。

对项目所在国政府来说，采用 BOT 项目融资模式的主要吸引力在于以下几点：

1. 减少项目对政府财政预算的影响。在 BOT 项目中，基础设施项目建设资金的筹集是由私人企业自己解决的，从而使政府能在自有资金不足的情况下仍能上马一些基建项目。政府可以集中资源，对那些不被投资者看好但又对国家具有重要战略意义的项目进行投资。

2. 不增加政府的债务负担和财政压力。由于与项目有关的资金是由项目公司融资的，不构成一国政府的债务，因此，不增加东道国的外债总额和财政负担，即使项目建设需要大量的资金，也不需要东道国政府出面负担。

3. 可以吸引外资，引进新技术，改善和提高项目的管理水平。东道国可以从外资 BOT 项目的承建与运营中学到国外先进的技术和管理经验，项目的主办者或运营者也能以更好的服务或更低的价格使消费者受益。

4. 可以把私营企业的经营机制引入基础设施建设中，提高项目建设和经营效率。BOT 融资的实质，是将国家的基础产业项目建设和经营管理民营化。

5. 增强公共部门的稳定性。它使作为特许权授予者的公共部门能够将项目的建设、融资、经营风险转移给私人部门，从而增强了公共部门的稳定性。

作为项目发起人的政府部门，在 BOT 项目融资模式中所扮演的角色不同于其他项目融资模式中项目发起人所起的作用。在 BOT 融资期间，项目发起人在法律上既不拥有项目，也不经营项目，而是通过给予项目某些特许经营权（例如，承购项目产品，以保证项目的最低收益）和给予项目一定数额的从属性贷款或贷款担保作为项目建设、开发及融资安排的支持。在项目融资结束后，项目发起人通常无偿地获得项目的所有权和经营权。

（二）政府在 BOT 项目融资模式中的作用

归纳起来，政府可以在以下方面发挥重要作用：

1. 通过公开招标选择项目公司，并与其签订特许权协议。在其他项目融资模式中，项目公司一般是项目发起人为了营建一个项目而根据合资协议特别成立的一个公司，项目发起人是项目公司的股东和所有者。而在 BOT 项目融资模式

中，项目公司一般由东道国政府或其政府部门根据某些标准竞标产生，并且通过签订特许权协议在法律上正式确定下来。

2. 提供已建设项目的运营权，帮助项目公司在建设期即可以得到一定的收入，以减少融资风险。例如：马来西亚政府在采取 BOT 项目融资模式修建南北高速公路的协议中，同意将已建成的 400 公里高速公路的经营权在特许期内转让给南北高速公路项目公司，但项目公司必须按照协议要求对公路设施加以改进。前面介绍的澳大利亚悉尼港隧道项目中，规定在隧道建设期间，州政府将现有的悉尼大桥每年的过桥费的净收益作为政府无息贷款贷给项目公司，在项目结束时偿还，属于次级债务性质，这些贷款在 5 年的项目建设期内累计达 2.24 亿澳大利亚元，对悉尼港隧道项目的建设起到了重要的作用。

3. 提供 BOT 项目附近设施、土地的开发权。例如，划出一块土地交给项目公司开发经营其他项目，比如房地产、商业区、娱乐区等。在香港东部九龙与香港的海底隧道项目中，政府就授予项目公司附近 8 个公寓小区的多座高层公寓的开发权，由于在视土如金的香港，公寓的开发是一个回收快、效益好的项目，可以帮助项目公司更好地收回投资。泰国政府将曼谷高架铁路沿线两侧 1 平方公里的土地开发权交给项目公司，这些土地均在市区比较繁华的地方，开发价值大，作为对铁路收费低的一种补偿。

4. 明确投资回报政策，在税收上给予优惠，使项目公司对投资回报做到心中有数。例如，印度政府为了鼓励外商在电力开发方面投资，政府曾保证给予 16% 的股本投资回报率。

5. 提供产品购置担保。这样政府为项目公司承担了市场风险，即如果预测的市场需求发生变化，为了保证项目公司的收益，政府许诺给予经济补偿。如在悉尼港海底隧道项目中，政府就承担了项目实际收入与设计方案收入存在差额的风险，以保证项目公司有足够的收入还贷。协议规定：（1）当隧道过路实际收入低于设计收费额时；（2）当遇到不可抗拒的政策变化时；（3）当价格指数高于预测值时；（4）当增加税收时；（5）当由于政府或政府官员的过失收费不能达到预定目标时，州政府将给予补偿。其补偿计算公式是

政府补偿额 = 过路费 × 设计交通量 × 加权价格指数 − 隧道实际过路费收入 + 过桥托收费收入

6. 由政府提供竞争性保护政策。即政府向项目公司作担保，在若干年内不再兴建类似的、与在建 BOT 项目竞争的同类项目，以保证项目的垄断性经营。如英、法海底隧道得到的政府竞争性保护许诺是在 33 年内不再修建第二条连接英、法两国的隧道，以保证项目公司的垄断地位和收益。但作为项目公司也要预计到其他竞争方式的风险，如英吉利海峡船舶航运业采取各种措施与海底隧道争夺客流和货运，造成了不小的威胁，而在这方面，政府是不能干预的。

三、项目公司是项目的直接承办者

项目公司是为了营建一个 BOT 项目而专门组建起来的公司,是项目的经营者,是 BOT 项目的直接投资者,也是 BOT 项目融资模式的主体。

(一) 项目公司从项目所在国政府获得建设和经营项目的特许权

项目公司作为项目的直接承办者,负责组织项目的建设和生产经营,提供项目开发所必需的股本资金和技术,安排融资,承担项目风险,并从项目投资和经营中获得利润。

项目公司以在这一领域具有技术能力的经营公司和工程承包公司作为主体,有时也吸引项目产品的购买者和一些金融投资者参加。因为在特许权协议结束时,项目最终要交还给作为项目发起人的政府部门。

所以,从项目公司所在国政府的角度,选择项目经营者或项目公司要有一定的标准和要求:第一,项目经营者要有一定的资金、管理和技术能力,保证在特许权协议期间能够提供符合要求的服务;第二,项目经营者提供的服务要达到环境保护标准和安全标准;第三,项目产品的收费要合理;第四,项目经营者要保证做好设备的维修和保养工作,保证在特许权协议中止时政府接到的是一个运行正常、保养良好的项目,而不是一个千疮百孔的烂摊子。

(二) 项目公司的性质

在 BOT 项目中,项目公司所具有的各种性质归纳起来具有以下几点:

1. 项目公司拥有公共基础设施的特许专营权。这是项目公司最核心、最显著的特征,也是项目公司设立、运作的前提条件,可以说无特许权就无 BOT 项目公司。特许经营权的具体内容是指项目公司在特许期内对公共基础设施进行投融资、设计、建设、运营、维护并取得相关的利润。该特许权由东道国政府单独授予项目公司,但项目公司不可任意处分此权利。

2. 项目公司拥有部分社会事务管理权。在某些 BOT 项目中,例如地铁、港口、桥梁、隧道、高速公路等,这些项目的产品或服务由项目公司直接提供给社会大众,同时为了避免政府的其他管理部门对项目公司经营活动的干扰,一般而言,项目承办人总是坚持要求政府授予其项目设施经营中所需的社会事务管理权。例如,地铁运营秩序的管理(治安管理除外)由地铁总公司负责。实践中,东道国在确保本国法制和谐统一的前提下,由政府通过颁布立法性文件授予项目公司该社会事务管理权利。

3. 项目公司的组织机构中允许有政府部门参与。通常是以政府部门下属的国有公司参资入股的方式,即让政府部门作为投资的一方。这个特殊性是基于 BOT 项目多是社会公益项目,项目公司和政府承担着较重大的社会责任。因此,一方面是便于中外投资者与政府在项目的设计、建造、经营、维护、转移上的协商、沟通与合作；另一方面也是便于政府对项目公司的上述行为进行监督、检查，以能较好地维护社会公益。例如，项目公司的资本规模、经营范围都由政府法令和特许权协议明确化，不允许其随意减少和扩大投资规模，也不允许其变更企业经营范围，否则便是违法或违约行为。

4. 项目公司可获得政府的诸多特殊保证。这是其他投资模式可望而不可及的待遇，主要包括：政府保证提供项目所涉范围的土地，有时政府甚至是无偿提供该土地使用权；政府保证项目建设、经营所需的原材料、交通运输、能源、其他生产生活设施服务的供应，允许项目所需的大宗机器设备、原材料的进口；政府保证对项目产品的购买，甚至保证项目公司一定的投资回报率，以增强项目投资者获得利润的信心；政府保证项目公司还贷和获得利润所需外汇的兑换和一定自由的汇入汇出，在有的情况下，政府还对汇率的变动作出保证，以分担项目公司在这方面的风险。尤其在存在外汇管制的国家须当地政府作出如此保证，否则，很难给予外国投资者足够的信心；还要作出不竞争或限制竞争的保证。为了确保项目公司能获得一定的投资利润，政府一般会对项目公司允诺：在特许期内不再建造或不再建造更多的相同或相竞争的项目。例如，英、法两国政府对英、法海底隧道项目公司保证在特许期即33年内不建造第二条横贯海峡的连接设施。

5. 项目公司在适用法律上也有其特殊性。表现在政府对单个BOT项目及项目公司制定专门的规范性文件，这些法律、法令对项目公司的所有权关系、特许运营关系作了明确规定。例如，我国香港政府对于大揽隧道及元朗引道、东区海底隧道专门颁布了《大揽隧道及元朗引道条例》、《东区海底隧道条例》；澳大利亚政府对于悉尼海底隧道颁布了《悉尼海底隧道专营条例》；我国上海也针对本地区的BOT项目专门颁布了《上海市延安高架路专营管理办法》、《上海逸仙路高架和蕴川路大桥专营管理办法》。这种专门为BOT项目及项目公司制定条例、规章的情况在其他外商投资项目上是甚为罕见的。

6. 项目公司对项目资产的所有权是一种非完全意义上的所有权。项目公司在行使其对项目资产的所有权时，必须受到项目资产未来的所有人（政府）的限制，例如，项目公司不能把项目资产进行租赁，除了直接对项目的融资贷款可以把项目资产设定抵押外，项目公司不能把项目资产用做其他债务的抵押物。特许运营期满，项目公司无须清算，而是把项目资产直接无偿移交给东道国政府。一般的公司解散清算程序对BOT项目公司不适用。这是BOT特许权协议的重要内容。

第三节　BOT项目融资模式中主要当事人及其法律关系

BOT项目融资是一个围绕特定基础设施项目投资、融资、建设、经营和移交的活动过程。它涉及众多当事人的一系列权利、义务的安排，从而形成了多样复杂的法律关系。

一、项目主办方与项目公司的法律关系

项目主办方是项目公司的投资者，是股东，项目公司是项目主办方投资所形成的经济组织。项目主办方与项目公司的法律关系一般为母公司与子公司的关系。当项目主办方仅为一个投资者时，项目公司是主办方的全资子公司，当项目主办方由多个投资者共同组成时，项目公司是主办方的控股子公司。但是，BOT投融资中项目主办方与项目公司的关系与一般的母公司与子公司的关系又有明显的区别。一般而言，母公司对其在子公司拥有的资产份额可以自主决定增减，自主决定子公司的发展方向、经营范围等。但 BOT 项目主办方对项目公司的财产没有一般母公司所拥有的支配权，不能对其所拥有的资产份额任意进行增减，任意行使其经营管理权，而必须受项目所在地政府授予的特许权的法律契约约束。

二、政府与项目主办方的法律关系

BOT 项目融资模式适用范围的特殊性决定了它的产生需要一个专门的授予特许经营权的法律文件，这是政府与项目主办方关系形成的法律基础。特许授权的内容是以项目公司的设立及其权利、义务的确定为核心，涉及其他相关当事人的权利、义务而实行的一揽子安排。

对于在特许授权法律文件基础上形成的政府与项目主办方的法律性质，国内外均存在着争议，主要涉及发生投资争议时争议管辖权的确定问题。一种意见认为，这一特许协议法律文件类似于我国的国有土地使用权出让合同，其特许协议的性质相当于行政合同关系，因此，一旦项目主办方与当地政府发生投资争议时，只能由我国的审判机构或仲裁机构管辖。另一种意见认为，这一特许协议类似于中外合作开采海洋石油合同，其性质相当于国际经济合作中的国家契约关系，一旦发生投资争议，可以接受外国仲裁机构管辖，并可在特许权协议的文件中加以明确。

三、政府与项目公司的法律关系

在 BOT 项目所涉及的权利、义务安排中，项目主办方与项目公司是两个不同的行为主体，政府与项目主办方有可能形成涉外经济法律关系，但项目公司是一个外商独资企业———一个中国法人。政府与项目公司之间始终是在国内法基础上基于行政许可形成的法律关系，而不可能形成涉外经济法律关系。

政府与项目公司法律关系的特殊性在于，以一个特许授权的法律文件为基础，而不同于其他企业的特别权利、义务设定。在政府与项目公司、项目公司与

其他相关企业之间发生的联系中，特许授权的法律文件与其他立法性文件相比具有优先适用的效力，对于可能影响已定特许条款内容的新的立法性文件与特许授权法律文件的关系，也会在特许法律文件中作出安排。

四、项目公司内中外合作双方的法律关系

当 BOT 项目公司为一个中外合作企业时，就形成了外商与中方合作者之间的法律关系。在 BOT 项目公司中，中外双方的法律关系存在着两种可能性：当中方合作者与项目所在地政府无财产隶属关系时，中外双方是一般法律意义上平等主体之间的民事法律关系；当中方合作者与项目所在地政府有财产隶属关系时，中外双方之间就存在着与一般中外合作企业不同的特殊性。一般中外合作企业中，中外双方之间属完全平等主体之间的民事法律关系，双方自愿平等，协商确定相互间的权利和义务。但在 BOT 项目公司中，中外双方在形式上具有平等地位民事主体的法律关系，而在具体权利、义务的确定上兼有平等与不平等两重性。这一两重性来自于政府所属企业在经济上的非独立性。

从我国目前 BOT 项目的实践看，中方合作者起着重要作用，因为中方合作者往往是 BOT 项目建设经营责任的传统承担者。因此，在 BOT 项目中，中方合作者既是一个与外商地位平等的合作伙伴，又是一个政府特许权利先行获得者、承受者和具体实施的监督者。所有这些关于项目公司中中方与外商之间存在的平等与不平等兼有的双重权利、义务关系，是通过特许授权法律文件来确定的。

五、项目主办人、项目公司与项目贷款人的法律关系

由于 BOT 项目融资中贷款比例一般较高，贷款落实与否是决定项目是否能够成功的重要因素。因此，贷款人是 BOT 项目的重要当事人，项目主办人、项目公司与贷款人的关系自然是 BOT 项目中重要的法律关系之一。项目主办人、项目公司与贷款人的关系是基于资金借贷业务而形成的平等主体间的经济法律关系。项目主办人和项目公司在 BOT 项目贷款中的角色是：项目主办人是项目贷款的筹措者，项目公司则是项目贷款的借款人。在 BOT 项目的前期谈判中，项目主办人承担与外国银行商谈，取得外国银行为项目提供贷款的承诺；项目公司设立后，就由其作为借款人与贷款银行签订贷款合同。在 BOT 项目建设期间，项目主办人往往还承担项目完工担保的义务，主要内容是保证项目投资不超预算，不超工期。由此可见，BOT 项目贷款的落实不仅以项目经营自身的可行性为基础，而且需审查项目主办人的资信能力和经营能力。

目前，我国 BOT 项目的资金（包括直接投资和项目贷款）绝大部分来自外商，项目主办人与贷款银行的关系属于两个外国企业间的经济法律关系，与我国没有直接的法律联系；项目公司与贷款银行的关系则属于我国的涉外经济法律关

系，在一定范围和一定程度上受我国法律管辖。境外贷款银行虽然未与我国政府发生直接的经济法律关系，但是存在着间接的经济法律关系。这种间接经济法律关系一方面将会影响 BOT 项目中其他当事人的权益，例如，要求项目公司以其所有资产及其未来可能的权益作为贷款归还的担保物，要求政府或政府其他企业承诺产品销售或服务提供的货币支付担保等；另一方面，这一间接经济关系存在着转化为直接经济关系的可能性，即当项目公司破产或不能支付到期贷款时，贷款银行可以凭借项目公司财产权益的抵押权人的身份接管项目公司，从而成为项目财产的继受人和特许权利的继受人。

六、项目公司与项目建筑承包商的法律关系

项目公司与项目建筑承包商的法律关系是发生在项目建设期和项目财产形成的过程中，以项目工程为标的的平等主体之间的经济法律关系。其重要性在于为项目经营、融资奠定了基本的物质基础。项目工程建筑承包商的选择是 BOT 项目谈判中一揽子安排的组成部分，由项目主办人（包括外商和项目所在地的合作者）、贷款银行、政府等事先协商确定，并非完全由项目公司确定。这是 BOT 项目建设不同于一般工程建设的特殊性。项目公司与项目工程建筑承包商的经济法律关系因所选择的建筑承包商不同，而有两种可能的类型：一种是项目公司将工程总包给一个建筑商，形成工程建设总承包关系，然后由该总承包商与其他建筑商形成建设分包关系。另一种是项目公司自身将工程直接分类承包给多个建筑商，直接与有关建筑商形成工程承包、发包关系。

七、项目公司与原材料供应商、项目产品购买者或设施使用者的经济法律关系

项目公司与原材料供应商、项目产品购买者或设施使用者的经济法律关系是贯穿整个项目经营期，直接涉及项目效益和投融资回报偿还的重要经济法律关系，是 BOT 项目一揽子权利、义务安排的重要内容。对于项目公司来说，在项目工程的建设费用确定后，原材料供应价格、产品出售或服务提供的价格就成为 BOT 项目经营中影响投融资回报的最重要因素。涉及这两个因素的合同的签订，一方面是项目经营风险在项目公司与政府或政府所属企业间的一次分配；另一方面是项目经营中风险因素的又一次确定，以便项目主办人和项目公司进行投入产出的可行性分析和经营成本计算控制。

这两个经济法律问题一般在项目特许法律文件中有专门约定，或附加专门合同成为特许法律文件的一部分。例如，深圳沙角 B 电厂项目合同中，就有关于保证煤炭供应和电力购买的专项内容。当然，并非所有的 BOT 项目都有关于原材料供应的专门合同内容，但一般都有关于产品收购或设施服务提供的专项约定

或专项合同。在一个同时签订上述两个合同的 BOT 项目中,这两个合同不仅与整个投融资经营回报密切相关,而且彼此之间存在着密切的关联性,即原材料供应的可靠程度和价格高低影响着产品收购(或服务提供)的价格。因此,在 BOT 项目谈判中,这两个合同中的权利、义务安排是互为因果、紧密关联的,应当结合在一起考虑。

以上合同当事人之间的法律关系结构如图 8-1 所示。

图 8-1 是 BOT 项目融资模式的一种典型结构。

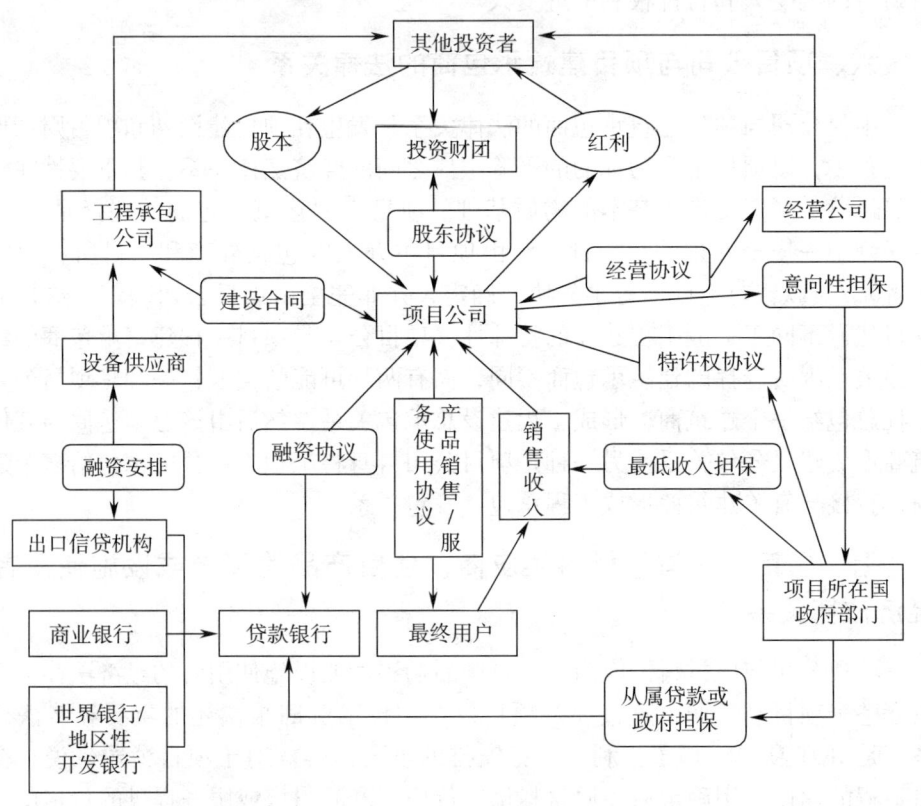

图 8-1　BOT 项目融资模式的法律结构

图 8-1 中的 BOT 项目融资结构说明如下:

第一,项目经营公司、工程公司、设备供应商以及其他投资者共同组建一个项目公司,从项目所在国政府获得特许权协议作为项目建设开发和安排融资的基础。特许权协议至少包括三个方面的内容:(1)批准项目公司建设开发和经营项目,并给予使用土地、获得原材料等方面的便利条件;(2)政府按照固定价格购买项目产品(例如发电项目)或者政府担保项目可以获得最低收入(例如高速公路项目);(3)在特许权协议终止时,政府可以根据协议商定的价格购买(或无偿收回)整个项目,项目公司保证政府获得的是一个正常运转并保养良好的项目。为了保证项目公司获得特许权协议后有能力按计划开发项目,政府有时会要求项目公司或投资财团提供一定的担保。

第二,项目公司以特许权协议作为基础安排融资。外国政府机构的出口信贷是发展中国家 BOT 项目的重要贷款组成部分,因为有些出口信贷机构会直接为本国的成套设备出口安排融资。为了减少贷款的风险,融资安排中一般要求项目公司将特许权协议的权益转让给贷款银行作为抵押,并且设计专门的机构控制项目的现金流量。在一些情况下,贷款银行也会要求项目所在国政府提供一定的从属性贷款或贷款担保作为融资的附加条件。

第三,在项目建设开发阶段,工程承包公司以承包商的形式(如"交钥匙"合同)建设项目。采用这种类型的工程承包合同,可以起到类似完工担保的作用,有利于融资安排。

第四,项目进入生产经营阶段之后,经营公司根据经营协议负责项目的运行、保养和维修,支付项目贷款本息并为投资财团获得投资利润。

第五,保证在 BOT 项目融资模式结束时将一个运转良好的项目移交给项目所在国政府或其他所属机构。

第四节 PPP 项目融资模式

一、PPP 项目融资模式的定义

为了适应现代经济的飞速发展,各国十分重视公共基础设施建设,但是单靠政府资金已不能满足需求。利用国际及国内民间私人资本进行公共基础设施建设,BOT 项目融资模式是目前比较成熟和应用最广的项目融资模式。但这种模式存在着出资人承担风险过大、项目融资前期工作周期过长及投资各方利益冲突大等缺点。近年来,出现了一种新的融资模式——PPP 项目融资模式,即公共部门与私人企业合作模式,这是一种以各参与方的双赢或多赢为合作理念的现代融资模式。

PPP 是英文 Private - Public - Partnership 的缩写,即公共民营合作制模式,是指政府、营利性企业和非营利性企业基于某个项目而形成的相互合作关系的形式。通过这种合作形式,合作各方可以获得比预期单独行动更有利的结果。合作各方参与某个项目时,政府并不是把项目的责任全部转移给私人企业,而是由参与合作的各方共同承担责任和融资风险。

PPP 项目融资模式在城市公共基础设施建设中应用的显著特点在于通过引入

私人企业，将市场中的竞争机制引入城市公共基础设施建设中，更有效地提供公共服务。由于技术或公共产权的原因，在某些领域完全私有化容易带来公共产权的纠纷问题。PPP项目融资模式的出现既符合了政府的政策性，又规范了城市公共基础设施建设。

但是，为了真正掌握PPP项目融资模式的含义，正确理解以下几点非常重要：

1. PPP项目融资模式下促进了政府管理的改革。政府提供城市公共基础设施的效率低下是一个普遍的共识。PPP项目融资模式通过引入市场竞争机制，使政府在市场中进行磨炼，改变其传统的管理机制，努力提高其效率。为了达到这个目的，政府必须与私人营利企业合作，因为这些企业本身就是在市场竞争机制中经过优胜劣汰后的优胜者。

2. PPP项目融资模式可以作为政府解决城市公共基础设施建设中面临的可持续发展问题的有效方式。在PPP项目融资模式下，政府扮演的是投资经纪人的角色，其任务就是以城市公共基础设施项目为基础，引入私人企业参与合作，借助于私人企业的资金来建设城市公共基础设施，同时私人企业也带来了它们的先进技术。而且，在PPP项目融资模式中，城市的可持续性发展与其商业可行性是一致的。因为，私人企业带来的先进技术使得在进行设施建设的同时，最大限度地减少了给城市带来的污染，保护了城市生态平衡，从而使城市获得了可持续发展。

3. PPP项目融资模式下政府实现了融资风险的转移。在PPP项目融资模式下，政府引入私人企业和资金参与城市公共基础设施的建设，私人企业需筹集项目建设过程中所需的资金。这样，项目进行过程中的融资风险就转移给了私人企业。

4. PPP项目融资模式下的权力是共享的。在传统的城市公共基础设施建设中，政府的角色是所有者和管理者，私人企业是被管理者，而在PPP项目融资模式下，由于权力共享，政府和私人企业的关系发生了根本性的变化。首先，合作和信任取代了命令和控制的敌对关系；其次，在合作关系中，双方共同分担风险和责任，交流经验；最后，在PPP项目融资模式下，合作各方就一些需要诉讼的问题进行协商，可以达成谅解，免于诉讼。

在发达国家PPP项目融资模式的应用范围很广泛，既可以用于基础设施的投资建设（如水厂、电厂），也可以用于很多非营利性设施的建设，如监狱、学校等的建设。美国克林顿政府提出的通过与私人部门合作（PPP项目融资模式）投资来提高公共部门经济和效能的方案，成为美国政府自1905年到1989年11个重要改革方案之一。一个成功的PPP项目融资模式需要一定程度公共部门和私人部门之间关系的重新组合，以创造权利合理配置的实施环境。PPP项目融资模式的优点在于将市场机制引进了基础设施的投融资。不是所有城市基础设施项目都可以商业化的，应该说大多数基础设施是不能商业化的。政府不能认为通过市场机制运作基础设施项目等于政府全部退出投资领域，在基础设施市场化过程中，政府将不得不继续向基础设施投入一定的资金。对政府来说，在 PPP 项目中的投入要小于传统方式的投入，两者之间的差值是政府采用 PPP 项目融资模式的收益。

二、PPP 项目融资模式下的典型操作方式

在 PPP 项目融资模式下，城市公共基础设施的建设可以采用多种方式，主要有以下八种典型方式[①]，它们可根据公有化程度到私有化程度的不同排列：

1. 服务协议（Service Contract）。对一些特殊的公共基础设施，政府可以把服务转包给私人企业，政府公共部门仍需对设施的运营和维护负责，承担项目的融资风险，这种协议的时间一般短于 5 年。

2. 经营和维护协议（Operate & Maintenance Contract）。政府与私人企业签订运营和维护协议，由私人企业负责对基础设施进行运营和维护，获取商业利润。在该协议下，私人企业承担基础设施运行和维护过程中的全部责任，但不承担资本风险。该模型的目的就是通过引入私人企业，提高基础设施的运营效率和服务质量。

3. 租赁—建设—经营（LBO）。政府与私人企业签订长期的租赁协议，由私人企业租赁业已存在的基础设施，向政府交纳一定的租赁费用，并在已有设施的基础上凭借自己的融资能力对基础设施进行扩建，并负责其运营和维护，获取商业利润。在该模式中，整体基础设施的所有权属于政府，因而不存在公共产权问题。

4. 建设—移交—经营（BTO）。政府与私人企业签订协议，由私人企业负责基础设施的融资和建设，完工后将设施移交给政府，然后，政府把该项基础设施租赁给该私人企业，由其负责基础设施的运营，获取商业利润。在此模式中，也不存在基础设施公共产权的问题。

5. 建设—经营—移交（BOT）、建设—拥有—经营—移交（BOOT）。这一方式见前面所讲的 BOT 项目融资模式的内容。

6. 扩建后经营整体工程并转移（Wraparound Addition）。政府与私人企业签订协议，由私人企业负责对已有的公共基础设施进行扩建，并负责建设过程中的融资。完工后由私人企业在一定的特许权期限内负责对整体公共基础设施进行经营和维护，并获得商业利润。在该模式下，私人企业可以对扩建的部分拥有所有权，因而会影响到基础设施的公共产权问题。

---

① 李秀辉、张世英：《PPP 与城市公共基础设施建设》，载《工程规划》，2007（7）。

7. 购买—建设—经营（BBO）。政府将原有的公共基础设施出售给私人企业，由私人企业负责对该基础设施进行改建、扩建，并拥有永久性经营权。

8. 建设—拥有—经营（BOO）。见前面 BOT 项目融资模式的内容。

因此，上述各类模式之间的区别虽然并不大，但各有其特点，从而适应于不同的情况，如表 8-2 所示。

表 8-2　　　　　　　PPP 项目融资模式在各种情况下的应用

设施类型	适用的方式
已有设施	服务协议（Service Contract） 经营和维护协议（Operate & Maintenance Contract）
对已有设施的扩建	租赁—建设—经营（LBO） 购买—建设—经营（BBO） 扩建后经营整体工程并转移（Wraparound Addition）
新设施	建设—移交—经营（BTO） 建设—经营—移交（BOT）、建设—拥有—经营—移交（BOOT） 建设—拥有—经营（BOO）

三、PPP 项目融资模式与 BOT 项目融资模式的比较

由于 PPP 项目融资模式与 BOT 项目融资模式极其相似，而且 BOT 项目融资模式还可以作为 PPP 项目融资模式的一种操作方式，因此，实践中经常会将二者混淆起来。我们就通过比较分析的方法在此介绍 PPP 项目融资模式的组织机构设置及运作程序。

（一）组织机构设置不同

以 BOT 项目融资模式参与项目的公共部门和私人企业之间是以等级式关系发生相互作用的，其组织机构设置如图 8-2 所示。

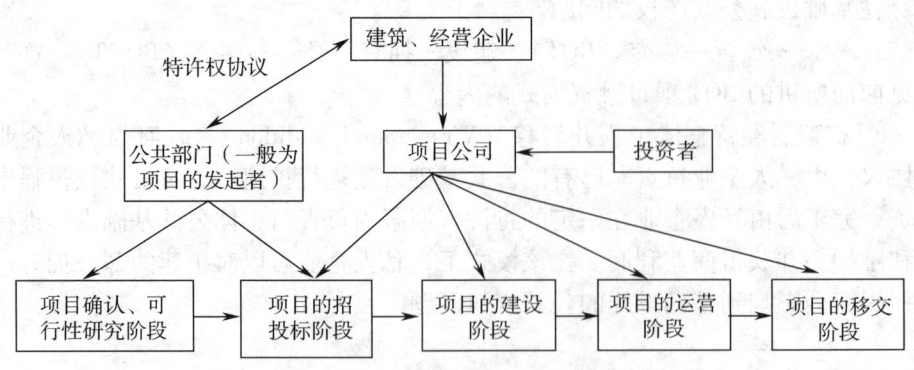

图 8-2　BOT 项目融资模式组织机构形式图

在图 8-2 的组织机构中没有一个相互协调的机制，不同角色的各参与方都有自己的利益目标——自身利益最大化，导致他们之间的利益冲突。由于 BOT 项目融资模式缺乏协调机构，参与各方的信息是不对称的，形成了博弈各方在各自利益最大化的驱使下，最终达到"纳什均衡"，其中，一方达到利益的最大化是以牺牲其他参与方的利益为代价的单方利益最优，其社会总收益不是最大的。

而在 PPP 项目融资模式中存在一个公共部门和私人部门的相互协调机制。可以说，PPP 项目融资模式是一个完整的项目融资概念，但并不是对项目融资的彻底更改，而是对项目生命周期过程中的组织机构设置提出了一个新的模型。它是政府、营利性企业和非营利性企业基于某个项目而形成的以双赢或多赢为理念的相互合作形式，参与各方可以获得与预期单独行动相比更为有利的结果。其组织机构设置如图 8-3 所示。

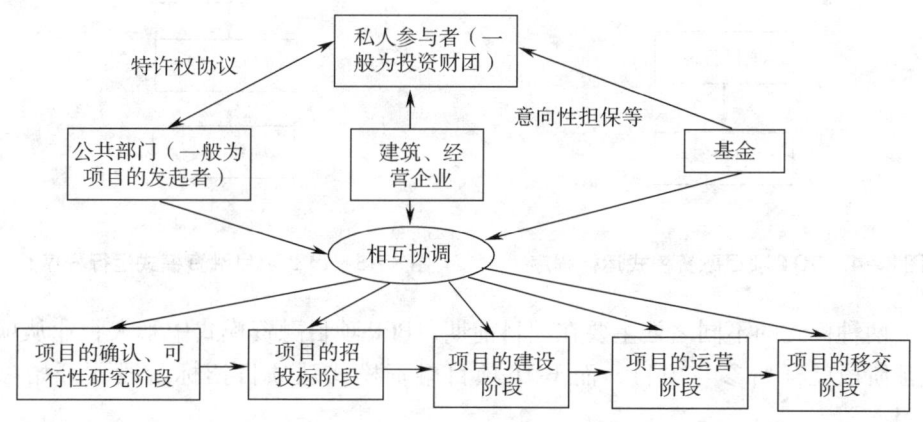

图 8-3 PPP 项目融资模式的组织机构形式图

这种模式的一个最显著的特点就是项目所在国政府或者所属机构与项目的投资者和经营者之间的相互协调及其在项目建设中发挥的作用。在图 8-3 的组织机构中，参与各方虽然没有获得自身理想的最大利益，但总收益是最大的，实现了"帕累托"效应，即社会效益最大化，这显然更符合公共基础设施建设的宗旨。

（二）两种模式的运行程序不同

从运作程序看，PPP 项目融资模式也有着与 BOT 项目融资模式不同的运行程序，前者包括选择项目合作公司、确立项目、成立项目公司、招投标和项目融资、项目建设、项目运营管理、项目移交等环节。而后者包括确立项目、招投标、成立项目公司、项目融资、项目建设、项目运营管理、项目移交等环节。两种模式运行程序如图 8-4 和图 8-5 所示。

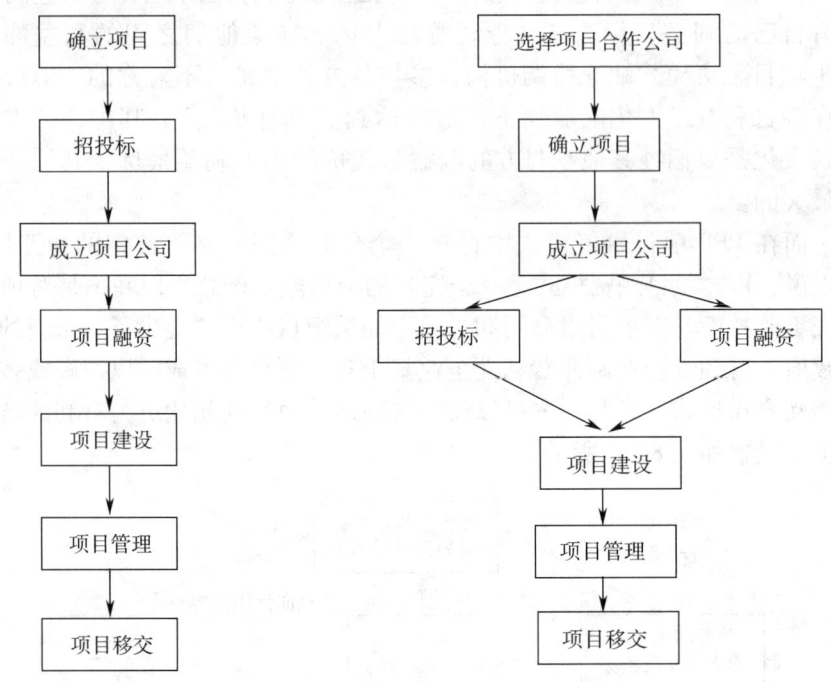

图 8-4 BOT 项目融资模式运行程序　　图 8-5 PPP 项目融资模式运行程序

两种模式的不同之处主要在项目前期，PPP 项目融资模式中私人企业从项目论证阶段就开始参与项目，而 BOT 项目融资模式从项目招标阶段才开始参与项目。

PPP 项目融资模式这种特殊的组织机构设置和运行程序的意义在于：

第一，这种组织机构的设置形式可以尽早确定哪些项目可以进行项目融资，并可以在项目的初始阶段更好地解决项目整个生命周期中的风险分配。

第二，PPP 项目融资模式可以使得参与公共基础设施项目融资的私人企业在项目前期就参与进来，有利于利用私人企业的先进技术和管理经验。PPP 项目融资模式尤其适用于道路建设。在道路建设中，由于在项目的早期计划阶段对于建设所采用的技术设计方案已经确定，从而在项目建设过程中进一步技术创新受到限制。如果采用 PPP 项目融资模式，可以使有意向参与项目建设的私人企业与项目所在国政府或有关机构在项目的论证阶段共同商讨项目建设过程中所采用的技术方案，从而有可能采用较新的技术成果。

第三，在 PPP 项目融资模式下，公共部门和私人企业共同参与公共基础设施的建设和运营，双方可以形成互利的长期目标，更好地为社会和公众提供服务。而且，PPP 项目融资模式有可能增加项目的资本金数量，进而降低较高的资产负债率。

第四，通过 PPP 项目融资模式，项目的参与各方重新整合，组成战略联盟，对协调各方不同的目标起到了关键性作用。

第五，在 PPP 项目融资模式下，有意向参与公共基础设施项目的私人企业可以尽早和项目所在国政府或有关机构接触，可以节约投标费用，节省准备时间，从而降低最后的投标价格。

PPP 项目融资模式突破了目前的引入私人企业参与公共基础设施项目组织机构的多种限制，尤其适用于大型、一次性的项目，如监狱、道路、铁路、医院、地铁以及学校等，应用范围十分广泛。因此，在 PPP 项目融资模式的组织机构中，参与项目的公共部门和私人企业之间都是以平等的方式相互影响。项目的投资者和经营者一般是以项目公司形式存在的，项目公司作为特许权人承担合同规定的责任和义务，可以是财团、技术公司（如土地整理公司），也可以是股份合作企业。为了享受税收减让的好处，必须在项目所在国成立项目公司。通常的做法是，项目公司本身作为借款人，项目公司中所有的项目资产被孤立起来。当地政府利用特许权费用成立一个合同执法事务所，根据协议和有关法律的规定，对项目公司的建设和行为进行监督。调解委员会由政府、投资银团和技术公司等机构的人员组成。

政府的公共部门与私人参与者以特许协议为基础进行合作。它们的合作始于项目的确认和可行性研究阶段，并贯穿于项目的全过程，双方共同对项目的整个周期负责。在项目的早期论证阶段，双方共同参与项目的确认、技术设计和可行性研究工作；对项目融资的可能性进行评估确认；采取有效的风险分配方案，把风险分配给最有能力的参与者来承担。成功融资方式的标志就是它在各参与方之间实现了令人满意和有效的项目风险分配。在 PPP 项目融资模式中，公共部门与私人部门之间存在分歧，任何一方不能改变项目的实施，而应当平等地在特许协议基础上处理。

案例分析：山东中华发电项目融资案例

一、项目简介

山东中华发电项目是我国迄今为止装机规模最大、结构最复杂、贷款额最高的 BOT 电力项目。曾被《欧洲货币》、《项目融资》等多家全球著名的金融杂志列为 1998 年度最佳项目融资计划。项目由山东电力控股公司、山东国际信托投资公司、中国能源投资有限公司以及法国国际电力公司共同发起的山东中华发电有限公司承担。公司于1997年成立，于1998年开始运营，计划于2004年最终建成。公司合作经营期为20年，经营期结束后，电厂资产全部归中方所有。

经国家电力部介绍，中国能源投资有限公司（中国电力公司的子公司）与山东电力控股公司于1992年7月进行了首轮接触，并于1993年4月就山东中华发电项目签订了意向书。双方最初的目标是在山东建立一个基于香港控股模式的合资企业，开发经营一系列电厂。当时该提议得到了电力部和山东省政府的支持，但未获得国家计委的批准。后来法国国际电力公司（EDFI）和山东国际信托投资公司也加入到该项目中，并于1994年9月签署了由四方组成的合资协议，1996年3月，项目可行性报告得到了国家计委的批准。1997年5月，签订了合作合资合同，成立了合资公司——山东中华发电有限公司。该项目包括已运行电厂石横发电厂一期工程、即将完工的石横发电厂二期工程和两座即将开工的菏泽二期工程及聊城电厂。该项目总投资为168亿元人民币，总装机规模为300万千瓦。包括可以独立管理运作的四个电厂，其本质上是一个IPP合资公司。项目总投资约为21.50亿美元。

1998年10月，菏泽电厂及聊城电厂获得国务院批准开工建设。

二、项目投资结构

山东中华发电有限公司的四方发起人的股份所占比例分别为：山东电力控股公司占36.6%；中国能源投资有限公司占29.4%；法国国际电力公司占19.6%；山东国际信托投资公司占14.4%。如图8-6所示：

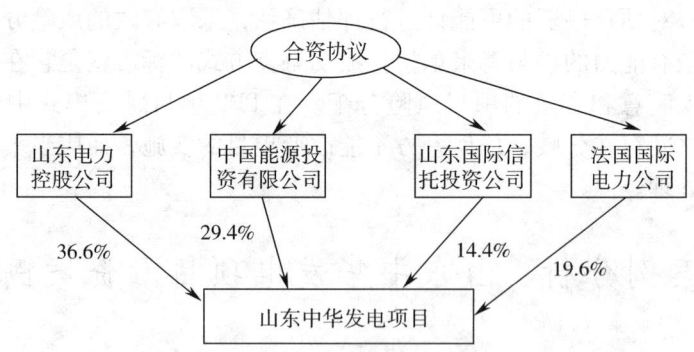

图8-6 山东中华发电项目投资结构示意图

在这一投资结构中，中方发起人山东电力控股公司和山东国际信托投资公司同意以已经运营的石横一期工程作为它们的股本投资的一部分，所有的发起人也同意在项目运营阶段注入必要的股本资金，以保证项目的完工。

在项目谈判的早期,遇到了来自两方面的挑战:一是如何处理由于当事人的多重作用而引起的利益冲突;二是在决定需要特别多数同意的主要问题时,如何保护少数人的问题。而且,在谈判过程中,对外贸易经济合作部强调不准在向合资企业注入股本时附加任何条件。因此,在项目融资条款尚未达成的情况下,如何使发起人避免不应有的风险,这也是一个挑战,因为合资公司的成立比融资文件的签订要早 11 个月。

三、项目合同结构

1. 合资协议谈判期。在该项目合资协议的谈判期,主旨是在项目融资条款尚未达成的情况下,如何使发起人避免不应有的风险,这是因为合资协议的批准比融资文件的签订要早 11 个月。在这一阶段,主要就以下问题达成一致意见:

(1) 利益冲突问题。出口信贷机构担心的主要问题就是各方当事人的利益冲突。处理方法之一就是判断与合资公司签订的任何协议或合同的对方当事人是否违约,应由发起人任命的与其无任何利益冲突的总监作出。

(2) 保护少数人的权益问题。在中国,电力项目得以利用外资的前提是外商投资不超过 49%。这就存在着一个如何保护少数人的权益(只占少量股份的投资者的权益)的问题。在山东中华发电项目中,合资协议明确指明:对于重大决策问题如签署重要合同等,必须坚持一致通过的原则;对于其他决策问题如批准年度预算,只需要 2/3 多数通过即可。

(3) 建立活动基金的问题。为了减轻贷款人对收费调整和外汇风险的担心,合资各方同意建立活动基金。由于该基金不属于合资公司资产,并受山东省人民政府的监督,而且在合资后期提高了向消费者的收费,所以,贷款人同意承担这些风险。

2. 在项目建设期。对于已运营的石横一期工程,通过山东电力控股公司和山东国际信托投资公司签订定期付款协议向其注资,从而使其成为合资公司的一部分。

以已运营的项目代替真实的股本投入,这是一种制度创新,其价值由国有资产管理局担保,要求向各当事人提供保证。

石横二期工程已由山东电力控股公司作为建设公司建成。从贷款银行的角度看,由于石横二期工程是一个建设项目,它们希望项目公司与承建商签订固定价格、固定工期的建设合同。工程的建设资金由中国建设银行和山东国际信托投资公司的人民币贷款解决。因此,由项目公司安排的项目融资不仅提供美元贷款和人民币贷款作为菏泽和聊城电站的建设,而且要为石横二期工程的运营提供资金,以使其成为合资公司的一部分。

对于菏泽二期工程和聊城电厂,这是两个新工程,希望通过出口信贷和商业贷款融通资金。因此，构造一个建设合同满足出口信贷机构、国内外贷款者的要求，就显得至关重要。通常情况下，电力项目都是由出口信贷解决国外设备，由国内施工单位负责建设与安装。在这一项目中，要求最大限度地使用国内厂商生产的发电厂设备，而由英国能源有限公司供应锅炉设备。为了保证有效的结构，每个电厂的锅炉供应合同是相互独立的，并且，将锅炉供应合同也构造成 EPC 式合同，由供应商为整个项目建设承担责任。EPC 合同商与项目发起人组成一个辛迪加联合体，根据联合协议，选择山东电力控股公司作为主承包商。这种结构使贷款人得到了一个受国际法（如英、美法）管辖的 EPC 合同。

3. 项目经营期。在项目经营期，经营与中断合同是该项目的核心，这主要涉及以下问题：

（1）无论交付与否均需付款。除非有经保险顾问严格审查的电厂不可抗力或由合资公司负责的电厂设计生产或建设缺陷，任何年份的生产中断不得超过最高限度，否则其损失由作为燃料供应商和经营者的山东电力控股公司负责。

（2）将经营与中断责任在一个合同中加以整合，解决了在经营者和中断者之间无法解决的债务平摊难题。

（3）长期燃料供应和运输合同约定，由山东电力控股公司承担燃料供应和运输风险，从而为合资公司解决了很多困难。这是因为在当时的中国，煤炭生产基本上是通过国家计划下指标，煤炭运输一般是申请铁路运输指标。

（4）合资公司根据其成本、税金、还贷额及合理的利润进行收费。另外，使贷款人获益的还有大量的支持函，如电力部支持函，由中央政府机构、山东省政府和合资公司签订的理解备忘录。

（5）山东电力控股公司保证建设联合电网以使电厂及时联网。

（6）按照 1996 年 9 月 29 日颁布的过渡措施及 1997 年 3 月 20 日颁布的有关电力项目合资规定，由中国国家电力公司对合资公司进行检查。

（7）技术服务协议。由中国能源投资公司和法国国际电力公司签署了为合资公司新建电厂、提供技术服务的协议。

四、项目融资结构

合资公司的资金分为项目发起人的股本资金和债务资金。

山东中华发电有限公司通过合理的合同构成取得了有限追索贷款。

1. 无论提货与否均需付款协议。中华发电有限公司是山东省电网中最大的发电企业，其销售对象是山东电力控股公司经营的山东电网。由于与山东电力控股公司的合作对公司的发展影响较大，在项目谈判期间，公司与山东电力控股公司签署了运营购电协议，保障了公司每年的最低售电量，并规定电价为成本分红价格，基本上确保了公司的收益。

由于在本协议中项目产品购买者承担的是绝对的、无条件的根据合同付款的义务，即使是出现由于项目毁灭、爆发战争、项目财产被没收或征用等与协议双方完全无关的绝对事件而导致项目公司不能交货，只要在协议中没有作出规定，项目产品的购买者仍须按合同规定付款。这种合同实质上是由项目产品购买者为项目公司所提供的一种财务担保，项目公司可以利用其担保的绝对性和无条件性进行融资。在山东中华发电项目的融资中，由于山东电力控股公司是作为燃料的供应商、运营商、项目回收方，理所当然地担当了"购买者"这一角色，这样投资各方就无须担心项目的现金流，从而降低了投资风险。

2. 经营及收入的合并。作为一个项目，山东中华发电公司的四个电厂之间互补有无，一个电厂出现亏空，可由另外的电厂来补足，降低了项目公司的总利润，从而减少了所得税的征收数量。

3. 燃料的供应与运输。山东电力控股公司作为发起人之一，通过订立燃料的供应与运输合同，承担了项目运输及燃料供应的风险。投资者认为虽然中国的煤市场正在逐渐成为一个开放型市场，中国煤的生产能力也非常可观，但中国煤的消费者的购买能力也在提高，最终会使煤的价格上涨，而且从长期来看，大量的不确定性因素存在，投资方不愿承担这种风险，因此，订立燃料供应与运输合同是十分必要的。

4. 电价。根据山东省物价局的有关规定，项目公司售电电价将根据其基本成本、税费、贷款利息加上合理的利润等来制定，并可以通过协商根据每年的物价上涨指数进行调整。

5. 补充协议。以上所有的方方面面都考虑到并达到融资各方的目标及要求，他们的利益并不只是限制在边际水平上，除非收益中已包含上述的风险收益，由于这种模式以前是从未有过的，也就无法涉及许多先例。比如，以前项目融资只对一个电厂项目考虑，这是有先例的，而山东中华发电项目是对四个电厂，其运作与管理都需要更新。合资项目公司并没有新建电厂（菏泽二期及聊城）的土地使用权，因此，发起人之一必须到有关部门如当地的土地管理局办理申请。此项目在补充协议上是有相当大的工作要做的，当然，同时也是一个挑战。

在以上担保结构下，项目公司取得了所需要的融资，分别是：由英国出口信用担保局担保的3.12亿美元的出口信用贷款，期限为17.5年；由中国建设银行和山东国际信托投资公司提供了3.5亿美元的海外商业贷款，期限为12年，以及68亿元人民币贷款，期限为15年。1998年5月初该项目及融资文件签订后，美元贷款就由三家主牵头行全部承购。四个月后，包括12家银行的国际贷款银团成功组建，分别充当牵头行、联合安排行和主要管理行。

中华发电项目融资案例如图8-7所示。

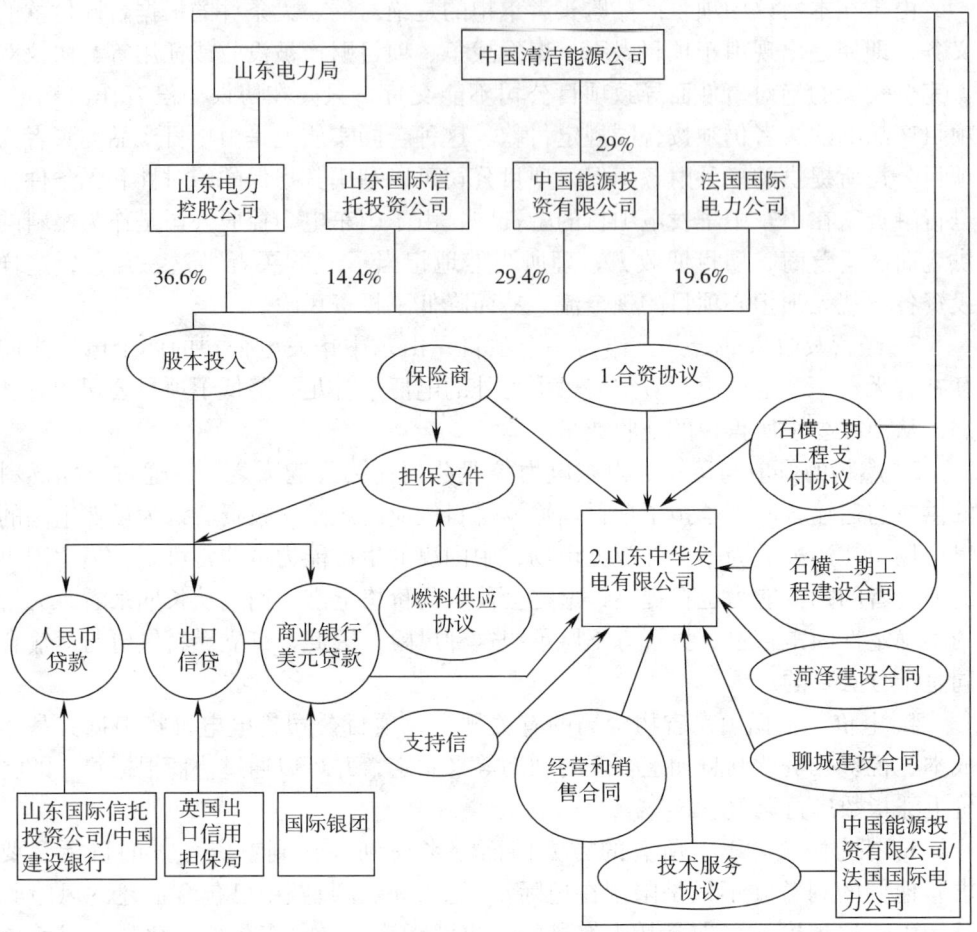

图 8-7 中华发电项目融资结构图

五、项目融资评价

在山东中华发电项目融资中，体现出了以下特点：

1. 合资项目公司遵守了 1997 年 4 月由国家电力部和国家外汇管理局制定的《项目融资管理暂行办法》。融资条款和融资文件都必须经过国家外汇管理局的批准，合资结构不得以任何形式接受国内金融机构的担保。

2. 贷款人要求该项目充分利用《中华人民共和国担保法》。担保通过抵押土地使用权、建筑物、电厂及机器，通过项目账户的担保，通过签订中英法规下的项目文件，签订保险合同等形式而覆盖合资公司所有的资产和权益，还通过股本资金保证的方式担保合资公司发起人的收益。

3. 合资公司在项目本身一定的利润的前提下能够满足相关的融资条款，从而电厂顺利建成运营，使各方都能获益。

对该项目来说，融资条款的执行有其独特之处，即合资公司所属的四个电厂，情况各异：一个已运营，一个接近完工，另外两个未建电厂，基础结构还不同。

该项目虽然经历了很多波折，其中包括受第四次亚洲金融危机的影响，但在中国政府的大力支持下，取得了空前的成功。

该项目有以下几大特点：

1. 贷款不得有政府或国家银行的担保。
2. 注入存量电力资产作为股本，一方面解决中方融资缺乏的困难，另一方面使合资公司从一开始就有利润。
3. 全部使用国产设备。
4. 充分利用发起人的技术和运营能力，没有雇佣国际工程分包商。
5. 根据配套原则安排了大量人民币贷款和美元贷款。
6. 各发起人之间实行风险分摊。

上述特点有效地降低了工程费用和风险。该项目开辟了中国电力项目融资的新纪元，为中国其他领域的融资打开了新视野。

本章小结

1. BOT 是 Build – Operate – Transfer 三个英文单词第一个字母的缩写，代表着一个完整的主要用于公共设施建设的项目融资模式。其基本思路是：由项目所在国政府或所属机构对项目的建设和经营提供一种特许权协议作为项目融资的基础，由本国公司或者外国公司作为项目的投资者和经营者安排融资，承担风险，开发建设项目并在有限的时间内经营项目获取商业利润，最后，根据协议将该项目移交给相应的政府机构。

2. BOT 有三种基本形式，即 BOT、BOOT 和 BOO。在标准的 BOT 项目融资模式中，私人财团或国外财团自己融资来设计、建设基础设施项目。项目开发商根据事先约定，经营一段时间以收回投资。经营期满，项目所有权或经营权将被转让给东道国政府。BOO 项目融资模式即建设—拥有—经营，承包商根据政府赋予的特许权，建设并经营某项产业项目，但是并不将此项基础产业项目移交给公共部门。BOOT 项目融资模式即建设—拥有—经营—移交，则是私人合伙或某国际财团融资建设基础产业项目，项目建成后，在规定的期限内拥有所有权并进行经营，期满后将项目移交给政府。三种模式代表了不同的基础设施私有化程度。

3. BOT 项目的运作程序主要包括：确定项目方案阶段、项目立项阶段、招标准备阶段、资格预审阶段、准备投标文件阶段、评标阶段、谈判阶段、融资和审批阶段、实施阶段（包括设计、建设、经营和移交）。

4. 项目所在国政府、政府机构或政府指定的公司是项目的发起人，也是项目的最终所有者，这是 BOT 项目融资模式与其他融资模式的不同之处。从项目所在国政府的角度，采用 BOT 项目融资模式可以实现诸多宏观目标，因此，政府在 BOT 项目融资模式中的作用至关重要。

5. 项目公司是为了营建一个 BOT 项目而专门组建起来的公司，它是项目的经营者，是 BOT 项目的直接投资者，也是 BOT 项目融资模式的主体。项目公司从项目所在国政府获得建设和经营项目的特许权，负责组织项目的建设和生产经营，提供项目开发所必需的股本资金和技术，安排融资，承担项目风险，并从项目投资和经营中获得利润。项目公司一般通过竞争性国际招投标产生。

6. PPP 是英文 Private – Public – Partnership 的缩写，即公共民营合作制模式，是指政府、营利性企业和非营性企业基于某个项目而形成的相互合作的形式。通过这种合作形式，合作各方可以获得比预期单独行动更有利的结果。合作各方参与某个项目时，政府并不是把项目的责任全部转移给私人企业，而是由参与合作的各方共同承担责任和融资风险。

7. 在 PPP 项目融资模式下，城市公共基础设施的建设可以采用多种方式，根据公有化程度到私有化程度可依次分为：服务协议、经营和维护协议、租赁—建设—经营、建设—移交—经营、建设—经营—移交、建设—拥有—经营—移交、扩建后经营整体工程并转移、购买—建设—经营、建设—拥有—经营等。

8. PPP 项目融资模式是一个完整的项目融资概念，它是政府、营利性企业和非营利性企业基于某个项目而形成的以双赢或多赢为理念的相互合作形式，参与各方可以达到与预期单独行动相比更为有利的结果。这种模式的一个最显著的特点就是项目所在国政府或者所属机构与项目的投资者和经营者之间的相互协调及其在项目建设中发挥的作用。参与各方虽然没有获得自身理想的最大利益，但其总收益是最大的，实现了"帕累托"效应，即社会效益最大化。

9. PPP 项目融资模式有着与 BOT 项目融资模式不同的运行程序，前者包括选择项目合作公司、确立项目、成立项目公司、招投标和项目融资、项目建设、项目运营管理、项目移交等环节。而后者包括确立项目、招投标、成立项目公司、项目融资、项目建设、项目运营管理、项目移交等环节。两种模式的不同之处主要在于项目前期，PPP 项目融资模式中私人企业从项目论证阶段就开始参与项目，而 BOT 项目融资模式从项目招标阶段才开始参与项目。

本章重要概念

BOT 项目融资模式　　　　BOOT 项目融资模式　　　　BOO 项目融资模式
TOT 项目融资模式　　　　PPP 项目融资模式

第八章　BOT 项目融资模式与 PPP 项目融资模式

本章思考题

1. 什么是 BOT 项目融资模式？为什么说 BOT 是有限追索项目融资的一种方式？
2. 比较 BOT、BOOT、BOO 三者之间的异同点。
3. BOT 项目融资模式一般要经过哪些阶段？各阶段的主要任务是什么？
4. 一国政府从 BOT 项目融资模式中可以取得哪些宏观效益？
5. 简述政府在 BOT 项目融资模式中的作用。
6. PPP 项目融资模式的含义是什么？
7. 试分析 PPP 项目融资模式与 BOT 项目融资模式的异同。
8. 简述 PPP 项目融资模式对一国公用基础设施建设的积极意义。
9. PPP 项目融资模式的操作方式有哪几种？
10. PPP 项目融资模式的组织机构与运作程序有何特点？

第九章

资产证券化项目融资模式

资产证券化作为一项金融创新产品和高效的制度安排,成为20世纪70年代以来具有生命力的金融创新产品之一。

第一节 资产证券化的含义

一、资产证券化概念的演变

资产证券化(Asset – Backed Securitization,ABS)在美国业已成为一种日益普遍的融资方式。很多企业,不论其规模大小、产业类别甚至其自身资信程度如何,都在试图利用这种灵活的融资方式获得资金。越来越多的银行也在通过资产证券化的途径,将其所发放的贷款中的某些坏账风险,转移到愿意并有能力承担此风险的融资方手中。

(一)一级证券化

美国学者加德纳把金融行为分为以市场为基础的金融交易和以银行等金融机构为基础的金融交易两大类,也就是我们通常理解的直接融资和间接融资两种融资方式,并将以市场为基础的金融交易即直接融资理解为资产证券化。这是一种覆盖范围比较广泛的定义,几乎包括了各种直接融资方式,可分为一级证券化和二级证券化两种模式。

一级证券化也称融资证券化,是指通过在资本市场和货币市场上发行有价证券筹集资金的行为,即以直接融资方式来举债,主要金融工具包括商业票据、企业债券、股票。这一概念产生于20世纪60年代,在这之前,金融市场还是银行本位,金融市场的融资方式还是以银行贷款为主。进入20世纪60年代以后,随着西方各国金融市场的发展,尤其是证券市场的发展,一个借款人可以通过发行证券向市场上的投资者直接借款而不再需要向银行申请贷款或透支。这种类型的资产证券化过程会动摇银行作为资金提供者的传统地位,并最终导致"非中介化"或"脱媒"现象的出现。

(二) 二级证券化

二级证券化通常就是现在所说的资产证券化,它是指将已经存在的资产集中起来根据利率、期限、信用质量等标准加以组合并进行包装后转移给投资者,从而使此项资产从原始权益者的资产负债表中消失。这是最典型的资产证券化的范畴,因为这里的"资产"至少是真实存在的资产,如住房抵押贷款、学生贷款等。只是将其资产池中的未来现金流现在以证券的方式出售了。

(三) 收益证券化、整体企业证券化和风险证券化

收益证券化,也称未来收益证券化(Future Revenue Securitization,FRS),这类证券化的基础不是已经存在的信用契约关系,而是项目的未来预期收益,是将项目的未来收益打包成证券而在资本市场上出售融资的过程。因此,这种被证券化的"资产"很难用正统的资产证券化中的"资产"概念加以笼统概括。它已成为发展比较迅速的融资方式,尤其在发展中国家的基础设施方面得到了较好的应用。被广泛引用的中国证券化案例之一的"珠海高速"证券化就属此例,证券化的对象是未来高速公路的收费和其他收费。有些发展中国家的电信、煤电等证券化也是这种情况。

整体企业证券化(Whole Business Securitization,WBS)的发展,让我们看到了传统的证券化和资产证券化技术的融合。整体证券化中的"资产"就是"整体企业",这和传统的证券化中的信用基础不相吻合,但证券化所采用的技术又是资产证券化的技术,通过设立的特别目的载体发行证券并行使资产证券化中的特定功能,发行证券、兑付证券、管理、任命相应的管理机构等,并用企业产生的现金流偿付发行的证券。但是,一旦出现原始权益人无法胜任原有企业管理的情况,特别目的载体就可以接管原企业并重新选择管理者,这一点又和传统的证券化不一样。传统的证券化只有通过破产或其他诉讼手段解决违约问题。因此,在整体企业证券化中,原始权益人只处在经营者的地位,不再享有所有权,这是其被看成资产证券化的根本原因。我们可以把整体企业证券化中的"企业"看成"资产",这样与资产证券化的理念就相一致了。整体企业证券化于20世纪90年代发端于英国,目前这一市场也在不断扩展,最新的交易包括方程赛(Formula I)、蜡像馆(Madame Tussaud's Museum)、伦敦城市机场(London City Airport)、酒馆(Pubs)等。

风险证券化(Risk Securitization,RS),是保险市场上风险的再分割和出售过程。保险市场上的风险交易很早就存在,再保险就是风险出售的交易行为。利用资产证券化的技术,使得保险市场上的风险得以被分割和标准化,从而进入资本市场,这是对资产证券化创新的拓展。在这里,被证券化的是风险,对应于资

产负债表的负债部分，实际上是负债的证券化。如果要把这种证券化纳入资产证券化的行列，显然，除了在技术上与资产证券化相同或相似外，基础资产的本质并非一样，和常规证券化中资产所表现的信用关系正相反。但交易之所以成功，原因在于交易包含了与资产证券化一样的风险收益特征，资信基础仍然是某种信用关系。目前，这方面的证券化主要品种有灾难性保险风险证券化（Catastrophe Insurance Risk Securitization）、天气风险证券化（Weather Risk Securitization）、信用风险证券化（Credit Risk Securitization）等。

二、什么是资产证券化

简单地讲，资产证券化是指将缺乏流动性，但具有未来现金流量的资产汇集起来，通过结构性重组，将其转变为可以在金融市场上出售和流通的证券，据此融通资金的过程。或者说，资产证券化是指以目标项目所拥有的资产为基础，以该项目资产的未来收益为保证，通过在资本市场上发行高档债券来筹集资金的一种项目证券融资方式。理解这一概念需要注意以下几点：

（一）资产证券化所发行的证券必须是由特定资产支持的

理解资产证券化中的"资产"二字应从三个角度进行把握。

1. 资产指的是企业的部分资产，而非全部，即企业信用。根据会计学的定义，资产是指某一特定主体由于过去的交易或事项而获得或控制的可预期的未来经济利益。企业信用也是一种资产，但资产证券化不是以企业的全部信用为基础进行融资，而是以企业的一部分资产或该资产的一部分收益为信用支撑的，这是资产证券化区别于债券或股票融资方式的一个主要特征。

2. 并不是企业的任何资产均适合进行资产证券化，而是特指那些缺乏流动性，同时具有可预期未来收入的资产。资产证券化基础资产以抵押贷款债权为先导和主流，随后扩及金融机构的其他信贷资产和公司的应收账款，甚至公园的门票收入都证券化了。尽管从形式上看，可以证券化的资产五花八门，但它们的共同特征是具有可预期的未来收入。

3. "资产"一词既可能指单笔资产，也可能指资产的集合——资产池。在资产证券化的最初阶段，资产指资产池，如金融机构相似的抵押贷款汇合的资产池或信用卡债权汇合的资产池，但目前用来支持证券的可以是单笔资产，如企业的某笔应收账款。

（二）资产证券化必须涉及资产转移，以使支持证券的资产与其原始权益者的风险隔离

实际上，证券化过程就是对存量资产的加工过程——将适合证券化的资产转换成证券的过程，为了达到这一目的，必须将欲证券化的资产与其原始权益者的破产风险隔离。因此，必然涉及交易结构的设计，这是资产证券化过程中的核心

要素之一,正因为如此,人们也将资产证券化称为"结构化融资"(Structured Finance)。

(三) 资产证券化的产品——资产支持证券比其基础资产更具有流动性

证券化的产品——资产支持证券,从法律形式上看,包括债券和股权两类有价证券。作为证券,其流动性高于非标准化的基础资产,如抵押贷款。投资者购买这些资产支持证券后,可以在二级市场上进行交易。因此,有人从这一角度定义资产证券化:资产证券化是将非流动性的资产转变为资本市场工具的过程。

实践中,解决流动性危机也是大多数经济主体选择资产证券化的主要动机。资产证券化源于美国金融中介机构的住房抵押贷款证券化,住房抵押贷款的特征是贷款周期长、流动性差,于是金融中介机构通过资产证券化的方式将这些可产生预期现金流量的资产进行组合、包装及重组,使其成为单位化、小额化的证券形式,然后再销售给投资者,这样金融中介机构就可先回收资金,而无须漫长地等待,从而满足了金融中介机构的流动性需求。

三、资产证券化与传统融资方式的区别

资产证券化是以可预见的现金流为支持而发行证券,在资本市场进行融资的一个过程。可预见的现金流是进行证券化的先决条件,而不管这种现金流是由哪种资产产生的。产生可预见现金流的资产可以是实物资产,如高速公路的收费,也可以是非实物资产,如住房抵押贷款、汽车消费贷款等。所以,资产证券化从表面上来看似乎是以资产为支持,但实际上是以资产所产生的现金流为支持的,这是资产证券化的本质和精髓所在。换句话说,资产证券化所证券化的不是资产本身而是资产所产生的现金流。因此,美国华尔街的投资银行家们有句名言:"如果有一个稳定的现金流,就将它证券化。"

归纳起来,资产证券化区别于传统融资方式的特征主要表现为以下几点:

(一) 资产证券化是一种结构化融资方式

相对于传统的线形融资方式而言,它是一种结构性融资方式,这是资产证券化的本质特点。

股票或债券的融资是由资金需求者直接发行证券,并不需要其他的组织结构安排。而资产证券化不同,当资金需求者需要资金时,一般要进行两方面的交易结构安排,一是构造一个特别目的载体,使欲证券化的资产与其原始权益者(即资金需求者)的破产风险隔离,特别目的载体是资产支持证券的发行主体,而不是资金需求者;二是对资产池的现金流量进行结构性安排,通过必要的信用增级和现金流量的切割、组合,创设出适合不同投资者需求,具有不同风险、收益和期限特征的收入凭证。而传统融资的融资工具相对简单,要么发行股票,要么发行债券。

(二) 资产证券化是一种表外融资方式

相对于传统的以增加融资人负债规模为代价的融资方式而言，它是一种可以实现表外融资的非负债型融资方式。资产证券化是发起人将可能产生未来现金流的资产真实销售给为资产证券化而设立的一个特别目的载体，由特别目的载体或特别目的载体选择的其他机构作为发行人，以该资产的未来现金流为投资者的收益来源，将该资产转化为证券加以销售并偿付对价的一种表外结构性融资方式。

(三) 资产证券化是以资产或项目信用为基础的融资方式

相对于传统的以银行信用或企业信用为基础的融资方式而言，它是以资产或项目信用为基础的融资方式。因此，在资产证券化过程中，信用增级是一个非常关键的环节。资产证券化运作的独到之处就在于，通过信用增级计划，使得没有获得信用等级或信用等级较低的机构，照样可以进入高档投资级证券市场，通过资产的证券化来筹集资金。因此，即使增加了一些前期分析、业务构造和信用增级成本，它仍然为融资业务提供了新的、成本更低的资本来源。而且当公司或项目靠其他形式的信用进行融资的机会很有限时，证券化就成为该公司的一个至关重要的融资来源。

第二节 资产证券化融资的基本要素

一、可证券化资产的基本特征

从世界各国资产证券化的发展过程来看，住房抵押贷款、租赁票据、汽车贷款、信用卡应收款一般是最早进行证券化的资产。1985 年 3 月，美国的斯佩里金融租赁公司（Sperry Lease Finance Corporation）为了融通资金、改善经营，以 1.92 亿美元的租赁票据为担保，发行了世界上第一笔资产证券。随后，马林·米德兰（Marine Midland）银行于 5 月发行了世界上第一笔以汽车贷款担保的资产证券。由此，掀起了西方国家资产证券化的浪潮，并在更加广泛的资产领域尝试资产证券化技术的应用。从 20 世纪 90 年代起，资产证券化开始在亚洲国家的资本市场上出现。住房抵押贷款是日本于 20 世纪 90 年代初最早进行证券化的资产，在 1997 年东南亚爆发金融危机的经济环境下，日本在 20 世纪 90 年代末期还进行了其他消费贷款证券化和汽车贷款证券化的操作。

尽管被证券化的项目资产已经很多了，但是到目前为止，运用最多的还是以抵押贷款这一金融资产为对象的抵押贷款支持证券，因此，通常将以抵押贷款（如住房抵押贷款）为基础资产发行的证券称为抵押贷款支持证券（Mortgage - backed Securities，MBS）；将权益或其他担保形式为基础资产发行的证券称为资产支持证券，例如，以门票收入、资源开采收入、租金收入作为现金流的资产支持证券就属于资产支持证券。资产证券化最早从住房抵押贷款证券化开始，因此，最先出现的资产支持证券是抵押贷款支持证券，资产支持证券是在抵押贷款支持证券的基础上发展起来的新的证券，抵押贷款支持证券实际上只是资产支持证券的一种特殊形式。

通常，证券化资产应符合一定条件才可以通过发行资产支持证券融资。一般地，一种可证券化的理想资产首先应该具有七大特征：

1. 能在未来产生可预测的稳定的现金流；
2. 保持一定时期的较低比例的拖欠、低违约率、低损失率的历史记录；
3. 本息的偿还分摊于整个资产的生命期间；
4. 资产的债务人在地理分布和人口结构上具有多样性；
5. 资产能够继续保持正常的存续期，原所有者已持有该资产一段时间，有良好的信用记录；
6. 有相关担保品，具有较高的变现价值或者对于债权人具有较大的效用；
7. 资产具有标准化、高质量的担保和托收条款。

到目前为止，在北美、欧洲和新兴市场上已被证券化的资产种类繁多，可以作如下分类：

1. 居民住宅抵押贷款；
2. 私人资产抵押贷款、汽车销售贷款、其他各种个人消费贷款、学生贷款；
3. 商业房地产抵押贷款、各类工商企业贷款；
4. 信用卡应收款、转账卡应收款；
5. 计算机租赁、办公设备租赁、汽车租赁、飞机租赁；
6. 交易应收款（制造商和销售商）；
7. 人寿、健康保险单；
8. 航空公司机票收入、公园门票收入、俱乐部会费收入、公用事业费收入；
9. 石油/天然气储备、矿藏储备、林地；
10. 各种有价证券（包括高收益/垃圾债券）组合。

二、资产证券化结构中的基本当事人

（一）原始债务人

原始债务人是指与原始权益人签订的债权债务合同中承担债务的一方。在抵押贷款中，原始债务人是指抵押贷款合同中承担还本付息义务的借款方，他（她）在证券化过程中的角色是按照原始协议履行义务。

（二）原始权益人

原始权益人是指与原始债务人签订的债权债务合同中享有债权的一方，如抵押贷款的发放银行。在资产证券化过程中，原始权益人把需要证券化的资产出售给特别目的载体，从而实现资产的风险与收益的重组。因此，原始权益人又被称为资产证券化的发起人。

（三）特别目的载体

特别目的载体是指从发起人那里购买可证券化的资产，并发行以此为支持的证券的特殊实体。由于特别目的载体的业务范围被严格地限定了，所以，它是一般不会破产的高信用等级实体。特别目的载体不仅业务范围特别，而且它在资产证券化中的地位也很特别，它是整个证券化过程的核心，各个参与者都将围绕着它来开展工作。

（四）投资者

投资者是指在资本市场上购买特别目的载体发行的抵押支持证券或资产支持证券的机构或个人。由于这些证券一般是高收益、低风险，仅次于国库券，所以，一般都是由机构投资者来购买，如保险公司、投资基金和银行机构。

（五）服务人

服务人是指负责按期收取证券化资产所产生的现金流，并将其转移给特别目的载体或特别目的载体指定的信托机构的实体。由于发起人对证券化资产比较熟悉，所以，专门服务人一般由发起人兼任。

（六）信托机构

信托机构是由特别目的载体指定的负责对专门服务人收取的现金流进行管理，并向证券投资者按时支付的机构。这将有助于对现金流进行管理。

（七）中介机构

在资产证券化过程中，还需要借助中介机构的作用，包括证券商、担保机构和信用评级机构等。

资产支持证券由证券商承销。证券商向公众出售其包销的证券，或者私募债券。作为包销人，证券商从发行人处购买证券，再出售给公众。如果是私募债券，证券商并不购买证券，而只是作为发行人的代理人，为其提供更多的购买者，发行人和证券商必须共同合作，确保发行结构符合法律、规章、财会、税务等方面的要求。在资产证券化过程中，有一个环节显得尤为关键，这就是信用增级环节，这就需要有担保机构。经信用保证而得以提高等级的证券将不再按照原发行人的等级或原贷款抵押资产等级来进行交易，而是按照提供担保的机构的信用等级来进行交易。信用评级机构就像给公司债券评定等级一样给证券化资产评级。

三、资产证券化的运作程序

资产证券化融资在实际操作中要涉及很多技术性问题，但是证券化过程的基础是比较简单的。发起人将要证券化的资产进行组合后，以此为担保或出售给一个特定的交易机构，由其向投资者进行证券融资。它一般要经过以下阶段：

（一）确定资产证券化融资的目标

原则上，投资项目所附的资产只要在未来一定时期内能带来稳定、可靠的现金收入，都可以进行资产证券化融资。能够带来现金流入的收入形式可以是：信用卡应收款；房地产的未来租金收入；飞机、汽车等设备的未来运营收入；项目产品的出口贸易收入；收费公路及其他公用设施收费收入；税收及其他财政收入等。在一般情况下，这些代表未来现金收入的资产本身具有很高的投资价值，但由于受各种客观条件的限制，它们无法获得权威性资信评估机构授予的较高的资信等级。因此，无法通过证券化的途径在资本市场上筹集项目建设资金。

通常，将拥有这种未来现金流量所有权的企业或公司称为原始权益人。原始权益人将这些未来现金流的资产进行估算和信用考核，并根据资产证券化的目标确定要把多少资产用于证券化，最后把这些资产汇集组合形成一个资产池。

（二）组建特别目的载体

成功组建特别目的载体是资产证券化融资的基本条件和关键因素。为此，特别目的载体一般是由在国际上获得了权威资信评估机构给予的较高资信评定等级（AAA级或AA级）的投资银行、信托投资公司、信用担保公司等与证券投资相关的金融机构组成。有时，特别目的载体由原始权益人设立，但它是以资产证券化为唯一目的的、独立的信托实体。其经营有严格的法律限制，例如，不能发生证券化业务以外的任何资产和负债，在对投资者付讫本息之前不能分配任何红利，不得破产等。其收入全部来自资产支持证券的发行。为了降低资产证券化的成本，特别目的载体一般设在免税国家或地区，如开曼群岛等处，设立时往往只投入最低限度的资本。

（三）实现项目资产的"真实出售"

特别目的载体成立之后，与原始权益人签订买卖合同，原始权益人将资产池中的资产过户给特别目的载体。这一交易必须以真实出售方式进行，买卖合同中应明确规定：一旦原始权益人发生破产清算，资产池不列入清算范围，从而达到"破产隔离"的目的。破产隔离使资产池的质量与原始权益人自身的信用水平分割开来，投资者对资产支持证券的投资就不会再受到原始权益人的信用风险影响。这也正是项目融资的本质特点。

与资产出售相对应的是资产的购买（Purchase Assets）。特别目的载体购买资产的形式有两种：一是整批买进一个特定的资产组合；二是买进资产组合中一项不可分割的权利。前者与票据的直接转让相似，特别目的载体买下特定资产项下卖方的全部权益，资产转归买方所有，这种形式主要用于期限较长的资产证券化。在后一种形式下，特别目的载体的权益不限于组合中的特定资产，因此，这项权益不会由于某一特定资产的清偿而终止，随着组合中资产的清偿，新资产的不断补进，特别目的载体的权利也随之周转，这种形式适合于资金期限较短、周转速度较快的资产组合，主要用于工商贷款与交易应收款的证券化。

（四）完善交易结构，进行内部评级

特别目的载体与原始权益人或其指定的资产池服务公司签订服务合同，与原始权益人一起确定一家受托管理银行并签订托管合同，与银行达成必要时提供流动性的周转协议，与证券承销商达成证券承销协议等，来完善资产证券化的交易结构。然后请信用评级机构对这个交易结构以及设计好的资产支持证券进行内部评级。信用评级机构通过审查各种合同和文件的合法性及有效性，对交易结构和资产支持证券进行考核评价，给出内部评级结果。一般而言，这时评级结果并不理想，较难吸引投资者。

（五）划分优先证券和次级证券，办理金融担保

为了吸引更多的投资者，改善发行条件，特别目的载体必须提高资产支持证券的信用等级。即必须进行信用增级。信用增级如前所述可通过外部增级和内部增级来实现。但无论哪种，为了操作方便，必须做到以下几点：一是要做到"破产隔离"，剔除掉原始权益人的信用风险对投资收益的影响，提高资产支持证券的信用等级。二是划分优先证券和次级证券，通过把资产支持证券划分为两类，使对优先证券支付本息先于次级证券，付清优先证券本息之前仅对次级证券付息，付清优先证券本息之后再对次级证券还本，这样就降低了优先证券的信用风险，提高了它的信用等级。三是进行金融担保，即特别目的载体向信用级别很高的专业金融担保公司办理金融担保，由担保公司向投资者保证特别目的载体将按期履行还本付息的义务，如特别目的载体发生违约，由金融担保公司代为支付到期证券的本息。

（六）进行发行评级，安排证券销售

信用增级后，特别目的载体应再次委托信用评级机构对即将发行的经过担保的资产证券化债券进行正式的发行评级，评级机构根据经济金融形势、发起人、证券发行人等有关信息，特别目的载体和原始权益人资产债务的履行情况、信用增级情况等因素将评级结果向投资者公布。然后由证券承销商负责向投资者销售资产支持证券。由于这时资产支持证券已具备可靠的信用，能以较好的发行条件售出。

（七）特别目的载体获得证券发行收入，向原始权益人支付购买价格

特别目的载体从证券包销商那里取得证券的销售收入后，即按资产买卖合同签订的购买价格向原始权益人支付购买资产池的价款，而原始权益人达到了筹集资金的目的，可以用这笔收入进行项目投资和建设。

(八) 实施资产管理

原始权益人或由特别目的载体与原始权益人指定的服务公司对资产池进行管理,负责收取、记录由资产池产生的全部收入,并把这些收款全部存入托管行的收款专户。托管行按约定建立信托基金账户,准备用于特别目的载体对投资者还本付息。

(九) 按期还本付息,对聘用机构付费

到了规定的期限,托管银行将积累金拨入付款账户,对投资者付息还本。待资产支持证券到期后,还要向聘用的各类机构支付专业服务费。由资产池产生的收入在还本付息、支付各项服务费之后,若有剩余,全部退还给原始权益人。整个资产证券化过程至此结束。

以上过程以抵押贷款资产证券化为例可以用图9-1表示:

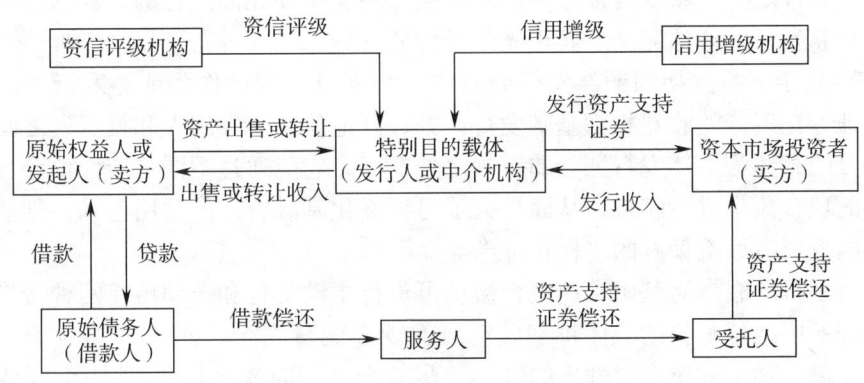

图9-1 资产证券化运行过程简图

第三节 资产证券化融资中的核心问题

一、资产证券化过程中特别目的载体的组建

(一) 特别目的载体的功能

1. 风险隔离的载体。特别目的载体在证券化过程中就是一道破产的"防火墙",它将投资者和其他当事人的风险与发起人的破产风险有效地隔离,从而使以资产为信用的融资成为可能。因此,不论特别目的载体采取何种组织形式,首先要满足的一点是,确保其风险隔离效能的发挥。这种破产隔离包含两个层面的含义:

(1) 与发起人的破产风险隔离。发起人破产的主要危险在于,由于特别目

的载体和发起人关系紧密,在发起人破产时,破产法庭会运用实质性合并规则,不承认特别目的载体在法律上的独立地位,将特别目的载体的资产并入发起人的破产财产,使已经转移的特别目的载体的资产也处于发起人的其他债权人的要求之下。因此,必须按照一国破产法的有关要求相应设计特别目的载体的结构及其与发起人的关系,以远离发起人的破产风险。

(2) 特别目的载体本身也必须远离破产风险。特别目的载体本身应是一个不破产实体,远离破产风险,为了做到这一点,一般要对特别目的载体的组建和经营活动进行一定的限制。比如,限定特别目的载体的经营范围,以规避与资产支持证券发行无关的业务活动产生的求偿权对特别目的载体破产风险的威胁。另外,对债务的限制,除了履行资产证券化交易中确立的债务及担保业务以外,不应再发生其他债务,也不应为其他机构或个人提供担保,除非后来发生的债务满足以下条件之一:新发行证券的信用等级必须至少和先前发行的证券的信用等级相同;新发行的证券完全从属于先前发行的证券。

2. 现金流量变换和证券发行的载体。特别目的载体作为证券发行人,以受让的证券化资产的收益权为基础发行证券,其地位介于发起人和投资者之间。以特别目的载体为主体发行证券的奇妙之处在于,它能通过不同的结构设计,对资产池的现金流量进行转换,从而扩大了可证券化基础资产的适用范围,创造出满足不同投资者风险偏好的多样化证券。

特别目的载体对基础资产现金流量可进行主动支付和被动传递两种转换。在过手证券中,特别目的载体将基础资产的现金流量完全"过手"给投资者,发行的是单一种类的所有权性质的证券。尽管允许同时发行优先/次级证券或者多种剥离型证券,如仅付本金证券和仅付利息证券,但这些证券仅代表对资产现金流量的不同偿付顺序和支付流向的改变,并没有对资产的现金流量进行再投资,这意味着投资者收到现金流量的期限与资产池现金流量的期限是相匹配的。而在转付证券中,基础资产的现金流量被重新组合安排,相应地,证券类型也具有多样性,既可发行债权类证券,也可发行权益类证券,而且对每种类型证券又可以进行任意组合,发行多档证券,从而满足不同风险收益偏好的投资者。此时,证券投资者收到的现金流量形式与资产池的现金流量形式是不同的,特别目的载体不仅成为证券发行的载体,而且还具有对现金流量进行变换的功能。

(二) 特别目的载体的组织形式

就构造资产证券化基础资产的风险隔离机制而言,设立特殊目的工具是必不可少的,特别目的载体是连接投资者与发起人的中间环节。一般而言,特别目的载体主要有公司制、信托制和有限合伙制三种类型。

1. 公司制形式。公司制形式,即特别目的载体属于特别目的公司性质的实体,是专门为资产证券化而设立,是在证券化操作中最常见的组织形式。因为公司形式为大多数投资者所熟悉，其发行的证券易于为投资者所接受。至于对公司远离破产的要求，可以在公司章程中通过规定业务范围和持有资产的限制等条款来达到。由于特别目的公司的业务专门化，这与我国《公司法》规定的普通公司不完全相同，很多国家和地区，特别是大陆法系国家和地区，在引入资产证券化时，都制定了专门的特别法，对特别目的公司制度进行规范。

公司型特别目的载体的特点是：特别目的公司可以在营业执照和公司章程中包含进行证券化所必需的限制公司从事其他商业活动的条款，从而进入"自动导航"状态，可以帮助各参与方较为容易地评估和防范证券化过程中的风险。

特别目的公司最大的缺点在于存在"实体合并"风险。即当特别目的公司是由发起人设立时，如果没有妥善处理特别目的公司与发起人之间收益与风险的关系，实现资产"真实销售"和风险隔离，特别目的公司将面临在发起人破产时与其进行资产负债表合并的风险，从而无法真正实现有效的风险隔离。关于实体合并，在其发源地美国及其他英美法系国家并没有明确的立法，完全依靠破产法院行使自由裁量权进行判断，这在一定程度上人为地导致了证券化的不确定性，增加了实体合并风险的防范难度。

2. 信托制形式。信托制形式的特别目的载体也是资产证券化常见的组织形式，是指以信托方式设立特别目的载体，称为特别目的信托（Special Purpose Trust，SPT），在这种结构中，原始权益人将基础资产委托给特别目的信托，成立信托关系，由特别目的信托作为证券的发行人，发行代表对基础资产享有权利的信托受益凭证。

与公司制相比，信托制形式在实现风险隔离方面具有制度上的天然优势。在英美法系中，信托具有如下制度特征：（1）所有权和利益相分离，这是信托最根本的特色。（2）信托财产具有独立性，信托一旦设立，信托财产便从委托人、受托人以及受益人的财产中分离出来成为独立财产，仅服务于信托目的。（3）有限责任。在信托内部关系中，受托人根据信托协议负有为委托人利益管理、处分信托财产的义务，但受托人对受益人所负债务仅以信托财产为限，承担有限责任。因此，原始权益人将基础资产委托给特别目的信托后，基础资产与原始权益人独立，从而实现了基础资产与原始权益人的破产隔离，使信托成为非常合适的特别目的载体的组织形式。

3. 有限合伙制形式。有限合伙制形式的特别目的载体（Special Purpose Partnership，SPP），一般是由有限合伙人和无限合伙人组成的有限合作组织形式。有限合伙人仅以出资为限对合伙组织承担有限责任，但通常不具有经营管理权；无限合伙人承担无限连带责任，并通常负责合伙组织的经营管理。

有限合伙制特别目的载体的特点在于：（1）有限合伙制特别目的载体向其主要成员即合伙人购买基础资产，主要是为其成员进行证券化融资服务，这是区别于公司制特别目的载体的重要不同点,后者可以任意购买基础资产。(2) 根据大多数国家的税法,合伙形式是一种免税实体,这也是证券化出于避税考虑而设立有限合伙制特别目的载体的一个重要原因。

有限合伙制特别目的载体的重大缺陷在于,在风险隔离上相对欠缺。为了实现风险隔离,它通常要满足一些相关条件。比如,合伙人必须是公司或其他实体,以避免特别目的载体因合伙人的死亡而解散;有限合伙制中至少有一个无限合伙人为破产隔离的实体,通常这种无限合伙人是特别目的公司;有限合伙人不能被合并等。

二、资产证券化过程中证券化资产的转让方法

在将银行持有的资产证券化时,美国大概是按三种方法进行分类的:更新、让渡或让与和参与。银行作为发起人进行证券化,这在美国是常用的方法,其顺序基本上是参与、让渡和更新。

(一) 证券化资产转让的基本方法

1. 更新法(Novation)。更新法是欧美国家证券化的种类之一。这种方法的特点是先终止发起人与资产债务人之间的债务合约,再由特别目的载体与债务人之间按原合约还款条款订立一份新合约来替换原来的债务合约。从而把发起人与资产债务人之间的债权债务关系转换为特别目的载体与资产债务人之间的债权债务关系。债务更新一般适用于资产组合涉及少数债务人的情况,如组合债务人较多,则较少使用。在日本,更新不被视为债权的证券化种类,理由是原债权已被清偿。

2. 让渡法。让渡法的特点是通过一定的法律手续把待转让资产项下的债权转让给特别目的载体,作为转让对象的资产要由有关法律认可具备可转让性质。这种方法分为两种情况:一是把通知债务人或把债务人的承诺作为让渡的必要条件,即资产权利的转让要以书面形式通知资产债务人。如无资产转让的书面通知,资产债务人享有终止债务支付的法定权利。二是不通知债务人,即默认方式(silent 方式在英国被称为 assignment),发起人通过资产的出售使资产的信用风险被完全隔断。特别目的载体根据所取得的债权是否具备对抗第三方的必要条件而承担不同的风险。所谓对抗第三方必要条件是指能够保障特别目的载体债权者地位的法律支持。不具备对抗第三方必要条件债权的取得,意味着面临相应债权的原债务人的信用风险和原债权者的信用风险两个方面的风险。在美国和日本,不管有无通知,让渡方式都被视为证券化的一种形态。

3. 参与法。参与法的特点是特别目的载体与资产债务人之间无合同关系,发起人与资产债务人之间的原债务合约继续保持有效。资产也不必从发起人转让给特别目的载体,而是由特别目的载体先行发行资产证券,将发行收入再转贷给

发起人，转贷金额等同于资产组合金额。贷款附有追索权，其偿付资金源于资产组合的现金流入。因此，参与实际上是不转移资产而只转移风险和相应现金流的契约。资产债务人不知道这种契约的存在，特别目的载体也不得使资产债务人得知契约存在。参与形式不存在对抗条件具备的安排，特别目的载体面临发起人和资产债务人双方的风险。在发生违约的情况下，特别目的载体就会成为对于发起人的一般性无担保债权人。"参与"，在美国叫做 Participation，在英国叫做 Sub-participation，即从属参与。

无论采取何种形式，资产的出售均要由有关法庭判定是否为"真实出售"，以防范资产证券化下涉及的发起人违约破产风险。影响法庭裁定"真实出售"的主要因素是：（1）当事人的意图符合证券化的目的；（2）发起人的资产负债表已进行资产出售的账务处理；（3）出售的资产一般不得附加追索权；（4）资产出售的价格不能盯着贷款利率；（5）出售的资产已经过资产分离处理，即已通过信用增级方式将出售的资产与发起人的信用风险分离。不符合上述条件的将不能被视为"真实出售"，而是被当做担保贷款或信托。

（二）资产转让中"真实出售"的含义

一般来讲，一个成功的资产证券化案例，当资产转让给特别目的载体时，它必须具有真实出售性和非合并性。在资产由原资产方出售给专门机构后，它就不再是原资产方的资产。

因此，当原资产方出现破产情况时，已出售的资产就不会被冻结起来，也不会被当做原资产方的财产分配给原资产方的债权人。但是，破产法院可以根据以下两个原则将已出售的资产判定为原资产方的财产，从而将这些资产冻结起来，分配给原资产方的债权人。

第一，资产的真实出售性。破产法院可以判定，原资产方向专门机构出售资产，并不是真实出售，而是一种变相的抵押贷款，因此，这些资产并未真正转移给专门机构，而仍属于原资产方所有。破产法院作出这一判定时要分析很多事实因素，其中包括原资产方对已出售的资产所承担的责任范围，原资产方对已出售的资产是否有权收回，出售价格是否是市场价格，原资产方及专门机构双方的真正意图等。

第二，资产的合并性。破产法院还可以判定，鉴于原资产方和专门机构在运作上并不是两个独立实体，因此，应该"揭穿公司面纱"，将原资产方和专门机构视为一体，并将已经出售给专门机构的资产视为原资产方财产的一部分。法院作出这样的判决同样也要分析很多事实因素。

从理论上说，在资产证券化项目中，既然资产的出售应该是真实出售，原资产方对出售后的资产就应该既不享有所有权和控制权，也不承担各种责任和义务。

但是，在实际运作中经常会出现一些情况，造成资产付款金额未能达到在资产转移时向融资方所保证的资产付款金额。例如，资产债务人可能因下列原因而拒绝或延期付款：资产债务人出现财政困难，资产债务人和原资产方就资产质量发生纠纷，资产债务人和原资产方之间的合同被法院判定为无效合同等。又比如，原资产方为了促销商品或保证声誉，经常实施商品减价、回扣、保修抵换、成本抵消等。这些措施都会造成资产付款的实际金额比预期的金额减少。任何此类情况都会以不同方式直接影响证券投资者的利益。那么当该情况发生时，谁应当承担法律责任呢？

在资产证券化项目中，一般采用的处理原则是，如果资产债务人未支付或延期支付资产款项的原因是其本身的财务资信问题，责任将由资产债务人独立承担，原资产方不承担责任，融资方不得向原资产方索赔。如果资产债务人未支付资产款项的原因是其他因素，责任由原资产方承担。

三、资产证券化过程中的信用增级

资产证券化是一种不同于公司融资的资产融资技术。资产证券的投资利益能否得到有效的保护和实现主要取决于证券化资产的信用保证。资产债务人违约、拖欠或债务偿付期与特别目的载体安排的资产证券偿付期不相匹配都会给投资者带来损失。这便是证券化下金融资产所包含的信用与流动风险。因此，信用增级或信用提高就成为资产证券化过程中重要的环节。

信用增级一般采取两种基本方式：发行人提供的信用增级，即内部信用增级和第三者提供的信用增级，即外部增级。除此之外，还有一种增强证券化资产池现金流的管理方法，即实现"锁定账户"法和"锁定邮政信箱"法。

（一）发起人提供的信用增级

由发起人提供的内部信用增级是由基础资产中所产生的部分现金流量提供的，内部信用增级的手段包括设计优先/次级结构、建立超额担保、建立储备账户以及设定出售者追索权。

1. 设计优先/次级结构。优先/次级结构（Senior – subordinated Structure），是指针对同一个资产池设计偿还顺序不同的证券。如发起人可将证券设计为优先和次级两组债券，当贷款组合蒙受违约损失时，次级债券首先承担损失，优先债券仅在次级债券不能吸收损失后才开始承担损失。这样，通过改变偿还的顺序，人为地将平均化的风险重新差异化，带来了证券的不同信用级别。

在这种结构中，所有的损失首先由次级债券承担，充当高级债券的缓冲器，其最大承担额相当于该类债券的总额。即通过高收益的次级证券在本金和利息支付顺序上的滞后处理，来保证低收益的优先证券获得本金和利息的优先支付，从而提高优先证券的信用级别。

2. 建立超额担保。超额担保（Over-collateralization），是信用增级中最简单的一种，是通过增加基础资产的数额相应提高证券化资产的信用级别。在这种方式下，特别目的载体在购买时并不支付资产池的全部价款，而是按照一定的折扣收益按折扣比例支付给发起人，差额部分可作为发起人对特别目的载体的债权，视为发起人为特别目的载体垫付的部分。如果抵押价值下降到该水平之下，信用强化者必须以新的抵押品弥补该缺口。如在信贷资产证券化中，就要求被证券化的项目贷款的实际价值高于证券的实际发行额。具体就是要求所发行的债券总额不得超过作为基础资产的项目贷款组合的一定比例，如85%。例如，在美国发行价值1亿美元的抵押贷款支持证券，其资产池的规模一般不低于1.02亿美元。

3. 建立储备基金账户。储备基金账户（Reserve Account），是指通过事先设立用于弥补投资者损失的现金账户以防范风险。在信贷资产证券化中，就是特别目的载体将收到的项目贷款的本息与债券支付成本之间的差额，以及特别目的载体在现金收付之间因时间差异而产生的再投资收入存入基金账户，在项目贷款出现违约时，动用基金账户以保证对证券投资者的支付。

4. 设定出售者追索权。出售者追索权是指如果证券投资者没有按事先约定得到证券本金或利息的支付，那么他们就可以从资产出售人那里得到某种补偿。这种追索权的提供分为完全追索权和部分追索权，投资者没有按计划得到偿还时，可以由完全追索权得到完全的支付，或者由部分追索权得到一定比例的支付。

不过，以出售者追索权提供担保的方法会给资产证券化带来两方面的负面影响：一是真实销售的认定。如果出售者提供追索权，从法律和会计的角度都有可能认为资产不是真实销售。二是对资产证券化结构特点的影响。资产证券化的一个重要特征就是证券化资产与发起人的整体状况分离，在出售者提供追索权的情况下，实际是由发起人提供担保，如果发起人的信用状况发生变化，整个证券化的级别就会因为担保机构级别的变化而变化。即发起人的信用状况与资产证券化证券的信用级别有关，这就不符合作为结构性融资的资产证券化的特点和优点。

因此，在一个典型的资产证券化结构中，应尽量不采用出售者追索权，但有时为了提高证券发行的吸引力，减少投资者的疑虑，发起人往往还是会保留出售者追索权。

（二）外部信用增级

由第三者提供的外部信用增级可分为部分信用增级和完全信用增级两种形式。部分信用增级的目的是减少投资者承担的组合资产的信用风险，完全信用增级的目的则是不仅要减少这种风险，而且还要完全消除这些风险。与发行人提供的信用增级不同的是第三者信用增级，一般不带有相关风险的特征，这是因为第三者的信用质量总的来讲与被提高的信用资产质量没有关系。

1. 金融保险。金融保险是信用增级中的主要手段,通过引入金融机构(主要是保险公司)的第三方信用,提高证券化资产的信用级别。例如,基础资产的信用级别为 BBB 级,保险公司以一定的自有资本实施担保,即担保投资者及时获得本息的偿付,则该资产的信用级别可以提高到 AAA 级或 Aaa 级信用等级。当然,资产证券化操作方要支付保险费。而且,专业保险公司一般只为投资级,即信用等级为 BBB 级或 Bbb 级以上的交易提供保险。

2. 企业担保。企业担保是第三方企业以自身信用来保证资产支持证券投资者免受损失的一种外部信用增级方式。企业担保可以针对整个交易,也可以针对交易中的某个部分。有时,基础资产的原始权益人也提供这种企业担保,这是因为通过风险隔离机制,证券化资产已经与原始权益人完全脱离,原始权益人的信用与证券化资产的信用无关。例如,在许多交易中,发行人自己为某些较低信用等级的资产提供担保。与专业保险公司不同,企业可以为投资级以下的资产提供担保。

外部信用增级方式的主要缺点是,容易受信用增级提供者信用等级下降风险的影响,不可能达到比信用增级提供者自身信用等级更高的信用评级。

(三)"锁定账户"和"锁定邮政信箱"

一般地,资产债务人向原始权益人付款的方式通常是将款项直接电汇到原始权益人的账户上,或将支票寄到原始权益人的银行所属的邮政信箱中,由银行处理之后存入原始权益人的账户。在进行资产证券化之前,这些银行账户和邮政信箱,以及内存的资金全部属于原始权益人所有。原始权益人的银行对它们的处理要完全听从原始权益人的指示。

在资产证券化的过程中,当原始权益人将资产出售给特别目的载体,并由特别目的载体继而出售或抵押给融资方时,原始权益人用来接收资产款项的银行账户和邮政信箱也要经过同样程序最终转让或抵押给融资方,以便使融资方对这些银行账户和邮政信箱以及内存款项享有最终控制权。完成这一程序的具体步骤是,由原始权益人、特别目的载体、融资方代理银行以及原始权益人的银行共同签订一个"锁定账户合同",将原始权益人所有用来收取资产款项的银行账户和邮政信箱"锁定"起来,使原始权益人无权支配锁定账户和锁定信箱内的现金(包括支票)。锁定账户银行(托管行)对锁定账户和锁定信箱内的现金的处理完全服从融资方代理银行的指示。

第四节 资产证券化的主要证券品种

资产证券化的证券品种从不同角度可以有多种分类,本节基本遵循信贷资产证券化发展的进程展开叙述。

一、过手证券

（一）过手证券的含义及本质

过手证券是最早出现的品种，也是证券化的最简单形式。美国政府国民抵押协会（GNMA）于1970年发行了第一个住房抵押贷款过手证券，揭开了资产证券化的序幕。

过手证券（Pass-through Securities），是把具有相似到期日、利率和特点的资产组合起来，发行直接代表该资产所有权的证券。投资者购买过手证券后，就拥有该资产的所有权。对于资金需求方而言，过手证券并非其负债，不会显示在财务报表中，从而达到了表外融资的目的。发起人要为这些资产提供服务，收取本金和利息，从中扣除服务费，将剩余款项过手给投资者。

对于银行信贷资产而言，过手证券的利率——过手利率低于基础抵押贷款利率，其差额等于服务费和担保费。

（二）过手证券的证券化结构

过手证券的证券化结构具有以下特征：

1. 被证券化的贷款组合的所有权，在证券出售时转让给投资者，该贷款组合从发行人的资产负债表中移走，所发行的证券也不构成发行人的债务，不列入发行人的资产负债表；

2. 如果被证券化的贷款组合提前偿付，所产生的再投资风险由投资者承担。即借款人因利率变动等提前还款带来的现金流量的不确定性、收益率降低等风险。

过手证券虽然代表对资产的所有权，但其与股票的所有权是有区别的。（1）传统的股权持有者——股东对企业拥有控制权，而过手证券的所有者无论是对资产的发起人，还是对证券的发行者均不具有实际控制权，只具有被动的参与权。过手证券是一种受益凭证，由专门的服务机构负责管理。服务机构于每个月收取本金和利息，扣除服务手续费后，将剩余现金流量按投资比例分配给投资者。（2）过手证券具有股权性质，但从其权利的分配形式看，具有债权的性质，在实践中对其价值的评估是将其看做债券，即按照固定的本金加上一定的利息来计算的。美国证券交易委员会对过手证券采取的策略是，虽然将其作为股权类证券，但通常豁免其遵从股权类证券的限制性要求，如公开披露信息要求。

二、资产支持债券

尽管过手证券的信用级别高于银行非证券化出售的贷款，但是过手证券仍然不可避免地存在非证券化出售贷款的缺陷：现金流量难以确定，投资者在到期日能够获得的现金流量完全取决于贷款组合的现金支付，借款人提前偿付贷款带来的再投资风险完全由投资者承担。为了克服过手证券现金流量不确定的弊端，降低投资者持有过手证券的风险，资产支持债券应运而生。

（一）资产支持债券的含义

资产支持债券（Asset-backed Bond，ABB），是继过手证券后在美国出现的第二个证券化品种。这种债券最初是以抵押贷款作为支持资产的，被称为抵押贷款支持债券（Mortgage-backed Bond，MBB），是以贷款组合为支撑发行的债权凭证。资产支持债券是发行人的负债，抵押贷款组合构成发行人财务报表上的资产。资产池所产生的现金收入只是充当证券化产品本金和利息偿还的担保。由抵押物产生的现金流并不立即用于支付资产抵押证券的本金和利息，利息通常半年支付一次，本金到期才支付。因此，资产支持债券是有担保的债券，投资者拥有的是债权而非所有权，附属担保品交由独立受托人保管，如果出现违约，受托人将担保品变现清算。

资产支持债券的一个重要特征就是通常会设定超额担保，而且会不断增加担保品价值。若担保品的价值低于债券规定水平，就必须提供更多的资产以增加担保品的价值。这样操作的原因有三个：一是因为贷款组合的现金流归于特别目的载体，而不是资产抵押证券的持有者；二是超额担保对债券持有人提供了额外保护，保护债券持有人免受组合中个别贷款违约的影响；三是超额抵押物保护债券持有人免受在估价期间抵押物市价下降的影响。而且，因为本金和利息款项首先是归于特别目的载体且可以用这些款项进行再投资，所以特别目的载体一般愿意进行超额担保。在这里，投资者不承担因被证券化资产提前偿付而产生的再投资风险。超额抵押部分一般不低于证券票面额的 10%，例如，特别目的载体本次发行的资产抵押证券总额为 1 亿元，那么，作为这次证券发行的贷款组合的金额不得低于 1.1 亿元，其中，0.1 亿元的贷款组合作为付款担保必须交给独立的受托人。如果特别目的载体违约，不能按期偿还投资者，受托人可将这部分作为担保的贷款组合变现并支付给投资者。资产抵押证券规定的超额担保制度，确保在特别目的载体出现违约或拖欠时投资者能够部分地收回本金和利息。

须注意的是，充当担保的资产不一定限于贷款、应收账款等这些经常参与证券化的资产，还可以包括证券化本身的品种——过手证券。这是因为过手证券也具有与可证券化资产同样的特点：具有可预期的现金流量。

（二）资产支持债券与过手证券的区别

资产支持债券与过手证券之间最大的区别在于：（1）前者是一种债权凭证（Obligations），后者是一种所有权凭证（Certification）。在资产支持债券结构下，证券化资产组合的所有权属于特别目的载体，作为资产出现在特别目的载体的资产负债表中，以此为基础发行的债券作为债务也出现在特别目的载体的资产负债表中。（2）资产支持债券的投资者按照债券载明的条款获得稳定的收益，不承担证券化资产组合提前偿付而产生的再投资风险,该风险由特别目的载体承担,而过手证券正好相反。(3) 过手证券对投资者的偿付与资产组合的本息偿付在时间上完全一致,例如住房抵押贷款一般按月等额偿还本息,以此为基础发行的过手证券也将向投资者按月支付本息。而资产支持债券具有一个显著的特征,即基础资产的本金、利息支付方式与资产抵押证券不一致。例如住房抵押贷款一般按月等额偿还本息,以此为基础发行的资产抵押证券将按季或半年向投资者支付本息,或者按季支付利息,到期支付本金。

三、转付债券及其主要品种

(一) 转付债券的含义

转付债券(Pay-through Bonds,PTB),是第三种类型的证券化产品,通常是一组债券。它是同时兼具部分过手证券和资产支持债券特征的一种债权凭证。它与资产支持债券相似之处在于均是以资产池作为发行担保,在发行人的报表上以负债来记账。资产池所产生的现金流量则和过手证券一样,按照各组债券的条款完全用于偿还债券的本金和利息,证券的投资者要承担证券化资产组合的债务人提前偿付而产生的再投资风险。其独特之处在于对资产池的现金流量进行了重组,从而可以发行满足不同投资者需求、具有不同风险和收益组合的债券。因此,该类债券的现金流量不像过手证券那样仅"过手"而已,而是通过对现金流量的重新安排,具有支付的性质,因此,被称为"转付债券"。

美国联邦住宅贷款抵押公司于1983年6月开始发行以担保抵押债券为名的转付债券。历史背景是美国不动产在1982年随着经济好转而复苏,需要大量的抵押贷款,但是住宅抵押贷款过手证券市场已经饱和,为了能吸引更多的资金投入住宅抵押贷款市场,担保抵押债券应运而生。1986年,又发行了转付债券的另一个重要品种——剥离证券。其中,使用最广泛的转付债券品种是担保抵押债券。

(二) 担保抵押债券

担保抵押债券(Collateral Mortgaged Obligations,CMO),是以某一特定的资产组合为基础发行的多个固定利率但期限不同的转付证券组合。发行人将同一资产组合的现金流在不同期限的债券之间进行分配,以便将资产组合提前偿付的风险在不同类别的债券持有者之间进行分配。例如,特别目的载体可以将一个期限为20年的1亿美元住房抵押贷款组合设计为2 000万美元的5年期债券、5 000万美元的12年期债券、3 000万美元的20年期债券。每类债券都是半年支付一次利息,到期支付本金。因此,第一类债券将在发行5年内得到全部偿付,第二类债券将在12年内得到全部偿付,第三类债券则在20年内得到偿付。担保抵押债券的一个重要特征是要保证投资者将会得到约定的现金流,因此,构建超额担保成为其必要条件。

担保抵押债券于 1983 年由美国联邦国民抵押协会推出,其与住房抵押过手证券的区别主要体现在以下方面:(1)担保抵押债券属于债券形式,并且是有担保的债券,作为担保抵押债券的担保品,既可以是过手证券构成的组合,称之为再证券化或者机构担保抵押债券(Agency CMO),也可以是个别抵押贷款组合,称之为个别贷款担保抵押债券(Whole Loan CMO)。(2)担保抵押债券并不是一种债券,而是一组债券。其构建原理是通过对担保品现金流量的重新分配,将提前偿付风险在不同债券之间进行分摊,从而实现对风险和收益的重新分配。

因此,发行机构通过对提前偿还的现金流量进行分割和转移,资产池的现金流量将不再直接"过手"给证券投资者,而是具有主动支付的性质。因此,该类证券又被称为支付证券或衍生性过手证券。

随着资产证券化的发展,出现了不同种类的担保抵押债券设计,例如,顺序偿还担保抵押债券、计划偿还担保抵押债券、目标偿还担保抵押债券、准确到期日担保抵押债券等多种类型。其中,最典型的是顺序偿还担保抵押债券品种。担保抵押债券资产池的组成也由最初的住宅抵押贷款变成了以过手证券为基础。

顺序偿还担保抵押债券(Sequential – pay CMO),是指由同一个抵押贷款池担保的不同组债券收到现金流量是有次序的,这种次序不仅体现为不同组债券收到现金流量的时间有先后之分,而且对于同一组债券而言,其现金流量的两个构成部分——利息和本金的支付顺序也是不同的。

最常见的顺序偿还担保抵押债券由 4 组债券级别或份额构成,即 A、B、C、Z 组。

1. 各组债券每月利息的支付顺序。首先向 A、B、C 组派发利息,派发利息额由各债券票面利率决定。然后,Z 组债券的利息按其票面利率计提,复利计算累计滚入 Z 组债券本金,但暂不付给 Z 组债券投资者,而是用来依次保障 A、B、C 组债券的清偿,只有在这三组债券的利息和本金均被清偿完毕后,Z 组债券才开始领取利息。因此,Z 组债券又叫延息债券(Accrual Bonds)。Z 组债券与 A、B、C 组债券的一个区别是,A、B、C 组的本金随着偿还而不断减少,但 Z 组债券由于延期支付,且以复利计息,因此,在开始偿还本金之前,Z 组债券的本金是逐渐增加的。

每月来自资产池的利息与 A、B、C 证券的每月利息会有一个差额,这一差额在扣除了管理费用后,属于残值组,这是超额担保所致。

2. 资产池每月本金偿还顺序。资产池全部本金包括规定的与提前收到的本金,首先支付给 A 组债券,一旦 A 组债券本金受偿完毕,接着产生的本金偿还流量就分配给 B 组债券,然后是 C 组债券。

偿还所有债券组的本金后所产生的本金偿还流量支付给残值组,归发起人所有，作为发起人的权益参与，称为剩余权益组。之所以剩余权益组会得到担保品的部分本金偿还，是因为在设计担保抵押债券时通常会有超额抵押或超额保证的情形。

按照以上支付顺序，担保抵押债券整个贷款组合收入首先全部偿还 A 组的本金，因此，A 组本金最先支付完毕，B 组和 C 组在 A 组本金得到清偿以前只能按该组本金余额及票面利率收到固定的利息（由于贷款本金在这期间没有变化，因此，各月利息额相等）；然后 B 组接着 A 组债券吸收资产池的本金，直到清偿完毕，在此期间 C 组债券继续领取与前期一样的固定利息；之后 C 组债券开始吸收资产池的全部本金偿还，直到清偿完毕。Z 组债券在 A、B、C 组清偿完毕后才能收到现金流量，此时，Z 组债券才结束本金逐月递增的趋势，开始随着本金的偿还而逐渐减少。在 Z 组债券全部被清偿完毕后，残值组在整个期间一直吸收资产池的剩余现金流量，因此，其现金流入时间是伴随整个周期的。

通过设计顺序偿还担保抵押债券，为不同投资者找到了可以投资的金融工具。例如，A 组债券的偿还期短，商业银行和一般储蓄机构就可以购买 A 组债券；B 组债券的偿还期居中，适合保险公司投资；C 组债券的偿还期最长，适合于退休基金；残值组的风险最高，当市场利率下降时，提前偿还速度加快，残值组的价值下降，甚至是负的。这一特点可以吸引一部分风险爱好型投资者。因此，由于顺序支付担保抵押债券满足了大量投资者的需求，进而吸引了他们，担保抵押债券也就产生了价值，这一价值表现在，担保抵押债券的发行者可以按比前面分析的过手证券更高的价格来发行各层次债券。

（三）剥离式抵押担保证券

剥离式抵押担保证券（Stripped Mortgage – backed Securities），是在 20 世纪 80 年代下半期出现的一种证券。它是在担保抵押债券的基础上进一步创新的金融工具，当把证券化资产组合中所收取的本金和利息从等比例分配给各证券持有人改成非比例分配时，就产生了剥离的抵押支持证券。例如，平均合同利率为 10% 的一组居民抵押贷款组合被剥离成息票利率为 14% 的溢价证券和息票利率为 6% 的折价证券。

极端的剥离式抵押担保证券是只付利息证券（Interest – only Class，简称 IO）和只付本金证券（Principle – only Class，简称 PO）。其基本做法是，将抵押贷款组合中利息收入流和本金收入流分开，并分别发行抵押贷款只付本金证券和只付利息证券。

1. 只付本金证券。只付本金证券的投资者仅收取担保资产的本金部分。投资者以大大低于面值的价格购买只付本金证券，按规定好的本金偿付计划收回或提前收回等于面值的现金。购买只付本金证券的投资者的收益大小取决于提前偿付的速度，提前偿付的速度快，投资者的收益就高。

只付本金证券的特点表现在以下方面:

(1) 只付本金证券的现金流全部来自于原始过手证券的本金部分。

(2) 实际提前还款速度的变化只影响其收到本金的时间,但现金流的总额(本金)是既定不变的。

(3) 对于只付本金证券而言,提前还款速度越快,现金流的净现值就越大,投资收益率也就越高。只付本金证券的这一特点使其能够用于防范提前还款风险,保证资产组合在利率下降时仍能保持一定的盈利能力。

2. 只付利息证券。只付利息证券的投资者仅收取担保资产的利息部分,即资产池中产生的利息现金流量用来偿还只付利息证券持有者。投资者购买只付利息证券的价格大大低于以名义本金为基础计算的利息总和。

只付利息证券的特点表现在以下方面:

(1) 只付利息证券的全部现金流来自于抵押贷款的利息部分。

(2) 只付利息证券的内部收益率由低到高变化。由于利随本清的缘故,提前还款速度的上升会使利息证券的现金流总量减少,从而降低其内部收益率。随着提前还款速度的降低,只付利息证券的现金流总量增加,投资的内部收益率也同时上升。只付利息证券的这一特点使其在利率上升的市场环境中能够保持较高的盈利能力,因为在市场利率上升时,借款者用新债还旧债变得不划算,提前还款速度下降。

(3) 只付利息证券潜在的风险表现为:当提前还款速度过快时,只付利息证券的现金流总量甚至可能少于初始的购买价格,从而出现负的内部投资收益率。因此,只付利息证券的投资者不希望发生提前偿付的情况,因为提前偿付会使未偿付的本金数额减少,相应的利息收益也会下降。

只付本金证券和只付利息证券的以上特点使其成为很有效的套利工具,因而具有吸引力。只付利息证券可以用于固定利率抵押贷款和其他固定收入资产的套利交易。只付利息证券的价格随利率的下降而下降,这是因为提前偿还者增多,从而减少了利息支付,同时其他固定收入资产的价值却上升。因此,由于只付利息证券的运作不像传统债券那样(随市场利率的下降而上升),而是反其道而行之,因而只付利息证券的价值变化与固定收入资产的变化正好相反,故它对于套期保值者来说是很有用的。同时,利率下调会带动只付本金证券价格上扬,这是由于提前偿还者增多,速度加快,只付本金证券的持有者可以很快地得到本金。同时,其他固定支出负债的成本却增加了,这样,只付本金证券的价值变化与固定支出负债变化正好相反,故可用来套期保值。

四、担保债务契约

担保债务契约(Collateralized Debt Obligation,CDO),又称担保债务证券,

是资产支持证券中的一种,是近年来证券化的主流之一。它是一种新兴的投资组合,它是以抵押债务信用为基础,基于各种资产证券化技术,对债券、贷款等资产进行结构重组,重新分割投资回报和风险,以满足不同投资者需要的创新性衍生证券产品。

担保债务契约是近年来较受市场关注和发展速度较快的结构性信用产品之一。担保债务契约市场于20世纪90年代初诞生于美国,增长较快。从地域看,美国市场仍占优。2005年,美国担保债务契约发行额占全球的67%,欧洲占24%、亚洲占9%。担保债务契约延续了传统抵押贷款支持证券、资产支持证券的技术与精神,加上创新的观念,从处理提前偿付风险的角度拓展到处理信用风险的问题,使银行更灵活地运用其资产,转移信用风险,提高资本充足率。更从套利的角度操作,创造不同来源的收益。

1. 担保债务契约与传统的资产支持证券的区别。虽然担保债务契约和传统的资产支持证券都是一种固定收益证券,但在以下方面仍存在着区别:

(1) 基础资产不同。传统资产支持证券的资产池可能为信用卡应收账款、租赁租金、汽车贷款等,而担保债务契约的资产池则是一些债务工具,如高收益的债券、新兴市场公司债或国家债券、银行贷款或其他次级证券。以银行贷款为资产的担保债务契约被称为贷款抵押债券(Collateral Loan Obligation,CLO);以按揭资产为基础资产的担保债务契约被称为担保抵押债券。担保债务契约其中也可包含传统的资产支持证券、居民抵押贷款支持证券(Residential Mortgage – backed Securities)及商业抵押贷款支持证券(Commercial Mortgage – backed Securities)等资产。

(2) 债务人数量的差别。传统资产支持证券的资产池中的贷款一般由500~100 000个贷款组成。而担保债务契约的债权为100~200个,甚至小于100个的也常可见。

(3) 组合中层次划分标准不同。担保债务契约和资产支持证券的发行都采用多种层次的证券,但担保债务契约较偏向以信用风险为依据发行高、中、低不同信用质量的证券,而且创始者多半将低级信用质量的证券买回;而资产支持证券较偏向以时间为依据划分短期、中期及长期证券。

(4) 资产的相关性要求差别。传统抵押贷款支持证券或资产支持证券的资产讲究一致性,其债权性质、到期日皆为相似。例如,同为信用卡债权或同为汽车贷款,甚至希望源自同一个创始者,以对现金流量的形态适度地掌握。但在担保债务契约中,其各个债权却要求相异,来源不能相同,同时彼此间的相关性越少越好,以达到充分分散风险的要求。

(5) 发行动机不同。传统资产支持证券的发行出于提高资本充足率、信用风险转移或筹资的目的,而担保债务契约的发行较常出于套利目的。

2. 担保债务契约的结构。担保债务契约一般分为高级、中级和低级/次级证券三个系列,另外,还有一个不公开发行的系列,多为发行者自行买回,相当于用此部分的信用支撑其他系列的信用,与股本的作用一样,故又称为股本系列。当有损失发生时,由股本系列首先吸收,然后依次由低级、中级(通常信用级别为 B 级)及高级(通常信用级别为 A 级)系列承担。换言之,担保债务契约一般采用内部信用增级方式,不像一般的资产支持证券较常采用外部信用增级方式。次级、中级、高级系列也可再根据利率分割为小系列,以适合不同投资者的口味。

担保债务契约也可按发行动机及资产池来源的不同,分为资产负债表型担保债务契约和套利型担保债务契约。资产负债表型担保债务契约多产生于本身具有可证券化的资产持有者,如商业银行,为了将债权资产从资产负债表中移除,以此转移信用风险和利率风险,提高资本充足率,达到资产负债管理的作用而发行。相对地,套利型担保债务契约则由基金公司、财务公司等发行,它们向市场购买高收益的债券或债务工具,将其汇集,经过重新包装,然后在市场发行平均收益较低的证券,以获取利差。因此,在套利型担保债务契约的交易中,发行者的重点不在资产转移而在重新包装,包括一些大型银行买下小银行的贷款债权,包装出售,获取套利所得。

案例分析:美国运通公司赊账卡应收账款的证券化过程[①]

一、美国运通公司的旅游服务公司简介

美国运通公司(American Express)于 1850 年在纽约成立,是伴随着美国西部开发过程中第一家也是最成功的速递公司而发展起来的,现已成为全球旅游服务、财务及网络服务供应商,是全球知名品牌之一。目前,公司主要通过三大分支机构运营,即美国运通旅游服务公司、美国运通财务顾问及美国运通银行。其中,美国运通旅游服务公司(American Express Travel Related Services,简称 TRS),是美国运通国际化品牌经营战略的主体,也是世界较大的旅行社之一。

旅游服务公司为个人和企业提供各种金融和旅游服务。它通过美国运通卡、美国运通金卡、美国运通白金卡、美国运通公司卡和美国运通运显卡,提供赊账卡和消费信贷等金融服务,还通过美国运通旅行支票为顾客提供旅行结算。1991 年年末,旅游服务公司把坐落在全球 120 个国家的 1 878 个办公室和独立代理机

---

① 吉可为、毛晓峰:《金融工程案例》,322~329 页,北京,中国金融出版社,2000。

构联成网络，利用网络提供旅游服务，其中包括零售、批发和传统的旅游业务，如行程安排、预订买票等。同时，旅游服务公司还拥有美国运通出版公司，出版杂志如《旅游和休闲》、《食品和葡萄酒》、《你的公司》等，这些服务通常都与运通卡联系在一起。

到1991年年末，世界各地有3 660万张运通卡在使用，有350万家企业允许使用运通卡。仅1991年这一年，卡上的交易总计就达1 110亿美元，其中美国持卡人占了766亿美元，因为旅游服务公司的战略之一是为持卡人提供高水平的服务。而且，除了运显卡外，其余卡均为赊账卡。

旅游服务公司赊账卡的主要特点是：

第一，没有预定的支出限制，使用方便。如果持卡人过去的消费和付款记录以及个人资信良好的话，则用赊账卡购物时，会自动核准进行购物支付；如果不符合上述要求，则只要在购物地点，持卡人同旅游服务公司代表进行一次简短的电话谈话就可以解决。这一特点使这种卡在全球流行起来。

第二，持卡人结算时必须一次付清全部款项。对于运通赊账卡而言，持卡人在清算时，必须付清全部款项，不能延期付款，而如果是运显卡，则可以在付息的情况下延期付款。这一特点表明赊账卡的违约风险相对较低。

第三，旅游服务公司结算赊账卡时，收入较为稳定。一般地，旅游服务公司在持卡人购物后的一段时间内才付款给零售商。而且，所付金额是商品面值减去折扣，折扣多少要看零售商的类型、赊账数额、付款时间和方式等，这就给旅游服务公司带来了较为稳定的卡费收入。如在1991年这一年中，旅游服务公司总赊账金额为1 110亿美元，它从折扣中所得收入就达35亿美元。

但是，由于旅游服务公司付款给零售商和持卡人付款给旅游服务公司之间存在着一定的时间差，持卡人只有在清算时才付款。这就意味着持卡人每次购物都会产生应收账款。

二、莱曼兄弟公司的证券化建议

过去，为旅游服务公司应收账款融资的任务一直落在它完全拥有的子公司——美国运通信贷公司的身上。美国运通信贷公司成立于1962年，于1965年被美国运通公司收购，并在1983年成为旅游服务公司完全拥有的子公司。其主要业务是为旅游服务公司的赊账卡应收账款提供周转资金。所有应收账款由美国运通信贷公司收购，不占用旅游服务公司的资金。

但是，在过去的几年中，许多投资银行都提出通过证券化为其应收账款提供资金。到了20世纪80年代，美国资产证券化交易已逐渐活跃，成为各种发行人的主要融资手段。已证券化的资产有信用卡应收款、汽车贷款、住房贷款及其他资产。但到1991年年末，还未对赊账卡应收账款证券化。

因此，作为美国运通公司所拥有的投资银行——莱曼兄弟公司向旅游服务公司提出了决定对旅游服务公司的赊账卡应收款进行证券化的建议。经过慎重的考虑之后，旅游服务公司的财务主管 Jay Stevelman 和主管融资及财务分析的副总裁 Art Berman 决定接受这一建议。

莱曼兄弟公司是美国较早的投资银行之一，近一百五十年来，一直为金融机构、公司和政府提供融资服务，它的业务部门主要有五个，分别是投资和商业银行部，固定收入部，权益证券部，互换和金融产品部，外汇、期货和商品部。

莱曼兄弟公司把美国运通旅游服务公司赊账卡证券化作为其业务能力的一个重要标志，希望以此来进一步确立它作为有创新意识的主要资产抵押证券承销人的地位。为此，莱曼兄弟公司在固定收入部设立了不同的业务组来共同完成旅游服务公司赊账卡证券化项目融资过程。即：

资产抵押证券银行业务组：主要负责与评级机构磋商，并在系统、会计和法律方面给旅游服务公司提出建议；

资产抵押证券交易组：负责为新发行证券开拓一级市场和维持二级市场；

固定收入调查组：负责制订计划，使投资者认识证券的价值，便于新证券的发行；

固定收入银团组：负责新证券的定价并协调承销银团承销证券；

筹资保证组：为旅游服务公司提供所有资金增值策略，负责莱曼兄弟公司与旅游服务公司之间的投资银行业务联系。

三、旅游服务公司证券化的处理过程

1992 年，旅游服务公司决定接受莱曼兄弟公司的建议，对运通消费者赊账卡的应收账款的一部分进行证券化，包括美国运通卡、美国运通金卡、美国运通白金卡产生的近二十四亿美元应收账款。决定开始只将 5 年期和 7 年期的两种各 5 亿美元的应收账款出售给投资者，其余由旅游服务公司保留，如首次发行成功并且实际需要则可以再发行。

为了证券化的需要，旅游服务公司必须对其赊账卡的财务报表和业务的信息系统进行处理，以使指定账户独立出来达到风险隔离的目的，便于证券化。为此，旅游服务公司与资产抵押证券银行业务组的代表多次拜访了旅游服务公司西部区业务中心（WROC），它负责赊账卡业务的服务、收款和赊账卡资产组合信息系统的维护。1992 年 5 月，在旅游服务公司消费者（美国运通卡、美国运通金卡和美国运通白金卡）赊账卡的合格账户中抽出了 6 995 152 个账户，这些就是所指定的账户，其应收账款要证券化，总计金额约为 24 亿美元，分散在美国各地。其中，加利福尼亚州占 15%，纽约州占 15%，得克萨斯州占 9.3%，新泽西州占 6.5%，其余的 45 个州，各州的占比均不超过 4.3%，符合资产证券化要求的资产分散的特点。同年6月初，旅游服务公司西部区业务中心已将这些指定账户分离出来的计算机程序完成，并由一名独立审计员批准生效。

根据莱曼兄弟公司的建议，这些指定账户被转到一个特别指定的债券信托公司。该信托公司需要保管指定赊账卡上的应收账款。该信托公司应该是一家主信托（Master Trust），它要给旅游服务公司各种灵活性，比如发放多种债务，在不同的时期发放债务，甚至于在后期增加或减少账户。

使用主信托和指定账户可以说是赊账卡应收账款证券化的典型特征。

四、评级机构的评级过程

莱曼兄弟公司于1992年2月获得旅游服务公司的同意后，立即通知评级机构马上进行证券化。6月初，该评级机构取得了关于旅游服务公司服务和收款能力的报告以及赊账卡业务的详细情况。Murray Weiss是莱曼兄弟公司资产抵押证券银行业务组的副经理，作为主要负责与评级机构磋商的负责人，他必须向评级机构证明该证券化资产的信用等级，所以他主要向评级机构强调了以下三点：

第一，旅游服务公司已把指定账户从其他赊账卡中独立出来，以使评级机构相信旅游服务公司的业务和管理目标是符合证券化目标的。

第二，主信托公司对旅游服务公司赊账卡应收账款的收购和服务协议是合法的。

第三，强调赊账卡应收账款与信用卡应收账款的重要区别，以表明赊账卡应收款证券比信用卡应收账款证券更有优势。赊账卡的优势体现在以下几点：一是持卡人无权调用赊账款余额。所以运通赊账卡应收账款证券的周转率一直高而且稳定，而周转率是用来衡量证券从支出到取得回报的循环频率。如在1989—1991年，周转率为每年7.5~7.7次，假定有3%的收益率和7.4次的周转率，则该证券的每年总收益率为22.5%。二是旅游服务公司应付信贷损失的能力较强，因为赊账卡实行的是实时清算原则，即持卡人的所有购物都要在购买时由旅游服务公司勾销，且清单时持卡人必须付清全部账款，这样有助于减少违约事件的发生。三是指定账户的稳定性高，因为这些持卡人的资格保持时间长，而且，账户的地区分散化，有助于进行证券化融资。

由于运通卡购物是不付利息的，因此，在具体运作上，莱曼兄弟公司想出一种特殊的结构，以增加信托公司的收入。解决办法是让旅游服务公司在账面价值的基础上打折将应收账款卖给信托公司，最初定的折扣率为3%，即信托公司收取应收账款的收益率。这样，信托公司收购应收账款时按100%减去收益率计算。因此，信托公司每收购100美元应收账款就可以分成3美元的利息和97美元的本金。

最后，经过考虑，莱曼兄弟公司建议最初公开发行 10 亿美元的 A 类债券，该 A 类债券取得了 AAA 级信用等级，并私募发行 3 500 万美元的 B 类债券，作为次级债券，以构造一种超额担保结构。

本章小结

1. 资产证券化是指将缺乏流动性但又能够产生可预期的稳定现金流的资产汇集起来，通过一定的结构安排对资产中风险与收益要素进行分离与重组，再配以相应的信用担保和增级，将其转变成可以在金融市场上出售和流通证券的过程。这些资产都具有质量和信用可被准确评估、有担保、能产生可预见的现金流等必备特征。

2. 资产证券化融资的主要特点是：通过在国际高档证券市场上发行债券筹集资金，从而降低了筹资成本；通过证券市场发行债券筹集资金，不同于产品支付融资、BOT 融资等其他项目融资模式；隔断了项目原始权益人自身的风险，使其清偿债务本息的资金仅与项目资产的未来现金收入有关；是通过特别目的载体发行高档债券募集资金，这种负债不反映在原始权益人自身的资产负债表上，从而避免了原始权益人资产质量的限制；采取了利用特别目的载体增加信用等级的措施，从而能够进入国际高档证券市场，发行那些易于销售、转让以及贴现能力强的高档债券。

3. 资产证券化的本质含义是，将贷款或应收账款转换为可流通的金融工具的过程。例如，它能够将批量贷款进行证券化销售，或者将小额、非市场化且信用质量不同的资产重新包装为新的流动性债务证券，使之信用增级，并且提供与基本担保品不同的现金流量。资产证券化对于我国商业银行改革具有重要的意义。

4. 证券化资产应符合一定的条件才可以发行资产支持证券融资。一般地，一种可证券化的理想资产首先应该具有七大特征，它们是：能在未来产生可预测的稳定的现金流；保持一定时期的较低比例的拖欠、低违约率、低损失率的历史记录；本息的偿还分摊于整个资产的生命期；资产的债务人在地理分布和人口结构上具有多样性；资产能够继续保持正常的存续期，原所有者已持有该资产一段时间，有良好的信用记录；有相关担保品，具有较高的变现价值或者对于债权人具有较大的效用；资产具有标准化、高质量的担保和托收条款。

5. 资产证券化过程中的基本当事人包括：原始权益人、服务人、发行人、证券商、信用强化机构、信用评级机构、证券购买者及其受托管理人。

6. 资产证券化的运作程序包括九个阶段，分别是：确定资产证券化融资的目标；组建特别目的载体；实现项目资产的"真实出售"；进行内部评级；办理金融担保；进行发行评级、安排证券销售；特别目的载体获得证券发行收入,向原始权益人支付购买价格;实施资产管理;按期还本付息,对聘用机构付费。

7. 资产证券化过程中特别目的载体的组织模式一般有特别目的公司(SPC)和特别目的信托(SPT)两种形式。

8. 资产证券化过程中证券化资产的转让方法主要有三种:(1)更新法。其特点是先行终止发起人与资产债务人之间的债务合约,再由特别目的载体与债务人按原合约还款条款订立一份新合约来替换原来的债务合约,从而把发起人与资产债务人之间的债权债务关系转换为特别目的载体与资产债务人之间的债权债务关系。(2)让渡法。其特点是通过一定的法律手续把待转让资产项下的债权转让给特别目的载体,作为转让对象的资产要由有关法律认可具备可转让性质。(3)参与法。其特点是特别目的载体与资产债务人之间无合同关系,发起人与资产债务人之间的原债务合约继续保持有效。资产也不必从发起人转让给特别目的载体,而是由特别目的载体先行发行资产证券,将发行收入再转贷给发起人,转贷金额等同于资产组合金额。贷款附有追索权,其偿付资金源于资产组合的现金流量收入。

9. 资产证券化过程中的信用增级主要有以下方法:由发起人提供的信用增级,包括设计优先/次级证券结构、建立超额抵押和建立储备基金账户。由第三者提供的外部信用增级可分为部分信用增级和完全信用增级两种形式。部分信用增级的目的是减少投资者承担的组合资产的信用风险,完全信用增级的目的则不仅要减少这种风险,而且还要完全消除这些风险。"锁定账户"和"锁定邮政信箱"增级法,即将原始权益人所有用来收取资产款项的银行账户和邮政信箱"锁定"起来,使原始权益人无权支配锁定账户和锁定信箱内的现金。锁定账户银行(托管行)对锁定账户和锁定信箱内的现金的处理完全服从融资方代理银行的指示。

10. 资产证券化的主要证券品种有三种,即过手证券、资产支持债券和转付债券。其他各种创新形式都是由这三种结构衍生而来的。过手证券代表具有相似到期日、利率和特点的组合资产的直接所有权,这些组合资产保存于信托机构,所有权证书则出售给投资者。资产支持债券是指投资者拥有以特定资产为抵押的债权凭证。资产支持债券是发行人的负债义务,这项义务以贷款组合为抵押,作抵押的贷款组合仍在发行人的账簿上以资产表示,资产支持债券以负债表示。转付债券是同时兼具部分过手证券、资产支持债券特征的一种债权凭证,被证券化的资产组合的所有权属于特别目的载体,并作为特别目的载体的资产保留在其资产负债表中,以此为基础发行的证券作为特别目的载体的债务也保留在其资产负债表中。而且,转付债券的投资者要承担证券化资产组合的债务人提前偿付而产生的再投资风险。

本章重要概念

资产证券化（ABS）　　抵押贷款支持证券（MBS）　　更新法　　让渡法
参与法　　超额担保　　锁定邮政信箱　　过手证券　　资产支持证券
转付债券　　只付利息证券　　只付本金证券　　担保抵押债券（CMO）
担保债务契约（CDO）

本章思考题

1. 资产证券化融资的基本含义及本质是什么？
2. 简述资产证券化融资产生的背景。
3. 资产证券化融资与其他几种项目融资模式相比，有哪些典型特征？
4. 资产证券化融资中的主要当事人及其作用是什么？
5. 试分析资产证券化融资的基本操作程序。
6. 简述可证券化资产的基本特征。
7. 论述资产证券化融资在金融市场中的作用。
8. 资产证券化过程中特别目的载体的组织模式有哪几种？
9. 简述资产证券化过程中资产转让的主要方法。
10. 如何理解资产转让的"真实出售"。
11. 简述资产证券化过程的信用增级方法。
12. 什么是过手证券？有何基本特点？
13. 什么是资产支持债券？有何基本特点？
14. 分析担保抵押债券（CMO）的特点及创新之处。
15. 担保债务契约产生的动机是什么？
16. 试分析中国进行资产证券化融资的必要性和重要性，当前的主要障碍有哪些？

第十章

项目融资经典案例

第一节 电力项目融资案例

一、广西来宾电厂 B 厂项目

(一) 项目简介

广西来宾电厂 B 厂位于广西壮族自治区的来宾县,距广西最大的工业城市柳州 80 公里,装机规模为 2×36 万千瓦燃煤机组,总投资额为 6.16 亿美元,项目特许期为 18 年,其中建设期为 2 年 9 个月,运营期为 15 年 3 个月,特许期满,项目将无偿移交给广西壮族自治区政府,并承担移交后 12 个月的质量保证义务。

项目的股本/债务比为 25/75。总投资的 25% 部分即 1.54 亿美元由股东投资,由法国电力公司和法国通用电气阿尔斯通公司分别投入 60% 和 40% 作为项目公司的注册资本;其余的 75% 部分通过有限追索的项目贷款方式筹措,项目贷款由法国东方汇理银行、英国汇丰银行及英国巴克莱银行组成的银团联合承销。

(二) 项目的招标过程

广西来宾电厂 B 厂被认为是中国第一个通过国际正规的方式竞争投标的 BOT 项目,其成功的公开招标经验在国际资本市场上被大大称道,还获得过美国《资本市场》最佳项目融资奖。

一般的招标过程包括以下五个阶段:立项审批阶段、资格预审阶段、投标阶段、评标及揭标阶段和审批及完成融资阶段等。广西来宾电厂 B 厂的招标过程正是按照这一模式进行的。

1. 立项审批阶段。项目的立项一要兼顾国家、地方和消费者的利益;二要对投资者具有吸引力,在经济上应该是可行的。广西来宾电厂 B 厂的项目建议书早在 1988 年就得到了国家计委的批复,由于建设资金得不到落实,广西来宾电厂 B 厂曾与 20 多家外商进行过洽谈,均未取得实质性进展。为了使该项目早日建成,

1995年年初，广西壮族自治区政府向国家计委申请采用BOT项目融资模式进行试点，以一种全新的方式利用外商投资。项目很快获得批准。为此，1995年8月，国家计委、电力部、交通部联合下发了《关于试办外商投资特许权项目审批管理有关问题的通知》，确定将采用建设—经营—移交（BOT）项目融资模式试办外商投资的基础设施项目。根据通知，在试点期间，特许权项目范围暂定为：建设规模为2×30万千瓦以上的火力发电厂，25万千瓦以下的水力发电厂，30~80公里高等级公路，1 000米以上独立桥梁和独立隧道及城市供水厂项目。为以后的BOT项目融资模式提供了政策参照，这可以说是广西来宾项目的一大贡献。

2. 资格预审阶段。为了搞好这次对外公开招标，广西壮族自治区政府特地委托大地桥基础设施投资咨询有限责任公司为其招标代理人。

在资格预审阶段，一般的程序是：a. 准备资格预审文件，确定资格预审的标准，如申请人类似项目的经验、申请人的财务能力、申请人的法律状况等。b. 对外发布资格预审通告。c. 对资格预审文件答疑及澄清。d. 报送资格预审申请文件。e. 评审委员会评审资格预审文件。

这一阶段的主要工作是对投标者的法人资格、资信情况、项目的产业能力（包括技术、组织、管理、投资、融资等能力）、以往的经验和业绩进行公开评审。

在广西来宾项目中，1995年8月8日，广西壮族自治区政府在《人民日报》、《人民日报（海外版）》和《中国日报（英文版）》上发布了资格预审通告，公开邀请国外公司参加来宾项目的资格预审。截至同年9月底，共有31个国际公司或公司联合体向广西壮族自治区政府递交了资格预审申请文件，这31家公司都是世界著名的大型电力投资运营公司、设备制造厂商和有实力的投资者。项目评审委员会（由国家发展计划委员会、电力部、广西壮族自治区政府和中国国际工程咨询公司的专家组成）经对申请人的资格、专业能力、业绩等方面综合审查，确定其中12家公司（或联合体）列为A组，它们有资格单独组成联合体参加投标；其余19家列为B组，它们需要加入A组的一家或几家所组成的联合体后方可参加投标。

3. 投标阶段。在投标阶段，一般的工作程序是：a. 对通过资格预审的公司发出投标邀请；b. 制定投标书格式，一般要包括技术方案、融资方案和时间表、法律方案、可行性研究，并要提供投标保函等；c. 组织现场考察与标前会议。

其中，在组织BOT项目的招标过程中，组织者提供的招标文件一般包括以下内容：投标者须知（评标标准和程序）；投标书内容的最终要求；项目的最低标准、规格与经济技术参数的规范；特许权协议草本；政府部门提供的条件；评标和授标标准等。而且，投标者一般均为联合体，投标者至少应按投标者须知提供以下文件：投标保函；项目可行性研究报告；项目总投资额、预期收费标准及调价方式；项目建设工期与进度安排；投标保证金；招标文件要求的其他文件等。

在来宾项目中，1995年12月8日，广西壮族自治区政府正式对外发售了项目招标文件，通过预审列为A组的12家公司（或联合体）相继购买了招标文件，成为潜在的投标人。1996年1月28日，广西壮族自治区政府组织潜在投标人进行了现场考察，使其对来宾项目的现场条件和广西经济发展现状有了进一步的了解。1月28日，广西壮族自治区政府在南宁召开了标前会，解答潜在投标人普遍关心的一些问题等。

经过6个月的投标准备，截至1996年5月7日（招标文件规定的投标截止日），共有6个投标人向广西壮族自治区政府递交了投标书，它们是：中华电力联合体（香港中华电力公司/德国西门子公司）、美国国际发电（香港）有限公司、东棉联合体（日本东棉株式商社/新加坡能源国际公司/泰国企业联盟能源公司）、英国电力联合体（英国电力公司/日本三井物产商社）、法国电力联合体（法国电力公司/法国通用电气阿尔斯通公司）及新世界联合体（香港新世界集团/ABB公司/美国电力公司）等。

4. 评标及揭标阶段。在这一阶段，BOT项目一般由国家计委组织中央、地方政府有关部门，项目发起人以及熟悉项目的技术、经济、法律专家参加，进行公开评标，选出最具有资格的投标者，对特许权协议进行确认性谈判后进行公开揭标。

在来宾项目中，1996年5月至6月8日，广西壮族自治区政府组成了专家组对投标人递交的标书进行评估，最终写出了专家评估报告。6月10日至6月15日，项目评标委员会在专家组评估报告的基础上对每份投标书进行了评审，经综合比较、充分讨论，评标委员会一致确定法国电力联合体、新世界联合体及美国国际发电（香港）有限公司为最具竞争力的前三名投标人。

评标结束后，广西壮族自治区政府组成了确认谈判小组，于7月8日，正式开始与第一名法国电力联合体进行了特许权协议的确认谈判，经过三轮四个阶段的紧张工作，截至1996年10月底，双方就所有确认的问题达成一致意见。1996年11月11日，广西壮族自治区政府与法国电力联合体在北京进行特许权协议的草签，同时经国家计委批准，广西壮族自治区政府向法国电力联合体颁发了中标通知书，即公开揭标。

5. 审批及完成融资阶段。项目特许权协议草签后，广西壮族自治区政府随即将草签的特许权协议正式报请国家计委批复，经报国务院批准，国家计委于1997年3月25日正式批复了项目特许权协议。在此基础上，中标人法国电力联合体先后完成了项目初步设计，以及建设合同、运营维护合同、保险协议、融资协议的签署。同时，对外贸易经济合作部批准了项目公司的章程，完成了项目公司的注册成立工作。

1997年9月3日，广西壮族自治区政府与项目公司在北京人民大会堂正式签署了特许权协议,邹家华同志出席了签字仪式。这就意味着广西来宾电厂 B 厂 BOT 融资项目正式生效。

(三)来宾电厂 B 厂项目融资的启示

来宾电厂 B 厂从 1995 年 5 月国家计委正式批准进行 BOT 项目融资模式试点至 1997 年 9 月广西壮族自治区政府和项目公司正式签署特许权协议并开工建设,仅用了 2 年零 4 个月的时间,在这么短的时间内完成一个总投资 6 亿美元项目的招投标及项目融资工作,这在国内同类利用外资项目中是没有先例的,在国际上也是不多见的。与国内其他大中型投资项目相比也是非常快的,出乎了国内外许多专家和学者的意料。

来宾电厂 B 厂项目不仅前期工作进展快,而且电价水平低。来宾电厂 B 厂建设规模为 2 台 36 万千瓦燃煤机组,特许期为 18 年(含建设期)。运营第一年的上网电价为 0.4685 元人民币/度(含税)。15 年运营期内平均上网电价为 0.4665 元人民币/度(含税)。这一电价水平与国内同等规模的中外合资、合作、外商独资电厂相比也很有竞争力。

来宾电厂 B 厂的 BOT 项目融资模式在我国的成功实践,为我国利用 BOT 项目融资模式招商引资积累了许多宝贵的经验,国内学者将其总结为"来宾模式",并得出了可供其他项目借鉴的以下几方面的经验:

1. 采用竞争性招标方式选择投资者。来宾电厂 B 厂项目是我国电力行业首次采用国际通行的竞争性招标方式选择境外投资者,改变以往在外商投资项目中采用谈判方式选择投资者的做法。来宾电厂 B 厂项目的实践表明,国际竞争性招标具有高效、经济、公平的特点。由于整个招标过程公开、公正、公平,不仅有力地促进了国外投资者的积极参与,同时也为广西壮族自治区政府树立了良好的形象,为广西壮族自治区政府今后其他类似项目的招标打下了良好的基础。

2. 建立了有效的运作约束机制。根据 BOT 项目运作的不同阶段,招标文件对约束问题进行了规范。在投标阶段,投标人须向广西壮族自治区政府缴纳 1 000 万美元的投标保证金,保证遵守招标规则,履行投标承诺,防止投标人随意撤回标书或拒签正式合同。否则,广西壮族自治区政府有权没收投标保证金以弥补因此而蒙受的损失。在建设阶段,中标人还必须缴纳 3 000 万美元的履约保证金,以保证项目公司在建设期履行特许权协议项下的义务。缴纳履约保证金的同时解除投标保证金。在运营阶段,项目公司须再缴纳 1 500 万美元的运营、维护保证金,以保证履行运营、维护义务,运营、维护保证金的有效期至移交日后 12 个月。缴纳运营、维护保证金的同时解除履约保证金。各阶段保证金安排一环紧扣一环,对投资者形成了有效的约束机制,保护广西壮族自治区政府的利益,保障了项目的顺利实施。

3. 充分重视贷款人的权利。融资问题是决定项目最终成功与否的关键,尤其是外商投资的项目融资。来宾电厂 B 厂总投资的 75%，即 4.62 亿美元是通过境外贷款获得。可见，贷款人的作用是举足轻重的，没有贷款人的支持，不可能取得项目成功。在招标阶段，广西壮族自治区政府提醒投标人注意融资问题的重要性，并要求投标书须获得贷款人的支持并出具支持函，这就促使贷款人提前介入项目。在评标阶段，广西壮族自治区政府十分重视融资方案的可行性和贷款人的意见。在谈判阶段，中外双方都认识到贷款人的重要性，不仅邀请贷款人直接参与整个项目的谈判，而且对已达成协议或重要条款也反复征求贷款人的意见，争取贷款人的支持。在特许权协议中，广西壮族自治区政府还注意保护贷款人的利益，并使贷款人成为仲裁协议的签署方。从而降低了融资难度，加快了项目进程，使融资完成比较顺利，为整个项目的成功奠定了基础。

4. 政府给予了强有力的支持。国际上的经验表明，政府的支持是 BOT 项目成功与否的关键因素。在来宾电厂 B 厂的投资设计、融资、建设的整个过程中，广西壮族自治区政府对该项目提供了大力支持，主要是：（1）允许投资者将其从电厂经营中取得的人民币收入，在扣除费用和缴纳税金以后，换成外汇汇出境外。（2）如果由于政府政策的变化导致人民币与外汇的兑换率大幅度变化，允许调整电价来解决。汇率的变化幅度在 5% 以内时，电价不能调整；汇率的变化幅度超过 5% 时，电价可以调整。（3）指定一家燃料公司供应项目公司所需要的燃料，并与项目公司签订燃料供应协议，按协议保证供应项目公司所需要的燃料。（4）保证每年至少购买 35 亿千瓦时的上网电量，并指定由广西供电局与项目公司签订购电合同和调度协议。（5）关于通货膨胀问题，规定由于燃料价格的变化可以调整电价。（6）项目公司可以享受国家和地方政府所规定的税收优惠。（7）广西壮族自治区政府免费或以优惠的价格向项目公司提供电厂建设、运营和维护所需要的土地、供水、供电、通讯、道路、铁路等现有设施的使用。（8）在项目公司的整个特许权期限内，所需要的各方面的协调和协助，广西壮族自治区政府都可以给予支持。

5. 聘请权威的招标代理机构。BOT 的招标工作是系统工程，有一套完整的程序，每个环节都需要精心策划、周密组织，需要一个熟悉国际 BOT 运作方式并拥有大批高素质人才的招标代理机构，对招标全过程进行周密的组织管理，这是项目成功的根本保证。为了规范地操作来宾电厂 B 厂项目，广西壮族自治区政府委托大地桥基础设施咨询公司作为来宾电厂 B 厂项目的招标代理人，并通过大地桥公司聘请法国基德律师事务所、北京新纪元律师事务所为中方法律顾问，聘请瑞银华宝公司为中方财务顾问，聘请广西电力设计院为中方技术顾问。招标代理人和顾问们对招标全过程进行周密的策划、组织、管理以及规范化的操作，满足了来宾电厂 B 厂项目的经济性、时效性及法律严密性的要求，保证了项目的成功。

二、印度尼西亚培顿电厂项目融资经验与教训

（一）项目背景介绍

培顿（Paiton）电厂项目是在印度尼西亚经济快速增长、电力严重短缺的情况下由印度尼西亚政府提出来的，也是印度尼西亚第一个采用 BOO 项目融资模式兴建的电厂。这是一种适合大型私有电力项目的模式。该厂装有两台 67 万千瓦的机组，是培顿电力生产基地的第七台和第八台机组，工程合同造价约为 25 亿美元。在总统苏哈托执政的时候，印度尼西亚的国有公用事业公司 PLN 和 27 家独立电力生产商签署了若干以美元计价的长期电力购买协议。培顿能源公司是第一家公司，也是谈判耗时最长的一家公司。

在 1997 年亚洲金融危机发生之前，一切进行非常顺利。亚洲金融危机爆发后，印度尼西亚卢比兑美元的汇率直线下跌，由签约时的 2 450:1 降到约 9 000:1，最低时达 17 000:1。亚洲金融危机发生时，项目正在建设之中，如果停止该项目，则已经投入的资金将化为泡影。因此，项目公司只好继续该项目，希望经济复苏、形势好转后能获得收益。但是，当项目完工投入运行时，印度尼西亚国家电力公司无意购买该厂的电能，也无意按购电合同支付电费。印度尼西亚国家电力公司还要求包括培顿能源公司在内的 27 家能源项目公司重新协商谈判电价。另外，培顿电厂项目的特许经营权是由苏哈托政府授予的，苏哈托政府垮台后，新政府指控培顿能源公司曾行贿。经过两年多的谈判，直到 2001 年对方才撤销行贿的指控并达成新的安排：电价由原来的递减电价改为水平电价并降至每度电 4.9 美分，特许经营期由原来的 30 年延长至 40 年。

（二）项目融资结构

培顿电厂项目的资金结构包括股本资金、债务资金和项目贷款三种形式，其具体的资金构成如下：

1. 股本结构。印度尼西亚培顿电厂采用国内外合作经营方式兴建。为了兴建培顿电厂，1994 年，项目公司培顿能源公司成立。项目公司培顿能源公司的主要股东是：美国爱迪生能源公司，约占 32.5% 的股份；日本三井公司，约占 40% 的股份；印度尼西亚 BHP（Batu Hitam Perkasa）公司，占 15% 的股份；美国通用电气投资公司，约占 12.5% 的股份。各公司不但以股权和债权的方式投资 6.8 亿美元，占项目投资的 27%，还准备了 3 亿美元用来应付意外的费用。

培顿能源公司成立后，与印度尼西亚国家电力公司签订了 30 年的购电协议。由于印度尼西亚政府只签发支持信，没有政府保证，因而该协议是执行该项目的核心合同：授权项目公司兴建培顿电厂并承诺购买其生产的电能。电价由两部分构成：容量电价和电量电价。前者是一旦工厂做好发电的准备，无论印度尼西亚国家电力公司是否购买都必须支付的电价。后者是只有当发电厂真正发电的时

候，印度尼西亚国家电力公司才需支付的电价。电以当地货币标价和支付，但与美元挂钩，固定和可变运行维护费部分还与消费指数挂钩，燃料价格直接包括在电价之中。

2. 债务资金和项目贷款。

（1）日本进出口银行提供的 9 亿美元融资。其中的 85% 由培顿能源公司依据建设合同向三井集团偿还，它们是用向日本出口货物和服务的方式偿还的，出口到日本的印度尼西亚商品和服务占偿还额的比例不得超过 15%。这些融资分为两个部分：A 部分是 5.4 亿美元固定利率贷款，利率为 9.44%；B 部分是依据伦敦银行间同业拆借利率（LIBOR），提供利率为 4.875%～11.375% 的融资。B 部分贷款人享有日本经济、贸易与工业部提供的对 97.5% 的本金承保政治风险的权利，以及与印度尼西亚国家电力公司支付义务相关的商业风险承保 95% 的本金。日本经济、贸易与工业部承保的保费以日元计价，但 B 部分持有人将获得日元兑换美元时涉及的汇率风险的补偿。

（2）美国进出口银行提供的 5.4 亿美元融资。是 4 年期商业银行建设贷款，美国进出口银行对政治风险进行担保，利率为 9.382%。如果培顿能源公司满足美国进出口银行信用协议中的若干条款，则融资可以转换为 11.5 年期、利率为 11.5% 的贷款。这些条款包括：对工厂有能力依照电力购买协议技术要求运营的证明，对建造合同中所有工程已完工的证明。

（3）美国海外私人投资公司提供的 2 亿美元融资。是基于 LIBOR 并包括一切费用的 12 年期固定利率贷款，年利率介于 6.18% 和 12.288% 之间。

（4）商业银行的融资分为两部分。A 部分是 1.8 亿美元未承保 4 年期建设贷款，利率为 LIBOR 加 2.25 个百分点。B 部分是 9 375 万美元的未承保备用临时信贷融通，当项目发起人的 1.75 亿美元超额认购股份全部用完时，可用做项目的成本融资。

A 部分的商业银行融资将用 1.8 亿美元债券偿还。该债券符合美国 144A 规则，利率为 9.75%，于 2014 年到期。债券的发行人是荷属安的列斯公司。荷属安的列斯和印度尼西亚之间有税务协定，可以减免税费。

（5）项目发起人的 3.74 亿美元的次级债以及 3.06 亿美元的股权融资。

（三）合同结构

1. 电力购买协议（PPAs）。该协议定义了培顿能源公司和印度尼西亚国家电力公司的相关权利与义务，涉及的方面有：项目的发展、融资、建设、测试及委托；工厂的经营与维护；对产能及能源进行支付；在发生不可抗力及规范环境变化的情况下风险的分担；违约事项；终止的权利及由此引发的后果；保险、债务及赔偿的责任；争端的解决。

2. "交钥匙"工程建设合同。该项目的工程建设方是一个由日本三井公司、东泽公司、美国杜克/福陆丹尼尔公司（Duke/Fluor Daniel）组成的建设财团，负责提供设计、采购、建设、启动、测试及委托方面的服务，并且以固定的价格提供建设工厂所必需的设备及原材料。

3. 经营和维护协议。该协议规定了美国爱迪生能源公司在印度尼西亚的办事机构为电力的生产和运输提供必需的运转、维护及修理服务所须遵循的条款。

4. 燃料供给协议。该协议规定，印度尼西亚 BHP 公司是本项目的唯一煤炭供应方，并且明确了 BHP 公司在煤炭供应计划中的义务。

5. 煤炭购买协议。该协议规定了印度尼西亚第二大煤炭生产商——安达隆煤炭公司（PT Adaro Indonesia）向 BHP 公司出售后者在燃料供给协议中有义务转运的所有煤炭的义务。

6. 安达隆煤炭公司与印度尼西亚的龙头承包企业 PT Pamapersada 之间的采矿合同。该合同规定：PT Pamapersada 有义务开采煤炭，将其运输至 Kelanis 驳船装煤码头，卸掉超重部分，并且在从煤矿到码头的公路上提供日常服务。

7. 安达隆煤炭公司与印度尼西亚 PT Rig Tenders 公司之间的驳船合同。该合同阐述了后者由 Kelanis 到码头运输煤炭的协议。

8. 码头服务协议。这是印度尼西亚最大的公共深水煤码头 IBT（PT Indonesia Bulk Terminal）与 BHP 公司之间的协议，约定为其在码头储藏煤炭，从驳船上卸载煤炭，并把煤炭装船。

9. 运输合同。合同规定了路易达孚公司（Louis Dreyfus et Cie）负有从 Kelanis 码头把煤炭运送到培顿工厂的义务。

项目融资结构如图 10-1 所示。

（四）项目评价

培顿电厂项目前期进展顺利，培顿能源公司赢得了特许经营权，成功完成项目融资，按计划完工投入运行。这说明项目合同组织安排方面具有一定的优点：

1. 项目公司股东的技术过硬，实力雄厚。爱迪生能源公司是一家美国公用事业控股公司，在全世界拥有五十多家发电厂；日本三井公司是一家日本集团，在全世界从事基础设施包括电厂在内的施工建设；BHP 公司是一家印度尼西亚煤炭供应公司；通用电力投资公司是一家美国公司，从事各种商业、工业和金融业活动。该联合体中既有设计施工和电厂运行的公司，又有燃料供应公司和融资经验丰富的公司。由于项目公司需要承担设计、施工、融资和运营等几乎所有的工作，一个有经验、有技术、有资金的联合体不仅易于通过政府的资格审查，也易于赢得特许经营权，在协议招标采购程序中，更是如此。

2. 项目公司出资比例高。项目发起人负责 6.8 亿美元的股票和债务，占整个项目资本的 27%，并承担 3 亿美元的超额债务。项目发起人的投资不仅能解决初期所需的资金，而且是吸引债权投资的关键。这样大大降低了债券投资人的风险。

第十章 项目融资经典案例

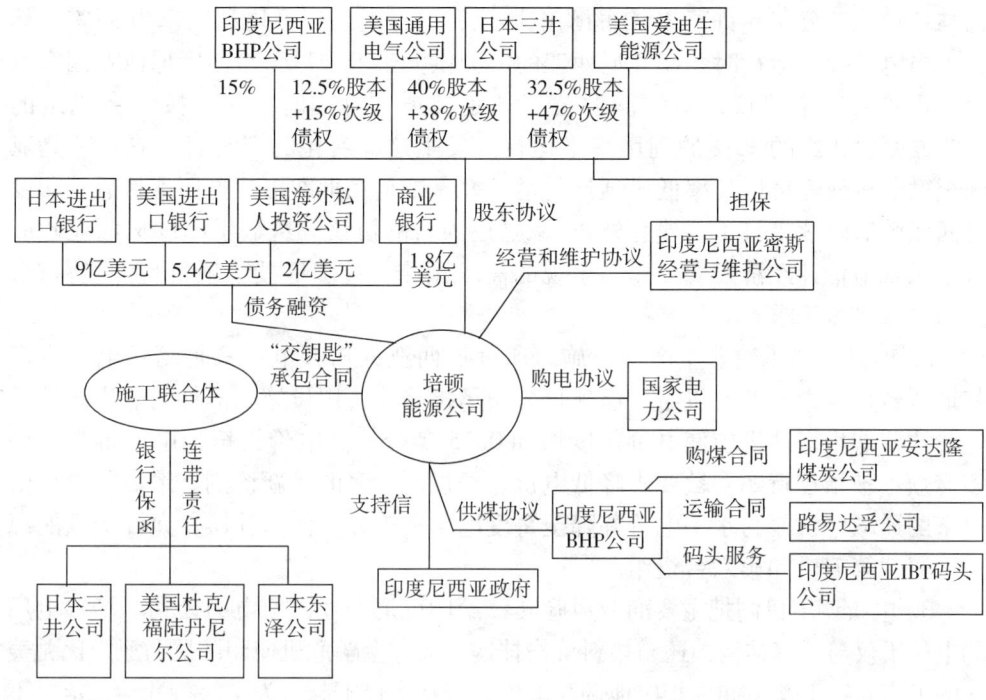

图 10-1 印度尼西亚培顿电厂项目融资结构图

3. 严谨的风险分担机制。本项目中建筑合同是由一个施工联合体承包的交钥匙合同,承担了设计、施工风险。燃料供应风险则由供应商承担。通过购电合同,大多数商业风险(如电力需求、汇率波动和通货膨胀)由印度尼西亚国家电力公司承担。而且,供应商和印度尼西亚国家电力公司的责任义务由印度尼西亚政府以支持信的方式来担保。运行服务合同则规定了由爱迪生能源公司的子公司来承担电厂的运行维护,其履约责任由爱迪生能源公司担保。通过这些合同大大降低了项目公司承担的风险。

4. 严格的资金管理机制。项目融资所获得的资金如债权资本和股权资本都存入一个独立的专门支付账户,项目施工和购买设备等费用都直接由该账户支付。所有的运营收入也先存入受托人的总账户,然后按下列优先级分配收入:运行维护费、各种税、还贷、大修储备金、还贷储备金、一般运行维护储备金、偿还次级债权投资和股息红利。

由于该项目经历了亚洲金融危机,因此,培顿电厂项目后期遇到了一些麻烦,投入运行后电厂不能按计划销售电能,陷入旷日持久的电价谈判,还陷入了行贿的诉讼。这说明项目合同组织安排方面还存在着一些风险。

1. 项目经营的宏观环境发生了变化。在 20 世纪 90 年代初,印度尼西亚经济快速增长,电力严重短缺,因此,提出兴建培顿电厂。印度尼西亚国家电力公司与培顿能源公司签订了30年的购电协议，保证电厂年平均利用率为83%。然而，当电厂投入运行时，印度尼西亚的电力供大于求。尽管与印度尼西亚国家电力公司签有购电协议，培顿能源公司还是被迫签订临时协议，按一台机组的60%或两台机组的30%的利用率来运行。发生这种变化的宏观背景是：一是亚洲金融危机使经济增长率低于预计的增长率；二是在批准培顿电厂项目后，印度尼西亚政府陆续签订了兴建另外26家电厂项目的协议。这显示印度尼西亚政府过于乐观地估计经济发展，作出乐观的需求预测，过多地授予项目特许经营权，因而导致供过于求。

2. 项目公司承建非生产性设施。印度尼西亚的培顿电厂只是培顿电力生产基地八台机组中的两台机组，但项目公司承担修建公用设施和额外的非生产性设施。这些非生产性设施使电价每度增加0.75美分。高电价给培顿电厂带来了许多麻烦：被指控行贿，被要求降低电价。经过两年多的重新谈判，最后的电价由原来的递减电价改为水平电价并降至每度电4.9美分。作为补偿，允许培顿能源公司兴建第五台和第六台机组。

3. 电价调节机制把主要商业风险转移给印度尼西亚国家电力公司。培顿电厂的电价不仅与汇率挂钩，还与燃料价格挂钩。亚洲金融危机使印度尼西亚卢比兑美元的汇率直线下跌，如果相应地调高电价，公众支付不起。为了保持社会稳定，不允许电价相应地调高，结果就引起印度尼西亚国家电力公司和项目公司的纠纷。由于燃料价格直接包括在电价之中，项目公司通过中间人购买煤炭，不在乎燃料价格的高低。例如，1997年的市场价是每吨煤22~24美元，而供煤合同价格是每吨39.76美元。重新谈判后，培顿能源公司直接购买燃煤，以便降低电价。

收费调节机制作为降低风险的措施有它的局限性：与汇率挂钩可能忽略社会和政治的影响而难以实施，也可能产生消费者支付不起的收费。把燃料价格直接包括在收费中，可能使项目公司不在乎燃料价格的高低，也可能诱使项目公司使用成本低但效率不高的设备。因此，在进行收费设计时，应注意预测极端事件并把它排除在收费调节机制之外，注意社会和政治因素的影响。

第二节　自来水及污水处理项目融资案例

一、成都自来水六厂项目融资案例

（一）项目简介

成都自来水六厂BOT项目是原国家计委正式批准立项的第三个BOT试点项目，也是我国城市供水基础设施建设中首例采用BOT项目融资模式兴建的试点项目。经过一年多的国际公开招标，中标方为法国威望迪水务公司和日本丸红株式会社的投标联合体。1999年8月11日，成都市政府与成都威望迪水务—丸红供水有限公司（项目公司）正式签署了特许权协议，特许期为18年，经过两年半的紧张施工，于2002年2月11日按期完工，投入商业运营，运营期为15年半。成都威望迪水务—丸红供水有限公司作为项目业主在为期18年的特许期内全面负责该项目的融资、设计、建设和运营，特许期结束后，水厂将无偿移交给成都市政府，经营所得作为建设投资的收益。该项目正式投产后，供水量占到全市用水总量的1/3左右。项目总投资额为1.065亿美元（约合8.8亿元人民币），项目建设规模含80万吨/日的取水工程、40万立方米/日净水厂工程、27千米输水管道工程。项目于2001年10月30日开始试运行，2002年2月9日正式向成都市民供水。自来水六厂BOT项目的普遍意义在于，给公用设施领域直接引进外资提供了一种可供借鉴的模式。

在项目总投资中，资本金占30%，约为3 200万美元，由项目公司的股东方直接投入，其中法国威望迪水务公司占60%，丸红株式会社占40%；其余70%的投资则由项目公司通过对外贷款解决。该项目对外贷款业务以法国里昂信贷银行为主承销，并联合亚洲开发银行（ADB）、欧洲投资银行（EIB）和日本进出口信贷银行，共同为该项目提供贷款。

（二）项目合同结构

在成都自来水六厂BOT项目融资过程中，项目公司主要通过提供各种合同作为项目担保，因此，项目主要合同的订立非常关键。在该项目中，项目公司主要取得了以下合同：

1. 特许权协议。项目公司与成都市政府签订此协议，以明确项目公司据此融资、设计、建设项目设施，运营和维护水厂，并将项目设施移交给成都市政府或其指定人——成都市自来水总公司的条款和条件。

2. 购水协议。由项目公司与成都市政府指定授权的市自来水总公司签订，用于规定自来水总公司的购水量和付费，以及项目公司按照购水协议规定的标准净水质量提供40万立方米/日净水的义务。运营水价包括固定价格和浮动价格两部分，浮动价格按汇率系数变化调整。在购水协议中，对每个运营年的运营水价作了明确描述，第一年为0.96元/立方米，最后一年为1.56元/立方米，在15年半的运营期间将向项目公司累计支付的水费约为31.27亿元人民币。

3. "交钥匙"建设合同。由项目公司与总承包商签订，用于规定购买设备及项目承建等内容。

4. 融资文件。项目公司与各贷款人就项目的债务融资部分签订了此协议。

5. 保险协议。

可见，成都自来水六厂BOT项目结构、合同结构比较复杂，从而增加了风险分担安排的难度。

(三) 项目风险分担结构

该项目重点考虑了原水供应、净水销售、金融风险、法律风险和不可抗力风险，并采取了切实可行的防范措施。

1. 生产过程中的原水供应风险。对于生产过程中的原水供应风险由成都市政府承担。在特许权协议中明确规定：如果原水供应不足以使项目公司履行其提供规定数量的净水及按照成都自来水总公司的调度指定供应净水的义务，此原水量不足应被视为不可抗力事件；如果原水量不足不是由于自然不可抗力事件所导致，成都市自来水总公司应支付实际供应的净水量的运营水费、原水费和承担额外不可抗力付款。

2. 净水销售风险。按照购水协议，净水销售风险由成都市政府、成都市自来水总公司承担。其中，成都市政府是首要义务人，即保证在特许经营期内按协议确定的购水价和生产能力所确定的数量，从项目公司购买净化水。

3. 金融风险。

（1）利率风险。在成都自来水六厂 BOT 项目中，法国里昂信贷银行和日本进出口银行对成都威望迪水务—丸红供水有限公司的融资贷款利率为 LIBOR + 2%，为了规避利率风险，项目公司制定了利率管理承诺，即通过安排对冲贷款额度（也就是订立利率风险控制协议），来控制定期贷款下至少 80% 未偿债务的利率波动风险。

（2）汇率风险。在建设期，根据建设合同，承包商承担所有由外汇汇率变动引起建设成本上升的风险。建设完工以后，由成都市政府、项目公司和贷款人共同承担汇率风险，如在特许权协议和购水协议中规定的运营水价浮动部分，即包含了一个考虑了美元与人民币汇率变化的汇率系数。

（3）外汇兑换风险。根据协议，由于外汇短缺所造成的风险，由项目公司自己承担；对于外汇汇出风险，则由成都市政府和项目公司或贷款人共同承担。由于人民币已在经常项目下可兑换，所以成都自来水六厂 BOT 项目中的外汇汇兑问题得到了一定程度的解决。

（4）通货膨胀风险。在成都自来水六厂 BOT 项目中，整个特许期内的运营水价由投标人在标书中确定，投标人需自行为整个特许期内的通货膨胀作出假设，由此项目公司承担了因实际通货膨胀与假设不相同所带来的风险。

4. 法律变更风险。该风险由成都市政府承担。根据特许权协议，如果因法律变更使项目公司无法履行其重要义务或使其履行重要义务按照适用法律成为非法行为，则此项法律变更将被视为不可抗力事件，项目公司有权终止履行其义务；如果因法律变更阻止项目公司履行其义务连续超过 90 天，项目公司和成都市政府应协商决定继续履行特许权协议的条件或同意终止协议。任何一方有权在法律变更后 180 天内经书面通知终止协议。在此情况下，成都市政府将需支付项目公司相等于项目公司未偿还的本金加累计利息及股本投资额的终止补偿金，该终止补偿金将视个别情况包括项目公司最长达五年的净预期利润的现值。

5. 不可抗力风险。在成都自来水六厂 BOT 项目中，项目公司自费购买在运营期内的保险，包括财产一切险、机器故障损坏险及业务中断险，以保障其因自然不可抗力事件导致的损失及其引起的利益损失。如果在运营期内，由于非自然不可抗力事件使项目公司无法履行使成都市自来水总公司获得规定数量及标准质量的净水的义务，则成都市自来水总公司应支付实际供应的净水量的运营水费、原水费和承担额外不可抗力付款。

因此，该项目融资设计了非常详尽的风险分担方案。这是其他融资方式所不能相比的，这也正是本书介绍的项目融资的基本特征之一。这表明，我国正在为与国际金融市场接轨而努力。

（四）项目总结

成都自来水六厂 BOT 项目在投融资建设方式方面具有以下几个特征：

1. 它是国内城市（公用）基础设施建设领域规范性引进民间资本参与投融资建设和经营的首个项目。从历史上看，我国的城市道路、供水、供电、供气等城市基础设施作为公共工程和社会公益事业项目，都是由各级政府运用财政性资金直接投资建设的。而在该项目实施中，成都市政府除了在原水供应和净水销售、外汇汇出、法律变更等方面提供了一定的担保外，没有投入一分钱，项目投资建设所需的全部资金（包括资本金和对外贷款）都由外方投资者自行承担，投资建设和经营风险也主要由外方投资者承担。同时，政府作为公共事业的所有者代表，并没有放弃对该项目的终极所有权，在 18 年特许经营期（含建设期）期满后，成都威望迪水务—丸红供水有限公司将该项目资产全部移交给成都市政府或由其授权经营的成都市自来水总公司，项目公司解散。

2. 它是国内首个全额利用外资并允许外商独资经营的城市基础设施项目。在成都自来水六厂 BOT 项目实施之前，我国城市基础设施建设的投融资活动是很少对外商开放的，该项目的全部投资均来自国外投资者和国外银行贷款，并允许外商在特许经营期内独资经营，这不仅开创了城市基础设施建设向外商直接投资开放而且允许外商独资的先河，也为我国尤其是西部地区扩大利用外资、努力拓展利用外资新领域和新范围提供了成功的经验。

3. 它在城市基础设施和公用事业投融资建设和经营领域实现了所有权与投资建设和经营权的适度分离。在成都自来水六厂 BOT 项目中，政府只是将该项目的投资建设和建成后一定运营期内的经营管理权和受益权让渡给外方投资者，外方投资者在特许经营期满后仍然要将该项目资产完整地移交给中方政府或被授权的国有企业（如成都市自来水总公司），政府仍然拥有该项目的终极所有权。在特许经营期内，外方完全拥有该项目的投资建设和一定运营期内的经营管理自主权和收益权。除非不可抗力原因，中方不得收回该项目的投资建设和经营管理权。这样，政府对项目的所有权及投资建设和经营管理权在一定时间内（特许经营期内）实现了分离。这为城市基础设施和公用事业经营性项目的投资建设和经营管理开辟了一条新路。

4. 该项目在引进国外先进技术和管理经验方面具有突破性的作用。自来水供应在中国历来属于社会公益事业，要在投融资建设和经营中获利难度很大，但是，该项目十分注重在各个实施环节努力降低投资建设成本和管理成本。例如，大力减少相关项目管理人员，项目投资规模为1.06亿美元，而项目的管理人员只有10多人（国内同等规模的投资项目，项目管理人员通常要达到40人，甚至100人以上）。在项目管理实践中大量引入法国威望迪水务公司和日本丸红株式会社两大跨国公司的管理人员、技术和财务方面的经验，尽量节约开支和降低成本。在技术设备上，大量采用了国内制造或易于在国内采购的设备和备件，以节约投资和降低建成后的维护成本。

二、北京第十水厂A厂BOT项目融资案例

（一）项目概况

北京第十水厂A厂项目是中国供水行业迄今为止签订的投资规模最大的BOT项目，是北京市政府采用公开国际招标方式利用外资建设的重点基础设施项目。北京第十水厂位于朝阳区定福庄，设计能力为50万立方米/日，建设内容包括新建一条直径为2 200毫米、长度约为23公里的输水管道和一座净水厂。项目于2007年8月开始建设，于2010年完工。

北京第十水厂建成投产时恰逢2010年南水北调输水到北京，以密云水库和南水北调的双水源作保障，将改善北京东部地区的供水状况，提高供水服务水平。

北京第十水厂A厂项目实行公开国际招标，选择境外投标人，由中标者在北京成立外商独资企业——项目公司，负责项目融资、设计、建设、运营和维护，建设期为3年，特许期为23年（包括建设期）。在特许期满后，项目公司将项目设施无偿地移交给北京市政府。

在北京市政府决定以第十水厂A厂BOT项目为试点后，市政府成立了项目融资招标委员会，下设招标办公室。市政府责成市政管委（原公用局）负责项目的具体运作，招标办公室设在市政管委，由市政管委指定一名副主任兼任招标办公室主任。招标委员会经过认真比选，聘请大岳咨询公司作为项目的融资招标顾问，同时又与大岳公司共同聘请了法律顾问、财务顾问和技术顾问。

该项目因其在北京特殊的地位，因其充满波澜的历程，因其特殊的项目结构和项目模式，将成为中国城市水业改革的里程碑项目。

（二）项目曲折的运作经历

1. 项目最初的投资方。项目最重要的外方投资方是美国金州（中国）控股

集团，是在20世纪80年代起步的环境企业，最初的业务以国际水务商务为核心，20世纪90年代末，金州集团已经成为中国水务行业有影响力的环境工程公司之一，也是最早进入中国水务市场的外资企业。

金州集团是最早接触国内BOT项目的外国公司之一。1999年，参与了中国第一例经国家计委批准的供水BOT项目——成都第六水厂项目，并为该项目提供输水管道工程总包服务。同年，由于当时金州集团还没有能力来投资这么大的项目，但是它仍因为骄人的业绩成为A厂项目公司安菱科技的总顾问和指定分包商，负责A厂的建设问题。

日本三菱株式会社和英国安格利安水务公司是通过公开招标确定的两家外商投资公司。这两家公司后来退出了该项目。

2. 项目的招标。项目结构的设计从1999年年初开始，经历了大约9个月的时间形成了基本框架。1999年7月29日，北京第十水厂项目招标委员会在《人民日报》和《中国日报》上发布资格预审通告，到1999年9月20日公布资格预审结果，共有7个联合体（包括19家公司）提交了资格申请文件，5家联合体通过了资格预审。

1999年11月15日，招标办公室完成招标文件的编写工作，发售招标文件。

2000年4月29日，上述5家联合体向招标办公室提交了投标建议书。经过招标委员会评标，确定了3家最有竞争力的投标人。经过谈判，确定中标联合体为日本三菱株式会社与英国安格利安水务国际控股有限公司的联合体——安菱联合体。它们成立了北京安菱水务科技有限公司，作为A厂的项目公司，来准备开展工作。

3. 项目曲折的运作过程。从1999年项目立项，到2007年8月项目正式开工建设，这个项目经历了8年的探索，走过了一段艰难和曲折的道路。

2002年4月，北京市政府与安菱联合体草签了项目协议。2003年，事情却发生了变故。在项目的前期出现了不可抗力事件——北京的水源出现了问题。在签约后，安菱联合体的工作人员虽然不在北京当地工作，但是为了保证项目的顺利，他们给A厂作了水资源的评估。他们发现北京市的水资源不足，原来确定的密云水库水源不足以支撑北京第十水厂A厂的用水。因为密云水库不仅是第十水厂A厂项目的水源地，同时也是已经建成的100万吨/日规模的第九水厂的水源地。然而，密云水库的水不足以给两个水厂供水。

通过认真研究，北京市政府也正视了这个严重的问题。如果水资源不够，对供水厂将非常不利。水源不足问题作为合同之外的不可抗力事件提出，北京市政府停止了项目，市政府也决定考虑用南水北调来协调十厂的水源。

北京市政府叫停项目存在一定的风险。草签了协议后而不履行，这样可能会导致外资起诉政府。根据协议，外资有权利这么做，来保证自己的利益。如何化解这一事端呢？其重要投资方——金州集团认为，A厂项目本来是给老百姓做好事、北京市政府树立形象的项目，眼看就能变成一起国际纠纷，这是合作双方都不愿见到的。因此，金州集团于2004年开始说服外方，愿意接手该项目，并承担相应的赔偿。从2003年开始，金州集团开始从纯粹的工程和商务服务公司向投资集团转型。2004年，金州集团联手美林公司举办了市政债券的论坛。2005年，金州集团开始在国际资本市场上寻求实质性的进展，2006年取得了突破性成效，筹得1.5亿美元的私募资金，极大地提升了金州集团的投资能力，加上金州集团本身强大的技术和运营能力，金州集团已经具备了跻身水业投资第一梯队的条件。

但是，就北京第十水厂A厂这样的大项目而言，除了资金总量巨大外，还与北京市有着复杂的关联关系。而且，英国安格利安水务公司和日本三菱株式会社都是上市公司，中间谈判的过程就很复杂，要碰到很多法律问题。最后，金州集团联合北京控股有限公司这样有北京政府背景的企业来参加，这样更有利于谈判的进程。于是，2004年，金州集团正式邀请北京控股公司一起参与该项目。通过金州集团和北京控股公司的努力，安菱联合体将其持有的部分股权转让给由北京控股公司和美国金州集团组成的联合体。

金州集团和北京控股公司最终成为项目的投资方。金州集团和北京控股公司被授予特许经营权，建设、运营该项目23年。

最后，在2007年8月2日，北京第十水厂A厂项目协议签字仪式在北京举行。北京第十水厂项目是一个按照8年前设计的、当时流行的BOT项目融资模式操作的。北京市政府依照《北京市城市基础设施特许经营条例》授予项目公司特许经营权。金州控股集团有限公司和北京控股有限公司一同与北京市水务局进行了签字仪式。北京安菱水务科技有限公司、北京首都创业有限公司、北京市水务局、北京市自来水集团和密云水库管理处共同签署了五份协议，分别是特许经营协议、管道置地协议、购水协议、源水供应协议、补偿与争议解决协议。

随着水业改革的深入，大量的案例证明，以BOT项目融资模式在供水行业提供水厂单元服务而导致供水系统的商业割裂，可能存在较大的系统风险。北京市为信誉可能付出了一定的系统优化代价，投资者也因此承担了较大的风险。为了规避这种风险，投资者和北京市政府为此补充了独有的风险分配方案。一个标准的BOT结构设计一般只有两个协议，北京第十水厂项目则不同，有5个不同内容的协议，即特许经营协议、管道置地协议、购水协议、源水供应协议、补偿与争议解决协议，这是一个全新的责任分配体系。

（三）启示

该项目的实施是中国城市基础设施改革的标志性项目，该项目是北京市供水行业迄今为止签订的最大的非政府投资项目。项目的运作和实施是对城市基础设施融资新机制的探索，项目成功运作将对城市基础设施特许经营制度产生深远的影响，项目运作采用国际招标形式，维护了公开、公平、公正的政府形象，符合国际惯例，为改善北京市投资环境树立了良好的声誉。为北京市经济建设引进资金、技术和优秀人才，打造以发展城市基础设施和公共事业为核心的国际资本市场投融资平台奠定了基础。

但是，项目之所以历经8年才进入正式运作阶段，也表明BOT项目融资模式与我国现有的水务市场运行机制存在一定的差距。BOT项目融资模式是一个市场化的投融资模式，而我国水务市场仍实行计划管制，因此，在风险控制上存在着许多不确定性因素，甚至是不可抗力因素。这一项目最终能运作成功，也体现出北京市政府对水务领域进行市场化改革的态度，通过与外商合作，北京市政府开始了《特许经营权条例》的起草。通过谈判，政府也接受了很多国外的理念，例如，市场运作要尊重法律、尊重合同等。项目也给中国培养了一批人才，包括咨询师、律师等。

当然，在这个项目中，地方政府表现出了它的诚信，这是值得称道的地方，因为城市基础设施的市政工作包括供水、污水处理等都需要政府的大力支持。

第三节 交通基础设施项目融资案例

一、加拿大407高速公路项目融资

（一）项目背景

加拿大407高速公路是一条从东至西穿过加拿大多伦多大部分地区的全长108公里的收费公路。它位于北美最繁忙的401公路的北边，并与之平行前行。407高速公路是世界上第一个实行全电子化收费公路，并根据安大略省政府的一项政策决议而成为世界上第一个开放通道的收费公路。它是加拿大历史上最大的私有化工程，是加拿大金融市场上最大的加元债券发行工程。

407高速公路最初的构思产生于1940年，但是直到1987年因为安大略省政府建设了9公里的免费公路，才使此项目有了正式的发展。1989年，政府授权斯密斯联合公司的交通顾问公司去实地勘测，并进行了将407高速公路发展成一条收费公路的可行性研究。

1993年，根据可行性研究的结果，安大略省政府决定利用BOT项目融资模式对此项目进行融资，并组织公开招标。最终，安大略省交通部宣布加拿大国际公路公司（CHIC，由4个驻在加拿大的国际工程管理和建设公司组成的合伙企业）为竞标赢家。公路的前36公里部分于1994年开始建设，1995年，安大略省发行了5亿加元的长期无担保债券为其解决建设初期的资金。

1997年6月，407高速公路中间段的69公里完成建设并对公众开放。随后，

安大略省政府希望尽快进行 407 高速公路西部 24 公里和东部 15 公里的路段建设。为了解决扩展部分地段的建设资金问题，安大略省政府决定采用 BOT 项目融资模式。在 BOT 项目融资模式下，安大略省可以继续拥有这条公路，但是批准一项 99 年期的特许权协议给私人公司，让它对东西部地段进行融资和建设。私人部门的介入被认为可以减少成本并能提高服务质量。

407 高速公路西部扩展部分在 2001 年 7 月完成，东部扩展部分在 2001 年 8 月完成。2002 年 1 月，随着东西部扩展部分总共 39 公里路段的完工，可停放大量车辆的停车场也建成投入使用，407 高速公路的收费能力大大提高。

（二）项目的投资结构

1. 项目的发起人构成。项目采取的是公司型投资结构，发起人是 Cintra Concesioned de Infraestructuras de Transporte 和 SNC – Lavalin 两个公司，它们提供了 31 亿加元的竞标价。

SNC – Lavalin 是加拿大最大的工程建设公司。它在加拿大及 30 个其他国家都拥有办事处，并且在 100 个国家有项目。

Cintra Concesioned de Infraestructuras de Transporte 是西班牙第二大建设公司 Grupo Ferrovial 的附属机构。

Capital d'Amerique 是一个加拿大最大机构投资者 Caisse de Depot et Placement de Quebec（CDPQ）的附属机构。

1999 年 5 月 5 日交易结束，407 高速公路转入私有部门。成交时所有的花费是通过银团贷款的方式提供的。

2. 股权构成。

（1）项目最初的股权构成。股权在联合企业成员中最初的划分如下：Cintra/Grupo Ferrovial 占 61%，SNC – Lavalin 占 23%，Capital d'Amerique 占 16%。

（2）项目最终的股权构成。2002 年 3 月，Macquatrie Infrastructure 通过它的附属机构 Macquatrie Infrastructure（Toll Route）SA（MITR）受让了 Capital d'Amerique 持有的 16% 的普通股。

与此同时，Cintra 同意从 SNC – Lavalin 购买 6% 的未偿付普通股。

经过这些交易，包括债券的转换，所有权将被划分如下：Cintra/Grupo Ferrovial 拥有 67% 的股份，SNC – Lavalin 占股份的 17%，MITR 占股份的 16%。

工程承包商是由 SNC – Lavalin 和 Grupo Ferrovial 的附属机构 Ferrovial Agroman International 组成的联合工程承包商，负责建设 407 高速公路向西部扩展 40 公里和向东部扩展 15 公里，建设合同为 4.22 亿加元。

（三）融资结构

项目总成本为 40 亿加元。首先，由发起人提供 15.5 亿加元的股本，包括 7.75 亿加元的现金投入，剩下的来自于信用证和次级债。其次，整个项目融资

过程最为核心的部分,也就是它的债务资金筹集过程包括:

1. 项目的短期融资部分。最初的短期融资包括三部分:一是由蒙特利尔银行、加拿大皇家银行和城市银行提供23亿加元、3年期优先可转换信用贷款;二是由蒙特利尔银行提供的3.5年期次级可转换信用贷款15亿加元。这些过渡性的贷款是借款人希望得到中长期的资金而暂时使用的一种贷款。

2. 项目的长期融资部分。项目的长期融资主要是通过发行长期债券,这是该项目融资最突出的特点。项目公司在1999年6月通过主要的经理人Nesbitt Burns发行了价值11亿加元的债券,分别是:2009年6月27日到期的息票利率为6.05%、10年期的4亿加元债券,其利率比同期政府公债利率5.5%高出55个基点;2029年6月27日到期的息票利率为6.64%、20年期的4亿加元债券,其利率比同期政府公债利率高出114个基点;2039年6月27日到期的息票利率为6.75%、40年期的3亿加元债券。以上债券被称为行业收益债券,因为它们的发行是以高速公路收费为偿还依据的。

3. 发行债券再融资。在该项目中,经常使用债券发行收入来偿还部分银行的过渡性贷款,这也是该项目融资的又一特色。

例如,1999年,发行7年期利率为6.55%的4亿加元优先债券,其发行收入用来偿还银行可转换贷款和建立预付利息储备账户;2000年,折价发行39年期利率为5.29%的与通货膨胀相关联的3.25亿加元债券,其发行收入用来偿还银行优先可转换贷款;2000年5月,发行4.25亿加元从属债券用来偿债等。

由于项目公司在公开市场上发行债券,大量的机构投资者和个人投资者参与投资,产生了规模效益,募集到了大量可供长期使用的资金。结果是项目公司通过大量发行债券,偿清其过渡性贷款,并且建立了利息预付储备账户和负债服务储备账户。

(四) 案例启示

显然,采用BOT项目融资模式,对政府和私人投资者来说,都得到了好处。

1. 对政府的好处。当地政府通过BOT项目融资模式建设407高速公路,至少在以下方面有所收获。(1) 实现了风险分摊。在建设的第一阶段,政府承担了最初的环境、技术、建设和交通风险。在实施BOT项目融资模式以后,这些风险大大减少,价值也相应增加了。许多人认为,私人公司是最有能力管理和扩大这条公路建设的。(2) 获得特许费收入。显然,一个99年的特许期限创造了极大的市场价值。(3) 高效率的拍卖产生更高的价值。

2. 对投资者的好处。对于私人投资者来说,参与407高速公路的BOT项目,至少实现了以下目标:(1) 实现融资的有限追索性;(2) 实现资产负债表外融资;(3) 实现共同分担风险的目的;(4) 享受税务收益带来的好处。

当然，投资者也承担着一定的风险。表现为：（1）特许权风险，包括长时期高速公路的发展速度和在未来一系列经济条件下公路使用者对于收费的敏感度。（2）延误风险。高速公路扩展建设可能发生的延误，这要求担保人支付给地方政府巨大的损失费用。（3）与高速公路管理和维护有关的风险。

3. 对公路私有化的争议。

第一，公路产品可否私有化？没有一个公共交易不会引起政策争议的。407 高速公路的 BOT 项目显然也引起了各种各样对政府政策的争议。1999 年 4 月，加拿大汽车协会发言人 David Leonhardt 指出，这桩交易违反了前届新民主党政府作出的 407 高速公路只是在估计 30 年偿还资金的时期内允许收费的承诺。一种观点是由安大略省交通部部长 Tony Clement 提出的，显然，他是赞成收费公路私有化的。他认为，收费公路私有化使其融资费用不再成为纳税人的负担。

第二，407 高速公路是否贱卖了？2002 年公路完全投入使用，评估公司估计 407 高速公路的价值为 63 亿美元。2003 年 3 月，SNC – Lavalin 以 1.78 亿加元的价格卖掉了 407 高速公路股份公司 6% 的股份，相当于初始投资的四倍。由此引来一些批评意见，认为，明显的增值对于合作商来说是件好事，但对于纳税人和汽车驾驶者是件坏事。一种观点认为，是高速公路的价值快速增长还是地方政府在 1999 年过于便宜地出卖了公路，这是一个值得讨论的问题。

二、印度西海岸港口案例

（一）项目背景简介

印度 90% 的国际贸易都通过港口完成。在印度 6 000 公里的海岸线上分布着 12 个国有大型港口和 139 个中小型港口。国有大型港口主导着印度的海港运输业，控制其全国船运业务的 80% 以上。国有大型港口的基础设施建设却未与其船运吞吐量同步发展，几乎所有的大型港口都在超负荷运转，导致船舶靠港和返航延误，以及港口拥挤问题。2000 年，印度总航运处理量为 2.81 亿吨，而额定吞吐量仅为 2.58 亿吨。然而，139 个中小型港口几乎未被利用。为了加大对小型港口的利用，很多地方政府为私有化制定了建设—经营—移交（BOT）和建设—拥有—经营—移交（BOOT）政策。位于印度西海岸的古吉拉特州拥有 20 个小型港口，正积极通过私有企业发展来推动港口的发展。

（二）项目所有权结构

项目发起人包括：

1. 国际石油化工有限公司（International Petrochemicals Co., Ltd.），是印度国有企业，印度政府目前拥有其 60% 的股份，从事一系列石化产品的生产。该公司在距西海岸项目 120 公里的巴罗达和 4 公里的甘哈分别建有一座石化提炼厂。

2. 古吉拉特州肥料有限公司（State Fertiliser Company Limited，SFCL），是

印度国内生产氮磷化肥的龙头企业，在古吉拉特州有多处厂房设备。

3. 联合国际燃料有限公司（Vell International Co., Ltd.）。该企业是世界船业运输巨头，它将该项目作为打开印度市场的战略部署，利用其运输和贸易的经验，在印度国内推广其石化产品。

4. 州国家航运局（State Maritime Board, SMB），是古吉拉特州政府部门，被授予管理、控制、运营古吉拉特州内中小港口的权利。

国际石油化工有限公司和古吉拉特州肥料有限公司均为古吉拉特州的大型石油化工企业，它们决定建立散装液体化工库来节省运费。它们联合联合国际燃料有限公司及州国家航运局以公司合资形式发起成立西海岸港口有限公司（WCPCL）在瓦蒂那尔地区建立港口和库存设施来处理化学液体货物。

1999年，古吉拉特州政府发表针对私有企业参与古吉拉特州港口项目的建设—拥有—经营—移交（BOOT）政策。根据这一政策，1999年，西海岸港口有限公司向古吉拉特州政府提交申请，保证建成的商业港口除了处理国际石油化工有限公司和古吉拉特州肥料有限公司承诺的船货外，还要吸引第三方船货。西海岸港口有限公司将在30年内（2000年至2030年）建设、拥有和经营该港口（设施建设从2000年1月开始，预计于2002年12月全部完工），之后由当地政府收回。因此，该项目采取的是BOT项目融资模式。项目所有权结构如图10－2所示。

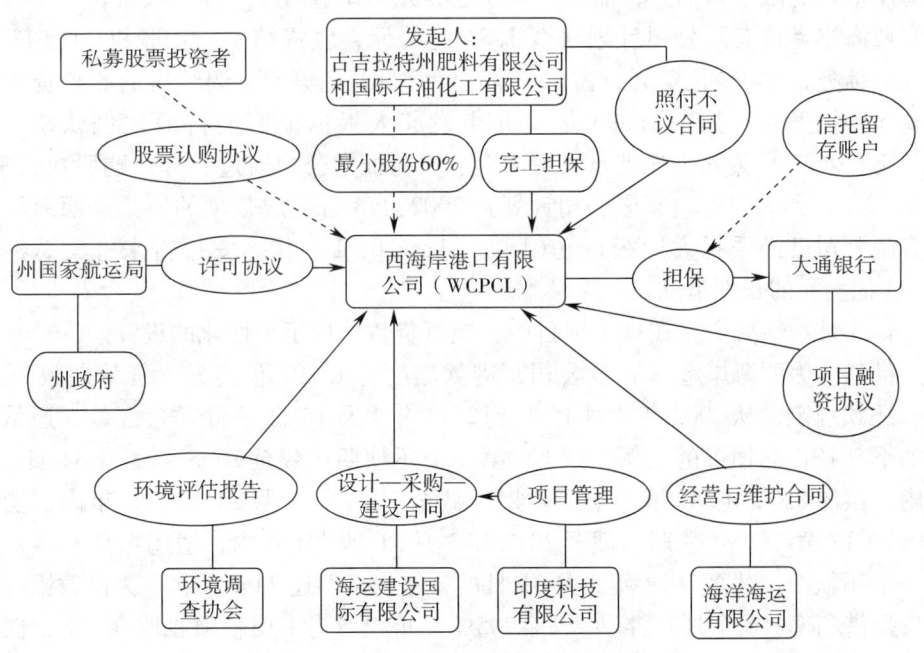

图10－2　印度西海岸港口项目投资结构

(三) 项目定义

西海岸项目包括:

1. 在大潭海湾建立一个带有停泊处、系船设备和登离船装置的码头。这个码头会有一个中央服务平台,配有 7 个装船和卸船平台。这个码头会由一个长达 2.4 公里的引道栈桥与海岸连接。

2. 一个由储油库和储油球组成的储油区,用来储存化学和石油化学物。

3. 在油轮上建立一个利用普通设备(如防火设备,防水、防漏设备等)装/卸船的平台。

在此项目融资中,政府提供的担保较少。政府没有像对其他一些项目那样提供诸如汇率风险担保、通货膨胀风险担保,而是为项目公司提供了更大的自由经营权。西海岸港口有限公司有权设定并收取在这个港口实施的所有服务的费用;在法律允许的范围内,西海岸港口有限公司可以根据它的判断设计税收结构以及税收采取的货币;西海岸港口有限公司可以为特殊的用户定制单独的服务;全面的税收方案及税收有效的时间范围应该由西海岸港口有限公司向公众公告。

(四) 项目融资结构

起初,项目的建造成本为 1.49 亿美元,但是由于石化产业前景的变化,项目发起人决定以项目融资的方式筹资,项目范围的扩大使得项目的成本增加。据西海岸港口有限公司估计,需要 1.808 亿美元来建造西海岸港口项目。

西海岸港口有限公司计划融资 1.81 亿美元,融资结构为:股权,0.613 亿美元;债务,1.197 亿美元,占 66%。总计 1.81 亿美元。调整后的股权资本总计 0.613 亿美元,其中 0.393 亿美元由发起人根据他们的持股比例认购,占 21.7%;0.22 亿美元委托加拿大帝国商业银行证券公司通过私募认购股权份额,占 12.2%。西海岸港口有限公司计划到 2002 年 3 月完成款项的筹集。西海岸港口有限公司已经委托大通银行 (Global Chase Bank) 作为安排行来筹集总额为 1.197 亿美元的长期借款。

作为结构性融资,在这个项目中,银行贷款体现了个性化的设计。

借款人为西海岸港口有限公司,借款额度为 1.197 亿美元,贷款期限为 11 年。还款规定,从 2003 年 4 月 15 日到 2014 年 1 月 15 日 43 个季度还款,还款方法如下(按占总债务的比例):(1) 第一个还款期:截至 2005 年 3 月 31 日的 2 年内,偿还 8%;(2) 第二个还款期:截至 2008 年 3 月 31 日的 3 年内,偿还 26%;(3) 第三个还款期:截至 2012 年 3 月 31 日的 4 年内,偿还 42%;(4) 最后一个还款期:截至 2014 年 3 月 31 日的 2 年内,偿还 24%。利率为伦敦银行间隔夜拆借利率 (6 个月) 浮动 2%~2.5%,承担费为未用款项收取 0.5%,偿还费为 0,前端费为借款总额的 1%。

作为项目融资惯例,债权银行还制定了完工检测标准和现金锁定条款。规定:

在偿债备付率大于 1.2 的情况下，股权分配是允许的。要求发起人不可撤销地同意将所有设施使用费存入信托和自留账户（CRA）中，使其处于银行的监控之下。

（五）项目风险管理方法

1. 政治法律风险的管理。项目公司西海岸港口有限公司并未与当地政府签订任何直接的协议，但是与当地政府设立的一个法律自治实体——州国家航运局签订了一份让步协议，这份让步协议旨在保护贷款者的利益，同时州国家航运局在这份协议中也作出了一些承诺，这些承诺将减少该项目所面临的国家风险。协议中指出，当州国家航运局违约或者发生法律变更时，正常的资产转移是按照折旧后重置成本补偿，具体的计算方法是：如果州国家航运局在协议生效后的前 15 年中发生违约，则按照 30% 的折旧后重置成本补偿；如果州国家航运局在协议生效后的第 16 年到第 25 年期间发生违约，则按照 20% 的折旧后重置成本补偿；如果州国家航运局在协议生效后的第 25 年后发生违约，可不发生任何补偿；同时，按照 50% 的折旧后的历史成本进行补偿。以上协议中的相关条款对于项目公司因州国家航运局违约及法律变更而造成的损失的补偿都给予了明确的说明，这在一定程度上规避了相关的国家风险。

2. 金融风险的管理。该项目的收益货币 75% 是美元，25% 是印度卢比。而其贷款货币 100% 是美元。其债务利息计算方法是按照 6 个月的伦敦银行间同业拆借利率（LIBOR）上浮 2%~2.5%，即债务采用的是浮动利率计息方式，使得项目公司在偿还债务利息时面临着汇率风险和利率波动风险。

针对利率风险，项目公司通过远期利率协议将浮动利率的债务转化成固定利率的债务，当然，如果出现利率下降，则会失去浮动利率下偿还利息减少的好处，但是固定利率可以锁定债务成本，便于估算项目的成本与收益。如果公司不想失去利率下降的好处，可以买入期权，这样只需支付期权费，就既可以将利息成本控制在一定的范围内，同时享受利率下降的好处。

项目公司的资金结构使得项目公司承担着汇率变动风险。如果美元相对印度卢比升值，那么项目公司收益的升值幅度将会小于债务以及利息的升值幅度。如果占收益 75% 的美元收益可以弥补全部利息偿还，则美元升值会提高公司的收益；如果这部分美元收益不能完全弥补全部利息偿还，则美元升值会减少公司的收益。同时，在每个到期日偿还债务本金时，美元相对卢比升值必将使项目公司的还债负担加大。因此，综合上述两方面，在整个项目经营期间，如果各年占收益 75% 的美元收益足以补偿全部负债的本金及利息，则美元的相对升值将会提高项目的收益；反之，则会降低项目的收益。如果项目公司不想承担这种汇率风险，则可以选择购买外汇衍生产品，如期权、期货或者货币互换，来规避汇率风险。

3. 完工风险管理。完工风险的大小主要取决于四个因素：项目设计技术要素、承建商的建设开发能力和资金运筹能力、承建商所作承诺的法律效力及其履行承诺的能力、政府不恰当的干涉。

首先,项目设计是由印度科技有限公司主持的,印度科技有限公司是印度顶尖的设计技术和工程公司,并且具有丰富的经验,曾经成功地为150多个项目提供过设计和工程技术,总金额达到150亿美元。因此,在项目设计方面是有所保证的。

其次,西海岸港口有限公司已通过全球招标的方式,在印度科技有限公司的技术评估下选定了海运建设国际有限公司,签订了一份固定价格和固定工期的工程承包合同,海运建设国际有限公司在基于交钥匙合同以及其他常规合同上的港口项目设计和建造有丰富的经验。并且固定价格和固定工期合同确保不会发生超额成本,并保证完工的期限。同时,发起人同意在项目成本扩大时会提供相应的资金以支持项目进行。这就进一步确保了工程的完工,使得完工风险降至最低。

再次,按照印度科技有限公司设计的要求进行完工检测,同时会有相关权威人士的环境验证。这在很大程度上确保项目完工后达到特定的标准,达标对于贷款合同也是至关重要的一项。

最后,对于政府的不恰当干涉问题,项目公司已经通过与州国家航运局签订让步协议,使得问题尽量得到解决。

4. 市场风险管理。市场风险是本案例的主要风险,这一风险在于项目能否从印度西北海岸的内陆地区以及其他与其竞争的港口吸引到足够的港口吞吐量。[①] 由于印度的石化行业处于下滑阶段,因此,吸引额外吞吐量就显得更加困难。通过分析得出:项目公司所面临的市场风险是相对较小的,因为项目公司具有以下几点优势:

首先,港口的所在地决定了它的地理优势。Wadinar 位于现存的孟买和坎德拉两个大型港口中间。这些港口现有设备的使用存在很大的压力,引发了大量船只排队等候、延迟以及因此而额外支付滞期费等问题。此外,Wadinar 以艾哈迈达巴德、巴罗达和 Bharuch 为中心,在地理上比较接近主要的印度化工地带。因此,所建港口从附近港口吸引吞吐量的可能性大大提高。

其次,项目贷款人将指定一个独立商业分析师(IBA)来评估第三方用户市场的潜力。被选定的独立商业分析师是印度的 BAC 公司,BAC 公司预测其未来可能与 OCL(Oil Corporation Limited)每年交易140万吨石油,与国际石油化工有限公司每年交易20万吨的丙烷(与国际石油化工有限公司在 Gandhar 的工厂扩张有关)。BAC 公司还指出西海岸港口有限公司有潜力从坎德拉港口吸引大约每年50万吨食用油的停泊量。因此,经过独立分析师的评定,第三方用户市场

---

① 项目公司已经通过与两个主要发起人签订的具有照付不议性质的港口吞吐量合同确保了港口额定吞吐量的50%。

的潜力是很大的，项目公司吸引额外吞吐量在一定程度上是可以得到保障的。

最后，由于所建港口的主要竞争者出现了意外事件，项目公司吸引竞争对手的吞吐量把握更大了。2001年，一场强烈的地震打击了坎德拉港口地带，并在很大程度上毁坏了港口。经过全面的检查后，结论是使港口恢复到从前的状态要花费大约两年的时间。

5. 经营风险管理。拟建港口通过道路与内陆地区相连，在与内陆地区的铁轨连线方面，需要建造15公里的铁路连线。但是，西海岸港口有限公司并没有在项目范围内考虑铁路线的建设，使得项目公司面临着生产条件风险。针对这项风险，西海岸港口有限公司正在同印度铁路部门就共同开发这个需要耗费600万美元的铁路网络进行谈判。古吉拉特州电力局同西海岸港口有限公司就电力供应已经签订了协议。

对于项目建成后的运营，西海岸港口有限公司已经指定海洋海运有限公司作为港口的运营者，并且签订了运营与维护合同，海洋海运有限公司在迪拜和阿曼的港口有类似项目运营的经验，同时项目发起人国际石油化工有限公司和古吉拉特州肥料有限公司具有丰富的管理储备库经验，将协助西海岸港口有限公司进行经营管理。

（六）项目实际进展

自1999年形成项目的构想以来，印度的石化行业呈现出负增长。然而，近期由石油工业部出版的一份报告显示2004年石化行业发展有了好转。在形成项目构想之时，发起人已经同意为项目建造的贷款担保，为此以公司担保从银行获得了短期贷款。尽管如此，随着石化行业的下滑，发起人拒绝将担保扩大到长期债务，现在项目被提议采取项目融资的方式融资。

国际石油化工有限公司已经计划了一项对它在Gandhar的工厂的实质性扩张，这项扩张将使西海岸港口有限公司港口直接受益。然而，由于印度政府对投资的收回，所有的扩张计划已经被搁置，并且可能被延期一年至两年。

2000年12月建造期间，几个码头发生坍塌。主承包商海运建设国际有限公司将此归咎于西海岸港口有限公司提供错误的地理资料，并要求1 000万美元的补偿。然而，经过调查后，印度科技有限公司指出海运建设国际有限公司的要求是不合理的。此事件已经交由仲裁委员会进行处理，最终判决还在等待中。通过谨慎的实践，海运建设国际有限公司继续建造，然而整个建造时间表可能要延期两个月。西海岸港口有限公司提议缩减测试和试运转时间以维持全部的启动时间表。

环境调查协会（ERA）对此项目进行了一项环境影响评估，基于此项评估，西海岸港口有限公司已经通过了环保要求关。然而，最近当地的一个非政府组织已经提起了一项公众利益起诉反对此项目，并指出项目将会对环境产生负面影响。此诉讼已经递交当地法庭进行处理，公众听证正在进行之中。

码头、高架桥相关工程及供石脑油（Naphtha）和苯乙烯使用的油罐（Tank）的75%已经完工，并且预期于2002年6月进入运营。供丙烷和丙烯使用的油槽预期在2002年11月进入运营。设备建设预期在2002年12月全面完成。

第四节 资源类项目融资案例

一、卡塔尔拉斯拉凡液化天然气项目

（一）项目背景

拉斯拉凡液化天然气项目（Ras Laffan Liquefied Natural Gas）位于卡塔尔。卡塔尔国地处波斯湾西海岸，是海湾合作委员会（GCC）的六国之一，面积为1.15万平方公里，人口为80万。卡塔尔是君主立宪制的酋长国。卡塔尔蕴藏着丰富的石油、天然气（LNG）资源，尤其是其天然气储量高达900万亿立方英尺（约25.5万亿立方米），仅次于俄罗斯和伊朗，位居世界第三。以目前的设计规模计算，天然气至少可以开采250年。

中东液化天然气的传统买主是日本和韩国，1999年日本买走中东液化天然气的80.9%。2004年，日本、韩国和印度的购买量分别占中东出口的44.0%、34.7%、6.5%，中东向包括土耳其在内的欧洲出口量仅占3.3%。此外，中东向美国出口量占1.5%。显然，中东液化天然气的出口主要面向亚洲。随着已经与日本、中国、韩国、印度等国有大量承诺的伊朗和也门液化天然气的大量投产，随着中国、印度需求的猛增，今后仍会保持这种出口倾向。

卡塔尔天然气资源主要在北方气田，该气田有380万亿立方英尺天然气，可开采储量为239万亿立方英尺，是目前已知的世界最大的非伴生性气田。

项目位于该国的拉斯拉凡工业区。拉斯拉凡位于卡塔尔半岛东北部，距首都多哈约70公里。世界上最大的非伴生性气田——北方气田就埋藏于距拉斯拉凡东北80公里的海面之下。北方气田覆盖水域约为6 000平方公里（其中40%属于卡塔尔，60%属于伊朗），水深15～70米。其900万亿立方英尺的储量约占已探明世界天然气总储量的20%。

北方气田于1971年被发现，但直到20年后的1991年，卡塔尔石油公司（卡塔尔唯一的国有石油公司，其董事长阿蒂亚为现任副首相兼能源与工业大臣）才在拉斯拉凡开发出第一个天然气项目——北方气田阿尔法。

1990年，卡塔尔天然气开发战略开始实施，拉斯拉凡工业城开始兴建。1996年，卡塔尔出口的第一船液化天然气从拉斯拉凡启程输往日本。1997年2月24日，卡塔尔最高元首埃米尔哈马德亲自为拉斯拉凡工业城奠基，标志着该

工业城乃至整个卡塔尔天然气工业进入全面建设、加速发展的新阶段。经过十多年的建设和发展，拉斯拉凡工业城已从过去一片荒芜的不毛之地变成初具规模的天然气之都。

（二）项目发起人

该天然气项目由拉斯拉凡液化天然气公司负责，该公司由卡塔尔石油总公司和美孚公司于1992年共同注册成立，是当前中东地区规模最大的液化天然气合资企业。作为项目公司，其获准在30年内每年可在北方气田开采1 000万吨液化天然气。

该公司在成立之初，总资本为80亿美元，其中，卡塔尔石油总公司（QGPC）持股70%，美孚公司持股30%。卡塔尔石油总公司负责卡塔尔政府在卡塔尔及海外的石油天然气产业。公司通过和主要国际产油国签订产品分成合同进行经营。公司通常都在工程项目中拥有大部分分成。美孚公司在16个国家开采石油和天然气，在12个国家的20个炼油厂拥有所有权权益，市场遍布100个国家。从1971年开始涉足天然气行业，其50%的业务是天然气。

1996年年底，拉斯拉凡液化天然气公司请求两家日本贸易公司，即伊藤忠（Itochu）公司和日商岩井（Nissho Iwai）公司帮助其在日本和远东市场销售产品，这两家公司分别获得4%和3%的股权，卡塔尔石油总公司和美孚公司的股份分别减为66.5%和26.5%。

在公司刚成立时，拉斯拉凡液化天然气公司就与世界第二大天然气进口国——韩国签订了为期25年的天然气销售合同，通过两期建立两条生产线向韩国输送天然气。

（三）项目融资渠道

拉斯拉凡项目融资渠道如表10-1所示。

对于第一条生产线，采取的是144A条例下的卡塔尔国债融资。根据144A条例，允许证券在美国被出售给有资格的机构投资者。

对于第二条生产线，在第一条生产线满足每年产量2.4mtpa（百万吨）时，其对应的资产负债率为75%，意味着可以增加负债进行第二条生产线的建设。

表10-1　　　　　　　　　拉斯拉凡项目融资情况　　　　　　单位：百万美元

	第一条生产线仅由债券融资	第二条生产线——出口信贷机构融资
按144A条例发行债券	1 200	1 200
出口信贷机构	0	1 350
股本	1 290	850
总计	2 490	3 400
债务/股本	48%	75%

为了保证债券发行成功,项目现金流量分配建立了某种约束机制,称为现金流瀑布,如图10-3所示。

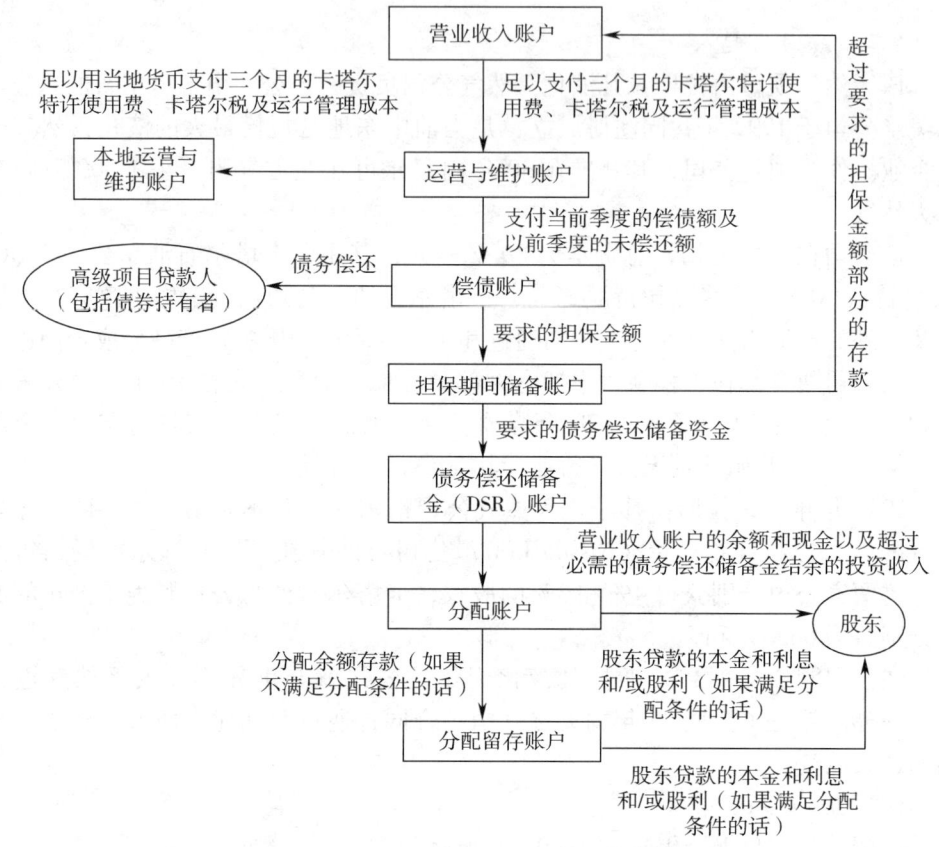

图 10-3 卡塔尔拉斯拉凡项目现金流瀑布

(四)项目风险及合同管理方法

1. 政治风险的规避与防范。卡塔尔半岛人口接近 700 万,然而,只有 1/4 的人口是卡塔尔人。

但是在本次项目中,项目公司与卡塔尔政府签署了谅解备忘录,规定:在偿还债务之前,都需要给予证券受托人"确信担保"。这些内容虽不是强制性的,但有一定的道义上的作用,具体包括:(1) 不会有北方冲突(北方即本次项目的开采地);(2) 卡塔尔会遵守卡塔尔石油总公司的义务;(3) 不会有股利/债务服务上的约束;(4) 卡塔尔法律和环境标准不会发生不利的变化;(5) 只要达到项目公司的要求和标准,那么卡塔尔"保证这些政府授权一直完全有效"。

由此可以看出,卡塔尔政府在法律及对待项目的态度上表现出极大的支持,对本项目的顺利进行起了至关重要的作用，这也与此次项目的政府背景有关，卡塔尔政府直接控股的公司是股东之一。因此，为了规避项目融资的政治风险，争取项目所在国政府的大力支持是十分必要的。

2. 完工风险的规避与防范。该工程项目由卡塔尔石油总公司和美孚公司共同承担，通过签订"交钥匙"工程合同来履行。这一合同具体包括在岸合同、离岸合同和海底管道合同。同时，在承包合同中对完工日期进行了具体规定：第一条生产线于2001年3月1日完工，若发生不可抗力事件，则可推后一年；第二条生产线于2002年3月1日完工，若发生不可抗力事件，则推后一年。如果承包商违约，并在60天内没有修复，则债权人有权进行100%的赎回。

除此之外，承包商还提供了由银行担保的履约保函，担保金额为合同金额的10%，在项目达到机械完工状态时，该担保金额将降为合同金额的5%。

另外，发起人还与银行签订了完工担保合同，规定如果截至2002年3月尚未通过完工测试，发起人需要按合同约定的融资比例买断债务；如果2002年3月没有建成第一条生产线，发起人则要支付所有的贷款。

3. 市场风险的规避与防范。该项目的现金流从两方面得到保证：

一是签订了照付不议的销售合同。公司与韩国天然气公司（KCG）签订了25年期每年240万吨天然气的照付不议销售合同，该合同于1999年8月开始生效。韩国天然气公司成立于1983年，1986年开始进口天然气，由韩国政府（占股份的27%）、韩国电力公司（占股份的24%）、地方政府（占股份的10%）和韩国公众（占股份的39%）拥有。公司除供应发电所需的液化天然气外，还为800万用户输送天然气。

二是美孚公司提供额外的2亿美元来弥补可能的债务缺口，其保证的方式是年利率为12%的循环次级债务。

在照付不议销售合同中，确定了销售的最低价格：每年240万吨的合同最低价格是17美元/桶。

4. 经营风险的规避与防范。在拉斯拉凡项目中，存在以下几种经营风险及相应的对策，并通过各种合同得到保障。

（1）经营技术。与天然气液化厂相比，液化天然气进口终端比较简单、安全和可靠。因此，采用了世界一流的离岸平台安装技术，通过离岸气田和输气管道来提高有效性。

（2）经营成本。天然气液化时，必须进行硫化处理，预处理的成本较高。拉斯拉凡项目采用的是APCI流程（目前被世界上26个液化天然气工厂中的21个液化天然气工厂采用）。同时，随着生产线的增加，液化天然气工业将获得规模经济，降低成本。例如，液化天然气油轮成本从1996年的2.4亿美元降至2000年的1.7亿美元。

(3) 经营管理。拉斯拉凡项目聘用美孚公司的专家和国际资深承包商有效地降低了风险。

(4) 能源供应。卡塔尔北部气田非常大,在该项目生命周期内都不会枯竭,总是处于饱和状态,因而能在项目期内保证天然气的供应。

5. 环境风险的规避和防范。本项目专门聘请了独立工程师对生产建设的各个环节造成的环境冲击进行了评估,目的是使其符合卡塔尔和国际离岸标准,以及美国进出口银行的要求,同时使得环境成本处在一个较低的范围内。

评估的结果包括以下几个方面:

(1) 对工厂废物处理方法进行了调整,大量减少了二氧化硫和硫醇的排放。

(2) 泄漏应急反应方案将在机械性能认可前6个月内解决。

(3) 在岸污水的加氯处理的加氯量已经超过了美国进出口银行1995年颁布的指导方案的上限,但是,也可以使用不加氯的技术。

(4) 氮氧化物排放限制处于燃气涡轮发电厂未加水洗达到水平的下限。美国进出口银行已对此给予环境许可。

(5) 建筑废料的填埋还未完成。

可以看出,虽然本项目的环境风险还存在一些有待改进的方面,但是大部分风险已经通过独立工程师的严格评估,得到了妥善的控制和防范。另外,由于天然气本身就是一种较为环保的燃料,和其他石化能源相比,每单位发电量可减少40%的二氧化氮的排放,这也减少了本项目的环境风险。

(五) 项目简评

1. 项目的特点。

(1) 采用144A条例发行债券进行融资,是世界上最大的使用144A条例发行债券进行融资的项目。

(2) 项目得到美孚公司2亿美元的最低价格支持,使得其现金流得到保证。

(3) 项目发起人为项目提供了完工担保,降低了其完工风险。项目对于资本市场变得更加有吸引力,更利于其融资。

2. 启示。作为世界第11大经济体的韩国在1997年席卷泰国及印度尼西亚的金融风暴中遭受了巨大损失。评级机构迅速地重新对韩国天然气公司的参与风险进行再评估。但是它们认为那些基础设施及国家信用并不代表显著的风险,并且拉斯拉凡在建的天然气储存设施也按计划进行。但是韩国国电公司在1998年由于电力需求缩减还是减少了天然气合同的数量。但这种情况在接下来的一年中就扭转了。因此,该项目仍算是一个比较成功的项目融资案例,其给我们带来的启示如下:

(1) 拉斯拉凡液化天然气项目采用了债券融资及向出口信贷机构和银行贷款等多种方式融资。特别是采用144A条例在美国发行债券,有效降低了融资难度及融资风险。

(2) 拉斯拉凡液化天然气项目良好的融资结构使得卡塔尔政府实现了 100% 的融资，即不花一分钱就建设了多条生产线，并实现了卡塔尔的绝对控股。

(3) 销售市场基本稳定，长期合同及合作原则协议均已签署。项目未开建时，就已经向日本及韩国卖出了将来生产的所有天然气，有效降低了市场风险。

(4) 该项目提高了拉斯拉凡当地居民的收入和就业水平，促进了经济社会发展，实现了良好的经济效益和社会效益。

(5) 整个项目的思路、文件、运作及实施为中国企业开展项目融资尤其是能源开发领域的项目融资提供了可资借鉴的宝贵经验。

二、委内瑞拉 Petrozuata 石油项目融资分析

(一) 项目概要

Petrozuata 石油项目位于委内瑞拉境内，估计整个项目成本为 24.25 亿美元。其中，40% 由股东融资，剩余 60% 来自于高级债务。项目发起人为康诺克（Conoco）和玛瑞孚（Maravan），它们准备使用项目债券来融入 15 亿美元。委内瑞拉的能源矿产部分配给项目公司——Petrozuata 公司 300 平方公里土地，用于生产超重油，这片土地据估计可产出 215 亿桶原油。

项目由 3 个主要部分组成：一是内陆油井，负责开采超重质原油；二是管道系统，负责把开采出来的原油输送到海岸线；三是精炼厂部分，负责将重质原油加工为高品质合成油。在委内瑞拉加勒比海岸的 Jose 地区，上述部分组成了先进的装卸中转站，通过其连通地区内众多的油井。该公司预计每日产出大约 12 万桶的超重油，通过与稀释的石脑油混合，之后由输油管道输送到 Jose 地区的中转站。两条平行的输油管道将建成。其中，一条运输稀释的原油到 Jose 地区，另一条将稀释物运回以便再利用。该公司将与 Sincor 公司分享这两条输油管道。

(二) 项目发起人

合资项目公司 Petrozuata 的发起人有两个：一个是外方发起人康诺克公司；另一个是委内瑞拉国家原油公司 PDVSA 的下属公司——玛瑞孚公司。

委内瑞拉国家原油公司 PDVSA 成立于 1976 年，作为拥有经营和财务自主权的国有企业，其宗旨是有效地开发和管理国家的碳氢化合物资源和推动经济发展。在组织上，PDVSA 公司垂直地拥有三个综合子公司：玛瑞孚公司、Lagoven 公司和 Corpoven 公司。PDVSA 公司是世界第二大石油和天然气公司，排在沙特国家石油公司（Saudi Aramco）之后和壳牌石油公司之前。在国内，PDVSA 公司创造了委内瑞拉出口收入的 78%，占政府财政收入的 59%，占委内瑞拉 GDP 的 26%。

项目外国发起方是休斯敦的康诺克原油公司旗下的康诺克—奥利洛克（Conoco Orinoco）公司。康诺克原油公司是一个拥有近 15 000 名员工并分布于 40 多个国家的全球综合性石油公司。1996 年，它在分布于美国、欧洲、亚洲的

大约 4 000 个零售网点销售汽油、柴油和电动机润滑油；而其运输业务包括七艘油轮的所有权和其所有的 8 000 英里长的输送管道。康诺克原油公司在精炼技术和项目开发两方面被认为是世界顶尖的。

玛瑞孚公司和康诺克—奥利洛克公司合资成立了 Petrozuata 公司，负责 Petrozuata 项目的建设、财务和运营管理工作。合资协议规定，从开始生产的 2001 年算起，在未来的 35 年内，玛瑞孚公司和康诺克—奥利洛克公司分别拥有 Petrozuata 项目 49.9% 和 50.1% 的股权。合约到期后，康诺克原油公司将把自己拥有的股份无偿转让给玛瑞孚公司。

根据协议，PDVSA 公司拥有玛瑞孚公司的 100% 股份并对其所有行为向贷款银行担保。玛瑞孚公司继而以 49.9% 的股份向 Petrozuata 项目完全担保。康诺克—奥利洛克公司拥有 Petrozuata 50.1% 的股份，并连同玛瑞孚公司对 Petrozuata 的所有行为担保。最后，输油管道所有权属于 Petrozuata 的完全控股子公司 Pipeco。

（三）项目担保合同

1. 完工担保。康诺克原油公司和玛瑞孚公司同意按股份比例各自提供包括项目完工前的任何未曾预料到的成本超支在内的项目支出，其母公司杜邦公司和 PDVSA 公司则为这些义务作担保。

为了融资和项目建设的顺利实施，康诺克—奥利洛克公司和玛瑞孚公司分别承诺在某一时间完成其项目，并负担过程中的超额成本，调低项目债务水平。

合同中规定项目完成的标准是通过为期 90 天的运营测试，在此期间，管道系统和升级设施要达到以下标准：（1）产品必须达到规定的水准；（2）符合康诺克公司购销合同中所包含的有关产品质量的各种条件；（3）能够证明其可用率达到 92%；（4）达到委内瑞拉的环保标准等。

2. 购买协议。康诺克原油公司和 Petrozuata 公司签订了一份购买协议（PSA），协议规定，在康诺克原油公司的母公司杜邦公司的担保下，康诺克原油公司必须在项目 35 年生命周期内以玛雅（Maya）原油的市价为参考拟定合适的价格来购买 Petrozuata 项目日产合成油中的前 104 000 桶。康诺克原油公司计划把这些合成油的 62% 拿到自己的 Lake Charles 精炼厂去加工，玛瑞孚公司将购买余下的 38% 提供给自己在委瑞内拉的 Cardon 精炼厂。

3. 离岸信托账户。Petrozuata 项目公司超过 95% 的利润将会在委内瑞拉以外的地区以美元出售，并且其收入将会记入独立的离岸信托账户。其离岸信托账户所得资金的分配顺序是：拨付项目 90 天的生产经营费用、履行还债义务、债务偿付储备账户（保证半年的还本付息）。剩余资金转交给 Petrozuata 项目公司，项目公司在留足资金维持 1.35 的债务覆盖率后，剩余资金分配给股东。

4. 转移限制协议。在商业发行日和项目完成之前，所有股东不得卖出，指派或以其他方式转移其股份，此后才可将股份予以转让，此时其他股东具有优先购买权,所有现有股东都不买时才可卖给非股东人员。

5. 供应合同。Petrozuata 项目与委内瑞拉国营电力公司（CADAFE）签订了电力供应合同。合同规定在建设期内电价每年自动更新,规定以市场价格定价。1996 年同包括玛瑞孚公司在内的 PDVSA 公司的各分支机构签订的为期 25 年的"雨伞协定"下,委内瑞拉电力公司保证在最初的 12 年内以每度（千瓦小时）0.107 美元的固定价格提供 1 549 兆瓦的电,之后再按市场价格收费。该协定下相应的权利和义务由 Petrozuata 承担。

在与 Superoctanos 签订的氢的供应合同中,Petrozuata 将购买富氢气用于石脑油的氢化设备上。该合同为期 20 年,5 年更新。购买价格将参考氢气的燃料值和项目带来的资本成本的节省份额。

与委内瑞拉 Petroquimica de 签订的工业用水供应合同,提供处理过和尚未处理的水。当总供水量在每秒 1 360 升以内时,价格是每立方米 0.52 美元,超过的话为每立方米 0.4 美元。

与 Cevegas 和 CA 签订的天然气供应合同中约定在到 2006 年为止的合同期内,根据项目的燃料需求,为项目提供价格为每一百万热量单位 0.515 美元的天然气（按 1996 年的美元）,之后受新技术或市场价格波动的影响,价格可能会有所调整。

（四）为 Petrozuata 项目筹资

瑞士信贷第一波士顿（CSFB）作为 Petrozuata 的顾问、债券发行的主管人和代理银行,连同巴林投资公司（ING Barings）、美国国民银行（NationsBank）和瑞士银行（UBS）一起负责定期贷款的事项。花旗银行则是 Petrozuata 的共同经理人及财务顾问。

表 10 – 2　　　　　　　　　资金来源和支出

单位：百万美元

来　源		支　出	
高级债务,其中：		超重原油生产设备	449
7.63%　2009 年到期 A 级债券	300	输油管道系统	216
8.22%　2017 年到期 B 级债券	625	升级和装卸设备	1 067
8.37%　2022 年到期 C 级债券	75	额外偶然支出	38
商业银行贷款	450	小计	1 770
高级贷款总额	1 450	运营升级前的资本化成本	147
股本资金,其中：		融资成本	370
已缴资本	79	高级债务账户平衡	81
次级股东贷款	366	现金平衡	57
现金流	530		
股本资金总额	975		
所有资金来源总和	2 425	支出合计	2 425

1. 项目融资方案选择。可以看出，该项目债务资金中，约 30% 来自于银行贷款，而近 70% 的资金来自于债券融资。在制订筹资计划时，项目对可选择的三种筹资方案进行了比选。

第一种是商业银行贷款。其好处是可以利用它所需的信用额度，因此，可以让贷款配合现金的流入和流出。但是，其不利之处在于到期日短、合同受到很多限制、利率可变以及规模有限。需要提供政治风险保险（PRI），导致贷款成本增加。由于委内瑞拉的国家风险比较大，需要的政治风险保险成本较高，所以对于 Petrozuata 来说并不是一个好的选择。

第二种是公募债券。公募债券可以有很长的到期日（通常比 10 年更久），利率固定，契约灵活。而且可以通过公募筹集很大数额的资金（通常多于 1 亿美元）。但是，超过项目所需范围的融资会使项目收入减少，因为对这些资金的投资利率要小于债务的借款利率。

第三种是私募债券。通过发行项目债券（Project Bond）方式，在美国 144A 债券市场发行。美国 1933 年《证券法》的第 144A 条容许发行人向合格机构投资者（QIB）再发售某些证券而无须注册。通过豁免注册手续，144A 条例显著增加了美国机构投资者买入外国公司证券的机会。其优势是：发行速度快，利率固定，所受限制少，筹资规模大，投资者具有高资质。

所以，最终项目大比例地通过发行项目债券来筹资。但问题是 Petrozuata 如何获得投资级的信用等级？

2. 为 Petrozuata 的项目债券评级。在 Petrozuata 的案例中，评级机构可能评价三个主要因素：发起人的信誉、项目的经济情况和委内瑞拉的国家风险。

标准普尔公司对发起人之一的杜邦公司的长期无担保优先债券的评级定为 A 级，1996 年委内瑞拉的国家评级为 B 级，受委内瑞拉国家评级的影响，PDVSA 公司的评级也比较低，为 B 级。对项目政治风险的分析，认为，受存在可能的政府行为、货币市场不稳定和委内瑞拉的商业环境欠完善等因素的影响，项目存在一定的政治风险。

但是通过项目的财务预测及分析发现，项目的预期收入稳定，项目的运营成本低于同行业平均水平。要得到项目债券投资级的评级，项目在基本情况下的最小偿债保障比率（DSCR）可能要超过 1.80 倍；在存在各种压力的情况下，最小偿债保障比率必须超过 1.5 倍。在项目最高偿债年 2008 年里，Petrozuata 项目的最小偿债保障比率将达到 1.0 倍，显然，其负债能力不强。Petrozuata 项目的名义盈亏平衡点价格仅为每桶 8.63 美元。总体上算，发起人的信誉好，风险承受能力强；融资结构和担保结构设计合理，所处的整体经济环境比较有利。因此，最后项目获得了投资级的评级。

(五) 总结

在国际项目融资中,最重要的风险是国家风险,在本项目中,投资顾问及发起人本身对该国的国家风险给予了更多的关注。尤其是在每次融资过程中,发生的事件对项目融资的影响是不容忽视的。

第五节 资产证券化项目融资案例

一、美国奥林皮亚公司的不动产抵押贷款证券化案例[①]

(一) 抵押贷款证券化的起因

奥林皮亚公司以一般合伙人的身份设立了一家有限合伙人性质的公司——奥林皮亚迈德兰公司,专门经营管理位于纽约市迈德兰街59号的一幢44层的办公楼。奥林皮亚迈德兰公司修建这幢楼的资金来自所罗门不动产金融公司,采取的是不动产抵押贷款方式。1985年6月30日,该幢办公楼的市场评估价值为2.8亿美元。所罗门不动产金融公司提供的贷款将于1985年年底到期,经过深思熟虑,奥林皮亚迈德兰公司决定不再采用抵押贷款方式来借新还旧,而是借助发行资产支持证券方式,从证券市场筹集资金,偿还所罗门不动产金融公司提供的抵押贷款,以达到节约筹资成本的目的。

(二) 资产证券化的基本结构

1. 资产支持证券的基本结构。奥林皮亚公司设立奥林皮亚迈德兰财务公司作为此次证券发行的特别目的载体,证券的基本结构如表10-3所示。

表10-3　　奥林皮亚迈德兰财务公司设计的楼宇担保证券表

发行证券 (Issue)	票面利率为10.375%的资产支持证券
发行人 (Issuer)	奥林皮亚迈德兰财务公司
发行日期 (Offering Date)	1985年12月23日
标准普尔公司的信用评级	AA级
金额 (Principal Amount)	200 000 000 美元
担保品 (Collateral)	位于迈德兰街59号的办公楼
期限 (Maturity)	10年期,持有证券8年后可以要求偿还
支付频率 (Payment Frequency)	每年年终支付一次利息
信用增级 (Credit Enhancement)	亚特兰灾害保险公司提供30 380 000美元的保险
主承销商 (Managing Underwriter)	所罗门兄弟国际证券公司

[①] 涂永红、刘柏荣:《银行信贷资产证券化》,260页,北京,中国金融出版社,2000。

2. 证券化程序。奥林皮亚迈德兰财务公司实现楼宇担保证券化的程序包括以下几个主要过程：

(1) 设立特别目的载体。奥林皮亚公司于1985年12月11日设立一家全资子公司——奥林皮亚迈德兰财务公司，作为此次资产支持证券化融资证券发行的特别目的载体，该财务公司的唯一业务就是发行上述资产支持证券并处理与此相关的事务。

(2) 设计证券。为了偿还到期的抵押贷款，证券必须在1985年12月25日以前发行成功。奥林皮亚迈德兰财务公司在设计证券时确定的市场是欧洲证券市场，因此，支付方式选择了欧洲市场习惯的按年付息、到期还本方式，每年12月31日支付利息。

根据美国的证券监管法规，发行欧洲证券不需要到证券交易委员会注册，如果不是采用公募方式发行证券，也不需要注册。为了节省时间和费用，奥林皮亚迈德兰财务公司将证券设计为以欧洲证券为主，只有一小部分证券以私募的方式在美国本土发行。

奥林皮亚迈德兰财务公司将证券设计为过手证券结构。证券发行收入通过贷款的方式提供给奥林皮亚迈德兰公司，后者用该笔资金偿还所罗门不动产金融公司提供的贷款，并收回迈德兰街59号的办公楼的抵押权，然后修订抵押合同，将该办公楼的抵押权转让给奥林皮亚迈德兰财务公司，并最终转让给作为证券持有人代表的汉挪威信托公司。

奥林皮亚迈德兰财务公司与汉挪威信托公司签订了一份信托契约，该契约实际上是此次证券发行的基础，契约上明确规定，办公楼的所有租金收入必须进入以汉挪威信托公司的名义设立的经营账户，奥林皮亚迈德兰财务公司有权从该账户中支付办公楼的经营费用，如办公楼的维修费、管理费等。证券持有人的利息也从该账户中支取。该证券的现金流如图10-4所示。

(3) 本金偿还。证券的期限为10年。但是，从第8年开始，奥林皮亚迈德兰财务公司可以要求提前偿还，因此，在第7年年末奥林皮亚迈德兰财务公司应该准备好偿还

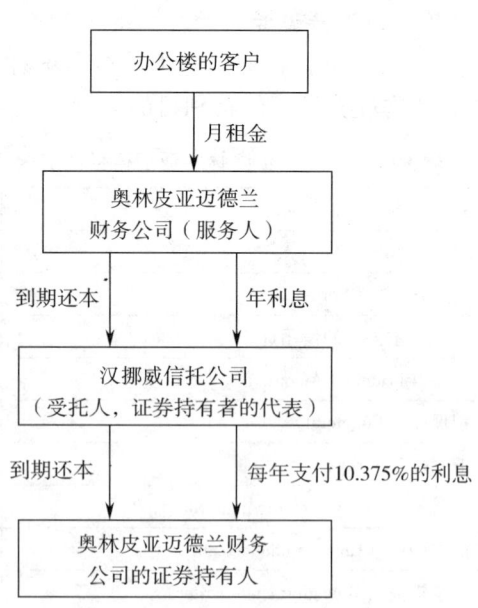

图10-4 奥林皮亚迈德兰财务公司发行的资产支持证券的现金流示意图

全部 2 亿美元证券本金的现金。如果奥林皮亚迈德兰财务公司不能提供足够的还本资金，作为受托人的汉挪威信托公司将在此后的 2 年内对抵押品采取强制措施，例如，出售该办公楼以保证证券投资者按期得到本金的偿还。

(4) 破产保护。通过证券结构设计，无论发起人还是发行人都实现了破产隔离。例如，奥林皮亚迈德兰财务公司除了发行的证券外，没有其他的债务，而且不得将抵押品转让给任何其他的公司。业主奥林皮亚迈德兰公司受到同样的限制。为了保证办公楼的租金收入能够用于支付证券持有人的利息，租金被存入受托人汉挪威信托公司的专门账户，业主只能在严格的监督下从该账户支付办公楼的经营管理费用。当然，如果租金收入在扣除利息及分摊的本金支付额之外，绰绰有余，业主也可以从该账户中将富余的资金提走。

(5) 信用增级。奥林皮亚迈德兰财务公司发行的证券获得了标准普尔公司的 AA 级评级。标准普尔公司给予这样的评级主要有三个依据：

第一，奥林皮亚迈德兰公司具有很强的到期按时支付证券本息的能力，满足标准普尔公司 AA 级的标准。标准普尔公司评定 AA 级证券的标准是，在最坏的情况下，发行人用于偿债的现金流不低于证券实际偿付额的 1.25 倍。迈德兰办公楼位于纽约金融街的中心地段，纽约联邦储备银行及住房保险公司住房的租金占奥林皮亚迈德兰公司房租收入的 90%，而且这两家公司的房租合同到期日都长于所发行的证券到期日，而且该办公楼的出租率高达 99.94%，租金收入非常稳定、可靠。

第二，采取了外部信用增级措施。亚特兰灾害保险公司提供了 30 380 000 美元的保险，以保证奥林皮亚迈德兰公司的租金收入不足以偿还证券利息时，证券持有人能够得到及时的支付，加上这一保险后，任何情况下发行人用于偿债的现金流都不会低于实际支付额的 1.33 倍。

第三，奥林皮亚迈德兰公司购买了火灾、事故、责任以及其他一些必要险种的保险，从而确保在办公楼遭到毁灭性破坏时，业主能够重新购置一幢办公楼，或者提前支付抵押与担保证券，或者提供其他合格的担保品。

(6) 证券发行。所罗门兄弟国际有限公司被指定为主承销商，美国、欧洲、日本的 25 个证券公司、投资银行参与了承销。

由于美国的非居民购买证券可以免交利息预提税以及收入所得税，因此，奥林皮亚迈德兰财务公司设计的证券的主要投资者为美国的非居民，所发行的证券实际上具有避税的功能。此外，欧洲证券不涉及税收，可以有效地为投资者的身份保密，大受那些不愿暴露身份的投资者欢迎。

(7) 证券交易。该证券在一个二级市场进行买卖交易，随着市场利率的波动，该证券与国债之间的利差逐渐缩小，二级市场上证券的价格呈现出有利于投资者的变化，二级市场交易非常活跃。

(8) 服务人。奥林皮亚迈德兰公司作为不动产抵押支持证券的服务人,负责将办公楼的租金收入存入受托人的专门账户,并从中支付办公楼的必要的管理费用。只有进入受托人经营账户的租金收入加上亚特兰灾害保险公司提供的信用支持超过下一期债券的利息支付额时,奥林皮亚迈德兰公司才有权提取超过部分的净现金流。

以上过程如图10-5所示。

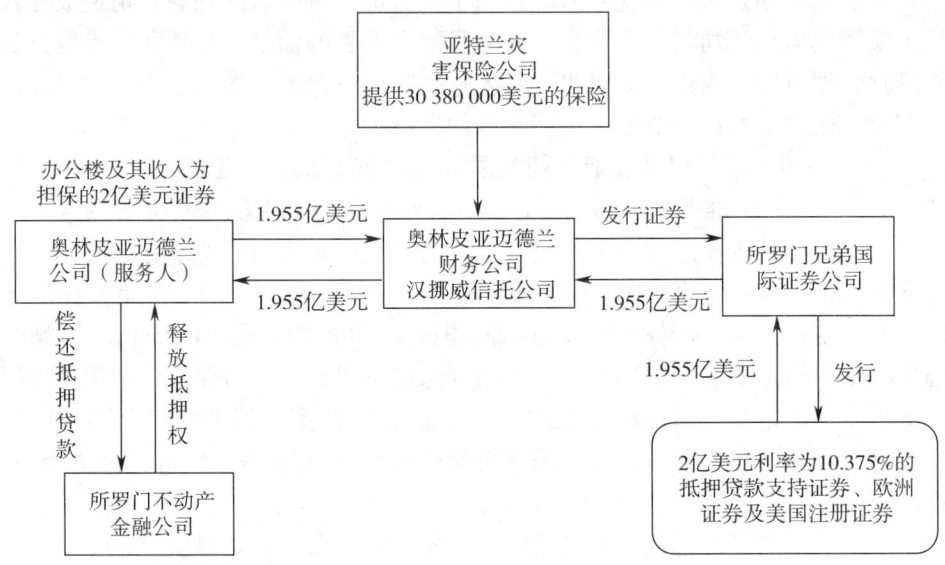

图10-5 奥林皮亚迈德兰公司发行2亿美元商业楼宇抵押贷款支持证券的程序

(三) 证券化的经济效益

1. 发起人奥林皮亚迈德兰公司的经济效益。通过商业不动产证券化方式,奥林皮亚迈德兰公司获得了成本更低的再融资渠道,与向银行或者其他金融机构申请抵押贷款相比,奥林皮亚迈德兰公司每年的利息支出节省49个百分点。二者之间的具体比较如表10-4所示。

表10-4 奥林皮亚迈德兰公司的证券化融资成本与抵押贷款成本比较表

项 目	资产支持债券	抵押贷款
年利息成本	10.74%(其中,证券利率为10.41%,分摊发行费为0.33%)	10.75%
贷款费用		0.18%
累积月利息的投资收益	0.40%	
信用增级费用	0.10%	
成本总计	10.44%	10.93%

在发行证券的方式下，票面利率为 10.375%，但是按照 99.75% 的折价发行，因此，证券持有者实际的收益是年利率 10.41%；将 4 000 000 美元的承销费均摊入 10 年期的证券，使证券的年利率增加了 0.33%，即 10.74%。

与申请抵押贷款相比，抵押贷款要求按月支付本金和利息，而证券按年支付利息，到期支付本金。这样，奥林皮亚迈德兰公司可以将每月获得的租金投资到无风险的短期国库券上，获得年均 0.40% 的收益。扣除这一收益，奥林皮亚迈德兰公司发行债券的年利率下降到 10.34%。

假定亚特兰灾害保险公司提供的价值 30 380 000 美元的信用支持将被用掉 5/8，从而使证券发行的年均成本增加了 0.10%，将上述费用加总后可知，奥林皮亚迈德兰公司发行债券的年融资成本为 10.44%。

在抵押贷款的情况下，10 年期按月分期付款的商业不动产抵押贷款的利率为 10.75%，获得贷款的各种初始费用通常为贷款金额的 1%，将之按照证券承销费同样的方法均摊入年利率，贷款利率将增加 0.18%，因而抵押贷款的年融资成本为 10.93%，比发行资产支持证券的成本高 49 个百分点。换句话讲，奥林皮亚迈德兰公司选择资产支持证券进行融资，每年可以节约资金成本 980 000 美元。

2. 主承销商所罗门兄弟国际有限公司的经济效益。通常证券的承销费收入为承销金额的 2%，其中 1.375% 为承销费，0.625% 为主承销商的管理费。作为主承销商，所罗门兄弟国际有限公司将获得 4 000 000 美元承销费中相当大的份额。除了获得承销收入外，所罗门不动产金融公司不必向奥林皮亚迈德兰公司提供另一笔抵押贷款，可以按期收回抵押贷款，满足其资产负债管理的需要。更重要的是，奥林皮亚迈德兰公司没有选择其他银行或者金融机构去申请抵押贷款，而是通过所罗门兄弟公司的另一家分支机构——所罗门兄弟国际有限公司发行证券，所罗门公司保住了自己的客户。

对于所罗门兄弟国际有限公司而言，设计并发行这样一笔证券，可以在国际范围内提高其证券化市场主承销商的信誉，取得明显的竞争优势，锻炼一支队伍，在今后的同类业务中持久受益。

二、深圳中集集团的应收账款证券化案例

2000 年 3 月，中集集团与荷兰银行在深圳签署了总金额为 8 000 万美元的应收账款证券化项目协议。此次协议的有效期限为 3 年。在 3 年内，凡是中集集团发生的应收账款，都可以出售给由荷兰银行管理的资产购买公司，由该公司在国际商业票据市场上多次公开发行商业票据，总发行金额不超过 8 000 万美元。在此期间，荷兰银行将发行票据所得资金支付给中集集团，中集集团的债务人则将应付款项交给约定的信托人，由该信托人履行收款人的职责。而商业票据的投资

者可以获得高出伦敦银行间同业拆借利率1%的利息。

（一）应收账款证券化的基本流程

此次应收账款证券化项目的基本流程是：

1. 中集集团首先把上亿美元的应收账款进行设计安排，按照荷兰银行提出的标准，挑选优良的应收账款组合成一个资产池，然后交给信用评级公司评级。

2. 中集集团向所有客户说明应收账款证券化融资方式的付款要求，令其应付款项在某日付至海外特别目的载体的账户。

3. 中集集团仍然履行所有针对客户的义务和责任。

4. 特别目的载体再将全部应收账款出售给 TAPCO 公司。TAPCO 公司是国际票据市场上享有良好声誉的资产购买公司，其资产池汇集的几千亿美元资产更是经过严格评级的优良资产。由公司在商业票据（CP）市场上向投资者发行商业票据，获得资金后，再间接划到中集集团的专用账户。

5. TAPCO 公司从市场上获得资金并付给特别目的载体，特别目的载体又将资金付至中集集团设立的经国家外汇管理局批准的专用账户。

项目完成后，中集集团只需花两周的时间，就可获得本应138天才能收回的现金。作为服务方，荷兰银行可收取200多万美元的费用。

（二）应收账款证券化过程中的参与方

中集集团资产证券化过程中有下列各方参与其中。原始权益人——中集集团、发起人及海外特别目的载体——荷兰银行、专门服务机构——TAPCO 公司、信用评级机构——标准普尔公司和穆迪公司、国家外汇管理局。

1. 原始权益人——中集集团。中集集团曾于1996年、1997年和1998年分别发行了5 000万美元、7 000万美元和5 700万美元的商业票据。此方式虽然能够以中集集团的名义直接在市场上进行融资，但其稳定性也随着国际经济和金融市场的变化而发生相应的波动。为了保持集团资金结构的稳定性并降低融资成本，中集集团希望寻找一种好的融资方式替代商业票据。这时一些国外银行向它推荐应收账款证券化，经过双向选择，中集集团决定与荷兰银行合作，采用以优质应收账款作为支持来发行商业票据的应收账款证券化方案。为此，中集集团首先要把上亿美元的应收账款进行设计安排，结合荷兰银行提出的标准，挑选优良的应收账款组合成一个资产池，然后交给信用评级公司评级。

2. 中国的政策性机构——国家外汇管理局。中集集团的资产证券化前后经历了一年半的时间，最初的障碍在于缺乏政策条例的支持，中集集团必须向国家外汇管理局申请，同样还须咨询国内外律师关于应收账款这种资产能否买卖，能否卖到海外市场等问题。国家外汇管理局大力支持中集集团的这个项目，在其支持下，中集集团在一个多月之后拿到了批文，才开始与荷兰银行谈判，进入实质性的阶段。

3. 发起人及海外特别目的载体——荷兰银行。荷兰银行在世界排名第 16 位,资产总额为 4 599.94 亿美元,一级资本额为 178.17 亿美元,资本回报率为 26%,无不良贷款。

4. 专门服务机构——TAPCO 公司。TAPCO 公司是国际票据市场上享有良好声誉的公司,其资产池汇集的几千亿美元资产,更是经过严格评级的优良资产。由 TAPCO 公司在商业票据市场上向投资者发行商业票据,获得资金后,再间接付至中集集团的专用账户。

5. 信用评级机构——标准普尔公司和穆迪公司。中集集团委托两家国际知名的评级机构——标准普尔公司和穆迪公司评级,得到了 A1+(标准普尔指标)和 P1(穆迪指标)的分数,这是短期融资信用最高的级别。凭着优秀的级别,这笔资产得以注入荷兰银行旗下的资产购买公司 TAPCO 建立的大资产池。项目完成后,中集集团只需花两周时间就可获得本应 138 天才能收回的现金,并且由于该方式通过金融创新带来了一个中间层——特别目的公司和 TAPCO 公司,将公司风险和国家风险与应收账款的风险隔离,实现了破产隔离,降低了投资者的风险,确保了融资的成功。

(三)中集集团资产证券化的效益分析

我们从财务指标、融资成本、促进销售等几方面分析资产证券化对于中集集团的好处。想要证实的是资产证券化得以实现,至少需要一个前提,即证券化能给公司带来实质性的好处。

1. 财务指标分析。资产证券化通过对企业未来资产的提前套现,能有效地改善公司财务指标,从而增强企业的融资能力。

(1)降低负债率。由于应收账款出卖后可以直接从资产负债表上移除,则可以优化资产负债结构。若以 1999 年年底数据测算,在发行 8 000 万美元商业票据后,中集集团的负债率可以直接从 67.4% 降至 63.8%,降低 3.6%。计算过程如下。

表 10-5　　　　　　　　　简化的资产负债表　　　　　　　单位:亿元

财务指标	1999 年末期	2000 年中期
总资产	66.2	79.2
流动资产	38.4	49.3
流动负债	33.6	37.5
长期负债	11.0	17.4
股东权益	17.0	19.0

证券化前:资产 66.2 亿元,负债 44.6 亿元,负债率为 67.4%。
如果证券化收入都用于偿还负债,那么

证券化后：资产：66.2 − 0.8 × 8.2 = 59.64（亿元）（应收账款减少6.56亿元）
负债：44.6 − 0.8 × 8.2 = 38.04（亿元）
负债率：63.8%，降低：67.4% − 63.8% = 3.6%

相应地，自有资金的充足比例也提高了。

（2）加速应收账款的回收。从中集集团1999年中期的资产结构看，在16.46亿元应收账款中，有将近7亿元要进行证券化，盘活比例达42.5%。从时间上看，这次应收账款证券化项目完成后，中集集团只需花14天的时间，就可获得本应138天才能收回的现金。当然，企业应收账款的周期缩短了，获得的资金显然也少了。如果企业有能力将自己的时间价值真正转化为效益，这种方式才值得推广。

2. 融资成本分析。证券化可降低企业的融资成本，使企业获得较高的资信评级。中集集团于1998年在国际资本市场上续发的5 700万美元1年期商业票据的综合成本为LIBOR + 120BPS（基点），这是以整个集团作为信用评级的结果。如果将企业的应收账款作为资产出卖，其信用评级只需单独考察应收账款资产的状况。经过包装后，中集集团应收账款资产的信用等级达到了国际资产证券化的最高评级，中集集团所获得的3年期8 000万美元应收账款，付出的总成本为LIBOR + 85BPS（基点）。

当然，证券化过程的成本还是相当高的，除了一定的发行票据折扣、一定的发行和结算费用、票据利息外，还有中介费用，作为服务方的荷兰银行可收取200多万美元的费用。因此，证券化只有具有一定的规模才能有效降低资金成本。

3. 相对于其他融资方式的好处分析。

（1）相对于股权融资来说，中集集团通过资产证券化融资具有不分散股权和控制权的好处。

（2）对发行企业债券的直接融资方式来说，通过资产证券化融资不会形成追索权，因而可以分散风险。中集集团在美国发行的1年期商业票据在1999年上半年到期时，正爆发亚洲金融危机，筹资有困难，在这种情况下，利用应收账款证券化融资的方式是合适的。因为基础资产均来自国际知名的船运公司和租赁公司，经过破产隔离，资产的优良性不受中集集团本身风险的影响。

（四）启示

中集集团此次将应收账款证券化是通过荷兰银行在国际票据市场上公开发行商业票据，即以跨国资产证券化的方式，利用国际资本市场上的成熟融资工具与模式进行融资，从而引出了跨国资产证券化的概念。即在国内资产证券化法律不健全的背景下，可以创新思路，从跨国资产证券化打开突破口。这是本案例给人们留下的重要启示。

资产证券化的完整体系包括多环节的交易过程。资产证券化的这种结构为融资者在全球范围内寻求最优的地域组合提供了极大的便利，即可以在不同的国家和地区选择最适合的参与者完成最经济的交易过程。例如，一家需要融资的中国进出口企业，其初始债务人可能来自欧洲，它可以将特别目的载体（发行人）设立在税费低廉的开曼群岛，在监管和披露相对宽松、投资者基础雄厚的美国私募资本市场上发行债券；它还可以请香港的贸易伙伴为该债券提供担保，聘请欧洲某个著名的商业银行作为受托人，选择中国的投资银行做财务顾问，由美国的著名评级公司评级等。

附 录

附录一：

境外进行项目融资管理暂行办法

1997年4月16日 计外资〔1997〕612号

根据国务院关于进一步加强借用国际商业贷款宏观管理的要求，为规范境外进行项目融资的行为，加强对我国外债的管理，更有效地利用国外资金，特制定本办法。

第一条 本办法所称项目融资是指以境内建设项目的名义在境外筹措外汇资金，并仅以项目自身预期收入和资产对外承担债务偿还责任的融资方式。它应具有以下性质：

（一）债权人对于建设项目以外的资产和收入没有追索权；

（二）境内机构不以建设项目以外的资产、权益和收入进行抵押、质押或偿债；

（三）境内机构不提供任何形式的融资担保。

第二条 项目融资主要适用于发电设施、高等级公路、桥梁、隧道、城市供水厂及污水处理厂等基础设施建设项目，以及其他投资规模大且具有长期稳定预期收入的建设项目。

第三条 以项目融资方式筹措国外资金的建设项目（以下通称项目），主要投资者应具有足够的经济能力和履约能力，外方主要投资者还应有较强的国际融资能力和进行项目融资的业绩。

第四条 项目的融资、建设、经营等有关合同中，参与方应具备相应的资格和履约能力，依靠自身经济和技术能力依法履行合同，并根据项目风险性质和各方控制能力，合理分担项目的商业风险及其他风险。

项目的主要投资者不应成为可能产生重大项目风险和利益冲突的合同参与方。

第五条 境内机构为项目的建设、经营等合同的履行出具的支持文件,不得改变项目融资的性质;国内金融机构不得提供任何形式的保证,境内其他机构对外提供履约担保,须得到有关政府部门的批准。

第六条 项目的国外债权人,在债务受偿、资产和权益的抵押等方面,应与国内债权人享有同等的权利。

第七条 项目产品或服务价格的确定应符合我国有关价格管理规定,有助于形成稳定的预期收入,合理反映物价上涨和汇率变动的影响,充分考虑项目所在地的承受能力,并得到有关价格管理部门的批准。项目境内收费不得以外币计价。

第八条 项目(包括外商投资项目)的建议书和可行性研究报告须由所在地方或部门的计划部门提出,经行业主管部门初审后,报国家计委审批;重大项目由国家计委审查后,报国务院审批。

第九条 项目的可行性研究报告除国家规定的和利用外资项目应具备的一般内容外,还应包括以下方面:

(一)项目主要投资者和合同参与方的资格、风险分担的原则;

(二)外汇平衡方式及经营期外汇需求的数量;

(三)产品或服务的定价原则及调价公式;

(四)项目融资方案;

(五)国外信贷机构出具的贷款承诺意向;

(六)境内机构出具的各项支持文件;

(七)需经有关政府部门批准、不可更改的项目主要合同草案;

(八)其他必要文件。

第十条 项目在可行性研究报告经国家计委批准后,应在境内成立项目公司。项目公司负责融资相关的一切活动,并应在可行性研究报告批准后一年内完成项目融资。

第十一条 经国家计委批准的项目融资,其对外融资规模纳入国家借用国际商业贷款指导性计划;项目融资条件应具有竞争性,并需经国家外汇管理局审批或审核,其中地方上报的项目融资条件由当地外汇管理分局初审后,报国家外汇管理局审批或审核。

第十二条 项目融资条件报外汇管理部门审批或审核时,项目公司需提交以下文件:

(一)申请文件,包括项目融资的方式、金额、市场,以及贷款的期限、利率、各项费用等融资条件;

(二)国家计委批准的项目可行性研究报告或其他文件;

(三)项目融资纳入国家借用国际商业贷款指导性计划的证明文件;

（四）项目融资协议；

（五）与项目融资相关的具有保证性质的文件；

（六）其他必要文件。

第十三条　项目公司以项目融资方式筹措的外汇资金，应及时调入境内，按照国家计委批准的内容用于进口技术设备、材料及支付其他费用，其余部分根据国家外汇管理规定保留或结汇；未经国家外汇管理局批准，不得存放境外。

第十四条　项目公司应根据有关规定，在境内的外汇指定银行开立人民币或外汇还本付息专项账户。未经国家外汇管理局批准，项目公司不得为其境内收入设立境外账户。

第十五条　项目公司应按照国家规定及有关协议，将用于支付还本付息的项目收入存入专项账户。偿还对外债务本金不足部分外汇，项目公司可凭国家计委和国家外汇管理局批准的有关文件，经当地外汇管理部门核准，向外汇指定银行购买，存入专项账户。

还本付息专项账户的外汇，根据国家规定及有关协议，按期汇出。

第十六条　项目融资协议正式签署后，项目公司应向外汇管理部门办理外债登记，并于每年三月底之前向国家外汇管理局报送上年度资金使用、收入状况和债务偿还等情况，接受政府有关部门的检查和监督。

第十七条　凡违反本办法规定，未经批准擅自进行的项目融资，外汇指定银行不得为之开立还本付息账户，所需外汇不予兑换，偿还贷款的本金不得汇出。

第十八条　国家有关法律、法规对于特定项目进行项目融资另有规定的，从其规定。

第十九条　本办法由国家计委会同国家外汇管理局监督执行。

第二十条　本办法自发布之日起施行。

附录二：

国家计委、电力部、交通部关于试办外商投资特许权项目审批管理有关问题的通知

1995 年 8 月 21 日　计外资［1995］208 号

各省、自治区、直辖市及计划单列市计委（计经委）、电力局、交通厅（局）：

长期以来，交通、能源等基础设施和基础产业一直是我国国民经济发展的"瓶颈"。为改善这种状况，按照国家的产业政策，需要积极引导外商投资的投

向,将外商投资引导到我国急需发展的基础设施和基础产业上来。对此,国家除继续鼓励外商采用中外合资、合作和独资建设经营我国基础设施和基础产业项目外,在借鉴国外经验的基础上,拟采用建设—运营—移交的投资方式(通称BOT投资方式),试办外商投资的基础设施项目。为了做好试点工作,现将有关事项通知如下:

一、本通知所称外商投资特许权项目,是指外商建设—运营—移交的基础设施项目。政府部门通过特许权协议,在规定的时间内,将项目授予外商为特许权项目成立的项目公司,由项目公司负责该项目的投融资、建设、运营和维护。特许期满,项目公司将特许权项目的设施无偿移交给政府部门。

二、在特许期内,项目公司拥有特许权项目设施的所有权,以及为特许权项目进行投融资、工程设计、施工建设、设备采购、运营管理和合理收费的权利,并承担对特许权项目的设施进行维修保养的义务。政府部门具有对特许权项目监督、检查、审计以及如发现项目公司有不符合特许权协议规定的行为,予以纠正并依法处罚的权力。

三、为保证特许权项目在我国的顺利实施,在特许期内,如因受我国政策调整因素影响使项目公司受到重大经济损失的,允许项目公司合理提高收费标准或延长项目公司的特许期;对于项目公司偿还贷款本金、利息和红利汇出所需要的外汇,国家保证兑换和汇出境外。但是,项目公司也要承担投融资、建造、采购、运营、维护等方面的风险,政府不提供固定回报率的保证,国内金融机构和非金融机构也不为其融资提供担保。

四、鉴于在我国举办特许权项目是一项新的工作,故必须积极稳妥地进行。为防止一哄而起,需要先进行试点,待取得经验后,再逐步推广。在试点期间,其范围暂定为:建设规模为 2×30 万千瓦及以上火力发电厂、25 万千瓦以下水力发电厂、30~80 公里高等级公路、1 000 米以上独立桥梁和独立隧道及城市供水厂等项目。

五、特许权试点项目的筛选采取自下而上的方式进行,原则上是国家中长期规划内的项目。被选定的试点项目,由所在省(区、市)的计划部门会同行业主管部门按现行计划管理体制提出项目预可行性研究报告,经行业主管部门初审后由国家计委审批,必要时由国家计委初审后报国务院审批。特许权项目的预可行性研究报告除包括项目概况、工程、技术、环保等方面内容外,应重点阐述以下内容:市场需求分析、总投资规模、外部条件的落实、经济及财务分析、预收费标准和调价原则、特许权期限、风险分担原则、政府拟提供的配套条件及承担的义务等。

六、特许权试点项目的预可行性研究报告获得批准后,地方政府负责编制资格预审及标书文件,通过公开招标的方式选择境外投资者。国家计委将组织由行业主管部门、地方政府部门及技术、经济、法律顾问参加的评标委员会，负责标书的审查、投资者资格预审、评标、定标及授标的工作。

七、特许权试点项目所在省（区、市）政府要协助中标者凭中标批准文件到外经贸部办理项目公司章程的报批手续，以及工商注册登记手续。

八、特许权协议经国家计委批准后（必要时，由国家计委报国务院批准），授权省（区、市）政府或行业部门与项目公司正式签署，并从签字之日起开始生效。

九、为使特许权项目试点工作顺利进行，国家计委将设立常设机构，负责特许权项目试点的组织、日常联系、协调等方面的工作。

目前，国家计委正在牵头制定《外商投资特许权项目的暂行规定》，待报国务院批准后公布实施。

请各地方及国务院有关部门结合本地区、本行业的实际情况，按本通知的具体要求，切实做好试办外商投资特许权项目的各项工作。

附录三：

境内机构对外担保管理办法

1996 年 9 月 25 日　银发［1996］302 号

第一条　为促进对外经济技术合作，支持对外贸易发展，促进劳务出口和引进国外先进技术、设备及资金，顺利开展对外金融活动，规范对外担保行为，加强对外担保的管理，根据《中华人民共和国担保法》和国家有关外汇管理的行政法规，制定本办法。

第二条　本办法所称对外担保，是指中国境内机构（境内外资金融机构除外，以下简称担保人）以保函、备用信用证、本票、汇票等形式出具对外保证，以《中华人民共和国担保法》中第三十四条规定的财产对外抵押或者以《中华人民共和国担保法》第四章第一节规定的动产对外质押和第二节第七十五条规定的权利对外质押，向中国境外机构或者境内的外资金融机构（债权人或者受益人，以下称债权人）承诺，当债务人（以下称被担保人）未按照合同约定偿付债务时，由担保人履行偿付义务。对外担保包括：

（一）融资担保；

（二）融资租赁担保；

（三）补偿贸易项下的担保；

（四）境外工程承包中的担保；
（五）其他具有对外债务性质的担保。
担保人不得以留置或者定金形式出具对外担保。
对境内外资金融机构出具的担保视同对外担保。

第三条 中国人民银行授权国家外汇管理局及其分、支局（以下简称外汇局）为对外担保的管理机关，负责对外担保的审批、管理和登记。

第四条 本办法规定的担保人为：
（一）经批准有权经营对外担保业务的金融机构（不含外资金融机构）；
（二）具有代位清偿债务能力的非金融企业法人，包括内资企业和外商投资企业；
除经国务院批准为使用外国政府或者国际经济组织贷款进行转贷外，国家机关和事业单位不得对外担保。

第五条 金融机构的对外担保余额、境内外汇担保余额及外汇债务余额之和不得超过其自有外汇资金的20倍。
非金融企业法人对外提供的对外担保余额不得超过其净资产的50%，并不得超过其上年外汇收入。

第六条 内资企业只能为其直属子公司或者其参股企业中中方投资比例部分对外债务提供对外担保。
贸易型内资企业在提供对外担保时，其净资产与总资产的比例原则上不得低于15%。
非贸易型内资企业在提供对外担保时，其净资产与总资产的比例原则上不得低于30%。

第七条 担保人不得为经营亏损企业提供对外担保。

第八条 担保人为外商投资企业（不含外商独资企业）提供对外担保，应坚持共担风险、共享利润的原则，同时被担保人的对外借款的投向须符合国家产业政策，未经批准不得将对外借款兑换成人民币使用。
担保人不得为外商投资企业注册资本提供担保。
除外商投资企业外，担保人不得为外商投资企业中的外方投资部分的对外债务提供担保。

第九条 外汇局在审批担保人为中国境外贸易型企业提供对外担保时，应审查被担保人的贸易规模、资产负债比例、损益情况，核定被担保人应接受的对外担保上限。
外汇局在审批担保人为中国境外承包工程型企业提供对外担保时，应审查被担保人的承包工程量、工程风险、资产负债比例、损益情况，核定被担保人应接受的对外担保上限。

第十条 对外担保的审批权限：

（一）为境内内资企业提供对外担保和为外商投资企业提供 1 年期以内（含 1 年）的对外担保，由担保人报其所在地的省、自治区、直辖市、计划单列市或者经济特区外汇管理分局审批；

（二）为外商投资企业提供 1 年期以上（不含 1 年）的对外担保和为境外机构提供对外担保，由担保人报经其所在地的省、自治区、直辖市、计划单列市或者经济特区外汇管理分局初审后，由该外汇管理分局转报国家外汇管理局审批。

第十一条 担保人办理担保报批手续时，应当向外汇局提供下列或者部分资料：

（一）担保项目可行性研究报告批准件和其他有关批复文件；

（二）经注册会计师审计的担保人的资产负债表（如担保人是集团性公司的，应报送其合并资产负债表和其本部的资产负债表）；

（三）经注册会计师审计的被担保人的资产负债表；

（四）担保合同意向书；

（五）被担保项下主债务合同或者意向书及其他有关文件；

（六）本办法第八条、第九条规定的有关资料；

（七）外汇局要求的其他资料。

第十二条 经外汇局批准后，担保人方能提供对外担保。

第十三条 担保人提供对外担保，应当与债权人、被担保人订立书面合同，约定担保人、债权人、被担保人各方的下列权利和义务：

（一）担保人有权对被担保人的资金和财产情况进行监督。

（二）担保人提供对外担保后，债权人与被担保人如果需要修改所担保的合同，必须取得担保人的同意，并由担保人报外汇局审批；未经担保人同意和外汇局批准的，担保人的担保义务自行解除。

（三）担保人提供对外担保后，在其所担保的合同有效期内，担保人应当按照担保合同履行担保义务。担保人履行担保义务后，有权向被担保人追偿。

（四）担保人提供担保后，在担保合同的有效期内债权人未按照债务合同履行义务的，担保人的担保义务自行解除。

（五）担保人有权要求被担保人落实反担保措施或者提供相应的抵押物。

（六）担保人有权收取约定的担保费。

第十四条 担保人提供对外担保后，应当到所在地的外汇局办理担保登记手续。

非金融机构提供对外担保后，应当自担保合同订立之日起 15 天内到所在地的外汇局填写《对外担保登记表》，领取《对外担保登记书》；履行担保合同所需支付的外汇，须经所在地的外汇局核准汇出，并核减担保余额及债务余额。

金融机构实行按月定期登记制,在每月后的 15 天内填写《对外担保反馈表》,上报上月担保债务情况。

第十五条 担保期限届满需要展期的,担保人应当在债务到期前 30 天到所在地的外汇局办理展期手续,由外汇局依照本办法第十条规定的权限审批。

第十六条 非金融机构的担保人应当自担保项下债务到期、担保义务履行完毕或者出现终止担保合同的其他情形之日起 15 天内,将《对外担保登记证书》退回原颁发证书的外汇局办理注销手续。金融机构按月办理注销手续。

第十七条 担保人未经批准擅自出具对外担保,其对外出具的担保合同无效。

担保人未经批准擅自出具对外担保或者担保人出具对外担保后未办理担保登记的,由外汇局根据情节,给予警告、通报批评、暂停或者撤销担保人对外担保业务。

第十八条 本办法适用于对外反担保。

第十九条 本办法自 1996 年 10 月 1 日起施行。1991 年 9 月 26 日公布的《境内机构对外提供外汇担保管理办法》同时废止。本办法由国家外汇管理局负责解释。

附录四:

财政部关于世界银行贷款项目管理暂行规定

1997 年 4 月 8 日 财世字 [1997] 43 号

一、总则

第一条 为进一步理顺世界银行贷款(下称"世行贷款")项目管理中各部门之间的关系,建立"借用还"与"责权利"相统一的管理体制,切实加强世行贷款项目的管理,规范项目管理行为,提高管理工作效率,特制定本规定。

第二条 本规定适用于所有世行贷款项目。

第三条 本规定所指的世行贷款包括国际复兴开发银行贷款和国际开发协会信贷以及与世行贷款相关的联合融资贷款。

本规定所指的世行贷款项目系指利用和准备利用世行贷款实施的项目。

第四条 世行贷款项目管理工作的总原则是"统一领导、归口管理,分工合作,各司其职"。

财政部是国务院批准的世行贷款的对外窗口和对内归口管理部门，统一负责全国世行贷款业务的协调与管理工作，地方财政部门是地方利用世行贷款业务的归口管理部门和地方人民政府的债权债务代表，全面负责当地利用世行贷款业务的协调与管理工作。

第五条 世行贷款是我国政府的主权外债，贷款资金的借入与使用以国家和地方各级财政信誉为基础，贷款项目的管理应以贷款资金的债权债务关系为主线，做到债务责任清晰明确，权、责、利相结合，借、用、还相统一。

世行贷款项目管理主要包括项目计划管理、项目前期准备管理、资金及财务管理、工程管理、招标采购管理、技术援助和培训管理、债务管理、项目完成与运营管理等。

第六条 除单独说明者外，本规定中所指的"项目单位"包括中央项目执行部门（或中央项目办）、地方项目执行机构（地方项目办或项目行业主管单位）、财政部直接转贷的中间金融机构以及其他独立执行项目的企业或单位。

"地方"系指省、自治区、直辖市和计划单列市，"地方政府"、"地方财政部门"和"地方项目单位"（或"地方项目办"）均指省、自治区、直辖市及计划单列市一级人民政府、财政厅（局）和项目单位（或项目办）。

二、项目的提出与审定

第七条 地方或中央行业主管部门，应当根据其地区或部门经济发展的战略和优先重点，向国家计委与财政部提出本地区或本部门利用世行贷款的计划与申请，并随同贷款申请提交项目初始文件，包括简明项目建议书。

第八条 国家计委和财政部以各地方和各部门报送的贷款申请和项目初始文件为原始依据，按照国家利用外资的总的方针政策，制订出全国利用世行贷款的三年滚动计划，经与世行磋商后报国务院批准。

第九条 地方或部门在接到国家计委与财政部关于其项目已列入贷款计划的通知后，方可正式开始进行与利用贷款有关的后续准备工作，并按照国内基本建设或技术改造程序的要求，准备详细的项目建议书，报国家计委（或国家经贸委）审批，抄送财政部，以便该项目正式立项。

第十条 地方项目的贷款申请与项目初始文件以及详细的项目建议书，必须经地方计划与财政部门联合提出并上报国家计委与财政部；中央主管部门提出的贷款申请和项目初始文件以及详细的项目建议书，必须根据项目实际需要事先征求所涉及地方计划与财政部门的意见。

三、项目的组织机构

第十一条 地方人民政府应成立由政府主管财政工作的领导任组长的综合性

世行贷款工作领导小组（下称"贷款领导小组"）。

地方财政厅（局）中负责世行贷款业务工作的职能部门应作为世行贷款领导小组办公室（下称"贷款办"，一个机构，两块牌子），负责当地所有世行贷款项目的管理、指导、协调及监督，同时负责项目的有关财务管理工作。

第十二条 对于每个贷款项目，可根据项目性质和需要单独设立一个项目执行办公室（下称"项目办"），负责具体组织、协调该项目的准备以及以后的项目具体执行工作。项目办一般应设立在地方项目行业主管部门。综合性项目的项目办应设在综合性管理部门。项目办在业务上接受贷款办的监督和指导。

第十三条 对于中央行业部门项目或需要中央行业部门组织或协调实施的多省联合项目，中央行业部门应根据项目的实际需要，在本部门内建立或确定一个项目执行办公室或类似执行机构，统一负责本单位内部的协调管理以及必需的项目的组织、实施及技术协调与指导工作。

中央项目办在组织或协调实施多省联合项目时，要加强与地方贷款办以及地方项目办的工作协调与沟通；涉及项目准备与执行的重要事项，中央项目办必须事先征求地方的意见，未经地方贷款办同意，中央项目办不应对外承诺或着手实施。

四、项目的前期准备

第十四条 世行项目的前期准备必须符合国内有关程序，在项目前期准备阶段必须完成国内有关各项审批工作，包括项目可行性研究、项目利用外资方案、项目环境评价报告及移民安置计划等重要审批环节；项目单位应在世行的帮助下，制订出与项目实施有关的各项行动计划。

财政部门必须参与项目前期准备各个阶段的工作，对于项目设计和实施方案中的非技术性问题，尤其是经济、财务、计划等方面的问题，应负责把关并提出意见。

第十五条 地方项目的项目前期准备工作，应在地方贷款领导小组的统一领导和安排以及贷款办的监督与协调下，由项目办或其他具体执行机构协调各有关项目部门（单位）具体组织实施。

多省联合项目或其他涉及由地方承担债务或提供配套资金的项目，其前期准备工作可根据需要由中央行业部门项目办协调各有关地方的贷款办及地方项目办（项目单位）组织开展。

纯中央项目的前期准备工作由中央行业部门的项目办协调其本部门有关司局和项目单位组织进行。

第十六条 项目单位应自行筹措资金用于前期准备费用的开支。对于较大型的或复杂的工程项目，或者需要进行前期调研的地方项目，可以按有关规定和要求向财政部申请使用技术合作信贷资金或者通过世行申请双边赠款资金支付项目前期准备费用。

第十七条 项目单位须在项目前期准备阶段充分落实项目所需的配套资金，提出具体的资金来源和安排计划，并应提供有效的资金承诺文件。

地方财政部门对当地世行贷款项目配套资金的落实负有监督检查责任。

第十八条 在项目前期准备阶段，地方或中央项目管理部门和项目单位应确定其要使用的世行贷款的种类（单一货币贷款或货币总库制贷款）及相应的贷款条件（单一货币贷款的利率形式与货币种类），并通过财政部向世行提出。

第十九条 在项目前期准备阶段，财政部应与地方政府或中央项目部门（或单位）基本确定贷款的转贷方式和转贷条件。

地方政府或中央项目部门应相应确定其再转贷方式和条件，再转贷方式和条件应报经财政部审核。

项目单位在准备项目时，其经济与财务的预测应按照财政部同意的转贷和再转贷条件进行。

五、协定的谈判、签署与生效

第二十条 财政部负责具体组织、安排和协调与世界银行的贷款（信贷）协定及项目协定的谈判、签署与生效工作。

协定谈判、签署及生效所需的有关文件，由财政部汇总准备并提交给世行。

有关的地方财政部门、项目单位以及主管部门应按要求参与和进行谈判的各项准备工作，并按要求准备和提供完成协定谈判、签署和生效所需的有关文件。

六、贷款使用和项目执行

第二十一条 中国政府与世行正式签署贷款或信贷协定（包括相应的项目协定）后，财政部需与地方政府或中央项目单位根据协定谈判前双方所同意的转贷条件签订转贷协议。

地方财政部门应全权负责地方项目的转贷工作，办理转贷协议的签署。

第二十二条 贷款不适宜直接转贷给地方政府的项目，财政部在贷款协定签署后需与项目单位签署转贷协议。

项目所在地区的地方财政部门，需为该项目提供贷款偿还担保（由财政部直接转贷的中央部门项目和中间金融机构项目不在此列），并向财政部出具担保函。

项目单位应向当地财政部门提供反担保。

第二十三条 多省联合项目及其他还款责任主要在地方的项目，转贷协议的签署按第二十一条执行。

第二十四条 各项目单位在项目实施阶段，必须在执行本行业财务制度和会计核算制度的同时，按照财政部《世界银行贷款项目财务报告暂行制度》（财世字〔1997〕6号），就利用世行贷款的项目，进行独立的财务管理和会计核算。

已完成项目实施、办理整个项目竣工决算手续的项目单位执行所属行业的财务会计制度。

第二十五条 地方财政部门（贷款办）应负责本地区利用世行贷款项目的财务管理与监督工作，具体包括：

（一）根据财政部的授权负责贷款专用账户的管理以及贷款的支付与提款报账（经财政部同意和授权，地方财政部门也可委托项目单位或省辖市一级财政部门负责专用账户的管理和提款报账工作，但应对其进行监督与检查）；

（二）负责贷款的还本付息付费；

（三）监督项目配套资金的落实与使用；

（四）对项目单位的财务工作进行指导与监督；

（五）其他与项目实施有关的财务监督和管理工作。

第二十六条 项目单位应按财政部和世行的各项有关规定制订世行贷款项目的采购清单和采购计划，选择采购招标代理机构，准备、组织和实施项目的土建工程、货物和设备以及咨询服务的招标采购活动。

地方财政部门应参与地方项目及多省联合项目的招标采购活动，并对相关的采购活动进行监督与检查。

第二十七条 项目单位应加强贷款项目中技术援助与培训部分的执行与管理工作，包括人员培训、出国考察以及聘请咨询的管理，应对培训与技术援助活动实行严格的监督机制，切实加强培训与技术援助活动的有效性。

地方财政部门应加强对本地区项目下出国培训考察以及相关技术援助活动的管理与监督工作。

第二十八条 项目单位对项目执行进度负有直接的责任。项目单位必须按要求及时向世行和财政部提供项目进度报告、审计报告以及其他有关财务报告（地方项目及打捆项目需同时提供给地方财政部门）。

地方财政部门应负责对地方项目执行的整体进度情况进行监督与检查，并应随时了解、跟踪和反映项目执行过程中所存在的各种问题以及项目单位的有关要求。

第二十九条 各级世行贷款项目管理机构（项目办）的正常经费应由同级财政预算或其他来源予以安排解决，财政预算安排不足的，可提取项目管理费。

项目管理费应按国家有关规定纳入财政预算外资金进行管理。不论何种经费来源，项目管理机构的经费开支都应由同级财政部门统一管理。

项目管理费的提取标准和开支范围由财政部另行规定。

七、项目的完成和运营

第三十条 贷款项目完工后,项目单位应及时办理竣工决算并及时对项目的实施过程进行全面的评价和总结,编写项目竣工报告。

项目单位还应结合自身对项目的总结,积极配合世行在项目完工阶段对项目所作的完工总结工作,协助世行项目官员准备其项目执行完成报告,并及时按财政部的规定与要求对世行的完成报告提出合理意见和建议。

地方财政部门应密切参与地方项目的评价与总结。

第三十一条 项目建设完成后,项目单位应制订出项目未来的运营计划,并根据该运营计划,监测项目的实际运行情况。

地方财政部门应参与当地项目运营计划的制订工作。

项目运营计划应送财政部。

第三十二条 财政部门应对运营计划的实际情况进行监督检查,并应随时对项目的效益情况进行了解、跟踪和预测分析。

第三十三条 利用世行贷款建成的项目,在有利于项目效益的发挥和投资回收的情况下,原则上可以进行经营权转让或所有权结构的调整,包括与外商合资、合作、股票海外上市等,但经营权转让或所有权结构的调整必须符合国家的有关法规、政策并得到国家有关审批部门的批准。

对于在建项目或世行贷款债务尚未偿还完毕的已完工项目,在进行上述经营权转让或所有权调整前,必须征得财政部和世行的同意,并与财政部就有关剩余债务的偿还安排达成协议。

八、贷款的偿还和债务管理

第三十四条 地方财政部门和项目单位或中央项目执行部门和项目单位,应严格遵守与财政部签署的转贷协议,就本地方或本部门(单位)的贷款项目提前做好贷款还本付息付费的资金需求预测和准备,保证到期按时足额地偿还贷款本金、利息和承诺费。

第三十五条 各地方政府和中央项目执行部门(或项目单位)应按财政部的有关规定与要求设立世行贷款还贷准备金,确保世行贷款按时足额地偿还。

地方政府的还贷准备金由地方财政部门设立并进行专户管理。

第三十六条 财政部应根据各部门、各地区的具体情况,审查各地区、各部门和项目单位的债信,实行债信等级评审和监督制度,并参照国际通用的标准,设立相应的债务控制警戒线,以防止债务偿还出现困难。

第三十七条 各地方和各部门应树立风险意识,重视世行贷款的风险管理。

各级债务人为降低风险需使用金融衍生工具的,必须报财政部及有关部门批准并应遵守国家的有关规定,同时要建立相应的内部监督和控制系统,禁止以风险管理为名进行投机。

九、附则

第三十八条 财政部可根据本规定制定实施细则。各地方政府或财政部门和各有关项目部门可根据本规定及实施细则,制定具体的执行措施和办法。

第三十九条 现行与世行贷款管理有关的各项规定和办法在本规定及其实施细则发布后仍继续有效,但其中若与本规定及其实施细则有冲突之处,应以本规定为准。

第四十条 本规定自发布之日起生效。

第四十一条 本规定由财政部负责解释。

附录五:

国务院办公厅
关于妥善处理现有保证外方投资
固定回报项目有关问题的通知

2002年9月10日　国办发〔2002〕43号

各省、自治区、直辖市人民政府,国务院各部委、各直属机构:

1998年9月《国务院关于加强外汇外债管理开展外汇外债检查的通知》(国发〔1998〕31号)下发后,各地相继开展了清理和纠正保证外方投资固定回报项目(以下简称固定回报项目)的工作。几年来,有相当一批固定回报项目得到纠正,基本上未出现新的固定回报项目,有效维护了国家利益和投资各方的合法权益;但还有一些固定回报项目未能妥善处理。2001年4月《国务院关于进一步加强和改进外汇收支管理的通知》(国发〔2001〕10号)下发后,各地根据要求对现有固定回报项目进行了清查并提出了处理意见。

为进一步规范吸引外资行为,妥善解决历史遗留问题,促进我国吸引外资工作健康发展,经国务院批准,现就处理固定回报项目有关问题通知如下:

一、现有固定回报项目处理的基本原则

保证外方投资固定回报不符合中外投资者利益共享、风险共担的原则,违反了中外合资、合作经营有关法律和法规的规定。在当前国内资金相对充裕、融资成本较低、吸引外资总体形势良好的有利条件下，各级地方政府应采取有力措施，妥善处理现有固定回报项目。

现有固定回报项目处理的基本原则是：按照《中外合资经营企业法》、《中外合作经营企业法》及其他相关政策规定，坚持中外各方平等互利、利益共享、风险共担，从有利于项目正常经营和地方经济发展出发，各方充分协商，由有关地方政府及项目主管部门根据项目具体情况，采取有效方式予以纠正，维护我国吸引外资的良好环境。

二、采取多种方式，妥善处理不同类型的固定回报项目

根据以上原则，对不同类型的固定回报项目，可以采取以下方式进行处理：

（一）对于以项目自身收益支付外方投资固定回报的项目，中外各方应在充分协商的基础上修改合同或协议，以提前回收投资等合法的收益分配形式取代固定回报方式。

（二）对于项目亏损或收益不足，以项目外资金支付外方部分或大部分投资回报，或者未向外方支付原承诺的投资回报的项目，可以根据项目情况，分别采取"改"、"购"、"转"、"撤"等方式进行处理：

1."改"。通过中外各方协商谈判，取消或者修改合同中固定回报的条款，重新确定中外各方合理的收益分配方式和比例。对于外方提前回收投资或外方优先获得投资收益，应明确其来源只能是项目可分配的经营性收入和其他合法收入。

对于以合同外协议形式保证外方固定回报的，以及地方政府、地方财政部门、其他行政机关和单位为外方提供固定回报承诺或担保的，有关协议和担保文件应予撤销。

2."购"。各方协商一致后，经有关部门批准，可以由中方按照合理价格收购外方全部股权，终止执行有关合同及协议，根据相关规定妥善处理善后事宜，有关企业改按内资企业管理。涉及购汇事宜，由外汇局按规定办理。

3."转"。对于具备外债偿还能力或已落实外债偿还实体的项目，经各方协商同意，可以申请将原外商投资按照合理的条件转为中方外债。经国家计委会同外经贸部、外汇局批准后，办理外债登记，以后按照外债还本付息购汇及支付。有关项目改按内资企业管理。

4."撤"。对于亏损严重或不具备继续经营条件的企业，以及符合合同、章程规定解散条件的企业，经有关主管部门批准，可按照法定程序终止合营合同的执行，根据有关法律和规定予以清算。

（三）对于仅通过购电协议形式实现外方投资预期回报的项目，不纳入此次固定回报项目处理范围，今后结合电力体制改革总体方案及相关配套政策逐步妥善处理。

三、密切配合，严格执法，维护我国吸引外资的良好环境

凡固定回报项目尚未得到妥善处理的地区，项目所在省（自治区、直辖市）人民政府应根据上述原则和意见，采取有效方式处理现有固定回报项目，并于2002年底之前完成整改工作。各级计划、外经贸、外汇、财税、工商管理等部门及外汇指定银行要积极配合此项工作，按照国家有关法规和政策规定，办理相关手续，妥善解决项目处理过程中涉及的各项具体问题。各级地方政府应做好对外解释工作，与外方充分协商，避免由于工作方式简单而引发纠纷，如出现谈判解决不了的特殊情况和问题，要及时报国家计委、外经贸部。

从2003年1月1日起，凡外方所得收益超过项目可分配的经营性收入和其他合法收入的固定回报项目，未经国家外汇局批准，外汇指定银行不得为其办理外汇的购买和对外支付事宜。

各级地方政府在积极吸引外商投资促进经济发展的同时，要严格执行国家各项法律、法规和政策规定，维护我国利用外资的良好环境。今后任何单位不得违反国家规定保证外方投资固定回报，也不得以吸引外资的名义变相对外借款。违者一经发现将从严处理，所签订合同或协议一律无效，同时追究有关领导和责任人的责任。

附录六：

交通部
关于简化公路建设项目法人审批程序的通知

2003 年 7 月 15 日　交公路发 [2003] 291 号

各省、自治区交通厅，北京、重庆市交通委员会，天津市市政工程局，上海市市政工程管理局，新疆生产建设兵团交通局：

推行项目法人责任制是公路建设管理体制改革的重要内容之一，为加强对项目法人的管理，提高项目管理水平，交通部于2000年发布了《公路建设四项制度实施办法》。该办法第八条规定"可行性研究报告批准后，应正式成立或明确项目法人，在初步设计批准前，按项目管理权限报交通主管部门审批"。为进一步贯彻国务院关于转变政府职能、精简行政审批的要求，部决定简化项目法人的审批程序。有关要求如下：

一、公路建设项目必须按《公路建设四项制度实施办法》的要求，实行项

目法人审批制度。其中原规定由交通部进行项目法人审批的，现调整为由省级交通主管部门进行审批，审批结果报交通部备案。

二、《关于公路建设项目法人资格审查实施意见的通知》（厅公路字[2001]615号）中规定的《公路建设项目法人资格申报表》中"国务院交通主管部门审查意见"一栏取消。

三、各级交通主管部门应重视项目法人审查工作，严格执行《公路建设项目法人资格标准》（试行），切实保证项目法人的机构设置、人员素质和管理水平满足工程建设的需要。凡因审查不严，造成项目法人不符合资格标准，并导致质量、安全事故或其他重大问题的，要追究审批单位的责任。由交通部下放的项目法人审批权限，省级交通主管部门不得再下放。

四、交通部发布的《公路建设四项制度实施办法》、《关于公路建设项目法人资格审查实施意见的通知》中有关内容与本通知不一致的，以本通知为准。

附录七：

交通建设项目环境保护管理办法

2003年5月30日 交通部令[2003]第5号

第一章 总 则

第一条 为加强交通建设项目环境保护管理，预防交通建设项目对环境造成不良影响，促进交通事业可持续发展，根据《中华人民共和国环境影响评价法》、《建设项目环境保护管理条例》，结合交通建设实际，制定本办法。

第二条 本办法所称"交通建设项目"，是指在中华人民共和国境内建设的对环境有影响的公路、水运工程建设项目。

第三条 交通部依照有关法律、行政法规和本办法对交通建设项目环境保护实施管理。交通部设置的交通环境保护机构具体负责全国交通建设项目环境保护的管理工作。

县级以上地方人民政府交通主管部门依照有关法律、行政法规和本办法对本行政区域内交通建设项目环境保护实施管理。省、自治区、直辖市人民政府交通主管部门可设置交通环境保护机构具体负责本行政区域内交通建设项目环境保护管理工作。

第四条 县级以上人民政府交通主管部门应当将交通建设项目环境保护工作

纳入本部门的工作计划，采取有利于交通建设项目环境保护的经济、技术政策和措施，使交通建设项目环境保护工作同交通建设相协调。

第五条 交通建设项目环境影响评价应当避免与交通建设规划的环境影响评价相重复，已经进行了环境影响评价的交通建设规划所包含的具体交通建设项目，其环境影响评价内容可以简化。

第六条 对交通建设项目环境保护工作成绩显著的单位和个人，县级以上人民政府交通主管部门或者其交通环境保护机构予以表彰和奖励。

第二章 环境影响评价程序

第七条 县级以上人民政府交通主管部门应当按照国家规定的环境影响评价制度和建设项目环境保护分类管理名录，对交通建设项目的环境保护实行分类管理。

未按照国家规定进行环境影响评价的交通建设项目，县级以上人民政府交通主管部门不予审批工程可行性研究报告和初步设计。

第八条 建设单位应当在交通建设项目可行性研究阶段报批建设项目环境影响报告书、环境影响报告表或者环境影响登记表。经交通环境保护机构审核，并经有审批权的环境保护行政主管部门同意，可在初步设计完成前报批建设项目环境影响报告书或者环境影响报告表。

按照国家有关规定，不需要进行可行性研究的交通建设项目，建设单位应当在交通建设项目开工前报批建设项目环境影响报告书、环境影响报告表或者环境影响登记表。

第九条 交通建设项目环境影响报告书、环境影响报告表或者环境影响登记表的内容和格式，应当符合国家有关规定及技术规范的要求。

涉及水土保持的交通建设项目，环境影响报告书或者环境影响报告表必须有水土保持方案。

第十条 根据《中华人民共和国环境影响评价法》第二十二条第一款和《建设项目环境保护管理条例》第十条的规定，需报环境保护行政主管部门审批的交通建设项目，其环境影响报告书、环境影响报告表或者环境影响登记表，必须事先经同级交通主管部门预审。

第十一条 交通主管部门应当自收到建设项目环境影响报告书之日起三十日内、环境影响报告表十五日内、环境影响登记表十日内，提出同意或者不同意的预审意见，按有关规定报有审批权的环境保护行政主管部门审批。

第十二条 交通建设项目环境影响报告书、环境影响报告表或者环境影响登记表经批准后，建设项目的性质、规模、地点、采用的施工工艺发生重大变动或者超过五年后开工建设的，应当重新办理报批手续。

第十三条　建设单位向县级以上人民政府交通主管部门申请交通建设项目环境影响评价预审，应当按规定提交有明确的建设项目环境影响评价结论的建设项目环境影响报告书、环境影响报告表或者环境影响登记表；按规定应当提交环境影响报告书的，还应当附具有关单位、专家和公众的意见及对有关意见采纳或者不采纳的说明。

第十四条　交通建设项目环境影响评价工作，由建设单位自主选择熟悉交通建设项目施工工艺、污染排放和生态损害及其防治对策，具备交通建设项目工程分析能力，依法取得相应的资格证书，并向交通主管部门办理备案手续的机构承担。

县级以上人民政府交通主管部门不得为建设单位指定任何机构进行交通建设项目环境影响评价。

第十五条　交通建设项目环境影响评价机构应当按照国家有关规定和资格证书确定的等级、评价范围，从事交通建设项目环境影响评价服务，并对评价结论负责。

第三章　环境保护设施

第十六条　交通建设项目需要配套建设的环境保护工程，必须与主体工程同时设计、同时施工、同时投入使用。

第十七条　交通建设项目的初步设计，应当按照交通行业环境保护设计规范及其他有关技术规范的要求，编制环境保护篇章，并依据经批准的建设项目环境影响报告书或者环境影响报告表，在环境保护篇章中落实防治环境污染和生态破坏的措施以及环境工程投资概算。

第十八条　省级以上人民政府交通主管部门按规定组织交通建设项目的初步设计审查，应当有交通环境保护机构参加。

交通建设项目初步设计的环境保护篇章不符合规定要求的，不得通过初步设计审查。

第十九条　交通建设项目的主体工程完工后，需要进行试运营的，其配套建设的环境保护设施必须与主体工程同时投入试运营。

第二十条　交通建设项目竣工后，建设单位应当向审批该建设项目环境影响报告书、环境影响报告表或者环境影响登记表的环境行政主管部门申请环境保护设施竣工验收，同时报县级以上人民政府交通主管部门。

省级以上人民政府交通主管部门按规定组织交通建设项目的竣工验收，应当有交通环境保护机构参加。

第二十一条　交通建设项目需要配套建设的环境保护设施经验收合格后，该建设项目方可正式投入生产或者使用。

第二十二条 交通建设项目的后评估文件应当有环境保护篇章。重大交通建设项目应当进行专项环境后评估，评估费用在建设项目工作经费中列支。

第四章 罚 则

第二十三条 违反本办法有关规定，交通环境保护机构可以建议环境保护行政主管部门依法给予行政处罚。

第二十四条 县级以上人民政府交通主管部门及其交通环境保护机构的工作人员违反本办法及其他国家有关规定，滥用职权、玩忽职守、徇私舞弊，依法给予行政处分。

第五章 附 则

第二十五条 本办法由交通部负责解释。

第二十六条 本办法自2003年6月1日起施行。交通部1990年6月16日发布的《交通建设项目环境保护管理办法》同时废止。

附录八：

工程建设项目施工招标投标办法

国家发展计划委员会、建设部、铁道部、交通部、
信息产业部、水利部、中国民用航空总局令 ［2003］ 第30号
2003年3月8日

为了规范工程建设项目施工招标投标活动，根据《中华人民共和国招标投标法》和国务院有关部门的职责分工，国家计委、建设部、铁道部、交通部、信息产业部、水利部、中国民用航空总局审议通过了《工程建设项目施工招标投标办法》，现予发布，自2003年5月1日起施行。

第一章 总 则

第一条 为规范工程建设项目施工（以下简称工程施工）招标投标活动，根据《中华人民共和国招标投标法》和国务院有关部门的职责分工，制定本办法。

第二条 在中华人民共和国境内进行工程施工招标投标活动，适用本办法。

第三条 工程建设项目符合《工程建设项目招标范围和规模标准规定》（国家计委令第3号）规定的范围和标准的，必须通过招标选择施工单位。

任何单位和个人不得将依法必须进行招标的项目化整为零或者以其他任何方式规避招标。

第四条 工程施工招标投标活动应当遵循公开、公平、公正和诚实信用的原则。

第五条 工程施工招标投标活动，依法由招标人负责。任何单位和个人不得以任何方式非法干涉工程施工招标投标活动。

施工招标投标活动不受地区或者部门的限制。

第六条 各级发展计划、经贸、建设、铁道、交通、信息产业、水利、外经贸、民航等部门依照《国务院办公厅印发国务院有关部门实施招标投标活动行政监督的职责分工意见的通知》（国办发［2000］34号）和各地规定的职责分工，对工程施工招标投标活动实施监督，依法查处工程施工招标投标活动中的违法行为。

第二章 招 标

第七条 工程施工招标人是依法提出施工招标项目、进行招标的法人或者其他组织。

第八条 依法必须招标的工程建设项目，应当具备下列条件才能进行施工招标：

（一）招标人已经依法成立；

（二）初步设计及概算应当履行审批手续的，已经批准；

（三）招标范围、招标方式和招标组织形式等应当履行核准手续的，已经核准；

（四）有相应资金或资金来源已经落实；

（五）有招标所需的设计图纸及技术资料。

第九条 工程施工招标分为公开招标和邀请招标。

第十条 依法必须进行施工招标的工程建设项目，按工程建设项目审批管理规定，凡应报送项目审批部门审批的，招标人必须在报送的可行性研究报告中将招标范围、招标方式、招标组织形式等有关招标内容报项目审批部门核准。

第十一条 国务院发展计划部门确定的国家重点建设项目和各省、自治区、直辖市人民政府确定的地方重点建设项目，以及全部使用国有资金投资或者国有资金投资占控股或者主导地位的工程建设项目，应当公开招标；有下列情形之一的，经批准可以进行邀请招标：

（一）项目技术复杂或有特殊要求，只有少量几家潜在投标人可供选择的；

（二）受自然地域环境限制的；

（三）涉及国家安全、国家秘密或者抢险救灾，适宜招标但不宜公开招标的；

（四）拟公开招标的费用与项目的价值相比，不值得的；

（五）法律、法规规定不宜公开招标的。

国家重点建设项目的邀请招标，应当经国务院发展计划部门批准；地方重点建设项目的邀请招标，应当经各省、自治区、直辖市人民政府批准。

全部使用国有资金投资或者国有资金投资占控股或者主导地位的并需要审批的工程建设项目的邀请招标，应当经项目审批部门批准，但项目审批部门只审批立项的，由有关行政监督部门审批。

第十二条 需要审批的工程建设项目，有下列情形之一的，由本办法第十一条规定的审批部门批准，可以不进行施工招标：

（一）涉及国家安全、国家秘密或者抢险救灾而不适宜招标的；

（二）属于利用扶贫资金实行以工代赈需要使用农民工的；

（三）施工主要技术采用特定的专利或者专有技术的；

（四）施工企业自建自用的工程，且该施工企业资质等级符合工程要求的；

（五）在建工程追加的附属小型工程或者主体加层工程，原中标人仍具备承包能力的；

（六）法律、行政法规规定的其他情形。

不需要审批但依法必须招标的工程建设项目，有前款规定情形之一的，可以不进行施工招标。

第十三条 采用公开招标方式的，招标人应当发布招标公告，邀请不特定的法人或者其他组织投标。依法必须进行施工招标项目的招标公告，应当在国家指定的报刊和信息网络上发布。

采用邀请招标方式的，招标人应当向三家以上具备承担施工招标项目的能力、资信良好的特定的法人或者其他组织发出投标邀请书。

第十四条 招标公告或者投标邀请书应当至少载明下列内容：

（一）招标人的名称和地址；

（二）招标项目的内容、规模、资金来源；

（三）招标项目的实施地点和工期；

（四）获取招标文件或者资格预审文件的地点和时间；

（五）对招标文件或者资格预审文件收取的费用；

（六）对投标人的资质等级的要求。

第十五条 招标人应当按招标公告或者投标邀请书规定的时间、地点出售招标文件或资格预审文件。自招标文件或者资格预审文件出售之日起至停止出售之日止，最短不得少于五个工作日。

招标人可以通过信息网络或者其他媒介发布招标文件，通过信息网络或者其他媒介发布的招标文件与书面招标文件具有同等法律效力，但出现不一致时以书面招标文件为准。招标人应当保持书面招标文件原始正本的完好。

对招标文件或者资格预审文件的收费应当合理，不得以营利为目的。对于所附的设计文件，招标人可以向投标人酌收押金；对于开标后投标人退还设计文件的，招标人应当向投标人退还押金。

招标文件或者资格预审文件售出后，不予退还。招标人在发布招标公告、发出投标邀请书后或者售出招标文件或资格预审文件后不得擅自终止招标。

第十六条 招标人可以根据招标项目本身的特点和需要，要求潜在投标人或者投标人提供满足其资格要求的文件，对潜在投标人或者投标人进行资格审查；法律、行政法规对潜在投标人或者投标人的资格条件有规定的，依照其规定。

第十七条 资格审查分为资格预审和资格后审。

资格预审，是指在投标前对潜在投标人进行的资格审查。

资格后审，是指在开标后对投标人进行的资格审查。

进行资格预审的，一般不再进行资格后审，但招标文件另有规定的除外。

第十八条 采取资格预审的，招标人可以发布资格预审公告。资格预审公告适用本办法第十三条、第十四条有关招标公告的规定。

采取资格预审的，招标人应当在资格预审文件中载明资格预审的条件、标准和方法；采取资格后审的，招标人应当在招标文件中载明对投标人资格要求的条件、标准和方法。

招标人不得改变载明的资格条件或者以没有载明的资格条件对潜在投标人或者投标人进行资格审查。

第十九条 经资格预审后，招标人应当向资格预审合格的潜在投标人发出资格预审合格通知书，告知获取招标文件的时间、地点和方法，并同时向资格预审不合格的潜在投标人告知资格预审结果。资格预审不合格的潜在投标人不得参加投标。

经资格后审不合格的投标人的投标应作废标处理。

第二十条 资格审查应主要审查潜在投标人或者投标人是否符合下列条件：

（一）具有独立订立合同的权利；

（二）具有履行合同的能力，包括专业、技术资格和能力，资金、设备和其他物质设施状况，管理能力，经验、信誉和相应的从业人员；

（三）没有处于被责令停业，投标资格被取消，财产被接管、冻结，破产状态；

（四）在最近三年内没有骗取中标和严重违约及重大工程质量问题；

（五）法律、行政法规规定的其他资格条件。

资格审查时，招标人不得以不合理的条件限制、排斥潜在投标人或者投标人，不得对潜在投标人或者投标人实行歧视待遇。任何单位和个人不得以行政手段或者其他不合理方式限制投标人的数量。

第二十一条 招标人符合法律规定的自行招标条件的，可以自行办理招标事宜。任何单位和个人不得强制其委托招标代理机构办理招标事宜。

第二十二条 招标代理机构应当在招标人委托的范围内承担招标事宜。招标代理机构可以在其资格等级范围内承担下列招标事宜：

（一）拟订招标方案，编制和出售招标文件、资格预审文件；

（二）审查投标人资格；

（三）编制标底；

（四）组织投标人踏勘现场；

（五）组织开标、评标，协助招标人定标；

（六）草拟合同；

（七）招标人委托的其他事项。

招标代理机构不得无权代理、越权代理，不得明知委托事项违法而进行代理。

招标代理机构不得接受同一招标项目的投标代理和投标咨询业务；未经招标人同意，不得转让招标代理业务。

第二十三条 工程招标代理机构与招标人应当签订书面委托合同，并按双方约定的标准收取代理费；国家对收费标准有规定的，依照其规定。

第二十四条 招标人根据施工招标项目的特点和需要编制招标文件。招标文件一般包括下列内容：

（一）投标邀请书；

（二）投标人须知；

（三）合同主要条款；

（四）投标文件格式；

（五）采用工程量清单招标的，应当提供工程量清单；

（六）技术条款；

（七）设计图纸；

（八）评标标准和方法；

（九）投标辅助材料。

招标人应当在招标文件中规定实质性要求和条件，并用醒目的方式标明。

第二十五条 招标人可以要求投标人在提交符合招标文件规定要求的投标文件外，提交备选投标方案，但应当在招标文件中作出说明，并提出相应的评审和比较办法。

第二十六条 招标文件规定的各项技术标准应符合国家强制性标准。

招标文件中规定的各项技术标准均不得要求或标明某一特定的专利、商标、名称、设计、原产地或生产供应者，不得含有倾向或者排斥潜在投标人的其他内容。如果必须引用某一生产供应者的技术标准才能准确或清楚地说明拟招标项目的技术标准时，则应当在参照后面加上"或相当于"的字样。

第二十七条 施工招标项目需要划分标段、确定工期的，招标人应当合理划分标段、确定工期，并在招标文件中载明。对工程技术上紧密相联、不可分割的单位工程不得分割标段。

招标人不得以不合理的标段或工期限制或者排斥潜在投标人或者投标人。

第二十八条 招标文件应当明确规定评标时除价格以外的所有评标因素，以及如何将这些因素量化或者据以进行评估。

在评标过程中，不得改变招标文件中规定的评标标准、方法和中标条件。

第二十九条 招标文件应当规定一个适当的投标有效期，以保证招标人有足够的时间完成评标和与中标人签订合同。投标有效期从投标人提交投标文件截止之日起计算。

在原投标有效期结束前，出现特殊情况的，招标人可以书面形式要求所有投标人延长投标有效期。投标人同意延长的，不得要求或被允许修改其投标文件的实质性内容，但应当相应延长其投标保证金的有效期；投标人拒绝延长的，其投标失效，但投标人有权收回其投标保证金。因延长投标有效期造成投标人损失的，招标人应当给予补偿，但因不可抗力需要延长投标有效期的除外。

第三十条 施工招标项目工期超过十二个月的，招标文件中可以规定工程造价指数体系、价格调整因素和调整方法。

第三十一条 招标人应当确定投标人编制投标文件所需要的合理时间；但是，依法必须进行招标的项目，自招标文件开始发出之日起至投标人提交投标文件截止之日止，最短不得少于二十日。

第三十二条 招标人根据招标项目的具体情况，可以组织潜在投标人踏勘项目现场，向其介绍工程场地和相关环境的有关情况。潜在投标人依据招标人介绍情况作出的判断和决策，由投标人自行负责。

招标人不得单独或者分别组织任何一个投标人进行现场踏勘。

第三十三条 对于潜在投标人在阅读招标文件和现场踏勘中提出的疑问，招标人可以书面形式或召开投标预备会的方式解答，但需同时将解答以书面方式通知所有购买招标文件的潜在投标人。该解答的内容为招标文件的组成部分。

第三十四条 招标人可根据项目特点决定是否编制标底。编制标底的，标底编制过程和标底必须保密。

招标项目编制标底的，应根据批准的初步设计、投资概算，依据有关计价办法，参照有关工程定额，结合市场供求状况，综合考虑投资、工期和质量等方面的因素合理确定。

标底由招标人自行编制或委托中介机构编制。一个工程只能编制一个标底。任何单位和个人不得强制招标人编制或报审标底，或干预其确定标底。

招标项目可以不设标底，进行无标底招标。

第三章 投 标

第三十五条 投标人是响应招标、参加投标竞争的法人或者其他组织。招标人的任何不具独立法人资格的附属机构（单位），或者为招标项目的前期准备或者监理工作提供设计、咨询服务的任何法人及其任何附属机构（单位），都无资格参加该招标项目的投标。

第三十六条 投标人应当按照招标文件的要求编制投标文件。投标文件应当对招标文件提出的实质性要求和条件作出响应。

投标文件一般包括下列内容：

（一）投标函；

（二）投标报价；

（三）施工组织设计；

（四）商务和技术偏差表。

投标人根据招标文件载明的项目实际情况，拟在中标后将中标项目的部分非主体、非关键性工作进行分包的，应当在投标文件中载明。

第三十七条 招标人可以在招标文件中要求投标人提交投标保证金。投标保证金除现金外，可以是银行出具的银行保函、保兑支票、银行汇票或现金支票。

投标保证金一般不得超过投标总价的百分之二，但最高不得超过八十万元人民币。投标保证金有效期应当超出投标有效期三十天。

投标人应当按照招标文件要求的方式和金额，将投标保证金随投标文件提交给招标人。

投标人不按招标文件要求提交投标保证金的，该投标文件将被拒绝，作废标处理。

第三十八条 投标人应当在招标文件要求提交投标文件的截止时间前，将投标文件密封送达投标地点。招标人收到投标文件后，应当向投标人出具标明签收人和签收时间的凭证，在开标前任何单位和个人不得开启投标文件。

在招标文件要求提交投标文件的截止时间后送达的投标文件，为无效的投标文件，招标人应当拒收。

提交投标文件的投标人少于三个的，招标人应当依法重新招标。重新招标后投标人仍少于三个的，属于必须审批的工程建设项目，报经原审批部门批准后可以不再进行招标；其他工程建设项目，招标人可自行决定不再进行招标。

第三十九条 投标人在招标文件要求提交投标文件的截止时间前，可以补充、修改、替代或者撤回已提交的投标文件，并书面通知招标人。补充、修改的内容为投标文件的组成部分。

第四十条 在提交投标文件截止时间后到招标文件规定的投标有效期终止之前，投标人不得补充、修改、替代或者撤回其投标文件。投标人补充、修改、替代投标文件的，招标人不予接受；投标人撤回投标文件的，其投标保证金将被没收。

第四十一条 在开标前，招标人应妥善保管好已接收的投标文件、修改或撤回通知、备选投标方案等投标资料。

第四十二条 两个以上法人或者其他组织可以组成一个联合体，以一个投标人的身份共同投标。

联合体各方签订共同投标协议后，不得再以自己名义单独投标，也不得组成新的联合体或参加其他联合体在同一项目中投标。

第四十三条 联合体参加资格预审并获通过的，其组成的任何变化都必须在提交投标文件截止之日前征得招标人的同意。如果变化后的联合体削弱了竞争，含有事先未经过资格预审或者资格预审不合格的法人或者其他组织，或者使联合体的资质降到资格预审文件中规定的最低标准以下，招标人有权拒绝。

第四十四条 联合体各方必须指定牵头人，授权其代表所有联合体成员负责投标和合同实施阶段的主办、协调工作，并应当向招标人提交由所有联合体成员法定代表人签署的授权书。

第四十五条 联合体投标的，应当以联合体各方或者联合体中牵头人的名义提交投标保证金。以联合体中牵头人名义提交的投标保证金，对联合体各成员具有约束力。

第四十六条 下列行为均属投标人串通投标报价：
（一）投标人之间相互约定抬高或压低投标报价；
（二）投标人之间相互约定，在招标项目中分别以高、中、低价位报价；
（三）投标人之间先进行内部竞价，内定中标人，然后再参加投标；
（四）投标人之间其他串通投标报价的行为。

第四十七条 下列行为均属招标人与投标人串通投标：
（一）招标人在开标前开启投标文件，并将投标情况告知其他投标人，或者协助投标人撤换投标文件，更改报价；
（二）招标人向投标人泄露标底；
（三）招标人与投标人商定，投标时压低或抬高标价，中标后再给投标人或招标人额外补偿；

（四）招标人预先内定中标人；

（五）其他串通投标行为。

第四十八条 投标人不得以他人名义投标。

前款所称以他人名义投标，指投标人挂靠其他施工单位，或从其他单位通过转让或租借的方式获取资格或资质证书，或者由其他单位及其法定代表人在自己编制的投标文件上加盖印章和签字等行为。

第四章 开标、评标和定标

第四十九条 开标应当在招标文件确定的提交投标文件截止时间的同一时间公开进行；开标地点应当为招标文件中确定的地点。

第五十条 投标文件有下列情形之一的，招标人不予受理：

（一）逾期送达的或者未送达指定地点的；

（二）未按招标文件要求密封的。

投标文件有下列情形之一的，由评标委员会初审后按废标处理：

（一）无单位盖章并无法定代表人或法定代表人授权的代理人签字或盖章的；

（二）未按规定的格式填写，内容不全或关键字迹模糊、无法辨认的；

（三）投标人递交两份或多份内容不同的投标文件，或在一份投标文件中对同一招标项目报有两个或多个报价，且未声明哪一个有效，按招标文件规定提交备选投标方案的除外；

（四）投标人名称或组织结构与资格预审时不一致的；

（五）未按招标文件要求提交投标保证金的；

（六）联合体投标未附联合体各方共同投标协议的。

第五十一条 评标委员会可以书面方式要求投标人对投标文件中含义不明确、对同类问题表述不一致或者有明显文字和计算错误的内容作必要的澄清、说明或补正。评标委员会不得向投标人提出带有暗示性或诱导性的问题，或向其明确投标文件中的遗漏和错误。

第五十二条 投标文件不响应招标文件的实质性要求和条件的，招标人应当拒绝，并不允许投标人通过修正或撤销其不符合要求的差异或保留，使之成为具有响应性的投标。

第五十三条 评标委员会在对实质上响应招标文件要求的投标进行报价评估时，除招标文件另有约定外，应当按下述原则进行修正：

（一）用数字表示的数额与用文字表示的数额不一致时，以文字数额为准；

（二）单价与工程量的乘积与总价之间不一致时，以单价为准。若单价有明显的小数点错位，应以总价为准，并修改单价。

按前款规定调整后的报价经投标人确认后产生约束力。

投标文件中没有列入的价格和优惠条件在评标时不予考虑。

第五十四条　对于投标人提交的优越于招标文件中技术标准的备选投标方案所产生的附加收益，不得考虑进评标价中。符合招标文件的基本技术要求且评标价最低或综合评分最高的投标人，其所提交的备选方案方可予以考虑。

第五十五条　招标人设有标底的，标底在评标中应当作为参考，但不得作为评标的唯一依据。

第五十六条　评标委员会完成评标后，应向招标人提出书面评标报告。评标报告由评标委员会全体成员签字。

评标委员会提出书面评标报告后，招标人一般应当在十五日内确定中标人，但最迟应当在投标有效期结束日三十个工作日前确定。

中标通知书由招标人发出。

第五十七条　评标委员会推荐的中标候选人应当限定在一至三人，并标明排列顺序。招标人应当接受评标委员会推荐的中标候选人，不得在评标委员会推荐的中标候选人之外确定中标人。

第五十八条　依法必须进行招标的项目，招标人应当确定排名第一的中标候选人为中标人。排名第一的中标候选人放弃中标、因不可抗力提出不能履行合同，或者招标文件规定应当提交履约保证金而在规定的期限内未能提交的，招标人可以确定排名第二的中标候选人为中标人。

排名第二的中标候选人因前款规定的同样原因不能签订合同的，招标人可以确定排名第三的中标候选人为中标人。

招标人可以授权评标委员会直接确定中标人。

国务院对中标人的确定另有规定的，从其规定。

第五十九条　招标人不得向中标人提出压低报价、增加工作量、缩短工期或其他违背中标人意愿的要求，以此作为发出中标通知书和签订合同的条件。

第六十条　中标通知书对招标人和中标人具有法律效力。中标通知书发出后，招标人改变中标结果的，或者中标人放弃中标项目的，应当依法承担法律责任。

第六十一条　招标人全部或者部分使用非中标单位投标文件中的技术成果或技术方案时，需征得其书面同意，并给予一定的经济补偿。

第六十二条　招标人和中标人应当自中标通知书发出之日起三十日内，按照招标文件和中标人的投标文件订立书面合同。招标人和中标人不得再行订立背离合同实质性内容的其他协议。

招标文件要求中标人提交履约保证金或者其他形式履约担保的，中标人应当提交；拒绝提交的，视为放弃中标项目。招标人要求中标人提供履约保证金或其他形式履约担保的，招标人应当同时向中标人提供工程款支付担保。

招标人不得擅自提高履约保证金，不得强制要求中标人垫付中标项目建设资金。

第六十三条 招标人与中标人签订合同后五个工作日内，应当向未中标的投标人退还投标保证金。

第六十四条 合同中确定的建设规模、建设标准、建设内容、合同价格应当控制在批准的初步设计及概算文件范围内；确需超出规定范围的，应当在中标合同签订前，报原项目审批部门审查同意。凡应报经审查而未报的，在初步设计及概算调整时，原项目审批部门一律不予承认。

第六十五条 依法必须进行施工招标的项目，招标人应当自发出中标通知书之日起十五日内，向有关行政监督部门提交招标投标情况的书面报告。

前款所称书面报告至少应包括下列内容：

（一）招标范围；

（二）招标方式和发布招标公告的媒介；

（三）招标文件中投标人须知、技术条款、评标标准和方法、合同主要条款等内容；

（四）评标委员会的组成和评标报告；

（五）中标结果。

第六十六条 招标人不得直接指定分包人。

第六十七条 对于不具备分包条件或者不符合分包规定的，招标人有权在签订合同或者中标人提出分包要求时予以拒绝。发现中标人转包或违法分包时，可要求其改正；拒不改正的，可终止合同，并报请有关行政监督部门查处。

监理人员和有关行政部门发现中标人违反合同约定进行转包或违法分包的，应当要求中标人改正，或者告知招标人要求其改正；对于拒不改正的，应当报请有关行政监督部门查处。

第五章 法律责任

第六十八条 依法必须进行招标的项目而不招标的，将必须进行招标的项目化整为零或者以其他任何方式规避招标的，有关行政监督部门责令限期改正，可以处项目合同金额千分之五以上千分之十以下的罚款；对全部或者部分使用国有资金的项目，项目审批部门可以暂停项目执行或者暂停资金拨付；对单位直接负责的主管人员和其他直接责任人员依法给予处分。

第六十九条 招标代理机构违法泄露应当保密的与招标投标活动有关的情况和资料的，或者与招标人、投标人串通损害国家利益、社会公共利益或者他人合法权益的，由有关行政监督部门处五万元以上二十五万元以下罚款，对单位直接负责的主管人员和其他直接责任人员处单位罚款数额百分之五以上百分之十以下罚款；有违法所得的，并处没收违法所得；情节严重的，有关行政监督部门可停止其一定时期内参与相关领域的招标代理业务，资格认定部门可暂停直至取消招标代理资格；构成犯罪的，由司法部门依法追究刑事责任。给他人造成损失的，依法承担赔偿责任。

前款所列行为影响中标结果，并且中标人为前款所列行为的受益人的，中标无效。

第七十条 招标人以不合理的条件限制或者排斥潜在投标人的，对潜在投标人实行歧视待遇的，强制要求投标人组成联合体共同投标的，或者限制投标人之间竞争的，有关行政监督部门责令改正，可处一万元以上五万元以下罚款。

第七十一条 依法必须进行招标项目的招标人向他人透露已获取招标文件的潜在投标人的名称、数量或者可能影响公平竞争的有关招标投标的其他情况的，或者泄露标底的，有关行政监督部门给予警告，可以并处一万元以上十万元以下的罚款；对单位直接负责的主管人员和其他直接责任人员依法给予处分；构成犯罪的，依法追究刑事责任。

前款所列行为影响中标结果，并且中标人为前款所列行为的受益人的，中标无效。

第七十二条 招标人在发布招标公告、发出投标邀请书或者售出招标文件或资格预审文件后终止招标的，除有正当理由外，有关行政监督部门给予警告，根据情节可处三万元以下的罚款；给潜在投标人或者投标人造成损失的，并应当赔偿损失。

第七十三条 招标人或者招标代理机构有下列情形之一的，有关行政监督部门责令其限期改正，根据情节可处三万元以下的罚款；情节严重的，招标无效：

（一）未在指定的媒介发布招标公告的；

（二）邀请招标不依法发出投标邀请书的；

（三）自招标文件或资格预审文件出售之日起至停止出售之日止，少于五个工作日的；

（四）依法必须招标的项目，自招标文件开始发出之日起至提交投标文件截止之日止，少于二十日的；

（五）应当公开招标而不公开招标的；

（六）不具备招标条件而进行招标的；

（七）应当履行核准手续而未履行的；

（八）不按项目审批部门核准内容进行招标的；

（九）在提交投标文件截止时间后接收投标文件的；

（十）投标人数量不符合法定要求不重新招标的。

被认定为招标无效的，应当重新招标。

第七十四条 投标人相互串通投标或者与招标人串通投标的，投标人以向招标人或者评标委员会成员行贿的手段谋取中标的，中标无效，由有关行政监督部门处中标项目金额千分之五以上千分之十以下的罚款，对单位直接负责的主管人员和其他直接责任人员处单位罚款数额百分之五以上百分之十以下的罚款；有违法所得的，并处没收违法所得；情节严重的，取消其一至二年的投标资格，并予以公告，直至由工商行政管理机关吊销营业执照；构成犯罪的，依法追究刑事责任。给他人造成损失的，依法承担赔偿责任。

第七十五条 投标人以他人名义投标或者以其他方式弄虚作假，骗取中标的，中标无效，给招标人造成损失的，依法承担赔偿责任；构成犯罪的，依法追究刑事责任。

依法必须进行招标项目的投标人有前款所列行为尚未构成犯罪的，有关行政监督部门处中标项目金额千分之五以上千分之十以下的罚款，对单位直接负责的主管人员和其他直接责任人员处单位罚款数额百分之五以上百分之十以下的罚款；有违法所得的，并处没收违法所得；情节严重的，取消其一至三年投标资格，并予以公告，直至由工商行政管理机关吊销营业执照。

第七十六条 依法必须进行招标的项目，招标人违法与投标人就投标价格、投标方案等实质性内容进行谈判的，有关行政监督部门给予警告，对单位直接负责的主管人员和其他直接责任人员依法给予处分。

前款所列行为影响中标结果的，中标无效。

第七十七条 评标委员会成员收受投标人的财物或者其他好处的，评标委员会成员或者参加评标的有关工作人员向他人透露对投标文件的评审和比较、中标候选人的推荐以及与评标有关的其他情况的，有关行政监督部门给予警告，没收收受的财物，可以并处三千元以上五万元以下的罚款，对有所列违法行为的评标委员会成员取消担任评标委员会成员的资格并予以公告，不得再参加任何招标项目的评标；构成犯罪的，依法追究刑事责任。

第七十八条 评标委员会成员在评标过程中擅离职守，影响评标程序正常进行，或者在评标过程中不能客观公正地履行职责的，有关行政监督部门给予警告；情节严重的，取消担任评标委员会成员的资格，不得再参加任何招标项目的评标，并处一万元以下的罚款。

第七十九条 评标过程有下列情况之一的，评标无效，应当依法重新进行评标或者重新进行招标，有关行政监督部门可处三万元以下的罚款：

（一）使用招标文件没有确定的评标标准和方法的；

（二）评标标准和方法含有倾向或者排斥投标人的内容，妨碍或者限制投标

人之间竞争,且影响评标结果的;

(三) 应当回避担任评标委员会成员的人参与评标的;

(四) 评标委员会的组建及人员组成不符合法定要求的;

(五) 评标委员会及其成员在评标过程中有违法行为,且影响评标结果的。

第八十条 招标人在评标委员会依法推荐的中标候选人以外确定中标人的,依法必须进行招标的项目在所有投标被评标委员会否决后自行确定中标人的,中标无效。有关行政监督部门责令改正,可以处中标项目金额千分之五以上千分之十以下的罚款;对单位直接负责的主管人员和其他直接责任人员依法给予处分。

第八十一条 招标人不按规定期限确定中标人的,或者中标通知书发出后,改变中标结果的,无正当理由不与中标人签订合同的,或者在签订合同时向中标人提出附加条件或者更改合同实质性内容的,有关行政监督部门给予警告,责令改正,根据情节可处三万元以下的罚款;造成中标人损失的,并应当赔偿损失。

中标通知书发出后,中标人放弃中标项目的,无正当理由不与招标人签订合同的,在签订合同时向招标人提出附加条件或者更改合同实质性内容的,或者拒不提交所要求的履约保证金的,招标人可取消其中标资格,并没收其投标保证金;给招标人造成的损失超过投标保证金数额的,中标人应当对超过部分予以赔偿;没有提交投标保证金的,应当对招标人的损失承担赔偿责任。

第八十二条 中标人将中标项目转让给他人的,将中标项目肢解后分别转让给他人的,违法将中标项目的部分主体、关键性工作分包给他人的,或者分包人再次分包的,转让、分包无效,有关行政监督部门处转让、分包项目金额千分之五以上千分之十以下的罚款;有违法所得的,并处没收违法所得;可以责令停业整顿;情节严重的,由工商行政管理机关吊销营业执照。

第八十三条 招标人与中标人不按照招标文件和中标人的投标文件订立合同的,招标人、中标人订立背离合同实质性内容的协议的,或者招标人擅自提高履约保证金或强制要求中标人垫付中标项目建设资金的,有关行政监督部门责令改正;可以处中标项目金额千分之五以上千分之十以下的罚款。

第八十四条 中标人不履行与招标人订立的合同的,履约保证金不予退还,给招标人造成的损失超过履约保证金数额的,还应当对超过部分予以赔偿;没有提交履约保证金的,应当对招标人的损失承担赔偿责任。

中标人不按照与招标人订立的合同履行义务,情节严重的,有关行政监督部门取消其二至五年参加招标项目的投标资格并予以公告,直至由工商行政管理机关吊销营业执照。

因不可抗力不能履行合同的,不适用前两款规定。

第八十五条 招标人不履行与中标人订立的合同的,应当双倍返还中标人的履约保证金;给中标人造成的损失超过返还的履约保证金的,还应当对超过部分予以赔偿；没有提交履约保证金的，应当对中标人的损失承担赔偿责任。

因不可抗力不能履行合同的，不适用前款规定。

第八十六条 依法必须进行施工招标的项目违反法律规定，中标无效的，应当依照法律规定的中标条件从其余投标人中重新确定中标人或者依法重新进行招标。

中标无效的，发出的中标通知书和签订的合同自始没有法律约束力，但不影响合同中独立存在的有关解决争议方法的条款的效力。

第八十七条 任何单位违法限制或者排斥本地区、本系统以外的法人或者其他组织参加投标的，为招标人指定招标代理机构的，强制招标人委托招标代理机构办理招标事宜的，或者以其他方式干涉招标投标活动的，有关行政监督部门责令改正；对单位直接负责的主管人员和其他直接责任人员依法给予警告、记过、记大过的处分，情节较重的，依法给予降级、撤职、开除的处分。

个人利用职权进行前款违法行为的，依照前款规定追究责任。

第八十八条 对招标投标活动依法负有行政监督职责的国家机关工作人员徇私舞弊、滥用职权或者玩忽职守，构成犯罪的，依法追究刑事责任；不构成犯罪的，依法给予行政处分。

第八十九条 任何单位和个人对工程建设项目施工招标投标过程中发生的违法行为，有权向项目审批部门或者有关行政监督部门投诉或举报。

第六章 附 则

第九十条 使用国际组织或者外国政府贷款、援助资金的项目进行招标，贷款方、资金提供方对工程施工招标投标活动的条件和程序有不同规定的，可以适用其规定，但违背中华人民共和国社会公共利益的除外。

第九十一条 本办法由国家发展计划委员会会同有关部门负责解释。

第九十二条 本办法自 2003 年 5 月 1 日起施行。

一、中文部分

[1] 张极井：《项目融资》，第2版，北京，中信出版社，2003。

[2] 马丁·高顿、赫炬：《项目融资指导与借鉴》，北京，中国计划出版社，1998。

[3] 东方华尔咨询公司、王冉：《项目融资》，北京，新华出版社，1995。

[4] ［英］CLIFFORD CHANCE 法律公司著，龚辉宏译：《项目融资》，北京，华夏出版社，1997。

[5] 武靖人、袁祝杰：《中国担保法律与实务》，北京，中信出版社，1997。

[6] 吉可为、毛晓峰：《金融工程案例》，北京，中国金融出版社，2000。

[7] 林晓言、许晓峰、任立编：《建设项目经济社会评价》，北京，中华工商联合出版社，2000。

[8] 沈达明、冯大同：《国际资金融通的法律与实务》，北京，对外经济贸易大学出版社，1998。

[9] ［澳］费尔·布瑞登、郑伏虎等：《项目融资和融资模型》，北京，中信出版社，2003。

二、英文部分

[1] Peter K. Nevitt, Frank Fabozzi, "Project Finance", Sixth Edition, Euromoney Publications PLC, 1995.

[2] Peter K. Nevitt, Frank Fabozzi, "Project Finance", Seventh Edition, Euromoney Publications PLC, 2000.

[3] Scott L. Hoffman, "The Law and Business of International Project Finance", Euromoney Publications PLC, 1988.

[4] Graham Vinter, "Project Finance: A Legal Guide", Second Edition, London, Sweet and Maxwell, 1998.

[5] Esteban C. Buljevich, Yoon S. Park, "Project Financing and the International Financial Markets", Boston: Klwuer Academic, 1999.

[6] Finnerty J. D., "Project Financing: Asset – Based Financial Engineering", New York, John Wiley, Inc., 1996.

[7] Benjamin C. Esty, "Modern Project Finance – A Casebook", John Wiley & Sons, Inc., 2004.

[8] Richard Tinsley, "Project Finance in Asia Pacific—Practical Case Studies", Euromoney Institutional Investor PLC, 2002.

[9] Henry A. Davis, "Project Finance: Practical Case Studies", Second Edition, Euromoney Institutional Investor PLC, 2003.

21 世纪高等学校金融学系列教材

一、货币银行学子系列

| 货币金融学 | 朱新蓉 | | 主编 | 50.00 元 | 2010.01 出版 |

（普通高等教育"十一五"国家级规划教材/国家精品课程教材·2008）

| 货币金融学 | 张 强 | 乔海曙 | 主编 | 32.00 元 | 2007.05 出版 |

（国家精品课程教材·2006）

货币金融学	吴少新		主编	43.00 元	2011.08 出版
货币银行学（第二版）	夏德仁	李念斋	主编	27.50 元	2005.05 出版
货币银行学（第三版）	周 骏	王学青	主编	42.00 元	2011.02 出版

（普通高等教育"十一五"国家级规划教材）

货币银行学原理（第六版）	郑道平	张贵乐	主编	39.00 元	2009.07 出版
金融理论教程	孔祥毅		主编	39.00 元	2003.02 出版
西方货币金融理论	伍海华		编著	38.80 元	2002.06 出版
现代货币金融学	汪祖杰		主编	30.00 元	2003.08 出版
行为金融学教程	苏同华		主编	25.50 元	2006.06 出版
中央银行通论（第三版）	孔祥毅		主编	40.00 元	2009.02 出版
中央银行通论学习指导（修订版）	孔祥毅		主编	38.00 元	2009.02 出版
商业银行经营管理	朱新蓉	宋清华	主编	46.00 元	2009.03 出版
商业银行管理学（第二版）	彭建刚		主编	44.00 元	2009.04 出版

（普通高等教育"十一五"国家级规划教材/国家精品课程教材·2007）

| 商业银行管理学（附课件） | 李志辉 | | 主编 | 45.00 元 | 2006.12 出版 |

（普通高等教育"十一五"国家级规划教材/国家精品课程教材·2009）

| 商业银行管理学习题集 | 李志辉 | | 主编 | 20.00 元 | 2006.12 出版 |

（普通高等教育"十一五"国家级规划教材辅助教材）

商业银行管理	刘惠好		主编	27.00 元	2009.10 出版
现代商业银行管理学基础	王先玉		主编	41.00 元	2006.07 出版
金融市场学	杜金富		主编	34.50 元	2007.05 出版
现代金融市场学（第二版）	张亦春		主编	46.00 元	2007.08 出版
（附课件）					
中国金融简史（第二版）	袁远福		主编	25.00 元	2005.09 出版

（普通高等教育"十一五"国家级规划教材）

| 货币与金融统计学（第二版） | 杜金富 | | 主编 | 37.00 元 | 2006.09 出版 |
　（附习题光盘） | | | | | |

（普通高等教育"十一五"国家级规划教材/国家统计局优秀教材）
金融信托与租赁（第三版）　　　王淑敏　齐佩金　主编　36.50元　2011.09出版
（普通高等教育"十一五"国家级规划教材）
金融信托与租赁案例与习题　　王淑敏　齐佩金　主编　25.00元　2006.09出版
（普通高等教育"十一五"国家级规划教材辅助教材）
现代信用管理学
金融营销学　　　　　　　　　万后芬　　　　　主编　31.00元　2003.03出版
金融风险管理　　　　　　　　宋清华　李志辉　主编　33.50元　2003.01出版
金融信息系统
网络银行（第二版）　　　　　孙　森　　　　　主编　36.00元　2010.02出版
（普通高等教育"十一五"国家级规划教材）
房地产金融
银行会计学　　　　　　　　　于希文　王允平　主编　30.00元　2003.04出版
金融稽核学

二、国际金融子系列

国际金融学　　　　　　　　　潘英丽　马君潞　主编　31.50元　2002.05出版
国际金融概论（第三版）　　　王爱俭　　　　　主编　29.00元　2011.07出版
（普通高等教育"十一五"国家级规划教材/国家精品课程教材·2009）
国际金融　　　　　　　　　　刘惠好　　　　　主编　30.00元　2007.04出版
国际金融管理学　　　　　　　张碧琼　　　　　编著　36.00元　2007.09出版
国际金融与结算（第二版）　　徐荣贞　　　　　主编　40.00元　2010.08出版
（附课件）
国际结算（第五版）　　　　　苏宗祥　徐　捷　著　　60.00元　2010.11出版
（普通高等教育"十一五"国家级规划教材）
国际资本市场
各国金融体制比较（第二版）　白钦先　　　　　等编著　43.50元　2008.07出版

三、投资学子系列

投资学　　　　　　　　　　　张元萍　　　　　主编　45.00元　2007.09出版
证券投资学　　　　　　　　　吴晓求　季冬生　主编　24.00元　2004.03出版
现代证券投资学　　　　　　　李国义　　　　　主编　39.00元　2009.03出版
投资银行学教程　　　　　　　郑　鸣　王　聪　著　　33.00元　2005.04出版
证券投资分析　　　　　　　　赵锡军　李向科　主编　30.50元　2003.06出版
组合投资与投资基金管理　　　陈伟忠　　　　　主编　15.50元　2004.07出版
风险资本与风险投资
投资项目评估
项目融资（第三版）　　　　　蒋先玲　　　　　编著　36.00元　2008.10出版

四、金融工程子系列

金融经济学教程	陈伟忠	主编	35.00元	2008.09 出版
金融工程学				
金融工程案例				
固定收益证券				
衍生金融工具	叶永刚	主编	28.00元	2004.01 出版
公司金融（第二版）	陈琦伟	主编	28.00元	2003.06 出版
公司金融案例				
现代公司金融学	马亚明 田存志	主编	44.00元	2009.06 出版
金融计量学	张宗新	主编	42.50元	2008.09 出版
数理金融	张元萍	编著	29.80元	2004.08 出版

五、金融法子系列

| 金融法 | 甘功仁 黄欣 | 主编 | 34.50元 | 2003.03 出版 |
| 金融法教程（第三版） | 刘定华 | 主编 | 46.00元 | 2010.07 出版 |

（普通高等教育"十一五"国家级规划教材/司法部优秀教材）

| 保险法学（第二版） | 魏华林 | 主编 | 31.50元 | 2007.09 出版 |

（教育部法学专业主干课程推荐教材）

证券法学	符启林	主编	31.00元	2003.08 出版
票据法教程	刘定华	主编	30.00元	2008.05 出版
信托法学	徐孟洲	主编	27.00元	2004.01 出版

（北京市高等教育精品教材立项项目）

六、金融英语子系列

| 金融英语阅读教程（第三版） | 沈素萍 | 主编 | 42.00元 | 2011.07 出版 |

（北京高等学校市级精品课程教材）

| 金融英语阅读教程导读（第二版） | 沈素萍 | 主编 | 16.00元 | 2007.02 出版 |

（北京高等学校市级精品课程辅助教材）

金融英语教程				
保险英语教程				
保险专业英语	张栓林	编著	22.00元	2004.02 出版
财经英语教程				
金融英语函电				

21 世纪高等学校保险学系列教材

| 保险学 | 胡炳志 | 刘子操 | 主编 | 20.00 元 | 2002.10 出版 |
| 保险精算（第三版） | 李秀芳 | 曾庆五 | 主编 | 36.00 元 | 2011.06 出版 |

（普通高等教育"十一五"国家级规划教材）

| 人身保险（第二版） | 陈朝先 | 陶存文 | 主编 | 20.00 元 | 2002.09 出版 |
| 财产保险（第四版） | 郑功成 | 许飞琼 | 主编 | 43.00 元 | 2010.01 出版 |

（普通高等教育"十一五"国家级规划教材）

财产保险案例分析	许飞琼		编著	32.50 元	2004.08 出版
海上保险学	郭颂平	袁建华	编著	34.00 元	2009.10 出版
责任保险	许飞琼		编著	40.00 元	2007.11 出版
再保险（第二版）	胡炳志	陈之楚	主编	30.50 元	2006.02 出版

（普通高等教育"十一五"国家级规划教材）

| 保险经营管理学（第二版） | 邓大松 | 向运华 | 主编 | 42.00 元 | 2011.08 出版 |

（普通高等教育"十一五"国家级规划教材）

| 保险营销学（第二版） | 郭颂平 | 赵春梅 | 主编 | 28.00 元 | 2007.09 出版 |

（教育部经济类专业主干课程推荐教材）

| 保险营销学（第二版） | 刘子操 | 郭颂平 | 主编 | 25.00 元 | 2003.01 出版 |
| 风险管理（第四版） | 许谨良 | | 主编 | 28.00 元 | 2011.03 出版 |

（普通高等教育"十一五"国家级规划教材）

利息理论					
保险会计学					
保险产品设计原理与实务	石 兴		著	24.50 元	2006.09 出版
社会保险（第三版）	林 义		主编	32.00 元	2010.08 出版

（普通高等教育"十一五"国家级规划教材）